myBook+

Ein neues Leseerlebnis

Lesen Sie Ihr Buch online im Browser – geräteunabhängig und ohne Download!

Und so einfach geht's:

- Gehen Sie auf **https://mybookplus.de**, registrieren Sie sich und geben
  Ihren Buchcode ein, um zu Ihrem Buch zu gelangen
- **Ihren individuellen Buchcode finden Sie am Buchende**

Wir wünschen Ihnen viel Spaß mit myBook+ !

https://mybookplus.de

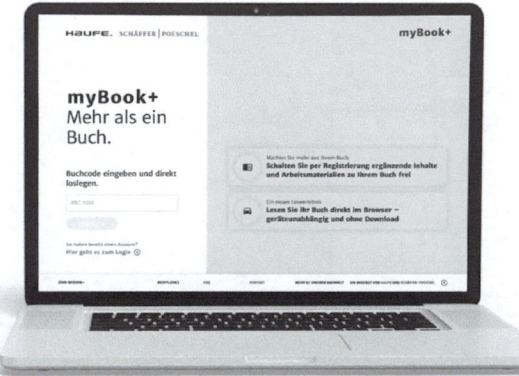

Inhaltsverzeichnis

Trademark Law in China

Markenrecht in China

Einleitung

Immer schon hatte ich großes Interesse an Unternehmen und ihren oft ganz besonderen Erfolgsgeschichten. Deshalb stört es mich, dass manche Unternehmen mehr Geld als notwendig für ihre Markenrechte in China ausgeben. Das liegt häufig daran, dass ihnen das Fachwissen für dieses kaum überschaubare Gebiet fehlt und sie Zweifel haben, ob die eine oder andere Maßnahme wirklich nötig und hilfreich ist. So werden wichtige vorbeugende Maßnahmen nicht ergriffen, die zwar zunächst Kosten generieren, aber – insbesondere mittel- und langfristig – Geld sparen.

Manchmal ist es in der Hektik des beruflichen Alltags schwierig, das ganze Bild vor Augen zu haben; der Fokus liegt dann auf den akuten Problemen. Wenn Ihre Markenthematik zu einem akuten Problem wird, kann es aber schon zu spät sein und besonders kostenintensiv werden. Daher stellt es einen starken Wettbewerbsvorteil dar, wenn Sie von Anfang an gut beraten sind und die notwendigen Schritte veranlassen.

Ziel des Leitfadens
Dieser Leitfaden soll Ihnen im Bereich Markenrecht in China dabei helfen, die notwendigen vorbeugenden Maßnahmen zu ergreifen, die richtigen Schritte zu gehen und mögliche Fehlerquellen zu vermeiden, und er soll aufzeigen, wie bereits entstandene Probleme effizient gelöst werden können. Er basiert auf meiner mehr als 35-jährigen Erfahrung im Bereich des gewerblichen Rechtsschutzes, davon 25 Jahre als Rechtsanwältin. In dieser Zeit habe ich unzählige Fälle – in Zusammenarbeit mit markenrechtlichen Vertretern in China – im Bereich des Markenrechts und verwandter Gebiete wie Urheberrecht erfolgreich betreut. Das Markenrecht in China einschließlich seiner praktischen Anwendung ist sehr speziell und unterscheidet sich in vielen Aspekten vom Markenrecht anderer Länder, insbesondere Deutschlands, der EU und der USA, und ich möchte mein diesbezügliches Wissen gerne mit anderen teilen. So entstand die Idee zu diesem Buch.

Als Grundlage für die Arbeit an diesem Leitfaden wurden nicht die chinesischen Original-Gesetzestexte studiert, sondern englische Übersetzungen derselben. Die englischen Übersetzungen der Gesetzestexte wurden der WIPO-Lex Datenbank entnommen.[1]

Mein Ziel ist es, Ihnen mit dem vorliegenden Leitfaden eine Quelle der Inspiration für Ihre jetzige und zukünftige geschäftliche Tätigkeit in China zu bieten und notwendiges Wissen an die Hand zu geben, sodass Sie Ihre Kosten senken und Ihre Erfolge steigern können.

---

1   Trademark Law of the People's Republic of China, https://wipolex.wipo.int/en/legislation/details/19559

Für wen dieses Buch geeignet ist

Dieses Buch ist für Sie und Ihr Unternehmen geeignet, wenn Sie

- in China Waren und/oder Dienstleistungen anbieten oder
- dies für die nächsten Jahre planen oder
- in China Produkte fertigen und von dort exportieren lassen oder
- gegen Fälschungen Ihrer Produkte in Deutschland und in der EU effizient vorgehen möchten oder
- als Anwalt deutsche Unternehmen im Bereich des chinesischen Markenrechts beraten.

Englischsprachige Kommunikation

Da es sich bei der Zielgruppe dieses Leitfadens um vielbeschäftigte Menschen im Berufsleben handelt, habe ich einen **kurzen** Leitfaden geschrieben, der einen Überblick über die Best Practice schafft. Sie können ihn in wenigen Stunden durchlesen und später für relevante Fragen immer wieder zur Hand nehmen. Die Zweisprachigkeit DE/EN ermöglicht es Ihnen, die Texte eins zu eins für Ihre englischsprachige Kommunikation zu übernehmen, sodass Sie sich das markenrechtliche Fachvokabular nicht selbst aneignen müssen oder auf mit den Fachbegriffen nicht unbedingt vertraute Übersetzungstools angewiesen sind.

In der Praxis haben sich in der – normalerweise englischsprachigen – Kommunikation zwischen deutschen und chinesischen Fachleuten im Markenrecht zahlreiche Fachbegriffe durchgesetzt, die einfach benutzt werden, ohne dass darüber jedes Mal im Einzelnen nachgedacht wird und auch ohne dass sie sprachlich und grammatikalisch unbedingt korrekt sein müssen. Beispiele dafür sind, dass »Löschungsantrag wegen Nichtbenutzung« zwar übersetzt wird mit »non-use cancellation action«, aber »Nichtigkeitsantrag« meist mit »invalidation request« oder auch »Bildmarke« mit »device mark« oder »figurative mark«. Wenn man den Begriff »Bildmarke« in das Übersetzungstool »DeepL« eingibt und sich die englische Übersetzung dafür anzeigen lässt, erscheinen als Vorschläge »figurative mark«, »picture mark« und »image mark«.[2] Während »figurative mark« ebenso wie »device mark« häufig benutzt wird, werden »picture mark« und »image mark« in der markenrechtlichen Praxis meines Wissens überhaupt nicht benutzt. Gibt man bei »DeepL« »Löschungsantrag wegen Nichtbenutzung« ein, erscheint unter anderem »cancellation request due to non-use«[3], was sicher richtig ist, in der Praxis aber meines Wissens nicht benutzt wird. Im vorliegenden Leitfaden haben wir für die englische Übersetzung in der Praxis üblicherweise verwendete Begriffe benutzt, unabhängig davon, ob sie sprachlich und grammatikalisch korrekt sind oder nicht. Sie können sich für Ihre Kommunikation mit chinesischen Geschäftspartnern daran orientieren. Wir haben auch in der deutschen Version die englischsprachigen Begriffe der chinesischen Organisationen beibehalten, weil das für das Verständnis und die Kommunikation leichter ist. Auch in der deutschen Version dieses Leitfadens verwenden wir also beispielsweise Supreme People's Court (SPC) und nicht Oberstes Volksge-

---

2 https://www.deepl.com/translator#de/en/Bildmarke (zuletzt abgerufen am 10. Februar 2023)
3 https://www.deepl.com/translator#de/en/L%C3%B6schungsantrag%20wegen%20Nichtbenutzung (zuletzt abgerufen am 10. Februar 2023)

richt (OVG) oder Hong Kong International Arbitration Centre (HKIAC) und nicht Internationales Schiedsgerichtszentrum Hongkong.

Anwaltliche Unterstützung

Für Ihre markenrechtlichen Angelegenheiten in China können Sie sich entweder direkt an eine chinesische Kanzlei oder Markenagentur wenden oder einen deutschen Anwalt zwischenschalten. Ein Grund für die Zwischenschaltung eines deutschen Anwalts ist, dass dieser den Gesamtkontext versteht, in dem Sie tätig sind. Dies erfordert ein rechtliches und praktisches Verständnis sowohl Ihres Heimatmarktes als auch der anderen für Sie wichtigen Märkte und eine klare Kommunikation.[4] Ihr Anwalt kann Sie am besten beraten, wenn er die Basis Ihres Wissens mit Ihnen teilt, also wenn Sie beide von dem gleichen Grundverständnis in rechtlicher und kultureller Hinsicht ausgehen. Nur so können die Unterschiede erkannt und thematisiert werden. Die direkte anwaltliche Tätigkeit vor Ort und auch die detaillierte Beratung wird von den Kollegen in China erbracht. Ich bin keine chinesische Anwältin und kenne auch nicht das jeweils geltende chinesische Markenrecht und die Praxisbestimmungen **im Detail**, sondern verlasse mich auf die Kollegen in China, auf mein allgemeines Wissen im Bereich Markenrecht sowie auf meine Erfahrung und Intuition. Darüber hinaus habe ich mir jede Menge Wissen im Zusammenhang mit chinesischem Markenrecht und verwandten Gebieten wie Urheberrecht und Wettbewerbsrecht angeeignet, sowohl durch meine praktische anwaltliche Tätigkeit für Mandanten mit Bezug zu China als auch durch das intensive Studium umfangreicher Literatur.

Markenschutz

Sowohl in Deutschland als auch in China können Marken als geistiges Eigentum geschützt werden. Gemäß Definition des Deutschen Patent- und Markenamtes DPMA fallen unter den Begriff geistiges Eigentum (*Intellectual Property* – IP) »Eigentumsrechte an Schöpfungen des menschlichen Intellekts« wie beispielsweise Erfindungen oder Software.[5] Diese individuellen geistigen Leistungen können durch sog. gewerbliche Schutzrechte geschützt werden, z.B. Erfindungen durch Patente, Kunstwerke und Literatur durch Urheberrechte. Namen für Waren und Dienstleistungen können als Marken geschützt werden. Die seit dem 1. Januar 2022 gültigen Markenrichtlinien der CNIPA[6] definieren Marke als »ein Zeichen, das zur Identifizierung und Unterscheidung der Herkunft von Waren oder Dienstleistungen verwendet wird«[7]. Im chinesischen Zivilgesetzbuch *Civil Code of the People's Republic of China* werden Rechte an geistigem Eigentum als ausschließliche Rechte, die den Rechteinhabern gemäß den gesetzlichen Bestim-

---

4   Rocafort, Fred, Beware of China Lawyers, https://harrisbricken.com/chinalawblog/beware-of-china-lawyers/ (zuletzt abgerufen am 16. Januar 2023)

5   https://www.dpma.de/service/kmu/geistiges_eigentum/index.html (zuletzt abgerufen am 10. Februar 2023)

6   Chinese Trademark Examination Guidelines, Volume B, Substantial Examination on Trademarks (im Folgenden: Markenrichtlinien); hier wurde die englische Übersetzung von Haoyu Feng, Haiyu Li, Jia Li, Zhangqing Tang, Wen Peng, Jiao Ren und Tingxi Huo (Kanzlei Chofn http://en.chofn.com) verwendet. Es handelt sich um eine Übersetzung zum besseren Verständnis der internationalen Leserschaft und nicht um die offizielle Übersetzung der CNIPA. Bei Unstimmigkeiten ist das chinesische Original maßgebend. Angesichts des Umfangs und der Komplexität der Markenrichtlinien können Fehler nicht völlig ausgeschlossen werden.

7   Markenrichtlinien, Kapitel 1, 3.1

mungen an bestimmten Gegenständen zustehen, bezeichnet.[8] Im Gesetz genannt sind u. a. Erfindungen, Designs, Geschäftsgeheimnisse, geografische Herkunftsangaben und Marken.

Manchmal ist noch zu hören, es sei nicht lohnend, in China Marken oder andere Schutzrechte anzumelden, da diese ohnehin nicht durchsetzbar seien. Die Realität sieht anders aus: China hat die Bedeutung von geistigem Eigentum erkannt. Gemäß der 2021 in China veröffentlichten *Guidelines for Building a Powerful Intellectual Property Nation* sollen die Standards in den nächsten Jahren verbessert und der Schutz von geistigem Eigentum gestärkt werden.[9] Bis 2025 soll China klare Ergebnisse in seiner Positionierung als *Intellectual Property Rights* (IPR) *Powerhouse* erzielen und bis 2035 sollen chinesische IPR führende Positionen in der Welt einnehmen.[10]

Der *Global Innovation Index* (GII) der Weltorganisation für geistiges Eigentum misst jährlich die jüngsten weltweiten Innovationstrends und bewertet die Innovationsökosysteme von (im Jahr 2022 132) Volkswirtschaften.[11] 2020 stand dort zu lesen: »Die globale Innovationslandschaft verschiebt sich: China, Vietnam, Indien und die Philippinen sind ständig auf dem Vormarsch.«[12] 2020 lag China noch auf Platz 14[13], 2021 ist China um zwei Plätze auf Platz 12 vorgerückt[14], inzwischen (2022) liegt China auf Platz 11[15]. Zum Vergleich: Deutschland lag 2020 auf Platz 9[16], ist 2021 um einen Platz auf Platz 10 abgestiegen[17] und liegt gemäß dem aktuellen GII 2022 auf Platz 8[18].

In China wurden im Jahr 2017 etwa 5,7 Millionen neue Markenanmeldungen eingereicht; im Jahr 2018 waren es etwa 7,3 Millionen[19], 2019 etwa 7,8[20] und 2020 etwa 9,3 Millionen[21]. Im Jahr

---

8   Art. 123 Zivilgesetzbuch der Volksrepublik China
9   Ling, Jin/Wang, Carol, China IP Updates: September 2021 (Issue 4), https://rouse.com/insights/news/2021/china-ip-updates-september-2021-issue-4 (zuletzt abgerufen am 14. Januar 2023)
10   Mi, Li, From »big« to »powerful«, https://rouse.com/insights/news/2021/from-big-to-powerful-china-s-ambition-to-become-an-intellectual-property-nation-in-15-years (zuletzt abgerufen am 16.1.2023)
11   Global Innovation Index (GII), https://www.wipo.int/global_innovation_index/en/ (zuletzt abgerufen am 10. Februar 2023)
12   Global Innovation Index 2020, https://www.wipo.int/edocs/pubdocs/en/wipo_pub_gii_2020.pdf (zuletzt abgerufen am 10. Februar 2023)
13   Global Innovation Index 2020, https://www.wipo.int/edocs/pubdocs/en/wipo_pub_gii_2020.pdf (zuletzt abgerufen am 10. Februar 2023)
14   Global Innovation Index 2021, https://www.wipo.int/edocs/pubdocs/en/wipo_pub_gii_2021.pdf (zuletzt abgerufen am 10. Februar 2023)
15   Global Innovation Index 2022, https://www.wipo.int/edocs/pubdocs/en/wipo-pub-2000-2022-en-main-report-global-innovation-index-2022-15th-edition.pdf (zuletzt abgerufen am 10. Februar 2023)
16   Global Innovation Index 2020, https://www.wipo.int/edocs/pubdocs/en/wipo_pub_gii_2020.pdf (zuletzt abgerufen am 10. Februar 2023)
17   Global Innovation Index 2021, https://www.wipo.int/edocs/pubdocs/en/wipo_pub_gii_2021.pdf (zuletzt abgerufen am 10. Februar 2023)
18   Global Innovation Index 2022, https://www.wipo.int/edocs/pubdocs/en/wipo-pub-2000-2022-en-main-report-global-innovation-index-2022-15th-edition.pdf (zuletzt abgerufen am 10. Februar 2023)
19   2018 CNIPA Annual Report, https://english.cnipa.gov.cn/module/download/down.jsp?i_ID=143069&colID=2076 (zuletzt abgerufen am 10. Februar 2023)
20   2019 CNIPA Annual Report/Appendix, https://english.cnipa.gov.cn/module/download/down.jsp?i_ID=152468&colID=2159 (zuletzt abgerufen am 10. Februar 2023)
21   2020 CNIPA Annual Report/Appendix, https://english.cnipa.gov.cn/module/download/down.jsp?i_ID=160354&colID=2630 (zuletzt abgerufen am 10. Februar 2023)

2021 wurden in China etwa 9,4 Millionen neue Marken angemeldet.[22] Die Daten können auf der Internetpräsenz der *China National Intellectual Property Administration* (CNIPA) unter https://english.cnipa.gov.cn/ eingesehen werden. Ende 2021 gab es in China über 37 Millionen eingetragene Marken.[23]

Im Jahr 2021 kamen 17.697 chinesische Markenanmeldungen von deutschen Anmeldern (883 mehr als 2020). Insgesamt gab es in China Ende 2021 185.628 eingetragene Marken von deutschen Inhabern (6.841 mehr als 2020).[24]

Zum Vergleich[25]: Markenanmeldungen beim Deutschen Patent- und Markenamt DPMA und europäische Unionsmarkenanmeldungen beim Europäischen Amt für geistiges Eigentum EUIPO:
* DPMA 2021: 92.317 Anmeldungen (davon 87.631 direkt (davon 2.347 aus China und 675 aus den USA) und 4.686 über Schutzgesuche Internationaler Registrierungen)[26]
* EUIPO 2021: 197.898 Anmeldungen (davon 165.922 direkt und 31.976 über das Madrider System, also Schutzgesuche Internationaler Registrierungen)[27]. Wenn man nicht die Marken unabhängig von ihren Klassen zählt, sondern die eingereichten Klassen, kommt man auf 489.498 eingereichte Klassen.[28]

Das EUIPO hat also 2021 insgesamt 197.898 Markenanmeldungen erhalten, in Klassen umgerechnet 489.498 Klassen, das chinesische Markenamt CNIPA ca. 9,4 Millionen. Von den ca. 9,4 Millionen bei der CNIPA 2021 eingereichten Marken sind 258.000 aus dem Ausland (also nicht aus China).

Chinesische Anmelder haben 2021 34.377 Anmeldungen zum EUIPO eingereicht – damit ist China das Land, aus dem 2021 die meisten Markenanmeldungen zum EUIPO kamen (Deutschland liegt auf Platz 2 mit 27.571 Markenanmeldungen, USA auf Platz 3 mit 20.105 Markenanmeldungen).

---

22 CNIPA Annual Report 2021, https://english.cnipa.gov.cn/module/download/down.jsp?i_ID=176470&colID=2936 (zuletzt abgerufen am 10. Februar 2023)
23 CNIPA Annual Report 2021, https://english.cnipa.gov.cn/module/download/down.jsp?i_ID=176470&colID=2936 (zuletzt abgerufen am 10. Februar 2023)
24 CNIPA Annual Report 2021/Appendix, https://english.cnipa.gov.cn/module/download/down.jsp?i_ ID=176477&colID=2936 (zuletzt abgerufen am 10. Februar 2023)
25 Beim Vergleich der Anzahl von Marken und Markenanmeldungen ist zu berücksichtigen, dass die chinesischen Marken und Markenanmeldungen nach Klassen gezählt werden, d. h. eine Markenanmeldung bzw. Marke bedeutet Anmeldung/Schutz in einer Klasse. Wenn also dieselbe Marke in 10 Klassen angemeldet wird, zählt das in China als 10 Markenanmeldungen. Wenn man Markenanmeldungen vergleicht, ist daher immer zu fragen, ob die Anmeldung in jeder Klasse als eigene Marke zählt, oder ob die Marken als solche unabhängig von den Klassen gezählt werden.
26 Deutsches Patent- und Markenamt, Jahresbericht 2021, https://www.dpma.de/digitaler_jahresbericht/2021/jb21_de/marken.html (zuletzt abgerufen am 10. Februar 2023); die Zahlen sind unabhängig von den Klassen, d. h., egal ob eine Anmeldung eine, 7 oder alle 45 Klassen beansprucht, es wird immer als eine Anmeldung gezählt.
27 Amt der Europäischen Union für geistiges Eigentum EUIPO, Konsolidierter Jährlicher Tätigkeitsbericht 2021, S. 4, 5 https://euipo.europa.eu/tunnel-web/secure/webdav/guest/document_library/contentPdfs/about_euipo/annual_report/annual_activity_report_2021_de.pdf (zuletzt abgerufen am 27. Januar 2023)
28 Ebd., Anhang A – Leistungsdaten

Durch den verstärkten Wettbewerb werden eingetragene Marken immer wertvoller. 2022 waren die drei wertvollsten chinesischen Unternehmen

- Tencent (Medien, soziale Netzwerke, Nachrichten),
- Alibaba.com (Onlinehandel) und
- Moutai (Alkohol).[29]

Aufgrund der Vielzahl von bereits existierenden chinesischen Marken und der strikten Prüfungspraxis der zuständigen chinesische Markenbehörde *China National Intellectual Property Administration* (CNIPA) wird es immer schwieriger, eine Marke in China eingetragen zu bekommen. Wenn die CNIPA einen Konflikt mit einer älteren Marke feststellt, die für identische oder ähnliche Waren/Dienstleistungen angemeldet oder eingetragen ist, weist sie die jüngere Markenanmeldung ganz oder teilweise zurück. Um die erworbenen Markenrechte später gegenüber jüngeren Dritten (siehe 4) durchsetzen zu können, müssen Sie bereits vor der Anmeldung und während des laufenden Eintragungsprozesses einer Marke wesentliche Aspekte beachten; ebenso während der Laufzeit der Marke und im Falle eines Konfliktes.

Dieser Leitfaden soll Ihnen und Ihrem Unternehmen dabei helfen, von Anfang an die Weichen richtig zu stellen, sodass Probleme gar nicht erst entstehen oder jedenfalls schnell und effizient gelöst werden. Sie können viele Probleme im Bereich des gewerblichen Rechtsschutzes – einschließlich des Markenrechts – von vornherein dadurch vermeiden, dass Sie die richtigen Rechte (z. B. Marken, Copyrights, Designs) zum richtigen Zeitpunkt – in der Regel so frühzeitig wie möglich – anmelden. Beachten Sie, dass bei Patenten und Designs Neuheit ein Erfordernis ist.[30] Außerdem sollten Sie die richtigen Verträge durchsetzbar abschließen. Aufwand und Kosten, die für diese Tätigkeiten entstehen, zahlen sich in der Regel um ein Vielfaches aus.

Aus dem Bericht des Europäischen Patentamts und des Amtes der Europäischen Union für geistiges Eigentum EUIPO »Rechte des geistigen Eigentums und Unternehmensleistung in der EU« vom Februar 2021[31] ergibt sich Folgendes: Wenn man »die Auswirkungen der Inhaberschaft von Rechten des geistigen Eigentums von anderen Faktoren wie der Größe eines Unternehmens oder den Ländern und Wirtschaftszweigen, in denen es tätig ist,« trennt, sind die Einnahmen pro Mitarbeiter bei Unternehmen, die Inhaber von Rechten des geistigen Eigentums sind, um 55 % höher als bei Nicht-Inhabern. Die Ergebnisse der Studie bestätigen also einen »positiven Zusammenhang zwischen der Inhaberschaft von Rechten des geistigen Eigentums und der Wirtschaftsleistung.«[32]

---

29 INTERNET WORLD, BrandZ-Ranking vom 29. September 2022, https://www.internetworld.de/plattformen/10-wertvollsten-marken-china-2798716.html?ganzseitig=1 (zuletzt abgerufen am 10. Februar 2023)

30 Baggs, Simon, Design Patents in China: a warning to register early, https://www.wiggin.co.uk/insight/design-patents-in-china-a-warning-to-register-early/ (zuletzt abgerufen am 11. Januar 2023)

31 https://euipo.europa.eu/tunnel-web/secure/webdav/guest/document_library/observatory/documents/reports/IPContributionStudy/IPR_firm_performance_in_EU/exec/2021_IP_Rights_and_firm_performance_in_the_EU_exec_de.pdf

32 Ebd. S. 7

China in diesem Leitfaden

Als China wird in diesem Leitfaden die Volksrepublik China (PRC) ohne Hongkong und Macau bezeichnet, da Letztere ihre eigenen markenrechtlichen Regelungen und Gesetze[33] haben. Eine chinesische Marke genießt keinen Schutz in Hongkong und Macau und auch nicht in Taiwan. Umgekehrt genießen Marken in Hongkong, Macau und Taiwan auch keinen Schutz in der Volksrepublik China. Dies sollte auch bei der Vertragsgestaltung beachtet und dafür Sorge getragen werden, dass zwischen den Vertragsparteien Einigkeit besteht, welche Gebiete gemeint sind, wenn von »China« die Rede ist.

Aufbau des Leitfadens

Dieser Leitfaden ist so aufgebaut, dass er Sie nach Kapitel 1 »Das Wichtigste in Kürze« chronologisch begleitet von den ersten Gedanken über die Anmeldung der Marke, das Überstehen eines etwaigen Widerspruchsverfahrens und die Eintragung (Kapitel 2) und Ihnen dann in Kapitel 3 erläutert, was Sie tun müssen, um Ihre Marke dauerhaft aufrechtzuerhalten. In Kapitel 4 wird dargestellt, was Sie tun können, wenn Sie bereits Markeninhaber sind und Ihre eigenen Markenrechte verletzt werden, Sie Ihre Marke also durchsetzen müssen. Hier drehen wir den Spieß sozusagen um: Sie erfahren nun, was Sie als Inhaber der älteren Marke tun können, um Dritte davon abzuhalten, Marken eingetragen zu bekommen, die mit Ihrer Marke identisch oder ähnlich sind, bzw. solche Marken zu benutzen, d. h. wie Sie verhindern, dass Dritte Ihre Rechte verletzen. Anders ausgedrückt: In den Kapiteln 2 und 3 begleitet dieser Leitfaden Sie als den Jüngeren, den Markenanmelder und später -inhaber, der seine Rechte erst einmal bekommen und anschließend behalten möchte. In Kapitel 4 begleitet dieser Leitfaden Sie als den Älteren, der bereits Markenrechte hat und diese jetzt gegen jüngere Dritte und eine mögliche Rechtsverletzung verteidigt.

Das kann ggf. verwirrend sein, da viele Aspekte in diesem Leitfaden deshalb aus zwei Perspektiven beleuchtet werden. Wir wechseln immer wieder die Position und damit auch die Perspektive. Um schon hier deutlich zu machen, was damit gemeint ist, nehmen wir als Beispiel das Widerspruchsverfahren: In Kapitel 2 beleuchten wir das Widerspruchsverfahren aus der Sicht des Anmelders, der seine Marke eingetragen bekommen möchte und mit einem eventuellen Widerspruch eines Dritten umgehen muss, um sein Ziel (die Markeneintragung) zu erreichen; hier geht es also darum, wie Sie sich als Markenanmelder gegen einen Widerspruch verteidigen. In Kapitel 4 dagegen beleuchten wir dasselbe Verfahren, nämlich das Widerspruchsverfahren, aus der Sicht des Markeninhabers, der einen Widerspruch gegen eine jüngere Markenanmeldung in Erwägung zieht und ggf. auch erhebt. Hier geht es also darum, wie Sie einen Widerspruch erheben, um die Eintragung einer jüngeren Marke zu verhindern. Folglich finden Sie in dem Leitfaden für jede Situation die richtigen Lösungen.

---

33   Hong Kong (China) Trade Marks Ordinance, https://wipolex.wipo.int/es/text/451035 (zuletzt abgerufen am 10. Februar 2023); Macao, China, Industrial Property Code, https://wipolex.wipo.int/en/legislation/details/3057 (zuletzt abgerufen am 10. Februar 2023)

Hinsichtlich mancher Verfahren wechseln wir auch mehrmals die Positionen und Perspektiven, z. B. im Zusammenhang mit dem Löschungsantrag wegen Nichtbenutzung: In Kapitel 2 geht es darum, den Löschungsantrag wegen Nichtbenutzung einzusetzen, um damit Blockaden, die der Eintragung Ihrer eigenen Marke entgegenstehen, zu beseitigen. In Kapitel 3 geht es darum, Ihre Marke so zu benutzen und dies auch nachweisen zu können, dass Sie einen Löschungsantrag wegen Nichtbenutzung gegen Ihre Marke verhindern und, sollte er dennoch gestellt werden, leicht abwehren können. In Kapitel 4 wiederum geht es darum, einen Löschungsantrag wegen Nichtbenutzung zur Verteidigung Ihrer existierenden und aufrechterhaltenen Markenrechte einzusetzen.

Die Kapitel 5 und 6 behandeln die formalen Aspekte: In Kapitel 5 geht es um Kosten, in Kapitel 6 um Verfahrensdauer und Fristen. Kapitel 7 enthält Hinweise zu verwandten Bereichen, die im Zusammenhang mit dem Markenrecht eine Rolle spielen können: zu Verträgen, Domains, Copyrights, Designs und dem Wettbewerbsrecht. Kapitel 8 gibt wichtige Tipps für die Praxis und Kapitel 9 erzählt die fiktive Geschichte einer chinesischen Marke.

Da ich sehr viel mit Online-Medien gearbeitet habe und deshalb auch hauptsächlich Online-Quellen zitiere, ist es möglich, dass sich diese nach Veröffentlichung des Buches ändern und einige Links eventuell nicht mehr funktionieren. Die meisten Online-Zitate geben den Stand von Januar/Februar 2023 wieder.

Hinweis: Im Text wird verallgemeinernd das sog. generische Maskulinum verwendet. Mit diesen Formulierungen sollen alle Personen und Geschlechter gleichberechtigt angesprochen werden.

Sollte mir trotz aller Bemühungen irgendwo ein kleiner Fehler unterlaufen sein, bitte ich um Verständnis und Nachsicht.

Sonja Schäffler, März 2023

1 Das Wichtigste in Kürze

1.1 Das chinesische Markenrecht im Schnelldurchgang

Auf den folgenden Seiten bekommen Sie im Schnelldurchgang einen Überblick über die wichtigsten Aspekte im Zusammenhang mit dem chinesischen Markenrecht. Damit haben Sie schon eine sehr gute Basis.

- Im März 2018 hat China eine umfassende Reform der mit geistigem Eigentum befassten Administrativorgane eingeleitet. Marken, Patente – zu denen nach chinesischem Recht auch Designs gehören (Designpatente) – und geografische Herkunftsangaben liegen jetzt alle im Verantwortungsbereich der *China National Intellectual Property Administration* (CNIPA) (früher *State Intellectual Property Office* (SIPO)) unter der *State Administration for Market Regulation* (SAMR). In der SAMR sind die früheren *Administrations for Industry and Commerce* (AICs) aufgegangen. Sie ist eine sehr wichtige Marktregulierungs- und Durchsetzungsbehörde. CNIPA und SAMR sind nun im administrativen Bereich verantwortlich für die Erteilung, Verwaltung und Durchsetzung von Patenten, Marken und geografischen Herkunftsangaben. Das *China Trademark Office* (CTMO) und das *Trademark Review and Adjudication Board* (TRAB) existieren nicht mehr als separate Behörden, sondern wurden zusammengeführt in die CNIPA.[34] Neuerdings soll die CNIPA aber direkt unter das State Council fallen.[35]
- Diese Begrifflichkeiten werden in englischsprachigen Texten nicht immer einheitlich verwendet. Meistens wird das frühere CTMO als *China Trademark Office* der CNIPA und das frühere TRAB als *Trademark Review and Adjudication Department* (TRAD) der CNIPA bezeichnet. Wenn es nicht konkret um die einzelnen Abteilungen und Instanzen innerhalb der CNIPA geht, werden meistens die Begriffe *China National Intellectual Property Administration* und CNIPA verwendet. Im vorliegenden Leitfaden wird diese Praxis übernommen.
- Das wichtigste Gesetz im Zusammenhang mit dem chinesischen Markenrecht ist das Markengesetz *Trademark Law of the People's Republic of China*.[36] Am 23. April 2019 hat der *Ständige Ausschuss des nationalen Volkskongresses* (*Standing Committee of the National People's Congress* – NPC) Änderungen zum chinesischen Markenrecht erlassen, die am 1. November 2019 in Kraft getreten sind.[37] Sie sollen den Umgang mit bösgläubigen Markenanmeldungen und -eintragungen regeln und den Schadensersatz für Markenverletzungen erhöhen. Außerdem wurden auch den Markenagenturen strengere Pflichten auferlegt. Ebenfalls sehr wichtig sind die Durchführungsbestimmungen *Regulations for the Implementation of*

---

34   Kui, Guan Hua, China Brand Protection – Important Institutional Restructuring, https://www.lexology.com/library/detail.aspx?g=02f25337-46bf-4d7b-a680-fa3685761e44 (zuletzt abgerufen am 12. Januar 2023)

35   Van Malenstein, Reinout, IP on stage on the 14th National People's Congress Meeting, https://www.lexology.com/library/detail.aspx?g=75745d34-7fa3-4029-b8ce-78ed4fb7c5ac (zuletzt abgerufen am 5. April 2023)

36   https://wipolex.wipo.int/en/legislation/details/19559 (zuletzt abgerufen am 10. Februar 2023)

37   SIPS Simone Intellectual Property Services Asia Ltd, PRC – Trademark Law Amendment Targeting Bad Faith Registration and Infringements, https://www.lexology.com/library/detail.aspx?g=577f40db-5db7-4151-8d30-a4f80649e77e (zuletzt abgerufen am 18. Februar 2023)

the Trademark Law of the People's Republic of China[38]. Des Weiteren gibt es von der SAMR die im Oktober 2019 erlassenen Vorschriften zur Standardisierung von Markenanmeldungen *Several Provisions on Regulating Trademark Application and Registration Behavior* zur Umsetzung der gesetzlichen Änderungen.[39] Diese gelten seit dem 1. Dezember 2019. Die Vorschriften regeln u. a., welche Faktoren die prüfende Behörde CNIPA in die Beurteilung, ob Marken bösgläubig ohne Benutzungsabsicht angemeldet wurden, einfließen lassen soll. Seit dem 1. Januar 2022 gelten auch die neuen Markenrichtlinien der CNIPA (im Folgenden: »Markenrichtlinien«). Für den vorliegenden Leitfaden wurde mit der englischen Übersetzung der Anwälte Haoyu Feng, Haiyu Li, Jia Li, Zhangqing Tang, Wen Peng, Jiao Ren und Tingxi Huo der Kanzlei Chofn IP gearbeitet.[40]

- Eine chinesische Marke gewährt keinen Markenschutz in Hongkong und Macau und auch nicht in Taiwan. Wenn Sie dort Markenschutz wünschen, können Sie die Marken dort national anmelden.
- Melden Sie Ihre Marken (und anderen IP-Rechte) in China an, bevor Sie dort irgendeine andere Handlung vornehmen, z. B. Verhandlungen führen. Klären Sie die richtige Reihenfolge mit Ihren rechtlichen Vertretern ab, da für einige Schutzrechte wie Designs (Designpatente) Neuheit ein Erfordernis ist und eine Vorveröffentlichung beispielsweise als Marke für das Designpatent neuheitsschädlich sein kann.
- In China entstehen Markenrechte fast ausschließlich durch die registerrechtliche Eintragung bei der CNIPA.
- Eine Marke anzumelden ist einfach (allerdings brauchen nichtchinesische Anmelder dafür eine chinesische Kanzlei oder Markenagentur) und, wenn es keine Eintragungshindernisse gibt, auch nicht teuer. Fehlender Markenschutz kann dagegen teuer werden.
- China hat ein »*First-to-File*«-Markensystem. Das bedeutet, dass in der Regel derjenige, der eine Marke zuerst bei der CNIPA anmeldet, die Marke bekommt. Eine vorherige Benutzung durch Dritte wird dabei nur in wenigen Ausnahmefällen berücksichtigt. Das Gegenteil ist ein »*First-to-Use*«-Markensystem, wie es z. B. in den USA gilt. In einem »*First-to-Use*«-Markensystem bekommt derjenige die Marke, der sie zuerst benutzt hat. In Deutschland und in der Europäischen Union gilt grundsätzlich das »*First-to-File*«-Markensystem, allerdings mit einigen Ausnahmen, die vor allem dem fairen Ausgleich der Interessen aller Beteiligten dienen.
- Es gibt aber eine Art Vorbenutzungsrecht in China: Ein Markeninhaber hat nicht das Recht, einem Dritten die weitere Benutzung der gleichen oder einer ähnlichen Marke im bisherigen Umfang zu untersagen, wenn der Dritte die Marke schon vor Anmeldung und Benutzung der Marke des Markeninhabers benutzt hat und wenn diese Marke bereits vor Anmeldung und

---

38 Durchführungsbestimmungen, https://wipolex.wipo.int/en/text/425590 (zuletzt abgerufen am 10. Februar 2023)
39 Wei, Xiaoping, New Trademark Law enhances trademark protection in China, https://www.managingip.com/article/2a5d0zxo7uj1lvlhs7myo/new-trademark-law-enhances-trademark-protection-in-china (zuletzt abgerufen am 17. Januar 2023)
40 Chinese Trademark Examination Guidelines, Volume B, Substantial Examination on Trademarks, englische Übersetzung von Haoyu Feng, Haiyu Li, Jia Li, Zhangqing Tang, Wen Peng, Jiao Ren und Tingxi Huo (Kanzlei Chofn IP, http://en.chofn.com/) (im Folgenden: Markenrichtlinien). Dies ist keine offizielle Übersetzung der CNIPA. Bei Unstimmigkeiten ist das chinesische Original maßgebend. Angesichts des Umfangs und der Komplexität der Markenrichtlinien können Fehler nicht völlig ausgeschlossen werden.

Benutzung der Marke des Markeninhabers einen gewissen Einfluss erworben hat.[41] Der Inhaber der eingetragenen Marke kann in diesem Fall allerdings verlangen, dass der Dritte seiner Marke einen unterscheidungskräftigen Zusatz beifügt. Einfacher ausgedrückt: Wer eine Marke eintragen lässt, kann jemandem, der diese oder eine ähnliche Marke bereits vorher ohne Eintragung benutzt hat, diese Benutzung nicht verbieten, wenn die Marke durch die Vorbenutzung schon einen gewissen Einfluss bei den chinesischen Verkehrskreisen erworben hat. In einem solchen Fall kann der Inhaber der eingetragenen Marke aber vom Vorbenutzer verlangen, seiner benutzten Version einen Zusatz beizufügen, sodass es nicht zu Verwechslungen kommt.

- Als Marken können Zeichen geschützt werden, die geeignet sind, Waren und/oder Dienstleistungen einer natürlichen oder juristischen Person oder einer sonstigen Organisation von denen anderer zu unterscheiden. Als Marken können grundsätzlich nicht nur Wörter in chinesischen Schriftzeichen und/oder in lateinischen Buchstaben sowie Bilder, sondern auch Buchstaben, Zahlen, dreidimensionale Gestaltungen, Farbkombinationen, Klänge sowie Kombinationen davon eingetragen werden, sofern sie unterscheidungskräftig sind.
- Melden Sie Ihre Marke auch in chinesischen Schriftzeichen an.
- Melden Sie Ihre Marke ggf. auch in Pinyin (offizielle phonetische Umschrift des Hochchinesischen auf der Basis des lateinischen Alphabets) an – in welchen Fällen dies empfehlenswert ist, sollten Sie im Einzelfall mit Ihren markenrechtlichen Vertretern besprechen.
- Melden Sie Ihre Marke nicht nur für die Waren und Dienstleistungen an, für die Sie sie tatsächlich benutzen, sondern auch für die Waren und Dienstleistungen, für die eine Benutzung in absehbarer Zeit beabsichtigt ist, und auch für Waren und Dienstleistungen, für die Sie eine Benutzung zwar nicht beabsichtigen, die Sie aber auch nicht von Dritten mit Ihrer Marke gekennzeichnet sehen möchten (Defensivmarken). Besprechen Sie mit Ihren markenrechtlichen Vertretern in jedem Einzelfall, ob die von Ihnen geplanten Marken von der CNIPA voraussichtlich als Defensivmarken akzeptiert werden und damit nicht als bösgläubige Anmeldungen ohne Benutzungsabsicht angesehen werden.
- Bekannte Marken können auch ohne Eintragung Schutz in China genießen. Der Schutz bezieht sich dann aber ausschließlich auf identische und ähnliche Waren/Dienstleistungen.
- Es gibt mehrere Definitionen für »bekannte Marke« (siehe 3.4); in den aktuellen Markenrichtlinien steht: »Eine bekannte Marke ist eine Marke, die den maßgeblichen Verkehrskreisen in China bekannt ist.« Bekannte Marken genießen einen umfangreicheren Schutz als normale, nicht bekannte Marken.
- Es gibt keine klaren gesetzlichen Vorgaben, ob Parallelimporte in China zulässig sind oder nicht. Unter Parallelimporten versteht man Waren, die zwar mit Zustimmung der Rechteinhaber hergestellt wurden, die also keine Fälschungen sind, die aber auf nicht von den Rechteinhabern autorisierten Vertriebswegen in Märkte gebracht werden, für die sie von

---

41   Ranjard, Paul/Huang, Hui/Du, Binbin, SPC clarifies requirements for citing prior use defence in trademark infringement cases, https://www.lexology.com/commentary/intellectual-property/china/wanhuida-intellectual-property/spc-clarifies-requirements-for-citing-prior-use-defence-in-trademark-infringement-cases (zuletzt abgerufen am 16. Januar 2023)

den Rechteinhabern nicht gedacht waren. Die wohl vorherrschende Rechtsprechung in China geht davon aus, dass Parallelimporte nicht grundsätzlich rechtsverletzend sind, dass aber jeder Einzelfall daraufhin überprüft werden muss, ob Gründe für eine Unzulässigkeit vorliegen, zum Beispiel, wenn die Waren verändert wurden.[42]

- Eine eingetragene Marke, die für drei aufeinanderfolgende Jahre ohne rechtfertigende Gründe nicht rechtserhaltend benutzt wird, kann auf Antrag Dritter gelöscht werden. Das heißt, drei Jahre nach ihrer Eintragung kann jederzeit ein Antrag auf Löschung einer Marke wegen Nichtbenutzung gestellt werden. In diesem Fall muss ihre rechtserhaltende Benutzung für die Vergangenheit nachgewiesen werden.

- Es gibt die Möglichkeit der Beschwerde gegenüber der CNIPA über bösgläubige Markenanmelder. Dabei handelt es sich um ein informelles Prozedere: Rechteinhaber identifizieren bösgläubige Anmelder gegenüber der CNIPA, indem sie Informationen und Unterlagen über einen bestimmten Anmelder vorbringen, z. B. hinsichtlich der Art und Menge der von diesem Anmelder bereits eingereichten Anmeldungen. Kommt die CNIPA nach Prüfung der Informationen und Unterlagen zu dem Schluss, dass es sich tatsächlich um einen bösgläubigen Anmelder handelt, wird dieser auf die schwarze Liste der CNIPA gesetzt. Dann erscheint für die Prüfer der CNIPA jedes Mal, wenn sie einen Fall bearbeiten, an dem dieser Anmelder beteiligt ist, eine Warnmeldung.[43] Das Ziel ist, die CNIPA damit auf bestimmte Anmelder aufmerksam zu machen, sodass deren Marken intensiver auf Bösgläubigkeit geprüft und in diesem Fall von Amts wegen zurückgewiesen werden, sodass die Anstrengung weiterer Verfahren überflüssig wird.

- Melden Sie auch Ihr anderes geistiges Eigentum (IP) wie Patente, Designs (die in China zu den Patenten gehören), Gebrauchsmuster und Copyrights an, bevor Sie in China irgendeine andere Handlung vornehmen, wie z. B. Verhandlungen führen. Bei einigen IP-Rechten ist (anders als bei Marken) Neuheit ein Erfordernis für die Gültigkeit, auch wenn die Neuheit nicht in jedem Fall vor der Eintragung von Amts wegen geprüft wird. In der Anmeldestrategie sollte dies berücksichtigt werden.

---

42 Vertiefende Hinweise zum Thema Parallelimporte siehe: Hu, Jennifer, Analysis of Relevant Issues of Trademark infringement in Parallel Imports, https://www.hongfanglaw.com/en/news/analysis-of-relevant-issues-of-trademark-infringement-in-parallel-imports/?_sm_au_=iVV77k087MFRPnqMvMFckK0232C0F (zuletzt abgerufen am 14. Januar 2023); Zhen, Cindy Shu Qi/Su, Jack, Trademark use on signboards by unauthorised retailers, https://www.lexology.com/Commentary/intellectual-property/china/wanhuida-intellectual-property/trademark-use-on-signboards-by-unauthorised-retailers (zuletzt abgerufen am 18. Januar 2023); Zhen, Cindy Shu Qi, Stores' unauthorised use of trademarks on signboards requires clarification, https://www.iam-media.com/article/stores-unauthorised-use-of-trademarks-signboards-requires-clarification (zuletzt abgerufen am 18. Januar 2023); Jiao, Hongbin/ Liu, Yuxin, King and Wood Mallesons' IP group, First Trademark Infringement and Unfair Competition Case regarding Parallel Import Concluded by Guangzhou IP Court, https://www.chinalawinsight.com/2020/06/articles/intellectual-property/first-trademark-infringement-and-unfair-competition-case-regarding-parallel-import-concluded-by-guangzhou-ip-court/#page=1 (zuletzt abgerufen am 14. Januar 2023); Zhu, Zhigang, Guangzhou IP Court reaffirms legality of parallel imports, https://www.lexology.com/commentary/intellectual-property/china/wanhuida-intellectual-property/guangzhou-ip-court-reaffirms-legality-of-parallel-imports (zuletzt abgerufen am 18. Januar 2023); Liang, Ivy/ Desmonts, Vivian/Rowlands, Jamie, Overview of Parallel Import Issues in China, https://gowlingwlg.com/en/insights-resources/articles/2021/trends-in-judicial-discretion-in-chinese-courts/ (zuletzt abgerufen am 14. Januar 2023)

43 Grossberg, Lesley/Wilcox, Deborah A., Blacklist Complaints: A Novel Tool Against Bad-Faith Trademark Applicants in China, https://www.ipintelligencereport.com/2021/03/18/blacklist-complaints-a-novel-tool-against-bad-faith-trademark-applicants-in-china/ (zuletzt abgerufen am 18. Februar 2023)

- Melden Sie auch die Ihrer Marke entsprechenden Domains an.
- Die *National Copyright Administration of the People's Republic of China* (NCAC)[44] und das *Copyright Protection Center of China* (CPCC)[45] sind zuständig für die Erteilung und Verwaltung von Copyrights.
- Auch wenn Sie Ihre Produkte in China ausschließlich herstellen lassen, dort aber nicht verkaufen, sollten Sie Ihre Marken, Designs, Copyrights etc. dort anmelden.
- Allein die Herstellung und markenmäßige Kennzeichnung von Waren in China, die ausschließlich für den Export aus China bestimmt sind, kann eine rechtsverletzende Benutzungshandlung darstellen. Falls jemand die Marke, mit der Sie Ihre Produkte in China kennzeichnen, für die gleichen oder ähnliche Waren und/oder Dienstleistungen eingetragen hat, kann er Sie – soweit das Risiko von Verwechslungen besteht – auf Unterlassung in Anspruch nehmen. Sie haben dann ggf. kein Recht, Ihre Waren mit dieser Marke in China herstellen bzw. labeln zu lassen und zu exportieren. Es besteht auch das Risiko, dass der registerrechtliche Inhaber Ihrer Marke in China dafür sorgt, dass Ihre damit gekennzeichneten Waren beim Export an der Grenze aufgehalten werden.
- Da ein großer Teil der gefälschten Produkte, die in die EU gelangen, aus China stammt, können Sie hier wirkungsvoll ansetzen, indem Sie Ihre chinesischen Marken und anderen chinesischen Schutzrechte wie Copyrights und Designpatente beim chinesischen Zoll hinterlegen. Der chinesische Zoll prüft nämlich nicht nur Importe auf Rechtsverletzungen, sondern auch Exporte, sodass diese ggf. vom Zoll an der Grenze vor dem Export gestoppt werden können und gar nicht erst in die EU und andere Märkte gelangen.
- Führen Sie die notwendige Unternehmensprüfung – Due Diligence – durch, bevor Sie mit einem Unternehmen Verträge abschließen, anderweitige Verpflichtungen eingehen oder diesem Unternehmen etwas offenbaren. Durch Due Diligence können Sie Ihre Risiken im geschäftlichen Verkehr reduzieren und sich wichtige Informationen für Ihre Entscheidungsfindung beschaffen. Beachten Sie, dass gemäß einem »Merkblatt über Rechtsverfolgung und Rechtsdurchsetzung in Zivil- und Handelssachen« der Vertretungen der Bundesrepublik Deutschland in der Volksrepublik China die Möglichkeiten von Unternehmen, durch eigene Recherchen relevante Informationen über ihre Geschäftspartner zu sammeln, eingeschränkt sein können.[46] Diskutieren Sie diese Themen mit Ihren markenrechtlichen Vertretern.[47]

---

44 https://en.ncac.gov.cn/copyright/ (zuletzt abgerufen am 10. Februar 2023)
45 www.ccopyright.com/en/ (zuletzt abgerufen am 10. Februar 2023)
46 Merkblatt über Rechtsverfolgung und Rechtsdurchsetzung in Zivil- und Handelssachen der Vertretungen der Bundesrepublik Deutschland in der Volksrepublik China von September 2021, https://china.diplo.de/blob/1094452/9b cf1f68b593c185744f408c57d9677a/pdf-merkblatt-rechtsverfolgung-data.pdf (zuletzt abgerufen am 10. Februar 2023)
47 Vertiefende Informationen zum Thema Due Diligence siehe Gordon, Jeremy, Risky Business in China, A Guide to Due Diligence; McManamny, Patrick/Cowin, Prue, The importance of IP due diligence, https://www.fbrice.com.au/ip-news-insights/the-importance-of-ip-due-diligence (zuletzt abgerufen am 16. Januar 2023); Rocafort, Fred, Foreign Company Due Diligence, https://harrisbricken.com/chinalawblog/foreign-company-due-diligence/ (zuletzt abgerufen am 16. Januar 2023); Harris, Dan, How to Avoid China Factory Scams, https://harrisbricken.com/chinalawblog/how-to-avoid-china-factory-scams/ (zuletzt abgerufen am 14. Januar 2023); Harris, Dan, The Three Keys to Protecting Your IP in China and Internationally, https://harrisbricken.com/chinalawblog/the-three-keys-to-protecting-your-ip-in-china-and-internationally/ (zuletzt abgerufen am 14. Januar 2023); Harris, Dan/Kipfer, Arlo/Rocafort, Fred, Manufacturing in

- Verträge, die Sie mit Ihren chinesischen Partnern abschließen, sollten im Regelfall chinesischem Recht entsprechen und in China durchsetzbar sein; natürlich kann im Einzelfall auch eine andere Vertragsgestaltung sinnvoll sein (siehe 7.1).
- Die chinesischen Behörden arbeiten an umfassenden Änderungen des chinesischen Markengesetzes. Bis Ende Februar 2023 war der Öffentlichkeit Gelegenheit gegeben worden, zu dem Entwurf mit den bisher erarbeiteten Vorschlägen Stellung zu nehmen (siehe Ausblick).

1.2   Zu vermeidende Fallen

FALLE 1

Sie melden Ihre Marken zu spät an.

Es ist wichtig, dass Sie Ihre Marken rechtzeitig anmelden. Rechtzeitig ist, bevor Sie überhaupt mit Ihrem Produkt oder Ihrer Dienstleistung herauskommen. Rechtzeitig ist, bevor Sie Ihr Produkt oder Ihre Dienstleistung bewerben und bevor Sie mit Außenwirkung darüber sprechen. Rechtzeitig ist, bevor die Medien Ihr Produkt oder Ihre Dienstleistung und dessen/deren Namen erwähnen. Rechtzeitig ist, bevor Sie bzw. zur gleichen Zeit, wie Sie Ihre Marken in anderen Ländern anmelden. Rechtzeitig ist, bevor Dritte auf die Idee kommen können, dass Sie planen, den Namen Ihres Produkts oder Ihrer Dienstleistung in China anzumelden und zu benutzen.

Eine zu späte Anmeldung Ihrer Marken, auch Ihrer Marken in chinesischen Schriftzeichen, erhöht das Risiko, dass Dritte sich diese Rechte – die aus Ihren Ideen entstanden sind – aneignen, indem sie die Namen für Ihre Produkte oder Dienstleistungen, die Ergebnisse Ihrer Kreativität, selbst als Marken anmelden. Dies geschieht dann nicht im lauteren Sinne des Markenrechts, um damit rechtmäßig eigene Marktanteile zu erwerben oder zu erhöhen, sondern es geschieht, um Sie zu blockieren und daran zu verdienen. Diese Marken sollen Ihnen zu hohen Preisen zum Kauf angeboten und, falls Sie dazu nicht bereit sind, benutzt werden, um Sie in Ihrer Geschäftätigkeit zu behindern. Beispiele für solche oft erfolgreichen Behinderungsversuche sind, dass die Marken beim chinesischen Zoll hinterlegt werden, der dann den Export Ihrer Produkte unterbindet, oder dass Sie auf Unterlassung der Benutzung dieser Marken verklagt werden. Ebenso möglich ist es – besonders wenn Ihre Marken in anderen Ländern bereits eine hohe Aufmerksamkeit erfahren und eine gute Reputation genießen –, dass die Inhaber der im chinesischen Register eingetragenen Marken ihre Produkte dann mit diesen Marken kennzeichnen und vertreiben. Da in China das »First-to-File«-Prinzip herrscht, gilt in aller Regel derjenige als rechtmäßiger Markeninhaber, der die Marke zuerst bei der CNIPA angemeldet und Markenschutz erworben hat. Ausnahmen gibt es, aber selbst wenn Sie am Ende nach mehreren amtlichen Verfahren und/oder Gerichtsverfahren obsiegen, haben Sie trotzdem verloren: Geld, Reputation, Vertrauen und

China: Minimising Your Risks by Doing Things Right, https://harrisbricken.com/chinalawblog/manufacturing-in-china-minimizing-your-risks-by-doing-things-right/ (zuletzt abgerufen am 14. Januar 2023)

Zeit. Melden Sie daher Ihre Marken in China – auch in chinesischen Schriftzeichen – so früh wie möglich an.

Sie melden nicht alle Ihrer Schutzrechte (Patente, Marken, auch in chinesischen Schriftzeichen, Designs, Copyrights, Domains) an.

Hier gilt dasselbe wie bei Falle 1, nur dass es neben den Marken auch andere Schutzrechte betrifft. Jedes Schutzrecht, ob Marke, Patent (auch Designpatent), Copyright oder Domain, hat seine eigene Berechtigung und seinen eigenen Anwendungsbereich. Je mehr Ihrer Schutzrechte eingetragen sind und nachweisbar Schutz in China genießen, umso flexibler sind Sie, umso stärker ist Ihre Position, umso leichter können Sie Angriffe Dritter abwehren und umso leichter können Sie Ihre Rechte durchsetzen.

So gelten Marken z. B. ausschließlich im Zusammenhang mit den geschützten Waren und Dienstleistungen. Sie sind aber unbegrenzt immer wieder für weitere zehn Jahre verlängerbar. Copyrights dagegen sind nicht an bestimmte Waren/Dienstleistungen gebunden, sind aber zeitlich beschränkt. Marken werden von der CNIPA im Eintragungsverfahren umfassend formal und substanziell geprüft und durchlaufen einen Prozess des sog. Widerspruchsverfahrens. Das heißt, vor ihrer Eintragung werden Marken umfassend auf formale, absolute und relative Eintragungshindernisse geprüft und sie werden veröffentlicht, sodass Dritte Einwände – Widerspruch – dagegen erheben können. Designpatente und Copyrights dagegen durchlaufen vor ihrer Eintragung keine substanzielle Prüfung und es gibt auch kein Widerspruchsverfahren. So ist es zwar einfacher, sie eintragen zu lassen, sie sind aber anfälliger für spätere Angriffe.

Einige Rechte wie z. B. Designs – die in China zu den Patenten gehören, also Designpatente sind – können ihre Schutzfähigkeit verlieren, wenn sie vor Anmeldung der Öffentlichkeit zugänglich gemacht werden, denn Neuheit ist die Voraussetzung für den Schutz. Wenn Sie den gleichen Inhalt sowohl als Marke als auch als Design schützen möchten, kann es sinnvoll sein, das Designpatent zeitlich vor der Marke anzumelden. Dies sollten Sie mit Ihren Rechtsberatern abstimmen.

Es erfolgt kein oder kein ausreichendes Monitoring des Marktumfelds.

Um rechtzeitig gegen Dritte vorgehen zu können, die Ihre Rechte verletzen, müssen Sie diese Verletzer so früh wie möglich identifizieren. Rechtzeitig bedeutet zum einen, dass keine Fristen versäumt werden, z. B. die dreimonatige Widerspruchsfrist oder die fünfjährige Frist für die Stellung von Nichtigkeitsanträgen (gilt im Wesentlichen für Nichtigkeitsanträge basierend auf relativen Gründen). Zum anderen bedeutet rechtzeitig, dass sich der Rechtsverletzer noch keinen umfangreichen Besitzstand aufbauen konnte, denn für Sie wird es immer schwieriger, unrechtmäßig erworbene Rechte anderer zu entfernen, je länger diese bereits existieren und je umfangreicher sie sind.

Deshalb ist es unerlässlich, eine ausreichende Überwachung des Marktumfelds vorzunehmen. Welche Strategie hier für Sie die richtige ist, sollten Sie am besten mit Ihren markenrechtlichen Vertretern besprechen. Üblicherweise gehört dazu mindestens die Marken- und Domainüberwachung, d. h. die Einrichtung einer Überwachung, ob Dritte ähnliche oder sogar identische Marken oder Domains anmelden. Darüber hinaus können auch bestimmte Anmelder überwacht werden und es sollten regelmäßige Online-Recherchen durchgeführt werden.[48]

1.3 Die 10 häufigsten Irrtümer zum chinesischen Markenrecht und ihre Richtigstellung

IRRTUM 1

Das chinesische Markenrecht gewährt wie das deutsche und das europäische Unionsmarkenrecht ausschließlich ein negatives Abwehrrecht.

Realität

Nach wohl herrschender Meinung ist das Recht an einer deutschen Marke und einer europäischen Unionsmarke ausschließlich ein negatives Abwehrrecht in dem Sinne, dass es dem Markeninhaber Unterlassungs- und Verbietungsrechte gewährt. Der Markeninhaber kann also Dritten die Benutzung des gleichen oder eines ähnlichen Zeichens für die gleichen oder ähnliche Waren und Dienstleistungen verbieten. So enthält z. B. Art. 9 Abs. 2 UMV[49] Folgendes: »Der Inhaber … hat … das Recht, Dritten zu verbieten, ohne seine Zustimmung im geschäftlichen Verkehr ein Zeichen für Waren oder Dienstleistungen zu benutzen, wenn …« Nach chinesischem Markenrecht gewährt die Marke ihrem Inhaber dagegen ein positives Benutzungsrecht. So lautet Art. 3 Abs. 1 S. 2 Chinesisches Markengesetz: »Der Inhaber einer eingetragenen Marke genießt das exklusive Recht, die Marke zu benutzen, und dies ist gesetzlich geschützt.«[50] Dies hat umfangreiche Auswirkungen, insbesondere muss der Inhaber einer älteren chinesischen Marke, der der Auffassung ist, dass eine jüngere eingetragene chinesische Marke seine Rechte verletzt, in vielen Fällen zunächst im Rahmen eines administrativen Verfahrens die Nichtigerklärung dieser jüngeren Marke erwirken, bevor er die Unterlassung ihrer Benutzung durchsetzen kann.[51]

---

48 Vertiefende Informationen siehe: Chen, Abraham/Chen, Jacob, How to win the fight against »legitimate« infringers in China?, https://rouse.com/insights/news/2021/how-to-win-the-fight-against-legitimate-infringers-in-china (zuletzt abgerufen am 11. Januar 2023)

49 Verordnung (EU) 2017/1001 des Europäischen Parlaments und des Rates vom 14. Juni 2017 über die Unionsmarke (UMV)

50 https://wipolex.wipo.int/en/legislation/details/19559 (zuletzt abgerufen am 13. Februar 2023)

51 Huo, Aimin, The fight against the phenomenon of mass attacks against a targeted or given trademark, https://www.lexology.com/library/detail.aspx?g=09530754-0d8d-4bea-9449-d6b3b996067c (zuletzt abgerufen am 14. Januar

IRRTUM 2

Chinesische Anwälte und Markenagenturen unterliegen den gleichen Verpflichtungen im Hinblick auf Verschwiegenheit und Vertraulichkeit wie deutsche Anwälte.

Realität

Zwar haben chinesische Anwälte und Markenagenten auch Verpflichtungen im Hinblick auf Vertraulichkeit gegenüber ihren Mandanten, insbesondere dürfen sie nicht beide Seiten im selben Konflikt vertreten. Allerdings unterscheiden sich die Vertraulichkeitsverpflichtungen in wesentlicher Hinsicht von denen deutscher Anwälte.[52]
So gilt für Rechtsanwälte in Deutschland eine strikte Verschwiegenheitspflicht. Das Gesetz sieht hier vor: »Der Rechtsanwalt ist zur Verschwiegenheit verpflichtet. Diese Pflicht bezieht sich auf alles, was ihm in Ausübung seines Berufes bekanntgeworden ist. Dies gilt nicht für Tatsachen, die offenkundig sind oder ihrer Bedeutung nach keiner Geheimhaltung bedürfen.«[53] Ausnahmen von der Verschwiegenheitspflicht gibt es zwar, aber sie sind klar geregelt und eng begrenzt und liegen vor allem dann vor, wenn der Mandant den Anwalt von der Verschwiegenheitspflicht entbindet oder es um die Verhinderung einer Straftat geht.[54]
Auch für chinesische Anwälte gilt eine Verschwiegenheitspflicht, die aber durch die »Ausnahmeregelung zum ›Schutz der nationalen Sicherheit‹ generalklauselartig eingeschränkt wird«[55]. Was unter den Begriff der nationalen Sicherheit fällt, kann weit ausgelegt werden – umfasst sind zum Beispiel der Wohlstand der Bevölkerung und allgemein wichtige staatliche Interessen. Das bedeutet, dass chinesische Anwälte sich nicht auf ihre Verschwiegenheitspflichten (und -rechte) berufen können, wenn die Behörden eine Gefahr für die nationale Sicherheit sehen – und der Begriff »nationale Sicherheit« ist sehr pauschal.[56]
Im Zweifel sollten Sie also eher Vorsicht walten lassen und genau nachfragen.

2023); Ranjard, Paul, Consequences of trademark invalidation, https://www.lexology.com/commentary/intellectual-property/china/wanhuida-intellectual-property/consequences-of-trademark-invalidation (zuletzt abgerufen am 28. Januar 2023).

52 El-Mohtar, Hannibal, China's Intellectual Property Courts: A Procedural Overview, https://harrisbricken.com/chinalawblog/chinas-intellectual-property-courts-a-procedural-overview/ (zuletzt abgerufen am 12. Januar 2023); Rocafort, Fred, The Attorney-Client Privilege Really Matters When Doing Business Internationally, Especially in China, https://harrisbricken.com/chinalawblog/the-attorney-client-privilege-really-matters-when-doing-business-internationally-especially-in-china/ (zuletzt abgerufen am 16. Januar 2023)

53 § 43a Abs. 2 S. 1–3 BRAO (Bundesrechtsanwaltsordnung)

54 Hauptmann, Markus, Anwaltliche Verschwiegenheit: Ein rechtsvergleichender Blick, AnwBl Online 2019, S. 337 ff., https://anwaltsblatt.anwaltverein.de/files/anwaltsblatt.de/anwaltsblatt-online/2019-337.pdf (zuletzt abgerufen am 14. Januar 2023)

55 Ebd.

56 Ebd.

IRRTUM 3

Bei einer Markenagentur handelt es sich stets um eine Kanzlei, die von Rechtsanwälten geführt wird.

Realität

Markenagenturen sind – regelmäßig vor dem Amt CNIPA zugelassene und dort registrierte – Organisationen, die nicht aus Juristen bestehen müssen. Gemäß den Markenrichtlinien handelt es sich dabei um Anwaltskanzleien und Dienstleistungsagenturen, deren Geschäftsbereich die Vertretung in Markensachen ist.[57] Markenagenturen dürfen administrative Handlungen für die von ihnen Vertretenen vornehmen, insbesondere Markenanmeldungen einreichen sowie Widerspruchs- und Löschungsverfahren führen, und kümmern sich um Markenverlängerungen und -übertragungen. Eine Markenagentur kann für sich alleine stehen oder in eine Kanzlei integriert sein. Mit den Änderungen zum chinesischen Markengesetz im Jahr 2019 wurden den Markensagenturen strengere Regelungen im Hinblick auf ihr Verhalten auferlegt. So darf eine Markenagentur beispielsweise keinen Auftrag für eine neue Markenanmeldung annehmen, wenn sie weiß oder wissen sollte, dass diese neue Markenanmeldung bösgläubig wäre. Markenagenturen dürfen für sich selbst ausschließlich Marken für ihre Vertretungsdienstleistungen anmelden.[58]

IRRTUM 4

Durch die Eintragung einer Marke in lateinischen Buchstaben ist die Marke stets auch in chinesischen Schriftzeichen und in Pinyin geschützt, bzw. von der Eintragung der Marke in lateinischen Buchstaben sind die chinesischen Schriftzeichen und Pinyin stets mit umfasst.

Realität

Die Marke ist so geschützt, wie sie eingetragen wird. Nur dafür gilt grundsätzlich der Schutz. Wenn Sie also eine Marke in lateinischen Buchstaben (z. B. ein englisches Wort) anmelden, ist auch nur die Marke in lateinischen Buchstaben (das englische Wort) geschützt. Allerdings kann es sein, dass eine Ähnlichkeit zwischen einer Marke in lateinischen Buchstaben und einer Marke in chinesischen Schriftzeichen angenommen wird. Dies kann zwar, muss aber nicht notwendigerweise der Fall sein. Die seit dem 1. Januar 2022 geltenden Markenrichtlinien geben vor, dass Markenähnlichkeit in einem solchen Fall angenommen werden kann, wenn die Bedeutung des englischen und des chinesischen Begriffes identisch oder im Wesentlichen identisch ist und die relevanten Verkehrskreise dadurch hinsichtlich der Herkunft der Waren und/oder Dienstleistun-

---

57 Markenrichtlinien, Kapitel 13
58 Ebd.

gen wahrscheinlich verwirrt werden.[59] Dafür müssen die chinesischen Verkehrskreise die Bedeutung des englischen Wortes verstehen. Als Beispiel für Ähnlichkeit wird u. a. angegeben »Victory« und die chinesischen Schriftzeichen für »Victory Brand«.[60] Wenn es sich aber um nichtchinesische, z. B. englische Begriffe handelt, deren Bedeutung den chinesischen Verkehrskreisen nicht bekannt ist, und keine Verwechslungen zu befürchten sind, werden die Begriffe auch nicht als ähnlich betrachtet.[61] Als Beispiel führen die Markenrichtlinien an, dass keine Ähnlichkeit angenommen wird zwischen dem Wort »bruin« (einem englischen umgangssprachlichen Ausdruck für Braunbär[62]) und den chinesischen Schriftzeichen für »Bär«.[63] Der Grund ist, dass die chinesischen Verkehrskreise zwar wohl das englische Wort »victory« kennen, aber nicht den englischen Ausdruck »bruin«. Insgesamt sind die Regeln hier kompliziert und schwierig einzuordnen – weder können Sie sich darauf verlassen, dass die Version in chinesischen Schriftzeichen immer als ähnlich angesehen wird zu der Version in lateinischen Buchstaben, noch dass das nie der Fall ist. Die Eintragung einer Marke in lateinischen Buchstaben kann Dritte tatsächlich häufig nicht daran hindern, ein oder mehrere Äquivalente in chinesischen Schriftzeichen oder in Pinyin eingetragen zu bekommen und zu benutzen. Andererseits können Sie trotzdem mit einer Marke in lateinischen Buchstaben die Rechte an einer Marke in chinesischen Schriftzeichen verletzen. Hier kommt es sehr auf den Einzelfall an und frühzeitige Recherchen und ggf. Markenanmeldungen – in Abstimmung mit Ihren markenrechtlichen Vertretern – können hilfreich sein.

IRRTUM 5

Auch in China gibt es Gewaltenteilung und chinesische Gerichte urteilen ausschließlich nach rechtlichen Gesichtspunkten.

Realität
Chinesische Gerichte können bei ihren Entscheidungen sowohl rechtliche als auch soziale und politische Gesichtspunkte berücksichtigen.

---

59   Markenrichtlinien, Kapitel 5, 5.1.6.
60   Ebd.
61   Ebd.
62   https://en.wikipedia.org/wiki/Bruin (zuletzt abgerufen am 10. Februar 2023)
63   Markenrichtlinien, Kapitel 5, 5.1.6.

Zustimmungserklärungen – also Erklärungen von Inhabern älterer Marken, dass sie der Eintragung und Benutzung jüngerer ähnlicher Marken zustimmen – werden von der CNIPA und von chinesischen Gerichten grundsätzlich akzeptiert.

Realität

Die Situation ist kompliziert. Bis Sommer 2021 wurden Zustimmungserklärungen von den chinesischen Behörden und Gerichten in der Regel akzeptiert, wenn die Marken nicht identisch waren und die Verbraucher durch die Koexistenz zweier ähnlicher Marken für identische oder ähnliche Waren/Dienstleistungen nicht irregeführt wurden. Im September 2021 kam dann die plötzliche Mitteilung, dass das *Trademark Review and Adjudication Department* (TRAD) der CNIPA ab sofort keine Zustimmungserklärungen in Beschwerdeverfahren mehr akzeptieren würde. Die Gerichte dagegen nehmen noch Zustimmungserklärungen an, bewerten sie aber viel strenger. Momentan scheint darüber diskutiert zu werden, ob das TRAD in Kürze nicht doch wieder Zustimmungserklärungen akzeptieren wird. In der Praxis ist hier derzeit vieles im Fluss: Im Moment – Stand Februar 2023 – werden Zustimmungserklärungen – wenn überhaupt – offenbar nur dann akzeptiert, wenn es offensichtliche Abweichungen zwischen den Marken gibt. Anders als früher genügt es also für die Akzeptanz von Zustimmungserklärungen nicht mehr, dass die Marken nicht identisch und auch nicht hochgradig ähnlich sind, sondern es muss offensichtliche Abweichungen geben. Eine Abweichung in nur einem Buchstaben reicht hierfür wohl kaum aus. Insgesamt sind bei der Vorhersage, ob Zustimmungserklärungen voraussichtlich akzeptiert werden oder nicht, viele Faktoren zu berücksichtigen, z. B., um welche Waren und/oder Dienstleistungen es sich handelt, ob die in Rede stehenden Unternehmen miteinander verbunden sind und wie bekannt die Marken sind. Da es in der Regel sehr aufwendig ist, eine Zustimmungserklärung zu erhalten und die strikten formalen Anforderungen dafür zu erfüllen, sollte für jeden Einzelfall vorab mit einer chinesischen Kanzlei oder Markenagentur geklärt werden, ob es überhaupt zielführend ist, entsprechende Verhandlungen mit dem Markeninhaber aufzunehmen, oder ob nicht eine andere Strategie entwickelt werden muss. Umgekehrt müssen Sie als Markeninhaber nach der neuen strikteren Praxis noch mehr als bisher darauf achten, Ihre eigenen eingetragenen Marken rechtserhaltend zu benutzen und dies jederzeit nachweisen zu können. Denn wenn Zustimmungserklärungen – wie es momentan (Februar 2023) der Fall ist – nicht mehr so leicht akzeptiert werden, ist davon auszugehen, dass es vermehrt Löschungsanträge gegen ältere Marken geben wird. Es besteht für Inhaber chinesischer Marken ein höheres Risiko als bisher, dass ihre Marken mit Löschungsanträgen wegen Nichtbenutzung angegriffen werden. Zum einen fällt also die Möglichkeit von Zustimmungserklärungen nach den neuen Regelungen häufiger weg, zum anderen ist die Prüfung der rechtserhaltenden Benutzung strenger, sodass Löschungsanträge wegen Nichtbenutzung leichter erfolgreich sind.[64]

IRRTUM 7

Es lohnt sich nicht, Marken und andere Schutzrechte in China eintragen zu lassen, da sie ja doch nicht durchsetzbar sind.

Realität
Es ist für ausländische – also nichtchinesische – Unternehmen in vielen Fällen möglich, ihre Rechte in China auch gegenüber chinesischen Unternehmen und auch gegenüber Counterfeitern und Trademark Squattern durchzusetzen, wenn sie sich an die in China geltenden Regeln halten. Hilfreich ist es dabei, wenn die richtigen Schutzrechte für die richtigen Waren/Dienstleistungen eingetragen und die notwendigen Verträge durchsetzbar abgeschlossen sind.

IRRTUM 8

Wenn Sie Waren in China ausschließlich für den Export herstellen und kennzeichnen lassen (Original Equipment Manufacturing – OEM), brauchen Sie dort keine Markeneintragung.

Realität
Es ist wichtig, die eigene Marke auch dann in China eingetragen zu haben, wenn Sie dort Waren ausschließlich für den Export herstellen und mit Ihrer Marke versehen lassen und diese Waren nicht für den chinesischen Markt bestimmt sind. Anderenfalls riskieren Sie, dass ein Dritter »Ihre« Marke in China eintragen lässt und dann versucht, gegen Sie bzw. den chinesischen Hersteller vorzugehen und z. B. Ihre Waren beim Export vom Zoll aufhalten zu lassen, oder dass er Sie wegen Verletzung seiner Marke verklagt.

---

64   Vertiefende Informationen zum Thema Zustimmungserklärung siehe: Xiao, Sophia, Current Situation of Trademark Coexistence System and the Application of Coexistence Agreement in the Chinese Trademark Practice, https://www.lexology.com/library/detail.aspx?g=0606b023-10f2-4457-bbce-f85ad8d2f103 (zuletzt abgerufen am 18. Januar 2023); Michishita, Rieko, Are Trademark Coexistence Consent Letters Admissible?, https://www.twobirds.com/en/insights/2021/china/are-trademark-coexistence-consent-letters-admissible (zuletzt abgerufen am 16. Januar 2023); Xia, Summer, Coexistence of similar Trademarks: How is it possible?, https://www.lexology.com/library/detail.aspx?g=cbedce7c-6f82-42e6-b44b-cac5e2a51a87 (zuletzt abgerufen am 18. Januar 2023)

IRRTUM 9

Die Wahl der gerichtlichen Zuständigkeit in Verträgen ist nebensächlich.

Realität

Die Wahl der gerichtlichen Zuständigkeit kann entscheidend sein, und zwar nicht nur dafür, ob Sie Ihre Rechte im Ernstfall durchsetzen können, sondern auch schon dafür, ob die andere Partei den Vertrag überhaupt ernst nimmt. Wenn nämlich eine Vertragspartei erkennt, dass ein Vertrag aufgrund schlechter Wahl der gerichtlichen Zuständigkeit nicht oder kaum durchsetzbar ist, könnte sie eher dazu tendieren, sich nicht an die vertraglichen Vereinbarungen zu halten. Dem Aspekt der gerichtlichen Zuständigkeit sollte also besondere Aufmerksamkeit gewidmet werden. Es kann häufig eine gute Entscheidung sein, in vertraglichen Vereinbarungen mit chinesischen Partnern die Zuständigkeit chinesischer Gerichte vorzusehen (siehe 7.1)

IRRTUM 10

Wenn Sie keine eigenen chinesischen Marken anmelden und ein Dritter identische oder ähnliche Marken für sich schützen lässt, ist das Schlimmste, was passieren kann, dass die Marken des Dritten hinsichtlich ihrer Benutzung mit Ihren (in China nicht eingetragenen, aber benutzten) Marken koexistieren.

Realität

Ein Dritter, der die identische Marke oder eine ähnliche Marke für identische/ähnliche Waren/Dienstleistungen eingetragen hat, kann Ihnen die Benutzung Ihrer Marke in China verbieten. Ausnahmen davon gibt es zwar, sie unterliegen aber strikten Regeln und müssen vom Benutzer der Marke außerdem in amtlichen oder gerichtlichen Verfahren geltend gemacht werden, was zeit- und kostenintensiv ist. Darüber hinaus dürfen auch bestimmte Produkte (z. B. Tabakwaren) in China nur unter einer eingetragenen chinesischen Marke vermarktet werden. Es gibt also Waren, die in China nur vermarktet werden dürfen, wenn der Benutzer Inhaber einer eingetragenen Marke ist.

2 Erwerb Ihrer Markenrechte

Am Anfang steht der rechtmäßige Erwerb der Markenrechte. Diese sollen dann so lange und umfassend aufrechterhalten werden können, wie Sie sie brauchen, und müssen, wenn nötig, auch durchgesetzt werden können. Zunächst stellt sich in diesem Zusammenhang die Frage: Wozu brauchen Sie überhaupt Markenrechte? Können Sie nicht auch ohne Markenrechte im geschäftlichen Verkehr tätig sein?

Die Antwort lautet: Die Anmeldung von Marken dient der Sicherung Ihrer Rechte und der Vermeidung von späteren Auseinandersetzungen. Mit eingetragenen Marken können Sie Dritte daran hindern, Ihre Marken ohne Ihre Erlaubnis zu benutzen. Es verhindert auch, dass Dritte sich die von Ihnen benutzten Marken eintragen lassen und dann gegen die Benutzung durch Sie erfolgreich vorgehen. Wie Spring Chang[65] es in einem Interview mit dem WTR World Trademark Review ausdrückte: »Es sollte daran erinnert werden, dass Patente, Marken und andere Formen von geistigem Eigentum Vermögenswerte für Unternehmen sind – das ist der Grund dafür, dass sie ›Eigentum‹ genannt werden.«[66] Das folgende Beispiel illustriert das sehr gut.

Der Kampf um die Marke

Die für ihre Luxusschuhe bekannte Manolo Blahnik International Limited wurde 1970 gegründet und der Designer Manolo Blahnik ist nach wie vor als Kreativdirektor und Chairman aktiv.[67] In den 1980er-Jahren war das Unternehmen bereits recht erfolgreich und ab 1998 kam der große Hype mit Carrie Bradshaw (gespielt von Sarah Jessica Parker) in der Serie Sex and the City.[68] Zu diesem Zeitpunkt war das Unternehmen noch nicht auf dem chinesischen Markt aktiv und hatte auch keine chinesische Marke MANOLO BLAHNIK oder eine Version der Marke in chinesischen Schriftzeichen angemeldet.[69] 1999 meldete dann aber eine chinesische Person die Marke MANOLO & BLAHNIK und Schriftzeichen (eine Kombination aus den lateinischen Buchstaben MANOLO & BLAHNIK sowie chinesischen Schriftzeichen) u. a. für Schuhe in China an.[70] Da in China grundsätzlich das »First-to-File«-Prinzip gilt – wer eine Marke zuerst anmeldet, bekommt sie auf sich eingetragen –, wurde

65 Gründungspartnerin der Kanzlei Chang Tsi & Partners

66 Chang, Spring, https://www.worldtrademarkreview.com/survey/wtr-global-leaders/2021/article/spring-chang (zuletzt abgerufen am 11. Januar 2023)

67 https://www.manoloblahnik.com/int/the-company (zuletzt abgerufen am 10. Februar 2023)

68 Riedl, Ann-Kathrin, Zum Geburtstag des Designers Manolo Blahnik: Wir zeigen die legendärsten Momente des Schuhdesigners, https://www.vogue.de/mode/artikel/manolo-blahnik (zuletzt abgerufen am 10. Februar 2023)

69 Meuwissen, Stefaan/Xia, Helen, China: Manolo Blahnik wins back trademark after 22-year legal battle, https://www.engage.hoganlovells.com/knowledgeservices/viewContent.action?key=Ec8teaJ9VapqMbOPfXjrX8xgHJMKLFEppVp bbVX%2B3OXcP3PYxlq7sZUjdbSm5FIetvAtgf1eVU8%3D&nav=FRbANEucS95NMLRN47z%2BeeOgEFCt8EGQ0qFfoEM 4UR4%3D&emailtofriendview=true&freeviewlink=true (zuletzt abgerufen am 16. Januar 2023)

70 Recherchetool der CNIPA, erreichbar unter wcjs.sbj.cnipa.gov.cn/; Huang, Xuefang, China: Overseas visibility is a persuasive factor in the Manolo Blahnik TM case, https://www.marks-clerk.com/insights/articles/china-overseas-visibility-is-a-persuasive-factor-in-the-manolo-blahnik-tm-case/ (zuletzt abgerufen am 14. Januar 2023)

die Marke eingetragen. Manolo Blahnik hat bereits im Jahr 2000 Widerspruch gegen die Markenanmeldung erhoben, der ebenso erfolglos blieb wie ein Nichtigkeitsantrag, der durch mehrere Instanzen ging, was insgesamt über 22 Jahre dauerte. Erst im Juni 2022 siegte Manolo Blahnik endlich, und zwar vor der obersten Instanz, dem chinesischen *Supreme People's Court* (SPC), der die Entscheidungen der Vorinstanzen aufhob und feststellte, dass die eingetragene Marke die älteren Namensrechte von Manolo Blahnik verletzt. In allen anderen Verfahren und Instanzen davor hatte Manolo Blahnik verloren. Dieser Sieg wurde jetzt überhaupt nur möglich, weil inzwischen gegen bösgläubige Anmelder in China viel strikter vorgegangen wird, als das früher der Fall war (dazu später mehr), und weil Manolo Blahnik persönliche Namensrechte geltend machen konnte, also deswegen, weil er tatsächlich so heißt. Der SPC würdigte dafür Unterlagen, aus denen sich ergibt, dass der Name Manolo Blahnik bereits vor 1999, also vor Anmeldung der Marke MANOLO & BLAHNIK und Schriftzeichen (eine Kombination aus den lateinischen Buchstaben MANOLO & BLAHNIK sowie chinesischen Schriftzeichen) »bei Modeinteressierten auf dem chinesischen Festland eine gewisse Bekanntheit hatte und dass die Bekanntheit des Namens im Ausland und in Hongkong zu einem gewissen Grad auch auf das Festland ausstrahlen konnte«[71]. In Hongkong seien zwischen 1993 und 1999 etwa 50 Medienberichte über Manolo Blahnik erschienen, darunter auch ein Bericht über die Eröffnung seiner Hongkong-Filiale; der Unternehmensumsatz in Hongkong habe zwischen 1997 und 1999 über 30 Mio. HK$ betragen; außerdem seien auch in China vor 1999 einige Berichte über Manolo Blahnik und seine Schuhe in in China vertriebenen Modezeitschriften erschienen.[72] Der Markenanmelder müsse Manolo Blahnik also vor Anmeldung der Marke MANOLO & BLAHNIK und Schriftzeichen (eine Kombination aus den lateinischen Buchstaben MANOLO & BLAHNIK sowie chinesischen Schriftzeichen) gekannt und die Marke deshalb angemeldet haben.[73,74]

Hinweis: Wie bereits im Vorwort ausgeführt, haben die Volksrepublik China und Hongkong ihre eigenen Markengesetze und -regelungen[75] – es ist also nicht etwa so, dass der SPC die

---

71 Jaeckel, Christoph, Die Entscheidung »Manolo Blahnik« des OVG China, MarkenR 2022, S. 420
72 Ebd.
73 Ebd. S. 421
74 Weitere Veröffentlichungen zu diesem Thema siehe: Van Malenstein, Reinout, (IP China) And just like that Manolo Blahnik wins trademark back, https://www.lexology.com/library/detail.aspx?g=6546893c-f57e-42ea-b715-2d25b1f58a1a (zuletzt abgerufen am 10. Februar 2023); Du Plessis, Ilse, Chinese lessons (in IP), https://www.lexology.com/library/detail.aspx?g=7fbd6f63-ede4-4c63-ad85-6f7bcbc7fbef (zuletzt abgerufen am 12. Januar 2023); SHOEZ, Manolo Blahnik gewinnt Markenstreit in China, https://www.shoez.biz/manolo-blahnik-gewinnt-markenstreit-in-china/ (zuletzt abgerufen am 17. Januar 2023); Taylor, Nigel, Manolo Blahnik gewinnt Markenrechtsstreit in China, https://de.fashionnetwork.com/news/Manolo-blahnik-gewinnt-markenrechtsstreit-in-china,1425352.html (zuletzt abgerufen am 17. Januar 2023); Pattloch, Thomas/Popple, Louise, Co-Autoren: Wan, Helen/Zhou, JoAnn/Si, Akili Si, Another cause for hope for well-known brands in China: the Manolo Blahnik case, https://www.taylorwessing.com/en/insights-and-events/insights/2022/10/bu-another-cause-for-hope-for-well-known-brands-in-china (zuletzt abgerufen am 10. Februar 2023)
75 Trademark Law of the People's Republic of China, https://wipolex.wipo.int/en/text/579988, und Hong Kong, China, Trade Marks Ordinance, https://wipolex.wipo.int/en/legislation/details/17371 (jeweils zuletzt abgerufen am 10. Februar 2023)

Benutzung der Marke in Hongkong als Benutzung der Marke in China angesehen hat, sondern er hat nur eine Ausstrahlungswirkung angenommen.

Marken können einen Markt sperren oder öffnen. In dem oben dargestellten Fall hat die für einen Dritten eingetragene Marke MANOLO & BLAHNIK und Schriftzeichen (eine Kombination aus den lateinischen Buchstaben MANOLO & BLAHNIK sowie chinesischen Schriftzeichen) über 22 Jahre lang den chinesischen Markt für Manolo Blahnik und sein Unternehmen gesperrt. Hätte Manolo Blahnik Schuhe unter der Marke direkt auf dem chinesischen Markt angeboten, obwohl ein Dritter Inhaber der chinesischen Marke war, hätte er sich allen möglichen Ansprüchen (vor allem Unterlassung und Schadensersatz) ausgesetzt. Eine andere Marke zu benutzen wäre sicher möglich gewesen, hätte aber wohl nicht das Bedürfnis der angesprochenen Verkehrskreise nach eben diesen berühmten Schuhen erfüllt. Manche Unternehmen kaufen in vergleichbaren Fällen auch die Markeneintragung des Dritten, um Marktzugang zu erhalten, was aber riskant sein kann, weil eine bei Anmeldung vorhandene Bösgläubigkeit des Markenanmelders durch Übertragung normalerweise nicht geheilt wird.

Aus diesem Fall können folgende Lehren gezogen werden:
1. Marken sollen so früh wie möglich angemeldet werden, auch dann, wenn noch nicht feststeht, ob und wann man den chinesischen Markt betreten wird.
2. Die Kosten, um eine Marke zurückzubekommen, die ein Dritter bereits hat, sind meistens hoch und so gut wie immer höher als die Kosten für die frühzeitige Markenanmeldung. Diese Kosten betreffen nicht nur die Rechtsstreitigkeiten, die man über viele Jahre führen muss, um die Marke zurückzubekommen, oder die Kosten für einen eventuellen Kauf der Marke, vielmehr sind die wesentlichen Kosten die Opportunitätskosten, nämlich die nicht realisierbaren Gewinne, weil man mit dieser Marke nicht direkt auf den chinesischen Markt kommen kann.
3. Gesetzeslage und Rechtsprechung sind derzeit günstig für Unternehmen, die gegen bösgläubige Markenanmeldungen und -eintragungen vorgehen wollen – nicht aufzugeben kann sich hier lohnen.

Am besten machen Sie sich bereits zu Beginn Ihrer Markenplanung Gedanken darüber, welche markenrechtlichen Probleme es in der Zukunft geben könnte und mit welchen Maßnahmen Sie diesen vorbeugen können, und erstellen Sie auch einen Back-up-Plan, um für schwierige Situationen gewappnet zu sein. Damit können Sie den meisten Auseinandersetzungen vorbeugen bzw. sie von vornherein vermeiden. Selbst wenn man nur die rein wirtschaftlichen Gesichtspunkte betrachtet, übertreffen die Einsparungen an Geld, Zeit und Energie durch die Vermeidung späterer Auseinandersetzungen bei Weitem die Kosten, die für eine solche anfängliche Markenplanung anfallen.[76] Solche Auseinandersetzungen können Ihre Tätigkeiten in China

---

76   Liu, Frank, Revisiting strategies for IP protection in China, https://www.lexology.com/library/detail.aspx?g=f96edf85-41dd-4e6e-97a1-4fad3d3c870c (zuletzt abgerufen am 14. Januar 2023)

stark erschweren oder – jedenfalls im Zusammenhang mit diesen Marken – sogar unmöglich machen. Es ist natürlich möglich, dass Sie für China eine andere Marke wählen, wenn Sie die ursprüngliche dort nicht benutzen dürfen. Dies hat aber Nachteile, vor allem wenn Ihre ursprüngliche Marke bereits durch Benutzung und Bewerbung im nichtchinesischen Ausland Reputation erworben hat und Sie viel Zeit und Geld aufwenden müssen, um die Reputation auf die neue – nun in China benutzte – Marke zu übertragen. Die sorgfältige Planung und Anmeldung Ihrer Marken in China ist daher unerlässlich.

Eine Marke ist ein Zeichen, das der Identifizierung von Waren und Dienstleistungen eines Unternehmens dient und es den maßgeblichen Verkehrskreisen[77] ermöglicht, die Waren und Dienstleistungen eines Unternehmens von denen eines anderen Unternehmens zu unterscheiden. Eine eingetragene chinesische Marke verleiht dem Markeninhaber das ausschließliche Recht, das Zeichen in Bezug auf die eingetragenen Waren und Dienstleistungen zu benutzen, sowie das Recht, anderen die Benutzung zu verbieten. Die entsprechenden Regelungen finden sich insbesondere im chinesischen Markengesetz *Trademark Law of the People's Republic of China*[78] und in den dazugehörigen Durchführungsregelungen *Regulations for the Implementation of the Trademark Law of the People's Republic of China*[79].

Die folgenden Ausführungen gelten für nationale chinesische Marken(-anmeldungen), soweit nicht ausdrücklich anders dargestellt. Für die chinesischen Teile von Internationalen Registrierungen gelten teilweise andere Regeln, von denen die wichtigsten unter 2.1.5 dargestellt werden.

2.1 Vor der Markenanmeldung

Nationale Markenrechte in China entstehen in der Regel durch die Anmeldung der Marke für bestimmte Waren und/oder Dienstleistungen bei der *China National Intellectual Property Administration* (CNIPA) und durch die anschließende Eintragung der Marke in das amtliche Markenregister.[80] Die Markenanmeldung sollte frühzeitig erfolgen, da einige Zeit zwischen der Anmeldung und der Eintragung der Marke vergeht. Wenn es zu keinen amtlichen Beanstandungen und keinen Widersprüchen kommt, können Sie mit etwa acht bis zwölf Monaten von der Anmeldung bis zum Erhalt der Eintragungsurkunde rechnen. Es gibt einige Aspekte, die Sie

---

77 Die maßgeblichen Verkehrskreise können Endverbraucher, Geschäftskunden und/oder Fachleute sein. Der chinesische Supreme People's Court hat auch schon am Transport und an der Logistik beteiligte Personen als zu den maßgeblichen Verkehrskreisen gehörend eingestuft. Wer im Einzelfall zu den maßgeblichen Verkehrskreisen gehört, richtet sich nach den beanspruchten Waren/Dienstleistungen. Verpackungsmaschinen werden beispielsweise in der Regel an Geschäftskunden verkauft, während Lebensmittel an Endverbraucher verkauft werden. So definieren sich dann auch die maßgeblichen Verkehrskreise.
78 https://wipolex.wipo.int/en/legislation/details/19559 (zuletzt abgerufen am 10. Februar 2023)
79 https://wipolex.wipo.int/en/legislation/details/15011 (zuletzt abgerufen am 10. Februar 2023)
80 Das chinesische Markenregister ist einsehbar unter http://wcjs.sbj.cnipa.gov.cn (zuletzt abgerufen am 10. Februar 2023)

vor der Anmeldung der Marke klären müssen, um sicherzustellen, dass Sie die Marke eingetragen bekommen, die Sie auch tatsächlich brauchen. Dazu sollten Sie umfassende Überlegungen anstellen, welche Worte/Buchstaben/Logos für welche Waren und/oder Dienstleistungen geschützt werden sollen. Eine einmal eingereichte Markenanmeldung kann nicht mehr geändert werden und das Waren-/Dienstleistungsverzeichnis kann nicht mehr erweitert werden. Gegebenenfalls müssen Sie die Markenanmeldung mit neuem, späterem Anmeldetag sowie doppelten Kosten neu einreichen.

Es ist keine Eintragungsvoraussetzung, dass die Marke bereits vor ihrer Anmeldung im Geschäftsverkehr in Benutzung ist. Im Gegenteil: Die Marke sollte vor Benutzungsaufnahme bzw. schon vor Kundgabe einer etwaigen Benutzungsaufnahme bei der CNIPA angemeldet werden. Mit Gültigkeit zum 1. November 2019 wurde der Satz »Eine bösgläubige Markenanmeldung ohne Benutzungsabsicht ist zurückzuweisen« in das chinesische Markengesetz (Art. 4) eingefügt. Nach wohl allgemeiner Auffassung sind »Bösgläubigkeit« und »fehlende Benutzungsabsicht« getrennt zu betrachten und müssen kumulativ vorliegen, d. h., Markenanmeldungen ohne Benutzungsabsicht werden nicht generell als bösgläubig angesehen. Bei letzterer Auslegung wären nämlich Defensivmarkenanmeldungen tatsächlicher Markeninhaber, die von vornherein nicht zur Benutzung vorgesehen sind, stets zurückzuweisen. Begründet wurde dies zunächst damit, dass der neue Satz in Art. 4 des chinesischen Markengesetzes im Entwurf lautete: »Eine Markenanmeldung ohne Benutzungsabsicht ist zurückzuweisen.« Dies hätte automatisch sowohl Defensivanmeldungen als auch Markenanmeldungen von Trademark Squattern betroffen, die selbst keine Benutzungsabsicht haben, sondern die Marken anmelden, um sie ihren tatsächlichen Inhabern hochpreisig zum Kauf anzubieten. Da später das Wort »bösgläubig« eingefügt wurde, wurde von Anfang an größtenteils davon ausgegangen, dass die neue Regelung Defensivanmeldungen unberührt lässt.

Gemäß den Richtlinien des *Beijing High People's Court* kann Bösgläubigkeit angenommen werden, wenn die Benutzungsabsicht fehlt **und** zusätzliche Aspekte gegeben sind, insbesondere, wenn Marken angemeldet werden, die identisch mit oder ähnlich zu solchen Marken Dritter sind, die ein gewisses Ansehen genießen oder besonders unterscheidungskräftig sind, oder wenn ohne triftige Gründe große Mengen von Marken angemeldet werden.[81]

Außerdem hat die *State Administration for Market Regulation* (SAMR) Regeln zur Umsetzung der gesetzlichen Änderungen *Several Provisions on Regulating Trademark Application and Registration Behavior* erlassen, die seit dem 1. Dezember 2019 gelten. Nach diesen Regeln soll die CNIPA bei der Beurteilung der Frage, ob Bösgläubigkeit ohne Benutzungsabsicht vorliegt, insbesondere die Menge der angemeldeten Marken sowie die Klassen, die Markentransaktionen, die

---

81 Wong, Alison/Yiu, Christine, China amends Trademark Law against Bad Faith Applications without Intent to Use, https://www.twobirds.com/en/insights/2019/china/china-amends-trademark-law-against-bad-faith-applications-without-intent-to-use (zuletzt abgerufen am 10. Februar 2023)

geschäftliche Tätigkeit des Anmelders und bereits wegen Bösgläubigkeit/Markenverletzung ergangene Entscheidungen gegen den Anmelder berücksichtigen.[82,83]

Nach den seit dem 1. Januar 2022 geltenden Markenrichtlinien der CNIPA werden besonders die folgenden Aspekte einer umfassenden Prüfung unterzogen, wenn es darum geht, festzustellen, ob »Bösgläubigkeit ohne Benutzungsabsicht« vorliegt oder nicht:

- Umfang und Art der geschäftlichen Tätigkeit des Markenanmelders
- Gesamtzahl der Markenanmeldungen des Anmelders einschließlich der Klassen und in welchem Zeitraum sie angemeldet wurden
- Markentransaktionen des Anmelders und verbundener Unternehmen
- Zusammensetzung der angemeldeten Zeichen
- Tatsächliche Benutzung der Marken
- Ob die angemeldete Marke identisch oder ähnlich mit einer anderen Marke von gewisser Reputation, mit berühmten Namen, einem Firmennamen etc. ist
- Ob der Markenanmelder bereits bösgläubig Marken hat eintragen lassen oder Markenrechte anderer verletzt hat
- Ob der Markenanmelder Marken zum Verkauf angeboten hat und keine Nachweise für Benutzungsabsicht vorlegen konnte
- Ob die angemeldeten Marken offensichtlich ungeeignet sind, im Rahmen der üblichen geschäftlichen Praktiken verwendet zu werden, und ob sie offensichtlich über die Bedürfnisse normaler Geschäftstätigkeit hinausgehen und auch außerhalb der geschäftlichen Fähigkeiten des Markenanmelders liegen
- Ob der Markenanmelder versucht hat, andere zu einer geschäftlichen Zusammenarbeit zu zwingen
- Ob der Markenanmelder hohe Übertragungs- und Lizenzgebühren, Schadensersatz für Markenverletzungen oder Vergleichsgebühren verlangt hat
- Ob die Marken offensichtlich in der Absicht angemeldet wurden, unfaire Interessen zu verfolgen und die normale Markeneintragungsordnung zu stören.[84]

---

82 Yang, Mingming/Chen, Li, Article 4 of new Trademark Law: an efficient weapon against bad-faith trademark filings, https://www.lexology.com/commentary/intellectual-property/china/wanhuida-intellectual-property/article-4-of-new-trademark-law-an-efficient-weapon-against-bad-faith-trademark-filings (zuletzt abgerufen am 18. Februar 2023)

83 Vertiefende Informationen zu den Markengesetzänderungen 2019: Chen, Jane, Amendment and Implementation of Article 4 of China Trademark Law, http://en.kangxin.com/html/2/218/219/220/13249.html (zuletzt abgerufen am 10. Februar 2023); Plane, Dan, Zhao, Avie, Update on Latest Developments in Respect of Bad Faith Trademark Filings in China, https://www.lexology.com/library/detail.aspx?g=7974305f-5a72-4a0f-b97e-b9bbc00a803e (zuletzt abgerufen am 16.1.2023); Liu, Emily, A New Comment on Article 4 of Trademark Law, http://en.kangxin.com/html/2/218/219/220/14283.html (zuletzt abgerufen am 14. Januar 2023); Xia, Summer, (IP China) Purpose other than use: Art. 4 of the Revised Trademark Law, https://www.lexology.com/library/detail.aspx?g=d5520a6d-7131-4ad3-aef2-34820205d371 (zuletzt abgerufen am 18. Januar 2023)

84 Markenrichtlinien, Kapitel 2; Xu, Ann/Chan, Vivien, China's revision of trademark law and the impact on CNIPA practices, https://www.managingip.com/article/2a5d1aveddrlq9n8fqccg/chinas-revision-of-trademark-law-and-the-impact-on-cnipa-practices (zuletzt abgerufen am 18. Januar 2023)

Folgende Situationen fallen nicht unter den Tatbestand »Bösgläubigkeit ohne Benutzungsabsicht«:

- Marken, die mit bereits bestehenden Marken des Anmelders identisch oder ihnen ähnlich sind und die zu Defensivzwecken angemeldet werden, und
- eine angemessene Anzahl von Marken für die zukünftige Geschäftstätigkeit des Anmelders.[85]

Der Sinn der Zulässigkeit von Defensivmarken liegt darin, bösgläubige Dritte davon abzuhalten, sich den bereits aufgebauten Ruf des Anmelders zunutze zu machen oder diesen Ruf zu beschädigen, und die Möglichkeit für Unternehmen zu schaffen, Marken frühzeitig anzumelden, um Trademark Squatting und Markenverletzungen zu verhindern.[86] Sie sollten stets in der Lage sein, nachvollziehbar zu erklären, dass Ihre Defensivanmeldungen notwendig sind, um diese Ziele zu erreichen.

2.1.1 Was anmelden? – Erste Ideen

Möglicherweise sind Sie bereits Markeninhaber in Deutschland oder in der Europäischen Union und möchten Ihre Marken auch in China schützen lassen. Vor Anmeldung Ihrer Marken in China sollten Sie klären, ob diese dort funktionieren können. Die Marken dürfen keine Tabus ansprechen (wie »Opium« für ein Parfüm). Sie dürfen auch nicht gegen die sozialistische Ethik und die sozialistischen Sitten verstoßen und keine anderen – englisch als unwholesome bezeichneten, wörtlich übersetzt ungesunden – Einflüsse, also unanständige, unangebrachte oder negative Aspekte und Konnotationen aufweisen[87] wie z. B. »Roughneck« für Handschuhe[88]. In den seit dem 1. Januar 2022 gültigen Markenrichtlinien der CNIPA sind einige Beispiele genannt. Gegen die sozialistische Ethik verstoßen beispielsweise »MLGB«[89] (zwar haben die Anmelder wohl argumentiert, das sei die Abkürzung für »My Life's Getting Better«, aber das Gericht sah die Buchstabenkombination stattdessen als eine umgangssprachliche vulgäre Beleidigung an[90]) oder die chinesischen Schriftzeichen für »örtlicher Tyrann«[91]. Als Beispiele für ungesunden Einfluss

---

85 Zhao, Ling, New Guidelines on trade mark examination in China, https://www.lexology.com/library/detail. aspx?g=9cc82070-5e3c-45fa-994b-48b8abb0e764 (zuletzt abgerufen am 18. Januar 2023); Markenrichtlinien, Kapitel 2, 3

86 Xu, Ann/ Chan, Vivien, China's revision of trademark law and the impact on CNIPA practices, https://www.managingip. com/article/2a5d1aveddrlq9n8fqccg/chinas-revision-of-trademark-law-and-the-impact-on-cnipa-practices (zuletzt abgerufen am 18. Januar 2023)

87 Xie, Jiayan, Understanding and Application of »Signs with Unhealthy influences shall not be used as trademarks«, https://www.lexology.com/library/detail.aspx?g=0136cedd-8c99-4b93-a35b-c22edb31866c (zuletzt abgerufen am 18. Januar 2023)

88 AFD China, CNIPA: ROUGHNECK Denied TM Registration for Negative Meaning, https://www.afdip.com/index. php?ac=article&at=read&did=3352 (zuletzt abgerufen am 11. Januar 2023)

89 Markenrichtlinien, Kapitel 3, 3.8.1.; siehe dazu auch Hopkins, Adam, Streetwear Brand MLGB has been banned in China for being offensive, https://www.timeoutshanghai.com/features/Blog-Shopping/65472/Streetwear-brand-MLGB-has-been-banned-in-China-for-being-offensive.html (zuletzt abgerufen am 14. Januar 2023)

90 Ebd.

91 Markenrichtlinien, Kapitel 3, 3.8.1.

werden Zeichen, die mit den Namen hochrangiger chinesischer oder ausländischer politischer Persönlichkeiten identisch oder ihnen ähnlich sind, genannt, ebenso Zeichen, die die ethnische Würde oder das ethnische Empfinden verletzen oder den religiösen Glauben beeinträchtigen können, z. B. Zeichen für heilige Schriften und Stätten.[92] Gemäß den Markenrichtlinien hat auch ein Parfümflakon in Totenkopfform (als 3D-Marke) einen ungesunden Einfluss.[93]

Des Weiteren sollten Sie so früh wie möglich zusätzlich eine Marke in chinesischen Schriftzeichen entwickeln und schützen lassen. Die Bedeutung der chinesischen Schriftzeichen sollte zu den unter der Marke angebotenen Waren und/oder Dienstleistungen passen.

Dazu folgendes Beispiel im Zusammenhang mit Pfizers Viagra, das illustriert, wie sensibel das Thema sein kann: »Die chinesischen Medien haben die Transliteration Weige für Viagra geprägt.«[94] »Weige« bedeutet »großartiger älterer Bruder«. Pfizer selbst wählte »Wan Aike« als Bezeichnung für »eine Transliteration von Viagra, die im Chinesischen keine Bedeutung hat und der das Ansehen, der Witz und die Anziehungskraft von Weige fehlen«[95]. »Weige« war in China allerdings viel erfolgreicher als »Wan Aike«. Daniel Chow erklärt das so: Ein unbeschwerter Name könne etwas von dem sozialen Druck abfedern, der möglicherweise durch konservative Einstellungen entstehe. In China sei Humor häufig ein Mittel, um mit sensiblen sozialen Themen umzugehen. »Wei« bedeute »großartig« im Sinne von Respekt und Reputation und nicht im Sinne von körperlicher Stärke, Kraft oder Gewalt. »Ge« im Sinne von »älterer Bruder« habe die Assoziation von Respekt und Zuneigung. »Weige« sei ein sanfter und humorvoller Name.[96] »Wan Aike« erscheine demgegenüber als langweiliger, uninspirierter und akademisch klingender Name, was möglicherweise dazu geführt hat, den sozialen Druck in diesem Bereich zu erhöhen, was vielleicht der Grund dafür sei, dass sich dieser Begriff bei den chinesischen Verbrauchern nicht durchsetzen konnte.[97]

»Eine gute chinesische Übersetzung kann sich besser in die chinesische Kultur einfügen, kommt bei den chinesischen Verbrauchern besser an und kann so dazu beitragen, dass die Popularität und Wettbewerbsfähigkeit der Marke auf dem chinesischen Markt steigen.«[98]

---

92 Markenrichtlinien, Kapitel 3, 3.8.3.; siehe zur Thematik der Sittenwidrigkeit und möglicher negativer Auswirkungen von Marken auch Bu, Yuanshi, Neue Markenrichtlinien in China, MarkenR 2022, S. 362
93 Markenrichtlinien, Kapitel 6, 3.1.
94 Chow, Daniel, Lessons from Pfizer's Disputes Over its Viagra Trademark in China, Maryland Journal of International Law, 27 (2012), S. 87 m. w. N. https://digitalcommons.law.umaryland.edu/cgi/viewcontent.cgi?article=1581&context=mjil (zuletzt abgerufen am 10. Februar 2023)
95 Ebd. S. 83
96 Ebd. S. 89
97 Ebd. S. 90
98 Jiang, Xiuhua, Kangxin Partners PC, Translating and protecting brands in the Chinese market, https://www.iam-media.com/regionindustry-guide/china-managing-the-ip-lifecycle/2023/article/translating-and-protecting-brands-in-the-chinese-market (zuletzt abgerufen am 18. Februar 2023)

Neben Wörtern in lateinischen Buchstaben oder chinesischen Schriftzeichen können in China auch Bilder, Zahlen, dreidimensionale Gestaltungen, Farbkombinationen (nicht einzelne Farben), Klänge und Kombinationen dieser Elemente geschützt werden.

Es ist empfehlenswert, auch Marken anzumelden, deren Benutzung Sie erst für die Zukunft planen. Ebenfalls empfehlenswert ist es, Ihre Marken für Waren und Dienstleistungen anzumelden, die Sie zwar selbst nicht anbieten und auch nicht anzubieten planen, hinsichtlich derer es aber für Sie wichtig ist, zu verhindern, dass Dritte sich an Ihren guten Ruf anhängen und Ihre Marken für diese Waren/Dienstleistungen anmelden und benutzen. Zum Beispiel mag es sein, dass ein Bekleidungshersteller nicht plant, Taschen anzubieten. Dennoch möchte er verhindern, dass ein Dritter seine Marke für Taschen anmeldet und benutzt. Dies ist möglich durch frühzeitige entsprechende Defensivanmeldungen. Auch nach den Änderungen, die zum 1. November 2019 in Kraft getreten sind, sind Defensivmarken in gewissem Rahmen zulässig (siehe 2.1).

Firmen- und Handelsnamen sowie die gesamte Aufmachung einer Ware oder Dienstleistung (Trade Dress) genießen dagegen keinen markenrechtlichen Schutz, sondern können Schutz im Rahmen des Wettbewerbsrechts genießen.[99] Ob wettbewerbsrechtlicher Schutz gegeben ist, hängt von den Umständen des jeweiligen Falles ab, u. a. davon, wie bekannt eine Bezeichnung ist und ob auf der Seite des Verletzers Bösgläubigkeit vorliegt (siehe 7.5).

2.1.2 Priorität

Es gibt im Markenrecht das Rechtsinstitut der sog. Priorität. Wenn Sie innerhalb von sechs Monaten nach einer Erstanmeldung in einem anderen Land, z. B. einer deutschen Markenanmeldung oder einer europäischen Unionsmarkenanmeldung, eine identische Zweitanmeldung in China einreichen, können Sie den Anmeldetag der Erstanmeldung auch für China in Anspruch nehmen. Ihre Markenanmeldung wird dann so behandelt, als sei sie am Tag der Erstanmeldung auch in China eingereicht worden. Dies kann Ihnen Vorteile gegenüber Wettbewerbern verschaffen, die ihre Marken zwischen dem Tag Ihrer Erstanmeldung und dem Tag Ihrer Zweitanmeldung in China angemeldet haben. Die Prioritätsfrist von sechs Monaten ist nicht verlängerbar. Um die Priorität der Erstanmeldung in Anspruch nehmen zu können, müssen Inhaber, Marken und Waren/Dienstleistungen der Erst- und Zweitanmeldung identisch sein.

Der Vollständigkeit halber sei erwähnt, dass Sie Ihre Marke auch nach Ablauf der sechsmonatigen Prioritätsfrist noch in China anmelden können; dann gilt für die chinesische Markenanmeldung aber nicht mehr der Tag der Erstanmeldung als Anmeldetag. In diesem Fall können

---

99 Law of the People's Republic of China Against Unfair Competition, https://wipolex.wipo.int/en/legislation/details/19557; Huang, Xuefang, China: copying clothing style may constitute unfair competition, https://www.lexology.com/library/detail.aspx?g=66d18c6e-14f3-475c-923e-8ed09938a6d1 (zuletzt abgerufen am 5. April 2023)

Markenrechte Dritter, die zwischen Ihrer deutschen oder EU-Erstanmeldung und Ihrer Zweit-anmeldung in China angemeldet wurden, Letzterer entgegenstehen.

Darüber hinaus gibt es die Möglichkeit der Inanspruchnahme einer sog. Ausstellungspriorität. Wenn eine Marke zum ersten Mal auf einer von der chinesischen Regierung organisierten oder anerkannten internationalen Ausstellung verwendet wurde, kann ebenfalls eine sechsmonati-ge Prioritätsfrist in Anspruch genommen werden, wenn die Voraussetzungen vorliegen.

2.1.3 Recherche

Ich empfehle dringend, vor Einreichung der Markenanmeldung, spätestens aber vor Benutzung der Marke in China, Recherchen dahingehend durchzuführen, ob es ältere angemeldete oder eingetragene Marken gibt, die eine Eintragung und Benutzung Ihrer Marke verhindern können. Zwar sollten Sie Ihre Markenanmeldung in China einreichen, bevor Sie dort andere Handlungen vornehmen, beispielsweise Verhandlungen führen. Es erhöht aber die Wahrscheinlichkeit, dass Ihre Markenanmeldung erfolgreich sein wird und Sie tatsächlich Markenrechte erwerben, wenn Sie vorab recherchieren, ob eventuelle Rechte Dritter einer Eintragung und Benutzung Ihrer Marke entgegenstehen. Beachten Sie, dass es einige Monate dauern kann, bis angemeldete Marken auch tatsächlich auf der Internetpräsenz der CNIPA[100] zu finden sind.

Wenn Sie eine eingetragene chinesische Marke verletzen, kann das gravierende Konsequenzen haben, z. B. Klageverfahren (u. a. auf Unterlassung, Auskunft, Schadensersatz, Vernichtung der Waren), die Entfernung Ihrer Angebote von Online-Marktplätzen und die Beschlagnahme Ihrer Produkte durch den Zoll.

Je früher Sie eine solche Recherche nach möglicherweise existierenden älteren Marken Drit-ter durchführen, desto früher können Sie überprüfen, ob diese älteren Marken in Benutzung sind. Sollte dies nämlich nicht oder nur teilweise der Fall sein, können Sie (Teil-)Löschungsan-träge wegen Nichtbenutzung gegen die älteren Marken stellen. Unabhängig von einer etwaigen Benutzung können Sie die Inhaber dieser älteren Marken auch um Zustimmungserklärungen bitten (siehe 1.3, Irrtum 6) oder mit ihnen Kauf- oder Lizenzverhandlungen führen. Beachten Sie aber, dass eine Übertragung einer bösgläubig angemeldeten Marke an der ursprünglichen Bösgläubigkeit nichts ändert.[101] Dasselbe gilt, wenn die Marke durch Täuschung oder andere unangemessene Mittel erworben wurde.[102] Reichen Sie einen beabsichtigten Löschungsantrag wegen Nichtbenutzung gegen die ältere Marke, die ein Eintragungshindernis für Ihre eigene

---

100 Erreichbar unter http://wcjs.sbj.cnipa.gov.cn/ (zuletzt abgerufen am 10. Februar 2023)

101 Pei, Fenhong Paula/Gao, Ya, Trademark applications – malicious behaviour and its countermeasures, https:// www.worldtrademarkreview.com/regionindustry-guide/china-managing-the-ip-lifecycle/2022/article/trademark-applications-malicious-behaviour-and-its-countermeasures (zuletzt abgerufen am 10. Februar 2023)

102 Sanyou IP Group, Administrative Dispute over the Invalidation of the Trademark of »Chinese characters Anker« https:// www.sanyouip.com/English/a/10598.htm (zuletzt abgerufen am 10. Februar 2023)

Marke darstellt, am besten ein, kurz **bevor** Sie Ihre eigene Marke anmelden. So erhöhen Sie Ihre Aussichten, dass die zuständige Behörde das Eintragungsverfahren Ihrer Marke bis zur Entscheidung über den Löschungsantrag aussetzt. Wichtig sind auf jeden Fall das richtige Timing bei der Stellung von Löschungsanträgen wegen Nichtbenutzung und frühzeitige Recherchen.[103]

Für erste einfache Recherchen empfiehlt sich die von der CNIPA kostenlos zur Verfügung gestellte Website, abrufbar unter http://wcjs.sbj.cnipa.gov.cn/, auch auf Englisch. Es gibt eine gewisse Zeitspanne, bis Sie neue Markenanmeldungen in der Datenbank finden können, und die Angaben sind ohne Gewähr.

Ohne Recherche vor der Markenanmeldung riskieren Sie, dass nach einem mehrmonatigen Prozess des Wartens auf eine Stellungnahme der CNIPA am Ende eine Zurückweisung Ihrer Markenanmeldung erfolgt, Ihre Marke also nicht eingetragen wird. Wenn Sie dann erst anfangen, evtl. Hindernisse gegen die Eintragung Ihrer eigenen Marke zu beseitigen, müssen Sie mindestens in die nächste, voraussichtlich aber auch noch in die übernächste Instanz, wenn Sie Ihre eigene Marke weiterhin eingetragen bekommen möchten, und nicht immer lassen sich alle Hindernisse beseitigen.

Durch die Benutzung einer Marke in China können nicht nur ältere Markenrechte Dritter, sondern auch andere Rechte Dritter wie persönliche Namensrechte, Firmennamenrechte, Domainrechte oder Copyrights verletzt werden. Die Verletzung solcher anderen Rechte Dritter kann ebenfalls Unterlassungs-, Auskunfts-, Vernichtungs- und Schadensersatzansprüche auslösen.

2.1.4   Erste Überlegungen zu möglicherweise der Eintragung entgegenstehenden Hindernissen

Falls bei der Recherche eine ältere, voraussichtlich die Eintragung Ihrer Marke blockierende Marke zum Vorschein kommt, sollten Sie bereits zu diesem Zeitpunkt überlegen und strategisch planen, wie das Eintragungshindernis überwunden werden kann. Achten Sie dabei darauf, dass vor dem Ergreifen von nach außen erkennbaren Maßnahmen Ihre eigenen Rechte gesichert sind, dass also nicht nur Ihre Marken, sondern auch Domains, Designpatente, Copyrights etc. angemeldet bzw. registriert sind. Allerdings ist hier das richtige Timing von wesentlicher Bedeutung:

---

103   Vertiefende Informationen siehe: AFD China, AFD Case Study – Choosing the Right Time to File a Request for Three Year Non-use Registration Cancellation, https://www.afdip.com/index.php?ac=article&at=read&did=3850 (zuletzt abgerufen am 11. Januar 2023); Batzella, Laura/Xie, Fredrick/Capraro, Silvia/Xia, Summer/Huang, Ariel/Giacopello, Fabio, GossIP newsletter – June/July 2022 – Editors' Pick, https://www.lexology.com/library/detail.aspx?g=1d46fab6-7088-414b-9e97-489788d461b0 (zuletzt abgerufen am 11. Januar 2023)

Chinesische Marken und auch Benennungen Chinas in Internationalen Registrierungen (siehe 2.1.5) müssen innerhalb von drei Jahren nach ihrer Eintragung bzw. Schutzgewährung rechtserhaltend benutzt werden, da sie anderenfalls löschungsreif sind. Sollte eine solche Benutzung nicht oder nicht für alle eingetragenen Waren/Dienstleistungen feststellbar und die Marke seit mehr als drei Jahren eingetragen sein, kann ein Löschungsantrag wegen Nichtbenutzung gegen die Marke erfolgreich sein. Falls nur einige Waren/Dienstleistungen der älteren Marke in Konflikt mit Ihrer Markenanmeldung stehen, kann es sinnvoll sein, den Löschungsantrag nur gegen diese Waren/Dienstleistungen bzw. gegen die sie enthaltende Unterklasse zu richten.

Es dauert etwa neun bis zwölf Monate, bis die CNIPA über den Löschungsantrag wegen Nichtbenutzung entscheidet. Gegen eine ablehnende Entscheidung ist ein Rechtsmittel möglich.

Da Markenanmeldungen in China inzwischen innerhalb weniger Monate nach Anmeldung geprüft werden, während Löschungsverfahren wegen Nichtbenutzung regelmäßig länger dauern, ist es oft nötig, die Aussetzung des Eintragungsverfahrens der eigenen Marke bis zur Entscheidung über den Löschungsantrag gegen die entgegengehaltene Marke zu beantragen. Zwar wird solchen Aussetzungsanträgen eher selten stattgegeben, es erhöht die Aussichten aber, wenn Sie den Löschungsantrag stellen, **bevor** Sie Ihre eigene Marke anmelden. Hier sollte das genaue Timing gut mit Ihren markenrechtlichen Vertretern abgestimmt werden, sodass der Löschungsantrag zwar möglichst vor Ihrer Markenanmeldung eingereicht wird, diese aber so zeitnah darauf folgt, dass der Inhaber der mit dem Löschungsantrag angegriffenen Marke erst Kenntnis von dem Löschungsantrag erlangt, wenn Ihre Markenanmeldung bereits eingereicht wurde. Das Gleiche gilt für Nichtigkeitsanträge. Der Grund dafür ist, dass der Inhaber der angegriffenen Marke sonst möglicherweise seine Marke erneut anmeldet (also eine mit seiner bereits eingetragenen älteren Marke identische neue Markenanmeldung bei der CNIPA einreicht), bevor Sie Ihre Marke anmelden. Er läge in diesem Fall dann nicht nur mit einer, sondern mit zwei Marken zeitlich vor Ihrer Marke, sodass Sie gegen zwei ältere Markenanmeldungen desselben Inhabers vorgehen müssten, was schwieriger und kostenintensiver ist. Vor allem unterliegt die zuletzt eingereichte ältere Markenanmeldung noch nicht der Benutzungspflicht, sodass gegen sie noch kein Löschungsantrag wegen Nichtbenutzung gestellt werden kann.

Löschungsanträge wegen Nichtbenutzung sollten u. a. deshalb so früh wie möglich gestellt werden, weil es dem Löschungsantragsteller in der ersten Instanz der CNIPA (also vor dem CTMO) nicht erlaubt ist, die Benutzungsunterlagen, die der Inhaber der älteren Marke einreicht, einzusehen und dazu Stellung zu nehmen. Er kann entsprechend auch nicht zielführende Gegenargumente anbringen, sodass seine Position recht schwach ist. Diese Möglichkeit existiert erst in der zweiten Instanz, vor dem *Trademark Review and Adjudication Department* (TRAD) der CNIPA. Daher ist es für den Löschungsantragsteller oft nötig, in die zweite Instanz (TRAD) zu gehen, um die Benutzungsunterlagen, die der Inhaber der angegriffenen Marke eingereicht hat, einzusehen und darzulegen, warum sie nicht ausreichen, um die rechtserhaltende Benutzung der angegriffenen Marke nachzuweisen, und diese daher zu löschen sei.

Diese Amtspraxis hat sich faktisch wohl teilweise geändert. Es gab seit Anfang 2022 mehrere Entscheidungen des CTMO in Löschungsverfahren, die sowohl inhaltlich als auch formal anders waren als frühere Entscheidungen. Die aktuellen Entscheidungen listen nämlich (anders als früher) die Haupt-Beweisdokumente auf, die der Inhaber der angegriffenen Marke beim CTMO eingereicht hat. Außerdem scheint das CTMO strenger zu sein hinsichtlich der Akzeptanz der Benutzungsnachweise. Es sieht danach aus, als würde das CTMO nun bei der Prüfung von Benutzungsunterlagen ähnliche Kriterien anwenden wie das TRAD.[104] Das ist eine gute Entwicklung für Markenanmelder, die ältere Marken wegen Nichtbenutzung löschen lassen möchten, und eine schlechte Entwicklung für Inhaber älterer Marken.

Denkbar ist es auch, ggf. parallel zu dem Löschungsantrag wegen Nichtbenutzung, mit dem Inhaber der älteren Marke zu verhandeln, z. B. über eine Zustimmungserklärung. Bis Sommer 2021 wurden Zustimmungserklärungen von den chinesischen Behörden und Gerichten in den meisten Fällen akzeptiert. Die Behörden und Gerichte waren aber nicht an Zustimmungserklärungen gebunden – sofern sie trotz der Zustimmungserklärung Verbraucherverwirrung oder andere negative Auswirkungen befürchteten, wurden Zustimmungserklärungen auch in der Vergangenheit nicht berücksichtigt. Dies war insbesondere bei identischen und hochgradig ähnlichen Marken für identische und sehr ähnliche Waren/Dienstleistungen der Fall.[105] Inzwischen haben sich Amtspraxis und Rechtsprechung dazu aber geändert und Zustimmungserklärungen werden – wenn überhaupt – nur noch im Falle von offensichtlichen Abweichungen zwischen den Marken akzeptiert.[106] Vieles ist hier im Fluss (siehe auch 1.3, Irrtum 6). Evtl. kann die Entgegenhaltung auch durch Erwerb und Übertragung der entgegengehaltenen Marke überwunden werden.

2.1.5 Internationale Registrierung (IR) oder nationale Anmeldung

Statt eine nationale Markenanmeldung in China bei der CNIPA einzureichen, besteht auch die Möglichkeit, China im Rahmen einer *Internationalen Registrierung* (IR) zu benennen. Für eine IR ist die *Weltorganisation für geistiges Eigentum* (WIPO) in Genf zuständig. Sie ist das globale Forum für Intellectual-Property-(IP-)Dienstleistungen, Politik, Information und Zusammenarbeit rund um das Thema geistiges Eigentum, eine sich selbst finanzierende Organisation der Ver-

---

104 Vertiefende Informationen zu diesen Praxisänderungen siehe: Zhu, Peggy, Change in the Practice of Non-use Cancellation in China, https://www.lexology.com/library/detail.aspx?g=5fb6dac8-7fe5-4bbd-aad3-9e3c0883f52a (zuletzt abgerufen am 18. Januar 2023)

105 Vertiefende Informationen zur früheren Situation siehe: Xiao, Sophia, Current Situation of Trademark Coexistence System and the Application of Coexistence Agreement in the Chinese Trademark Practice, https://www.lexology.com/library/detail.aspx?g=0606b023-10f2-4457-bbce-f85ad8d2f103 (zuletzt abgerufen am 18. Januar 2023); Tan, Kavin, Acceptability of Letters of Consent in Trademark Review, https://www.lexology.com/library/detail.aspx?g=f1263fde-e11b-4484-b5be-dec62f4c1919 (zuletzt abgerufen am 17. Januar 2023)

106 Vertiefende Informationen zur neuen Praxis siehe: Simone, Joseph, TRAD tightens standards for evaluating consent letters, https://www.lexology.com/library/detail.aspx?g=0032e8d5-9d1b-4470-a0df-5396c1ad22ac (zuletzt abgerufen am 17. Januar 2023)

einten Nationen.[107] Die WIPO verwaltet das *Madrider System (Madrider Markenabkommen* und *Protokoll zum Madrider Markenabkommen)*, das sie wie folgt beschreibt: »Das Madrider System ist eine bequeme und kostengünstige Lösung für die Eintragung und Verwaltung von Marken weltweit.«[108] Danach kann eine Marke, die bereits national angemeldet oder eingetragen wurde (Basismarke), auf Antrag in das Internationale Register eingetragen und der Schutz in den benannten Ländern beansprucht werden. Um das *Madrider System* nutzen zu können, benötigt man eine Verbindung zu einem seiner Mitgliedstaaten, indem man dort seine gewerbliche oder Handelsniederlassung oder seinen Wohnsitz hat oder indem man die Staatsbürgerschaft dieses Mitgliedstaates besitzt.[109] In diesem Mitgliedstaat benötigt man eine Basismarke(nanmeldung), auf die sich die IR stützt. Im Rahmen einer IR können Länder benannt werden, die Mitglied des *Madrider Markenabkommens* und/oder des *Protokolls zum Madrider Markenabkommens* sind. China ist sowohl Mitglied des *Madrider Markenabkommens* als auch des *Protokolls zum Madrider Markenabkommen* und kann im Rahmen einer IR benannt werden.[110]

Grundsätzlich soll bei der Benennung Chinas im Rahmen einer IR der gleiche Markenschutz entstehen wie bei der Anmeldung einer nationalen chinesischen Marke. Es gibt aber wesentliche Unterschiede:

Vertreter

Eine **nationale chinesische Markenanmeldung** können Sie als deutscher Anmelder nicht selbst bei der CNIPA einreichen, sondern müssen sich durch eine chinesische Anwaltskanzlei bzw. eine chinesische Markenagentur vertreten lassen. Eine **IR** können Sie selbst – auch mit Benennung Chinas – bei der WIPO einreichen, wenn die o. g. Voraussetzungen vorliegen.

Waren-/Dienstleistungsverzeichnis

Bei **nationalen chinesischen Markenanmeldungen** akzeptiert die CNIPA fast ausschließlich Begriffe, die sie in ihrer Standardliste *Chinese Classification* hinterlegt hat, die sog. Standardbegriffe. Zusätzlich akzeptiert sie »*Non-standard but acceptable*«-Begriffe, also solche, die, ohne zu den Standardbegriffen zu gehören, von der CNIPA für akzeptabel erklärt wurden. Es ist meistens nicht möglich, Begriffe in das Waren-/Dienstleistungsverzeichnis einer nationalen chinesischen Marke zu bekommen, die weder Standardbegriffe noch *non-standard but acceptable* sind. Wenn Sie solche Begriffe dennoch im Rahmen einer nationalen chinesischen Marke anmelden und die CNIPA diese nicht akzeptiert, weist sie Ihre Markenanmeldung nicht einfach zurück, sondern sie erlässt einen Beanstandungsbescheid und Sie bekommen (einmal!) die Möglichkeit, diese Begriffe in Standardbegriffe zu ändern oder auf sie zu verzichten.

---

107 https://www.wipo.int/about-wipo/en/ (zuletzt abgerufen am 10. Februar 2023)
108 https://www.wipo.int/madrid/en/ (zuletzt abgerufen am 10. Februar 2023)
109 Ebd.
110 https://wipolex.wipo.int/en/treaties/ShowResults?start_year=ANY&end_year=ANY&search_what=C&country_id=38C&treaty_all=ALL (zuletzt abgerufen am 10. Februar 2023)

Bei **IR** akzeptiert die CNIPA die meisten Begriffe, die von der WIPO akzeptiert werden, auch wenn sie nicht zu den Standardbegriffen oder den »*Non-standard but acceptable*«-Begriffen der CNIPA gehören, soweit die Klassifizierung insgesamt korrekt ist. Allerdings akzeptiert sie nicht alle Begriffe, und im Fall der Nichtakzeptanz erlässt sie nicht erst einen Beanstandungsbescheid mit der Möglichkeit zur Änderung oder zum Verzicht, sondern es erfolgt eine sofortige Zurückweisung. Sie als Markenanmelder müssen dann, wenn Sie weiter an der Schutzgewährung in China interessiert sind, parallel Beschwerde beim *Trademark Review and Adjudication Department* (TRAD) der CNIPA einreichen und gleichzeitig die Begriffe über ein Verfahren vor der WIPO an die Anforderungen der CNIPA anpassen, um die Schutzgewährung in China erreichen zu können.

Klassen und Unterklassen

In den meisten Ländern, auch in Deutschland und in China, findet die *Nizza-Klassifikation* Anwendung. Sie kategorisiert alle Waren und Dienstleistungen in die Klassen 1 bis 45, wobei die Klassen 1 bis 34 Waren betreffen und die Klassen 35 bis 45 Dienstleistungen. In China gibt es darüber hinaus ein Unterklassensystem (*Subclass System*). Jede Klasse der *Nizza-Klassifikation* wird danach in mehrere Unterklassen unterteilt, wobei jede Unterklasse vorgegebene Standardbegriffe enthält. Bei **nationalen chinesischen Markenanmeldungen** können Sie als Anmelder durch die Wahl dieser Standardbegriffe bestimmen, welche Unterklassen Sie beanspruchen möchten.

Die WIPO wendet zwar die *Nizza-Klassifikation* an, aber nicht das Unterklassensystem. Die CNIPA dagegen wendet das Unterklassensystem auch auf **IR** an. Dadurch entsteht eine gewisse Diskrepanz, die gelöst werden muss. IR können Begriffe enthalten, die keine Standardbegriffe nach chinesischen Vorgaben sind. Die Prüfer der CNIPA müssen die Begriffe dann trotzdem in das chinesische Unterklassensystem einordnen, auch wenn dieses darauf nicht wirklich ausgelegt ist. Dazu kommen die sprachlichen Unterschiede – IR werden ja nicht auf Chinesisch eingereicht. Die Prüfer müssen also zunächst einmal die englischen Begriffe aus dem Waren-/Dienstleistungsverzeichnis der IR ins Chinesische übersetzen. Die übersetzten Begriffe müssen dann in die dem Prüfer korrekt erscheinenden Unterklassen klassifiziert werden. Diese Prozedur hat eine gewisse Fehleranfälligkeit, sowohl bei der Übersetzung als auch bei der Klassifizierung in die Unterklassen. Wenn ein Begriff vom Englischen falsch ins Chinesische übersetzt wird, ist es recht wahrscheinlich, dass der Begriff auch der falschen Unterklasse zugeordnet wird. Ebenso kann die Übersetzung zwar korrekt sein, aber der Prüfer kann etwas anderes unter einem Begriff verstehen, als vom Anmelder gemeint war. Dadurch kann es vorkommen, dass Sie Schutz für Waren oder Dienstleistungen bekommen, die Sie nicht anbieten, aber keinen Schutz für Waren oder Dienstleistungen, die Sie anbieten und für die Sie Ihre IR ursprünglich angemeldet haben. Normalerweise erfahren Sie als Anmelder davon aber nichts, da zwar ein Schutzgewährungsbescheid für den chinesischen Teil der IR ergeht, sich aus diesem die Unterklassenzuordnung aber nicht ergibt. Deshalb ist es empfehlenswert, bei Benennungen Chinas im Rahmen von IR eine chinesische Kanzlei bzw. Markenagentur damit zu beauftragen, die amtliche Übersetzung und die Unterklassenzuordnung zu überprüfen und ggf. eine Korrektur zu beantragen.

Dauer des Verfahrens bis zur Eintragung/Schutzgewährung

Nationale chinesische Markenanmeldungen werden von der CNIPA, sofern es zu keinen Beanstandungen des Waren-/Dienstleistungsverzeichnisses kommt, spätestens innerhalb von neun bis zwölf Monaten, in der Regel aber bereits innerhalb von etwa vier bis sieben Monaten geprüft, manchmal sogar noch schneller. Wenn die CNIPA die amtliche Prüfung abgeschlossen hat und der Meinung ist, dass die Marke eingetragen werden kann, folgt auf die Prüfung vor der Eintragung noch die dreimonatige Widerspruchsfrist, innerhalb derer Dritte ihre Rechte geltend machen können. Wird innerhalb dieser drei Monate kein Widerspruch erhoben, wird die Marke eingetragen. Von der Eintragung bis zur Ausstellung der Eintragungsurkunde dauert es dann noch mehrere Wochen.

Der Prozess der Schutzgewährung des chinesischen Teils einer **IR** ist etwas weniger vorhersehbar. Wie oben ausgeführt, benötigen Sie eine Basismarke(nanmeldung), um Ihre IR darauf zu stützen. Die Entwicklung der Basismarkenanmeldung bis zur Eintragung sollte – falls möglich – aus Sicherheitsgründen abgewartet werden, bevor eine IR darauf gestützt wird. Dies ist allerdings nicht immer möglich, z. B. dann nicht, wenn Sie die Priorität der Basismarke beanspruchen möchten und die Basismarke nicht innerhalb der sechsmonatigen Prioritätsfrist eingetragen wurde. Nach Einreichung der IR wird diese formal von der WIPO geprüft und dann an die CNIPA weitergeleitet, die die Marke formal und substanziell prüft. Die Widerspruchsfrist läuft parallel zu der Prüfung durch die CNIPA und nicht, wie im nationalen Verfahren, nach Abschluss der Prüfung durch die CNIPA. Wenn alles in Ordnung ist, ergeht der Schutzgewährungsbescheid. Der Schutzgewährungsbescheid allein genügt aber nicht zur Durchsetzung des chinesischen Teils der IR in China, ist also noch keine vollständige Eintragungsurkunde – dafür braucht es ein weiteres Dokument, dessen Ausstellung nochmals einige Wochen oder Monate dauert (siehe unten »Durchsetzung«).

Kosten

Wie oben ausgeführt, brauchen Sie als deutscher Anmelder die Hilfe einer chinesischen Anwaltskanzlei bzw. Markenagentur, um eine **nationale chinesische Marke** anzumelden. In den amtlichen Grundgebühren der CNIPA für die nationale Markenanmeldung in einer Klasse sind zehn Begriffe pro Klasse enthalten. Für jeden darüber hinausgehenden Begriff pro Klasse fallen zusätzliche Gebühren an. Auch viele Anwaltskanzleien und Markenagenturen verlangen zusätzliche Gebühren für jeden über zehn hinausgehenden Begriff pro Klasse.

Die Kosten für die Benennung Chinas im Rahmen einer **IR** sind zunächst geringer, weil für die Anmeldung keine chinesische Kanzlei bzw. Markenagentur benötigt wird. Außerdem gibt es – im Gegensatz zur nationalen Markenanmeldung – keine zusätzlichen Gebühren für über die Anzahl von zehn hinausgehende Waren-/Dienstleistungsbegriffe pro Klasse. Wie oben ausgeführt, ist es aber empfehlenswert, nach der Schutzgewährung des chinesischen Teils der IR von einer chinesischen Kanzlei bzw. Markenagentur prüfen zu lassen, ob die Übersetzung und die Unterklassenzuordnung korrekt sind, was Kosten generiert. Weitere Kosten entstehen, um den chinesischen Teil einer IR durchsetzbar zu machen, wie im Folgenden erläutert wird.

Durchsetzung

Die **nationale chinesische Markeneintragung** ist ab Erhalt der Eintragungsurkunde durchsetzbar. Für den chinesischen Teil der **IR** erlässt die CNIPA einen Schutzgewährungsbescheid. Dieser allein reicht für die Durchsetzung des chinesischen Teils der IR aber nicht aus. Die IR kann in China erst durchgesetzt werden, wenn die CNIPA eine zusätzliche Urkunde (*Localization Certificate* oder *Certification of Trademark Registration*) auf Chinesisch mit dem offiziellen Stempel der CNIPA ausgestellt hat. Eine solche Urkunde kann nach Schutzgewährung des chinesischen Teils der IR bei der CNIPA von Ihrer Vertretung in China beantragt werden, wofür Kosten anfallen. Erst mit einer solchen Urkunde können Sie den chinesischen Teil der IR dann wie eine nationale Marke in China durchsetzen. Es empfiehlt sich auch, diese Urkunde direkt nach der Schutzgewährung zu beschaffen, da Sie Ihre IR in China sonst nicht durchsetzen können. Manchmal muss es schnell gehen, wenn Sie auf eine Verletzung Ihrer Rechte aufmerksam werden, und dann sollte die Urkunde schon vorhanden sein und nicht erst beschafft werden müssen.

Geografischer Schutzumfang

Sowohl die **nationale chinesische Marke** als auch die **Benennung Chinas in einer IR** gelten ausschließlich in der Volksrepublik China ohne Hongkong und Macau. Sie gelten auch nicht in Taiwan. Sollten Sie Schutz in Hongkong, Macau und/oder Taiwan benötigen, können Sie Ihre **Marke dort national** anmelden. Hongkong, Macau und Taiwan können dagegen nicht in einer **Internationalen Registrierung** benannt werden. Während Markenschutz in China also national und/oder über die IR erworben werden kann, kann Markenschutz in Hongkong, Macau und Taiwan nur über entsprechende nationale Markenanmeldungen erworben werden.

Empfehlung: Aufgrund der oben dargestellten Aspekte ist eine nationale Markenanmeldung in China einer Benennung Chinas in einer IR grundsätzlich vorzuziehen. Es gibt Fälle, in denen eine IR – ggf. zusätzlich – sinnvoll sein kann, insbesondere wenn Begriffe im Waren-/Dienstleistungsverzeichnis benötigt werden, die bei nationalen Marken nicht von der CNIPA akzeptiert werden; darüber sollte jeweils im Einzelfall entschieden werden.[111]

---

111 Vertiefende Informationen zur Benennung Chinas in Internationalen Registrierungen: Schäffler, Sonja, Marken-Anmeldestrategie in China – National anmelden oder im Rahmen einer Internationalen Registrierung (IR)?, GRUR Prax 2022, S. 38; Chen, Jane, Ex Officio Examination – Goods or Services Concerning International Registrations Designating China, https://www.lexology.com/library/detail.aspx?g=63c4bd0b-7e1a-45f8-845f-1b9f5fc7ab33 (zuletzt abgerufen am 10. Februar 2023); Long, Chuanhong/Zhang, Bin/Liang, Cuicui/Fu, Lei, Global Practice Guides Trade Marks 2022 China, 4.11 The Madrid System, https://practiceguides.chambers.com/practice-guides/trade-marks-2022/china (zuletzt abgerufen am 16. Januar 2023); Lam, Charis/Toh, Coral, China Classification, https://www.spruson.com/trade-marks/china-classification/ (zuletzt abgerufen am 11. Februar 2023)

2.1.6   Chinesische Schriftzeichen und Pinyin

Es ist sehr zu empfehlen, auch eine Version Ihrer Marke in chinesischen Schriftzeichen zu entwickeln, eintragen zu lassen und zu benutzen. Für chinesische Verbraucher ist es einfacher, chinesischsprachige Marken auszusprechen und im Gedächtnis zu behalten, sodass chinesische Verbraucher Ihre Marke normalerweise chinesisch benennen werden. Die Frage ist nur: Tun sie das mit einer von Ihnen entwickelten, ausgewählten, angemeldeten, verwendeten und damit kontrollierten Version oder mit einer von den chinesischen Verbrauchern, Medien oder Ihren Geschäftspartnern entwickelten Version – oder, ebenso möglich, mehreren solcher Versionen? Es kann nämlich sein, dass unterschiedliche Gruppen von chinesischen Verkehrskreisen (Fachleute, Unternehmer, Verbraucher, Medien) parallel unterschiedliche chinesischsprachige Versionen Ihrer Marke entwickeln, d. h. Ihre Waren oder Dienstleistungen unterschiedlich benennen. Wenn das passiert, sprich eine oder mehrere chinesischsprachige Versionen Ihrer Marke in Umlauf sind, die nicht von Ihnen stammen, dann haben Sie die Kontrolle über die chinesische Version Ihrer Marke verloren.

Gleichzeitig besteht auch ein hohes Risiko, dass Dritte diese chinesische Version – oder Versionen – als Marke(n) anmelden und eintragen lassen. Diese Dritten sind dann in der Regel die rechtmäßigen Inhaber der Marke(n) in chinesischen Schriftzeichen. Dann kommt es, insbesondere wenn es mehrere Versionen Ihrer Marke in chinesischen Schriftzeichen gibt, fast unweigerlich zu Verwirrungen oder zumindest Unsicherheiten bei den chinesischen Verkehrskreisen. Beachten Sie in diesem Zusammenhang auch Folgendes: Es kann zwar in manchen Fällen sein, dass die lateinische Version Ihrer Marke auch ein chinesisches Äquivalent abdeckt, sodass eine Ähnlichkeit zwischen den Marken angenommen werden kann. Dies ist aber eher selten der Fall.[112] Die gesamte Problematik können Sie leicht vermeiden, wenn Sie von Anfang an die Entwicklung und Anmeldung Ihrer Marke auch in chinesischen Schriftzeichen in Ihre Überlegungen einbeziehen.

Auch die Anmeldung in Pinyin sollten Sie in Erwägung ziehen. Es handelt sich bei Pinyin um ein System der Schreibweise in lateinischer Schrift zur Transliteration des Chinesischen. Pinyin heißt wörtlich »zusammengesetzte Töne«.[113] Im Unterschied zu Sprachen auf der Basis eines alphabetischen Systems können Sie aus chinesischen Schriftzeichen nicht direkt auf ihre Aussprache schließen. Deshalb haben Phonologen im Auftrag der chinesischen Regierung ein System für die Umschrift des Chinesischen in Lateinbuchstaben ausgearbeitet. Damit sollten die chinesischen Laute transkribiert und die Benutzung von Wörterbüchern vereinfacht werden.

---

112 Weitergehende Informationen dazu siehe: Zhang, Yan/Chang, Austin, Key considerations when protecting Chinese language marks, https://www.managingip.com/article/2a5d15ejam5bo2nscj2m8/key-considerations-when-protecting-chinese-language-marks (zuletzt abgerufen am 18. Januar 2023)

113 Xun Liu (Hrsg.), Das Neue Praktische Chinesisch, Lehrbuch, 3. Aufl., Chinabooks E. Wolf/Beijing Language and Culture University Press, Zürich 2012, S. 35

Dieses *Pinyin-Transkriptions-System* »verwendet das lateinische Alphabet, um chinesische Laute zu transkribieren, sowie vier diakritische Zeichen, um die unterschiedlichen Töne der chinesischen Schriftzeichen anzugeben.«[114]

2.1.7 Defensivmarken

Defensivmarken sind nicht zur Benutzung vorgesehen, sondern dienen dazu, den Markenschutz Ihres Unternehmens in China zu vergrößern und damit Barrieren für (insbesondere bösgläubige) Dritte zu schaffen, mit denen die Eintragung später eingereichter identischer oder ähnlicher Anmeldungen dieser Dritten blockiert werden soll. Außerdem sollen Defensivmarken (insbesondere bösgläubige) Dritte daran hindern, Ihre Marke oder verwechslungsfähig ähnliche Marken in anderen Klassen eintragen zu lassen und daraus unlautere Vorteile zu ziehen. Stichwort: Markenpiraterie!

Die Frage der Zulässigkeit von Defensivmarken ist im chinesischen Markengesetz nicht geregelt. Nach dem Inkrafttreten der Änderungen im chinesischen Markengesetz im Jahr 2019 war es eine Zeitlang umstritten, ob unter den neu eingefügten Art. 4 Abs. 1 S. 2 des chinesischen Markengesetzes auch Defensivmarken fallen, diese also per se bösgläubig sind (da sie nicht zur Benutzung vorgesehen sind, wären sie nämlich von Amts wegen zurückzuweisen, wenn sie auch als bösgläubig angesehen würden). Gemäß den von der CNIPA herausgegebenen Markenrichtlinien herrscht diesbezüglich jetzt Klarheit: Defensivmarken fallen nicht unter Art. 4 des chinesischen Markengesetzes, sind also nicht per se bösgläubig.[115] Es ist aber wichtig, nachweisen zu können, dass es sich tatsächlich um Defensivmarken handelt.

Das **Horten** von Marken ohne Benutzungsabsicht, also die Anmeldung einer großen Anzahl von Marken, die offensichtlich über die Anforderungen der normalen Geschäftstätigkeit hinausgeht, ist dagegen nicht erlaubt.[116] Dieses Verhalten wird als *Trademark Hoarding* oder *Trademark Warehousing* bezeichnet. Wie Sie im Zweifelsfall nachweisen können, dass es sich bei Ihren Marken um zulässige Defensivmarken und nicht um das unzulässige Horten von Marken handelt, klären Sie am besten frühzeitig mit ihren markenrechtlichen Vertretern.[117]

---

114 Ebd.

115 Markenrichtlinien, Kapitel 2, 3

116 Wang, Chuan, Trademark hoarding, rejected!, https://www.ccpit-patent.com.cn/news/content/2021/0407/4737.html (zuletzt abgerufen am 17. Januar 2023)

117 Vertiefende Informationen zum Thema Defensivmarken siehe: Smith, Christopher/Simone, Joseph, Defensive PRC Trademark Registrations Recognized as Legitimate, https://www.lexology.com/library/detail.aspx?g=0766fecf-e74b-438d-b9b5-a2b9f42fdc90 (zuletzt abgerufen am 17. Januar 2023)

2.1.8 Original Equipment Manufacturing – OEM

Original Equipment Manufacturing (OEM) bedeutet: Ein (hier: chinesisches) Unternehmen vereinbart mit einem ausländischen Kunden (dem Auftraggeber), dass es Produkte für den Kunden nach dessen Vorstellungen herstellt, die für den Verkauf im Ausland (hier: außerhalb Chinas) vorgesehen sind. Oft beinhaltet eine solche Vereinbarung, dass das chinesische Unternehmen, der Original Equipment Manufacturer, die Produkte nach den Vorgaben des Auftraggebers mit dessen Marken kennzeichnet und die Produkte dann für den Export vorbereitet.

Nun haben deutsche Auftraggeber chinesischer Original Equipment Manufacturer zwar meistens Eintragungen für die Marken, die der Original Equipment Manufacturer an den in China hergestellten Produkten anbringt, sowohl in ihrem Heimatland als auch in anderen Ländern, in denen sie ihre Produkte verkaufen, aber eben oft nicht in China. Das liegt daran, dass die frühere chinesische Rechtsprechung OEM im Wesentlichen aus dem Themenkreis »rechtserhaltende und rechtsverletzende Markenbenutzung« ausgenommen hatte. OEM wurde größtenteils nicht als Markenbenutzung gewertet, sondern einfach als Herstell- und Exportprozess. Dass dabei auch Marken auf den Produkten angebracht wurden, wurde nicht berücksichtigt.

Im Jahr 2019 hat sich die diesbezügliche Rechtsprechung in China geändert. Der chinesische *Supreme People's Court* hat im September 2019 in seiner »Honda«-Entscheidung (HONDA./.HONDAKIT) festgestellt, dass OEM als Markenbenutzung angesehen werden kann und nicht generell eine Ausnahme vom oder eine Verteidigung gegen den Vorwurf der Markenverletzung ist.[118] Der *Supreme People's Court* hat in der »Honda«-Entscheidung Markenverletzung durch OEM-Aktivitäten angenommen. OEM könne, so der *Supreme People's Court*, dann eine Markenverletzung darstellen, wenn es bei den relevanten Verkehrskreisen in China zu Verwechslungen kommen kann. Aber wie kann es zu Verwechslungen kommen, wenn die Waren nicht für den chinesischen Markt bestimmt sind, sondern exportiert werden? Dafür hat der *Supreme People's Court* den Begriff »relevante Verkehrskreise« weit ausgelegt:

- Bei den relevanten Verkehrskreisen handelt es sich nicht nur um chinesische Endverbraucher, sondern auch um Betreiber von Unternehmen oder sonstige Personen, die mit dem Export, der Logistik und dem Transport dieser Produkte zu tun haben.
- Durch die Entwicklung von E-Commerce und Internet können die Produkte nach dem Export wieder zurück nach China kommen.
- Chinesische Verbraucher können diesen Produkten auch bei Reisen ins Ausland begegnen.

Nach dieser Entscheidung muss der ausländische Auftraggeber, der nicht Inhaber der eingetragenen chinesischen Marke ist, also damit rechnen, dass er und der chinesische Original

---

118 Liu, Isabella/Loo, Shih Yann/Zhou, Zheng/Ho, Bertha, China: Use of trademark in OEM manufacturing may constitute trademark infringement in China, https://insightplus.bakermckenzie.com/bm/intellectual-property/china-use-of-trademark-in-oem-manufacturing-may-constitute-trademark-infringement-in-china (zuletzt abgerufen am 14. Januar 2023)

Equipment Manufacturer durch das Herstellen, Kennzeichnen und Exportieren von Waren in chinesische Markenrechte Dritter eingreifen, sofern das Risiko von Verwechslungen besteht. Es scheint sich hier nicht um eine Einzelfallentscheidung, sondern eher um einen neuen Trend zu handeln, denn chinesische Gerichte und der chinesische Zoll verwenden dieses Urteil nunmehr als Referenz.[119] Allerdings darf nicht völlig außer Acht bleiben, dass in dem der »Honda«-Entscheidung zugrunde liegenden Fall der chinesische Hersteller nicht exakt die im Ausland geschützte Marke des ausländischen Auftraggebers auf den Produkten anbrachte, sondern ein Zeichen, das der in China geschützten Marke der Klägerin näher kam.[120] Ein Teil der Lehre und Rechtsprechung in China scheint im Falle des ausschließlichen Exports der gekennzeichneten Waren nach wie vor nicht von einer Markenbenutzung in China auszugehen, da in diesem Fall die Marke ihre Kennzeichnungsfunktion nicht innerhalb Chinas erfülle.[121]

Aus diesen Entwicklungen lässt sich schließen, dass es erstrebenswert ist, als Auftraggeber von Original Equipment Manufacturing in China auch Inhaber der entsprechenden chinesischen Marken zu sein. Selbst wenn in diesem Bereich einiges im Fluss ist und Rechtsprechung und Lehre auch noch einige Fragen zu klären haben werden, ist doch eines bereits jetzt sicher: OEM ist in China nicht mehr automatisch aus dem Bereich »Markenbenutzung« ausgenommen. Die Autorisierung eines Original Equipment Manufacturers durch einen deutschen Auftraggeber, der die auf dem Produkt anzubringende Marke in Deutschland für sich hat eintragen lassen, bedeutet nicht automatisch, dass das Anbringen der Marke auf Produkten in China stets rechtmäßig ist, auch dann nicht, wenn die Produkte ausschließlich für den Export nach Deutschland oder in andere Länder vorgesehen sind. Umgekehrt ist, soweit bislang ersichtlich, OEM auch nicht in jedem Fall rechtsverletzend, wenn der Auftraggeber die Marke nicht in China für sich hat eintragen lassen. Hier spielen mehrere Faktoren eine Rolle, insbesondere ob ein Dritter eine identische oder ähnliche Marke für sich in China hat eintragen lassen, ob Verwechslungsgefahr besteht und ob die Marke genau so, wie sie in den Zielländern für den Auftraggeber geschützt ist, auf den Waren angebracht wird.

Selbst wenn es im Moment aufgrund der vielen bereits eingetragenen Marken und der strengen Prüfung durch die chinesische Markenbehörde CNIPA hinsichtlich älterer Marken oft nicht ganz einfach ist, Marken in China eingetragen zu bekommen, ist es doch nach meiner Einschätzung in den meisten Fällen lohnend. Denn die Alternative – nicht zu wissen, ob Dritte die gleiche oder eine ähnliche Marke angemeldet haben oder anmelden werden und ob sie dann gegen das eigene OEM vorzugehen versuchen und damit evtl. sogar Erfolg haben werden – erscheint mir viel weniger erstrebenswert. Selbst wenn man ein solches Verfahren erfolgreich überstehen sollte, wofür es aufgrund der noch nicht gefestigten Rechtsprechung keinerlei Gewähr gibt, und am

---

119 Ren, Jiao, China: Updates On Chinese Courts' Views On OEM Use Of Trademarks, https://www.mondaq.com/china/trademark/1066014/updates-on-chinese-courts39-views-on-oem-use-of-trademarks (zuletzt abgerufen am 10. Februar 2023)
120 Schäffler, Sonja, Original Equipment Manufacturing – OEM – Markenverletzung in China, GRUR Prax 2021, S. 471
121 Bu, Yuanshi, Neue Markenrichtlinien in China, MarkenR 2022, S. 370

Ende keine Markenverletzung angenommen würde, ist so ein Verfahren in der Regel (oft auch durch mehrere Instanzen) zeit- und kostenintensiver als die frühzeitige Anmeldung der eigenen Marken, solange hier noch kein Zeitdruck herrscht. In einem solchen durch den Inhaber der chinesischen Marke angestrengten Verfahren gar zu unterliegen ist sicher das Gegenteil von dem, was man sich wünscht. Zudem ist es ohne in China eingetragene Marke sehr viel schwieriger, wenn nicht gar unmöglich, Dritten den Export der mit Ihrer Marke gelabelten Produkte (also Counterfeits) zu verbieten.

Auch wenn sich erst im Laufe der Zeit herausstellen wird, wie sich die weiteren Entscheidungen der Gerichte bezüglich OEM gestalten werden, macht es die oben dargestellte »Honda«-Entscheidung des *Supreme People's Court* umso wichtiger für Unternehmen, die in China Produkte ausschließlich für den Export herstellen und kennzeichnen lassen, ihre Marken in China eintragen zu lassen. Als deutscher Auftraggeber sollten Sie möglichst Inhaber der eingetragenen chinesischen Marken sein, mit denen Sie Ihre Produkte von dem chinesischen Original Equipment Manufacturer kennzeichnen lassen. Vorher sollten Sie entsprechend recherchieren und etwaige die Eintragung Ihrer Marken blockierende Hindernisse beseitigen, z. B. durch Löschungsanträge wegen Nichtbenutzung, Widersprüche, Nichtigkeitsanträge, Verhandlungen über Zustimmungserklärungen (wobei die chinesischen Behörden und Gerichte hinsichtlich deren Akzeptanz sehr viel strikter sind als früher), Lizenzen oder Kauf etc. Die möglichen Risiken sollten dabei beachtet werden (siehe 1.3, Irrtum 6, und 2.1.3).

Manchmal ist es aber leider nicht oder nicht so schnell möglich, die der Eintragung der eigenen Marke entgegenstehenden Hindernisse zu beseitigen. In diesem Fall können Sie vorsorglich einiges dafür tun, dass Ihre Waren beim Export vom Zoll nicht aufgehalten oder jedenfalls schnell wieder freigegeben werden. Insbesondere ist es wichtig, dass Ihre OEM-Papiere in Ordnung und griffbereit sind, also u. a. die Eintragungsurkunden der Marken in den Zielländern, die Autorisierungsdokumente für Herstellung und Export, Kaufverträge und Frachtpapiere.[122] Sie sollten nachweisen können, dass alle Waren für den Verkauf außerhalb Chinas exportiert werden.[123] Empfehlenswert ist es auch, Ihre Produkte mit genau der Marke kennzeichnen zu lassen, die Sie im Heimat- oder Zielland haben eintragen lassen. Falls diese Eintragung noch nicht erfolgt ist, kann es sinnvoll sein, die Marke genauso, wie sie in China gelabelt wird, in Ihrem Heimatland sowie in allen Zielländern eintragen zu lassen. Normalerweise sind sowohl in Deutschland als auch in China geringfügige Abweichungen zwischen der eingetragenen und der benutzten Form akzeptiert. Wenn Sie also eine Marke zum Beispiel mit Binnengroßschreibung zusammengeschrieben eingetragen haben, sie aber in Getrenntschreibung benutzen, ist das häufig kein Problem und in vielen Fällen ist die benutzte Version von der eingetragenen Version noch abgedeckt (bitte in jedem Einzelfall mit Ihren markenrechtlichen Vertretern ab-

---

122 Liu, Zoe, The changing nature of OEM product exports from China, https://rouse.com/insights/news/2021/the-changing-nature-of-oem-product-exports-from-china (zuletzt abgerufen am 14. Januar 2023)

123 Fang, He/Zhang, Siwei, Guidelines on how to deal with IPR-related seizures by the customs in cross-border OEM business, https://www.kwm.com/cn/en/insights/latest-thinking/guidelines-on-how-to-deal-with-ipr-related-seizures-by-the-customs-in-cross-border-oem-business.html (zuletzt abgerufen am 12. Januar 2023)

klären). Im Falle von OEM kann es aber entscheidend sein, ob Sie genau die Version der Marke im Zielland eingetragen haben, die auch in China gelabelt wird, und zwar auch dann, wenn die Abweichungen zwischen Ihrer bislang eingetragenen Marke und der gelabelten Form geringfügig sind. Fragen Sie Ihre markenrechtlichen Vertreter auch konkret danach, welche Papiere für Sie hilfreich sein können, wenn Sie Ihre eigenen Marken in China (noch) nicht eingetragen bekommen können, weil ältere identische oder ähnliche Drittrechte bestehen.

OEM kann nicht nur rechtsverletzend sein, sondern wird von den chinesischen Gerichten in der Regel auch als rechtserhaltende Markenbenutzung anerkannt, soweit die Voraussetzungen vorliegen und nachgewiesen werden können (siehe 4.3.2).[124]

2.1.9   Markenrechte ohne Eintragung

Unter bestimmten Umständen können auch nicht eingetragene Marken Schutz in China genießen, insbesondere dann, wenn sie bekannt sind. Darüber hinaus gibt es eine Art »Vorbenutzungsrecht«: Ein Markeninhaber hat nicht das Recht, einer Partei die Benutzung der gleichen oder einer ähnlichen Marke im bisherigen Umfang zu untersagen, wenn diese die Marke schon vor Anmeldung und Benutzung der Marke durch den Markeninhaber benutzt hat und wenn die Marke vor Anmeldung und Benutzung durch den Markeninhaber bereits einen gewissen Einfluss erworben hat. Der Markeninhaber kann in diesem Fall allerdings verlangen, dass die vorbenutzende Partei ihrer Marke einen unterscheidungskräftigen Zusatz beifügt.[125]

---

124 Weiterführende Hinweise zum Thema OEM siehe: Hui, Huang/Ranjard, Paul, Supreme People's Court Honda OEM case: end of a long story?, https://www.lexology.com/Commentary/intellectual-property/china/wanhuida-intellectual-property/supreme-peoples-court-honda-oem-case-end-of-a-long-story (zuletzt abgerufen am 14. Januar 2023); Hoffman, Janet L., China: Use in OEM Manufacturing Could Give Rise to Trademark Infringement, https://www.frosszelnick.com/china-use-in-oem-manufacturing-could-give-rise-to-trademark-infringement/ (zuletzt abgerufen am 14. Januar 2023); Lim, Ai-Leen/Wang, Julia, Supreme People's Court reverses position on OEM trademark use in Honda case, https://awapoint.com/supreme-peoples-court-reverses-position-on-oem-trademark-use-in-honda-case/ (zuletzt abgerufen am 14. Januar 2023); Tsai, Lee & Chen, Brand-Labeled OEM Ruled as Constituting Use of a Trademark in Chinese Landmark Decision, http://www.tsailee.com/news_show_en.aspx?cid=3&id=1771 (zuletzt abgerufen am 17. Januar 2023); Beconcini, Paolo, Made in China 2025: OEM Manufacturing and Trademark Infringement in China, https://www.iptechblog.com/2020/06/made-in-china-2025-oem-manufacturing-and-trademark-infringement-in-china/ (zuletzt abgerufen am 11. Januar 2023); Seow, Esther/ Drew, Ian/Lau, Benita, China law update: Does OEM manufacturing constitute trade mark use or infringement?, https://www.lexology.com/library/detail.aspx?g=fa19a5fa-745e-417c-925d-72afcbae43d9 (zuletzt abgerufen am 17. Januar 2023); Schäffler, Sonja, Original Equipment Manufacturing – OEM – Markenverletzung in China, GRUR Prax 2021, S. 471; Harris, Dan THE Rules When Manufacturing Overseas, https://harrisbricken.com/chinalawblog/the-rules-when-manufacturing-overseas/ (zuletzt abgerufen am 14. Januar 2023); AFD China, China's flexible approach to territorial protection addresses OEM conflicts, https://www.afdip.com/index.php?ac=article&at=read&did=4124 (zuletzt abgerufen am 11. Januar 2023); Yang, Miriam, A Reflection on Judicial Decisions of OEM-related Trade Mark Infringement Cases in China, https://www.lexology.com/library/detail.aspx?g=7851796d-18f1-41c0-85ec-7089fe26d7f2 (zuletzt abgerufen am 5. April 2023)

125 Ranjard, Paul/Huang, Hui/Du, Binbin, SPC clarifies requirements for citing prior use defence in trademark infringement cases, https://www.lexology.com/commentary/intellectual-property/china/wanhuida-intellectual-property/spc-clarifies-requirements-for-citing-prior-use-defence-in-trademark-infringement-cases (zuletzt abgerufen am 16. Januar 2023)

2.2 Die Markenanmeldung

Das Wichtigste in Kürze: Eine nationale chinesische Markenanmeldung ist bei der *China National Intellectual Property Administration* (CNIPA) einzureichen. Die Internetpräsenz ist zu erreichen unter http://english.cnipa.gov.cn/, das offizielle Search Tool unter http://wcjs.sbj.cnipa.gov.cn/. Ausländische Markenanmelder benötigen eine markenrechtliche Vertretung in China (Anwaltskanzlei bzw. Markenagentur) zur Einreichung der Markenanmeldung. Die Markenanmeldung kann nach ihrer Einreichung nicht mehr geändert werden. Insbesondere ist es auch nicht erlaubt, zusätzliche Waren oder Dienstleistungen hinzuzufügen.

2.2.1 Antrag auf beschleunigte Prüfung

Seit dem 14. Januar 2022 besteht für bestimmte Markenanmeldungen die Möglichkeit, einen Antrag auf beschleunigte Prüfung bei der CNIPA zu stellen. Diese Möglichkeit wurde zunächst einmal probeweise eingeführt. Sie betrifft nur Wortmarken und diese müssen besondere Kriterien erfüllen, z. B. Marken im Zusammenhang mit bedeutenden Projekten und Programmen, wissenschaftlichen und technologischen Infrastrukturen, Ausstellungen auf nationaler oder Provinzebene oder Marken von großer praktischer Bedeutung für die Wahrung nationaler oder sozialer öffentlicher Interessen oder wichtiger regionaler Entwicklungsstrategien. Eine Markenanmeldung muss im Falle eines Antrags auf beschleunigte Prüfung von weiteren Dokumenten begleitet sein, insbesondere von Unterlagen zum Nachweis der Eignung für die beschleunigte Prüfung und von durch die zuständigen Behörden ausgestellten Empfehlungsschreiben. Es dürfte sich hier eher um Ausnahmen handeln – fragen Sie ggf. Ihre markenrechtlichen Vertreter im konkreten Einzelfall danach. Sofern die Voraussetzungen gegeben sind und die notwendigen Unterlagen eingereicht werden, soll die Anmeldung von der CNIPA innerhalb von 20 Werktagen geprüft werden, was bedeutend schneller ist als die normale Prüfungsdauer.[126] Zum Zeitpunkt des Verfassens dieses Absatzes (Februar 2023) besteht die Möglichkeit des Antrags auf beschleunigte Prüfung noch – es ist allerdings weder absehbar, wie lange diese Testphase

---

126 Details hierzu siehe: Huo, Aimin, Fast Track for Trademarks in China, https://www.lexology.com/library/detail.aspx?g=65ea13ce-2e1d-4e69-86cd-f3339d2412e1 (zuletzt abgerufen am 14. Januar 2023); Zhu, Melanie, CNIPA Released Measures on Expedited Examination of Trademark Registration Application (Trial), https://rouse.com/insights/news/2022/china-ip-updates-january-2022-issue-2 (zuletzt abgerufen am 10. Februar 2023); AFD China Intellectual Property Law Office, CNIPA Releases Measures for Quick Examination of Trademark Applications (for Trial Implementation), https://www.lexology.com/library/detail.aspx?g=b918ba45-e334-46f0-bcbb-a50adbf9aa01 (zuletzt abgerufen am 11. Januar 2023); DEQI Intellectual Property Law Corporation, CNIPA released the measures for rapid examination of trademark applications, https://www.lexology.com/library/detail.aspx?g=1badbd51-5b80-4866-9d16-e846cead1e3e (zuletzt abgerufen am 12. Januar 2023); Lim, Ai-Leen/Zhao, Ashley, China trials fast-track examination for trademark applications, https://awapoint.com/china-trials-fast-track-examination-for-trademark-applications/ (zuletzt abgerufen am 14. Januar 2023); Beconcini, Paolo/Li, Elisa, First Time Ever! China Adopts Fast-Track Examination for Trademark Applications, https://www.iptechblog.com/2022/03/first-time-ever-china-adopts-fast-track-examination-for-trademark-applications/ (zuletzt abgerufen am 11. Januar 2023); Wen, Joyce, Measures for Expedited Examination of Trademark Registration Applications in China (Trial Implementation), https://www.leetsai.com/trademark/measures-for-expedited-examination-of-trademark-registration-applications-trail-implementation (zuletzt abgerufen am 18. Januar 2023)

andauert, noch, ob die Möglichkeit des Antrags auf beschleunigte Prüfung anschließend – nach der Testphase – dauerhaft übernommen wird.

2.2.2   Anmelder

Markenanmelder kann eine natürliche Person, eine juristische Person oder eine andere Organisation sein (im Folgenden der Einfachheit halber als Unternehmen bezeichnet). Auch mehrere Personen gemeinsam können eine Marke anmelden.

2.2.3   Zeichen

Eine Marke dient dazu, die Waren und/oder Dienstleistungen eines Unternehmens von den Waren und/oder Dienstleistungen anderer Unternehmen zu unterscheiden. Zeichen, die geeignet sind, die Waren und/oder Dienstleistungen eines Unternehmens von denen anderer Unternehmen zu unterscheiden, einschließlich Wörtern in lateinischen Buchstaben oder in chinesischen Schriftzeichen, Bildern, Buchstaben, Zahlen, dreidimensionalen Gestaltungen, Farbkombinationen, Klängen sowie Kombinationen des Genannten, können in China grundsätzlich als Marke angemeldet werden. Allerdings gibt es dazu zahlreiche Sonderregelungen und Einschränkungen.

Ebenso wie deutsche Marken und europäische Unionsmarken brauchen chinesische Marken Unterscheidungskraft, um schutzfähig zu sein. Wie der Name schon nahelegt, bedeutet Unterscheidungskraft, dass ein Zeichen die Kraft hat, es den angesprochenen Verkehrskreisen zu ermöglichen, anhand dessen die Waren und Dienstleistungen eines Unternehmens von denen anderer Unternehmen zu unterscheiden, und somit als Herkunftshinweis zu dienen. Eine Marke kann von Haus aus Unterscheidungskraft haben oder sie durch umfangreiche Benutzung und Bewerbung im Laufe der Zeit erwerben. Prof. Dr., LL.M. (Harvard) Yuanshi Bu drückt es so aus: »Nach den Markenrichtlinien ist die Unterscheidungskraft gegeben, wenn das Zeichen ausreichende Merkmale aufweist, um den maßgeblichen Verkehrskreisen die Unterscheidung der Herkunft von Waren oder Dienstleistungen zu ermöglichen; konkret muss man sich die Marke merken und damit die Herkunft von Waren erkennen können, gleichzeitig muss das Zeichen seiner Hinweisfunktion nachkommen.«[127]

Nicht unterscheidungskräftig sind Zeichen, die von den angesprochenen Verkehrskreisen nicht als Marke erkannt werden, wie dekorative Elemente und Verzierungen. Ebenfalls nicht unterscheidungskräftig sind gemäß den Markenrichtlinien zum Beispiel einfache geometrische Figuren, einzelne einfache, also nicht stilisierte Buchstaben, gewöhnliche Werbetexte,

---

127 Bu, Yuanshi, Neue Markenrichtlinien in China, MarkenR 2022, S. 362 f. m. w. N.

Telefonnummern oder Adressen etc. Als Beispiele für nicht unterscheidungskräftige Zeichen führen die Markenrichtlinien u. a. an: Die chinesischen Schriftzeichen für »Discount«, das Wort »Mall« für die Dienstleistung der Verkaufsförderung für Dritte, »HAPPY NEW YEAR«, »Good luck«, »Good appetite« oder auch die chinesischen Schriftzeichen für das Frühlingsfest.[128] Bei Klangmarken führen die Markenrichtlinien zum Beispiel das Geräusch von Kinderlachen für Baby-Milchpulver als nicht unterscheidungskräftig an.[129]

Auch nicht als Marke schützbar und damit nicht monopolisierbar sind beschreibende Begriffe, also solche, die unmittelbar die Qualität, die wesentlichen Bestandteile, die Funktion, die Art der Benutzung, das Gewicht, die Menge oder andere Charakteristika der Waren/Dienstleistungen beschreiben. Als Beispiele für beschreibende Begriffe führen die Markenrichtlinien u. a. Begriffe an wie die chinesischen Schriftzeichen für »superb« für Hoteldienstleistungen, das Wort »SAFETY« für Leckageschutzvorrichtungen, die stilisierte Angabe »50 kg« für Reis, die chinesischen Schriftzeichen für »Chinese style« für Möbel, oder auch die chinesischen Schriftzeichen für »brühen« für Instantnudeln.[130]

Ausnahmen davon gibt es: Wenn ein Begriff durch Benutzung Unterscheidungskraft erlangt hat, kann er unter bestimmten Voraussetzungen als Marke eingetragen werden. Wenn diese eigentlich nicht monopolisierbaren Begriffe durch Benutzung Unterscheidungskraft erlangt haben (*Secondary Meaning*), von den angesprochenen Verkehrskreisen also als Hinweis auf die Produkte und/oder Dienstleistungen eines Unternehmens verstanden werden, weil die Verkehrskreise durch die umfangreiche markenmäßige Benutzung dieser Begriffe daran gewöhnt wurden, ist Markenschutz möglich.

Schutzfähig und sogar besonders beliebt sind Suggestivmarken, also solche, die Fantasie, Denken oder Wahrnehmung erfordern, um zu einer Schlussfolgerung hinsichtlich der betreffenden Waren und/oder Dienstleistungen zu gelangen. Der Grund dafür ist, dass Suggestivmarken zwar andeuten, worum es bei dem Produkt/der Dienstleistung geht, aber dieses Produkt/diese Dienstleistung eben gerade nicht unmittelbar beschreiben.

Neben fehlender Unterscheidungskraft gibt es gemäß dem chinesischen Markengesetz weitere Ausschlusskriterien dafür, warum Zeichen in China nicht als Marke eingetragen werden können. Das sind z. B. Zeichen, die mit Landesflaggen identisch oder ihnen ähnlich sind, es sei denn, die jeweilige Regierung hat die Erlaubnis erteilt. Im chinesischen Markengesetz ist auch geregelt, dass Zeichen, die gegen die sozialistische Ethik und die sozialistischen Sitten verstoßen oder sonstige ungesunde Einflüsse aufweisen, nicht als Marken eingetragen werden dürfen[131] (siehe 2.1.1).

---

128 Markenrichtlinien, Kapitel 4, 3.3.8., 3.3.12., 3.3.13.
129 Markenrichtlinien, Kapitel 8, 3.2.1.
130 Markenrichtlinien, Kapitel 4, 3.2.1., 3.2.3., 3.2.4., 3.2.5.
131 Weitergehende Hinweise hierzu siehe: Xi, Angell (Minjie), At a glance: trademark registration and use in China, https://www.lexology.com/library/detail.aspx?g=210ae5d8-faea-489e-8cef-32d42a7b5470 (zuletzt abgerufen am 18. Januar

Firmennamen, Handelsnamen und der Trade Dress (die gesamte Aufmachung einer Ware oder Dienstleistung) sind als solche zunächst einmal nicht markenrechtlich geschützt, können aber wettbewerbsrechtlich[132] geschützt sein. Nichtsdestotrotz können sie zusätzlich auch als Marken eingetragen werden, wenn sie die Voraussetzungen dafür erfüllen.

2.2.4   Chinesische Version Ihrer Marke und Pinyin

Die Eintragung Ihrer Marke in lateinischen Buchstaben kann Dritte meist nicht daran hindern, ein Äquivalent (oder mehrere) in chinesischen Schriftzeichen zur Eintragung zu bringen. Die chinesische Version einer Marke ist für die meisten chinesischen Verbraucher besser verständlich, vertrauter und leichter merkbar (siehe 2.1.6). Mit einer guten Version Ihrer Marke in chinesischen Schriftzeichen können Sie also die Verkaufsstärke Ihrer Waren und Dienstleistungen auf dem chinesischen Markt erhöhen. Damit reduzieren Sie auch das Risiko, dass Markenpiraten eine chinesische Version Ihrer Marke zur Eintragung bringen und versuchen, daraus unlauter Vorteile zu gewinnen. Das Gleiche kann für Pinyin gelten.

Sofern Sie noch keinen chinesischen Namen für Ihr Produkt oder Ihre Dienstleistung haben, sollten Sie einen solchen möglichst schnell entwickeln, da sonst die chinesischen Verbraucher oder Medien Ihrem Produkt bzw. Ihrer Dienstleistung einen oder mehrere chinesische Namen geben werden. Dies unterliegt dann nicht Ihrer Kontrolle, und es ist eher unwahrscheinlich, dass diese chinesische Version Ihren Vorstellungen und Wünschen entspricht. Außerdem besteht das Risiko, dass Dritte diese chinesischen Namen als Marken anmelden und eintragen lassen. Ohne Zustimmung dieser Dritten dürfen Sie deren Marke dann nicht für Ihr Produkt oder Ihre Dienstleistung verwenden. Sollten Sie Kenntnis davon haben, dass chinesische Verbraucher oder chinesische Medien bereits einen nicht von Ihnen autorisierten Namen für Ihr Produkt oder Ihre Dienstleistung verwenden, kann es sinnvoll sein, diese Version(en) als Marke anzumelden, soweit diese Version(en) noch verfügbar sind.

Für die Schaffung einer Marke in chinesischen Schriftzeichen gibt es folgende Möglichkeiten:
- Wörtliche (direkte) Übersetzung – dies ist nur möglich bei Begriffen mit Bedeutung; z. B. ist die chinesische Pinyin-Version von APPLE »ping guo«, was auf Chinesisch »Apfel« heißt. Der Vorteil dieser Methode ist, dass die dadurch kreierten chinesischen Begriffe in der Regel einfach, prägnant und aussagekräftig sind, sodass man sie sich relativ leicht merken kann.[133] Allerdings ist der Nachteil, dass sich die Marken dann normalerweise phonetisch nicht entsprechen, sodass es für die Verbraucher schwieriger sein kann, den Bezug zwi-

2023)

132 Law of the People's Republic of China Against Unfair Competition, https://wipolex.wipo.int/en/legislation/details/19557 (zuletzt abgerufen am 10. Februar 2023)

133 Xu, Jian, How to translate your trademark into Chinese?, https://loupedin.blog/2022/10/how-to-translate-your-trademark-into-chinese/ (zuletzt abgerufen am 18. Januar 2023)

schen der lateinischen und der chinesischen Version der Marke herzustellen bzw. es sein kann, dass der Markeninhaber dafür mehr Marketing betreiben muss.[134]

- Freie Übersetzung – bei Begriffen, die eine Bedeutung haben, bei denen die wörtliche (direkte) Übersetzung im Chinesischen aber seltsam klingen würde. Zum Beispiel wurde der Slogan »I'm lovin' it« von McDonald's in das Chinesische frei mit »Ich liebe es doch!« (»Wo jiu xihuan«) übersetzt.[135]
- Transliteration – die chinesische Version ähnelt der Phonetik der deutschen oder englischen Marke; z.B. ist die chinesische Pinyin-Version von SONY »suo ni«, die chinesische Pinyin-Version von SIEMENS ist »xi men zi« und die chinesische Pinyin-Version von DISNEY ist »di shi ni«. Der Vorteil dieser Methode ist offensichtlich: Der Klang bleibt in etwa gleich – so können westliche Brands, die als Statussymbole wahrgenommen werden, das Gefühl, das die deutsche oder englische Version vermittelt, leicht in die chinesische Version der Marke integrieren.[136] Der Nachteil ist, dass die durch diese Methode geschaffenen chinesischen Marken nicht unbedingt eine Bedeutung haben müssen, was ungewohnt für die chinesischen Verbraucher sein kann, sodass sie sich die Marke schlechter merken können.[137]
- Adaption – ein neuer Begriff mit einer positiven Bedeutung ohne offensichtliche Verbindung zu der deutsch- oder englischsprachigen Marke wird gebildet; z.B. ist die chinesische Pinyin-Version von BMW »bao ma«, was »wertvolles Pferd« bedeutet.
- Eine Kombination der oben genannten Möglichkeiten – z.B. ist die chinesische Pinyin-Version von STARBUCKS »xing ba ke«, wobei »xing xing« das chinesische Wort für »Stern« und »ba ke« die Transliteration von »bucks« ist. Die chinesische Pinyin-Version von Coca-Cola ist »Ke Kou Ke Le«, wobei die chinesische Version eine klangliche Ähnlichkeit zu Coca-Cola hat. Hinzu kommt eine positive Konnotation im Sinne von »wohlschmeckend, köstlich« und »amüsant« bzw. »bringt Freude«. Hier hat man die Möglichkeit, die Vorteile der oben dargestellten Methoden zu vereinen.[138]

---

134 Ebd.
135 Cohen, Mark, »I'm Lovin' it!« – A »Wrong Way« for McDonalds?, https://chinaipr.com/2015/03/15/im-lovin-it-a-wrong-way-for-mcdonalds/ (zuletzt abgerufen am 11. Januar 2023)
136 Xu, Jian, How to translate your trademark into Chinese?, https://loupedin.blog/2022/10/how-to-translate-your-trademark-into-chinese/ (zuletzt abgerufen am 18. Januar 2023)
137 Ebd.
138 Weiterführende Hinweise zum Thema Marken in chinesischen Schriftzeichen und in Pinyin siehe: Wang, Hongyan, Brand transliteration: how to translate and protect your brand for the Chinese market, https://www.iam-media.com/article/brand-transliteration-how-translate-and-protect-your-brand-the-chinese-market (zuletzt abgerufen am 17. Januar 2023); Pei, Fenhong Paula, Lost in translation: protecting Chinese-language marks, https://www.iam-media.com/regionindustry-guide/china-managing-the-ip-lifecycle/2021/article/lost-in-translation-protecting-chinese-language-marks (zuletzt abgerufen am 16. Januar 2023); Rocafort, Fred, China Trademarks, Brand Names, Copycats, and Soundalikes, https://harrisbricken.com/chinalawblog/china-trademarks-brand-names-copycats-and-soundalikes/ (zuletzt abgerufen am 16. Januar 2023); Esudero, Daniel De Prado, Translating the trademark in Chinese: why it's a must, https://www.hfgip.com/news/translating-trademark-chinese-why-its-must (zuletzt abgerufen am 12. Januar 2023)

2.2.5   Waren und Dienstleistungen

Jede Marke muss für bestimmte Waren und/oder Dienstleistungen angemeldet werden. Dafür ist ein sog. Waren-/Dienstleistungsverzeichnis anzufertigen und zur CNIPA einzureichen. Die CNIPA wendet bei der Prüfung der Formulierungen im Waren-/Dienstleistungsverzeichnis strikte Kriterien an. Alle akzeptablen Standardbegriffe finden sich in der *Chinese Classification*. Diese ist auf Chinesisch verfügbar und erscheint jedes Jahr in einer neuen Edition. Darüber hinaus existiert eine Liste von Begriffen, die zwar nicht Standard, aber akzeptabel sind (*non-standard but acceptable*). Diese Liste wird öfter aktualisiert. Nach derzeitiger Amtspraxis akzeptiert die CNIPA bei nationalen chinesischen Markenanmeldungen üblicherweise die Standardbegriffe sowie die »*Non-standard but acceptable*«-Begriffe.

Davon abweichend formulierte Begriffe werden von der CNIPA jedenfalls bei nationalen Markenanmeldungen nur im Ausnahmefall akzeptiert. Bei der Benennung Chinas in *Internationalen Registrierungen* (IR) ist es wahrscheinlicher, dass die von der *Weltorganisation für geistiges Eigentum* (WIPO) akzeptierten Begriffe auch von der CNIPA akzeptiert werden. Dennoch gibt es bestimmte Begriffe, die selbst im Rahmen einer IR von der CNIPA nicht akzeptiert werden[139] (siehe auch 2.1.5).

Auch bei nationalen Markenanmeldungen ist es nicht völlig ausgeschlossen, dass die CNIPA Begriffe akzeptiert, die weder Standard noch »*non-standard but acceptable*« sind. In diesem Fall müssen die Begriffe allerdings so gewählt sein, dass sie die Waren und/oder Dienstleistungen genau bezeichnen und ausreichen, um die Waren und/oder Dienstleistungen von denen anderer Klassen zu unterscheiden. Die Begriffe im Waren-/Dienstleistungsverzeichnis dürfen nicht mehrdeutig und nicht zu breit bzw. allgemein sein und dürfen auch nicht leicht zu Missverständnissen führen können.[140] Beispielsweise ist »E-Commerce Service« zu allgemein, aber die konkretere Angabe »Logistics Distribution of E-Commerce Service« wäre wohl akzeptabel.[141] Die Schwierigkeit ist hier sicher, Begriffe zu finden, die den genannten Anforderungen entsprechen, sodass schon eher versucht werden sollte, Standard- oder »*Non-standard but acceptable*«-Begriffe zu wählen. Wenn Letztere aber nicht passen, um Ihre angebotenen Waren und/oder Dienstleistungen wirklich zutreffend zu benennen, können Sie es unter Anwendung der oben genannten Vorgaben auch **zusätzlich** mit Begriffen versuchen, die weder Standard noch »*non-standard but acceptable*« sind, müssen dann aber damit rechnen, dass diese Begriffe von der CNIPA nicht akzeptiert werden, sondern eine Beanstandung ergeht, was die Eintragung verzögert und Kosten generiert. Einen Versuch kann es aber wert sein.

---

139 Lam, Charis/Toh, Coral, China Classification, https://www.spruson.com/trade-marks/china-classification/ (zuletzt abgerufen am 11. Februar 2023)

140 Xie, Jiayan, Basic requirements for designating goods and services in Chinese trademark registration applications, https://www.lexology.com/library/detail.aspx?g=985703fa-58ec-4a19-a3bf-37c5b21c35ec (zuletzt abgerufen am 18. Januar 2023)

141 Ebd.

Wenn Sie für Ihre chinesische Markenanmeldung die Priorität einer ausländischen – also nicht-chinesischen – Marke in Anspruch nehmen, müssen Sie dafür auch bei der CNIPA die Begriffe aus dem Waren-/Dienstleistungsverzeichnis der ausländischen Marke einreichen. Da Waren-/Dienstleistungsverzeichnisse nichtchinesischer Marken häufig Begriffe enthalten, die nicht den strikten Kriterien der CNIPA entsprechen, d. h. keine Standardbegriffe und auch keine »*Non-standard but acceptable*«-Begriffe sind, wird es voraussichtlich zu einer Waren-/Dienstleistungsverzeichnis-Beanstandung der CNIPA kommen. In diesem Fall haben Sie die Gelegenheit, das Waren-/Dienstleistungsverzeichnis den Anforderungen der CNIPA anzupassen, ohne dass Sie dadurch die Priorität verlieren. Es ist dagegen nicht möglich, die Priorität in Anspruch zu nehmen, wenn Sie das Waren-/Dienstleistungsverzeichnis bereits von Anfang an an die Anforderungen der CNIPA anpassen, falls es sich dabei nicht um die exakten Begriffe aus der Erstanmeldung handelt.

Fazit: Bei Einreichung der chinesischen Zweitanmeldung müssen Waren-/Dienstleistungsverzeichnis der Erst- und der Zweitanmeldung identisch sein, um die Priorität der Erstanmeldung beanspruchen zu können, und nach Aufforderung durch die CNIPA kann das Waren-/Dienstleistungsverzeichnis in Standardbegriffe umgewandelt werden, ohne dass dies der Priorität schadet. In der Praxis kann man daher zur Zeit- und Kostenersparnis in Erwägung ziehen, eine chinesische Kanzlei bzw. Markenagentur damit zu beauftragen, das für Deutschland oder die EU erarbeitete Waren-/Dienstleistungsverzeichnis vor Einreichung der chinesischen Marke an die Standards der CNIPA anzupassen, die chinesische Marke möglichst zeitgleich mit der deutschen oder der europäischen Unionsmarkenanmeldung einzureichen und die Priorität nicht in Anspruch zu nehmen. Das ist aber nur empfehlenswert, wenn die Marken zeitgleich oder direkt hintereinander eingereicht werden können.

2.2.6 Klassen und Unterklassen

Wie bereits ausgeführt, teilt die *Nizza-Klassifikation*, die in den meisten Ländern Gültigkeit hat, alle Waren und Dienstleistungen in 45 Klassen (Waren: Klassen 1–34, Dienstleistungen: Klassen 35–45) ein[142] (siehe 2.1.5). China wendet dieses System an, daneben gibt es das Unterklassensystem (*Subclass-System*), das die Waren und Dienstleistungen der Klassen 1–45 weiter in Unterklassen einteilt und zusätzliche in China gebräuchliche Bezeichnungen von Waren und Dienstleistungen enthält. Waren/Dienstleistungen in der gleichen Unterklasse gelten regelmäßig als ähnlich, Waren/Dienstleistungen in unterschiedlichen Unterklassen gelten regelmäßig als unähnlich, wobei es Ausnahmen gibt. Das Unterklassensystem dient in erster Linie der Effizienz während der amtlichen Prüfung durch die CNIPA. Die Gerichte sind nicht daran gebunden. In Verletzungsverfahren können die Gerichte also auch zu einer anderen Einschätzung der Ähnlichkeit oder Unähnlichkeit von Waren/Dienstleistungen kommen, d. h., Waren/Dienstleis-

---

142 https://www.dpma.de/marken/klassifikation/waren_dienstleistungen/nizza/index.html (zuletzt abgerufen am 11. Februar 2023)

tungen in unterschiedlichen Unterklassen oder sogar in unterschiedlichen Klassen können als ähnlich angesehen werden.

Im Regelfall sollte bei einer Markenanmeldung versucht werden, jede Unterklasse einer Klasse zu beanspruchen. Das ist nicht immer möglich, insbesondere wenn ältere identische oder ähnliche Marken in diesen Unterklassen existieren. Es ist aber so weit wie möglich anzustreben. Andernfalls kann es passieren, dass ähnliche Waren/Dienstleistungen von Ihrer Marke nicht umfasst sind und eine identische oder ähnliche Marke von Dritten für ähnliche Waren/Dienstleistungen angemeldet und benutzt werden kann. Die Eintragung einer Marke in einer Unterklasse kann nicht verhindern, dass Dritte die identische Marke in anderen Unterklassen der gleichen Nizza-Klasse anmelden und eingetragen bekommen.

Um den breitestmöglichen Schutz pro Klasse zu erhalten, ist es also nicht nur angeraten, die Marke für diejenigen Waren und Dienstleistungen anzumelden, die in Ihr Hauptinteressengebiet fallen, sondern aus jeder weiteren Unterklasse derselben Klasse mindestens einen Begriff in das Waren-/Dienstleistungsverzeichnis aufzunehmen. Falls das nicht möglich ist, weil bereits identische oder ähnliche Marken Dritter für einige Unterklassen in dieser Klasse Schutz genießen und keine realistische Möglichkeit besteht, diese Eintragungshindernisse zu überwinden, muss für jeden Einzelfall eine sinnvolle Lösung gefunden werden.[143]

2.2.7   Single-Class- oder Multi-Class-Anmeldung

Häufig möchten Anmelder gleichzeitig Waren und/oder Dienstleistungen aus mehreren Klassen schützen lassen, also zum Beispiel Maschinen (Klasse 7) und ihre Reparatur und Wartung (Klasse 37) oder Schuhe (Klasse 25) und Taschen (Klasse 18). Bei vielen Markenämtern, u. a. dem Deutschen Patent- und Markenamt DPMA und dem Europäischen Amt für geistiges Eigentum EUIPO, ist es normal und üblich, in einem solchen Fall Waren und Dienstleistungen, die in unterschiedliche Klassen gruppiert werden (also in den obigen Beispielen Klassen 7 und 37 bzw. 25 und 18) in einer einzigen Markenanmeldung zusammenzufassen. Die Markenanmeldungen beanspruchen dann in den genannten Beispielen Schutz für die Klassen 7 und 37 bzw. für die Klassen 18 und 25. Auch die Beanspruchung von mehr als zwei Klassen ist möglich und üblich. Eine Markenanmeldung, die mehr als eine Klasse umfasst, heißt *Multi-Class-Anmeldung*.

In China ist es zwar ebenfalls möglich, mehrere Klassen von Waren und/oder Dienstleistungen in einer Markenanmeldung zusammenzufassen (Multi-Class-Anmeldung), es ist aber üblicher

---

143 Vertiefende Informationen zum Thema chinesisches Klassen- und Unterklassensystem siehe: Xu, Jian, China's trademark subclass system: A guide to what foreign companies need to know, https://gowlingwlg.com/en/insights-resources/articles/2019/china-s-trademark-subclass-system-a-guide-to-what/ (zuletzt abgerufen am 18. Januar 2023); Xu, Jian, Six common problems caused by China's trademark subclass system, https://loupedin.blog/2021/10/six-common-problems-caused-by-chinas-trademark-subclass-system/ (zuletzt abgerufen am 18. Januar 2023)

und auch empfehlenswert, für jede beanspruchte Klasse von Waren oder Dienstleistungen eine eigene Markenanmeldung bei der CNIPA einzureichen (*Single-Class-Anmeldung*). Denn es gibt in der Regel keinen Kostenvorteil von chinesischen Multi-Class-Anmeldungen im Verhältnis zu chinesischen Single-Class-Anmeldungen. Die amtlichen Gebühren pro Klasse sind gleich, da sie sich auch bei Multi-Class-Anmeldungen nach der Anzahl der Klassen bemessen.

Nationale chinesische Multi-Class-Anmeldungen haben aber wesentliche Nachteile:
- Eine Multi-Class-Anmeldung darf nur nach einer amtlichen Teil-Zurückweisung geteilt werden, zum Beispiel wegen der Entgegenhaltung einer älteren Marke in einer Klasse. Eine Teilung der Multi-Class-Anmeldung ist dagegen nicht aufgrund eines Widerspruchs, der sich nur gegen eine Klasse richtet, möglich. Wenn also nur gegen eine Klasse einer Multi-Class-Anmeldung Widerspruch erhoben wird, kann die gesamte Anmeldung nicht eingetragen werden, bis das Widerspruchsverfahren abgeschlossen ist.
- Im Falle einer amtlichen Beanstandung des Waren-/Dienstleistungsverzeichnisses einer Multi-Class-Anmeldung verzögert sich die Eintragung der gesamten Marke mit allen Klassen. Das kann in China deshalb besonders kritisch sein, weil die amtliche Prüfung strikt ist und der Anmelder nach einer Waren-/Dienstleistungsverzeichnisbeanstandung nur einmal die Chance hat, das Waren-/Dienstleistungsverzeichnis so zu korrigieren, dass es den Anforderungen der CNIPA entspricht. Gelingt das nicht, wird die gesamte Anmeldung mit allen Klassen zurückgewiesen.
- Eine Multi-Class-Anmeldung kann nur insgesamt mit allen Klassen übertragen werden; eine Teil-Übertragung von nur einer Klasse ist nicht möglich.[144] Dasselbe gilt bei Verlängerung.

Die Einreichung von Single-Class-Anmeldungen bietet also die größere Flexibilität bei regelmäßig gleichen Kosten.[145]

2.2.8   Einzureichende Unterlagen

Für die Anmeldung einer nationalen chinesischen Marke sind folgende Informationen und Unterlagen bei der CNIPA anzugeben bzw. einzureichen:
- Das Zeichen
- Die Waren und/oder Dienstleistungen, für die die Marke geschützt werden soll
- Name und Adresse des Anmelders, auch auf Chinesisch; Anmelder kann eine natürliche Person, eine juristische Person oder eine andere Organisation sein

---

144 Xie, Jiayan, Overviews on Assignment/Transfer of Chinese Trademarks, https://www.lexology.com/library/detail.aspx?g=924a8ca6-145d-4fcb-aabe-1c4e7411680d (zuletzt abgerufen am 18. Januar 2023)
145 Weiterführende Hinweise zu den Vor- und Nachteilen von Multi-Class- und Single-Class-Anmeldungen in China siehe: King & Wood Mallesons' Trademark Group, Pros and Cons of Multi-Class Trademark Application in the PRC, https://www.chinalawinsight.com/2014/08/articles/intellectual-property/pros-and-cons-of-multi-class-trademark-application-in-the-prc/ (zuletzt abgerufen am 11. Februar 2023); Li, Nina, Practical Tips for Trademark Protection in China, https://www.ipmarch.cn/en/NewsDetail/2064925.html (zuletzt abgerufen am 14. Januar 2023)

- Eine Vollmacht des Anmelders für die Kanzlei/Markenagentur (nichtchinesische Markenanmelder müssen ihre Anmeldung über eine chinesische Kanzlei/Markenagentur einreichen lassen)
- Kopie eines Handelsregisterauszugs für Firmen; Kopie des Passes oder Personalausweises für Einzelpersonen.

Nach der Anmeldung der Marke gilt es, auf die Reaktion der CNIPA zu warten.[146] Der Prüfungsprozess der CNIPA und das Widerspruchsverfahren werden im Folgenden erläutert.

2.3   Prüfungsprozess der CNIPA und Widerspruchsverfahren

Nach der Einreichung der Anmeldeunterlagen prüft die CNIPA die Anmeldung. Dazu hat sie neue Markenrichtlinien (siehe Einleitung) erstellt, die seit dem 1. Januar 2022 gelten.[147]

2.3.1   Formalprüfung der Anmeldung

Die CNIPA prüft im Rahmen der Formalprüfung nationaler Markenanmeldungen, ob die Akte vollständig ist und alle Gebühren bezahlt wurden sowie, ob das Waren-/Dienstleistungsverzeichnis ausschließlich akzeptable Begriffe enthält. Ist dies der Fall, stellt die CNIPA innerhalb von einigen Wochen bis Monaten nach Anmeldung die **Empfangsbescheinigung** aus. Die Empfangsbescheinigung enthält den amtlich anerkannten Anmeldetag und das amtliche Aktenzeichen der Anmeldung.

Falls es im Rahmen der Formalprüfung Anlass zu einer Beanstandung gibt, erlässt die CNIPA statt der Empfangsbescheinigung zunächst eine **Beanstandungsmitteilung** (*Notification of Amendment*). Auch sie enthält den amtlich anerkannten Anmeldetag und das amtliche Aktenzeichen. Der Anmelder bekommt dann Gelegenheit, innerhalb einer bestimmten Frist Stellung zu nehmen und die beanstandeten Punkte zu korrigieren. Dabei gibt es nur **eine** Gelegenheit, das Waren-/Dienstleistungsverzeichnis zu korrigieren. Falls das Waren-/Dienstleistungsverzeichnis nach der Änderung immer noch nicht den Anforderungen der CNIPA entspricht, kann diese die Markenanmeldung sofort und ohne weitere Rücksprache zurückweisen. Nur in diesem Stadium ist es erlaubt, das Waren-/Dienstleistungsverzeichnis dadurch zu ändern, dass ein Begriff durch einen anderen ersetzt wird. In allen anderen Stadien der Marke kann zwar noch

---

146 Weitergehende Hinweise zur Einreichung von Markenanmeldungen in China: Sung,Vera/Luo, Angel Luo), China – Trademark Electronic Application, https://oln-law.com/china-ndash-trademark-electronic-application/ (zuletzt abgerufen am 11. Februar 2023)

147 Siehe auch Fußnote 6; Xie, Jiayan, Overview of the trademark examination and trial guidelines, https://www.lexology.com/library/detail.aspx?g=1a4ac851-6b58-4322-8bbe-3b0a08219bb4 (zuletzt abgerufen am 18. Januar 2023)

auf Begriffe verzichtet werden, Begriffe dürfen aber nicht mehr durch andere ersetzt werden.[148] Auch in diesem Stadium ist es aber nicht möglich, Begriffe im Waren-/Dienstleistungsverzeichnis durch einen Zusatz einzuschränken und so aus der Verwechslungsgefahr herauszukommen. So ist es also zum Beispiel nicht möglich, den Begriff »Nahrungsergänzungsmittel« durch Angaben wie »auf der Basis von Proteinen und Aminosäuren, für nichtmedizinische Zwecke, hauptsächlich bestehend aus Vitaminen, Mineralstoffen und Spurenelementen« zu ergänzen und sich damit von anderen Begriffen in der gleichen Unterklasse abzugrenzen.

2.3.2 Substanzielle Prüfung der Anmeldung

Im Rahmen der substanziellen Prüfung[149] stellt die CNIPA fest, ob der Eintragung absolute oder relative Schutzhindernisse entgegenstehen. **Absolute** Schutzhindernisse sind solche, die der Eintragung im öffentlichen Interesse entgegenstehen, bei denen das Problem also in der Marke selbst liegt, völlig unabhängig von ihrer Beziehung zu konkreten Dritten. Sie werden von Amts wegen geprüft. Dazu gehören insbesondere folgende Aspekte:

- Fehlende Unterscheidungskraft ist ein absolutes Schutzhindernis – das angemeldete Zeichen ist in diesem Fall nicht geeignet, die Waren/Dienstleistungen eines Unternehmens von denen anderer Unternehmen zu unterscheiden, z. B. weil das Zeichen als Dekor oder Verzierung aufgefasst wird. Unterscheidungskraft ist eine wesentliche Voraussetzung für Markenschutz. Unter Unterscheidungskraft versteht man die Fähigkeit einer Marke, für die maßgeblichen Verkehrskreise als Hinweis auf die Herkunft der mit ihr gekennzeichneten Waren und Dienstleistungen zu dienen. Die Unterscheidungskraft einer Marke kann von Haus aus gegeben sein oder durch umfangreiche Bewerbung und Benutzung im Laufe der Zeit erworben werden.
- Beschreibende Angabe – das angemeldete Zeichen beschreibt ausschließlich unmittelbar und direkt Qualität, wesentliche Rohstoffe, Funktion, Verwendung, Gewicht, Menge oder andere Merkmale der beanspruchten Waren/Dienstleistungen. Solche Zeichen können nicht monopolisiert werden, sondern müssen für die Allgemeinheit frei bleiben.
- Für die sozialistische Ethik oder die sozialistischen Sitten schädliche oder andere ungesunde Einflüsse aufweisende Angabe
- Gefahr der Irreführung – es besteht die Gefahr, dass die angesprochenen Verkehrskreise durch die Marke irregeführt werden.
- Bösgläubige Markenanmeldung ohne Benutzungsabsicht.

Relative Schutzhindernisse sind solche, die der Eintragung nur im Verhältnis zu konkreten Dritten entgegenstehen, nämlich ältere Rechte Dritter. Grundsätzlich können ältere Rechte Dritter

---

148 Xie, Jiayan, Changes on the designated goods/services of trademark applications/registrations, https://www.lexology.com/library/detail.aspx?g=6931ec23-4ac7-422e-98b1-7da1a6a6bda1 (zuletzt abgerufen am 18. Januar 2023)
149 In der Regel inzwischen innerhalb von etwa 4 bis 7 Monaten nach Anmeldung, wenn es keine Beanstandung des Waren-/Dienstleistungsverzeichnisses gibt

insbesondere Marken, auch bekannte Marken, Firmennamen, Domains, Namensrechte, Copyrights oder Designpatente sein. Die CNIPA prüft aber im Rahmen ihrer substanziellen Prüfung der Markenanmeldung nicht, ob **irgendwelche** älteren Rechte Dritter bestehen, aufgrund derer die angemeldete Marke nicht eingetragen werden kann. Das wäre viel zu aufwendig und im Rahmen der amtlichen Prüfung, die schnell gehen soll, nicht zu leisten. Diese Rechte können von den Dritten im Rahmen eines Widerspruchsverfahrens (siehe 2.3.5) selbst geltend gemacht werden. Die relativen Schutzhindernisse, die im Rahmen der substanziellen Prüfung von der CNIPA geprüft werden, sind ältere identische und ähnliche Marken und Markenanmeldungen Dritter, die für gleiche oder ähnliche Waren/Dienstleistungen (normalerweise in derselben/denselben Unterklasse(n)) Schutz beanspruchen oder genießen. Hier ist es wichtig zu wissen, dass nicht nur **identische** ältere Marken und Markenanmeldungen relative Schutzhindernisse darstellen können, sondern auch nur ähnliche. Es kommt also nicht nur darauf an, dass keine identischen älteren Marken existieren, damit die eigene Marke eingetragen werden kann, sondern auch keine bloß ähnlichen älteren Marken. Bei der Prüfung dieser Ähnlichkeit achten die Prüfer der CNIPA auf visuelle und phonetische Übereinstimmungen sowie Übereinstimmungen in der Bedeutung. Bereits eine Ähnlichkeit in einem dieser Aspekte kann bewirken, dass die ältere Marke als Schutzhindernis der Eintragung Ihrer Markenanmeldung entgegengehalten wird. Dabei kommt es allerdings auch auf Waren-/Dienstleistungsidentität oder -ähnlichkeit an. Diese wird im Eintragungsverfahren nationaler chinesischer Markenanmeldungen hauptsächlich anhand der Klassen- und Unterklasseneinteilung bewertet.

Die CNIPA prüft also nicht von Amts wegen, ob es außer älteren Marken und Markenanmeldungen noch andere entgegenstehende ältere Rechte Dritter gibt. Solche anderen älteren Rechte können aber von ihren Inhabern verwendet werden, um gegen die Eintragung und/oder Benutzung Ihrer Marke vorzugehen. Eine Möglichkeit des Vorgehens ist der Widerspruch (siehe 2.3.5 und 4.3.1); weitere Möglichkeiten sind Nichtigkeits- und Klageverfahren (siehe 4.3.2 und 4.3.4).

Auf die substanzielle Prüfung folgt, sofern es keine Beanstandung gibt, spätestens neun Monate nach Anmeldung, häufig auch früher, entweder die Veröffentlichungsmitteilung oder eine vollständige oder teilweise Zurückweisungsmitteilung. Im Falle der **Veröffentlichungsmitteilung** beginnt die dreimonatige Widerspruchsfrist, innerhalb derer Dritte Widerspruch gegen die Eintragung Ihrer Marke erheben können. Widerspruch kann aus relativen Gründen (älteren Rechten Dritter wie Marken, Designpatenten, Copyrights, Firmennamen, Domains, Namensrechten) oder aus absoluten Gründen (beispielsweise der Behauptung, Ihre Marke sei beschreibend, nicht unterscheidungskräftig oder verstoße gegen die sozialistische Ethik) erhoben werden. Im Falle einer **Zurückweisungsmitteilung** haben Sie als Markenanmelder innerhalb einer bestimmten Frist Gelegenheit, Rechtsmittel gegen die Entscheidung bei der CNIPA einzulegen. Im Falle der teilweisen Zurückweisung der Markenanmeldung haben Sie als Markenanmelder innerhalb einer bestimmten Frist die Möglichkeit, die Markenanmeldung zu teilen. Die Marke wird in diesem Fall für die akzeptierten Waren und/oder Dienstleistungen veröffentlicht und für diesen Teil läuft dann das Eintragungsverfahren weiter, während Sie hinsichtlich der zurückgewiesenen Waren und/oder Dienstleistungen Rechtsmittel einlegen können, um auch für diese Waren und/oder Dienstleistungen die Eintragung Ihrer Marke zu erreichen.

2.3.3   Beschwerdeverfahren

Falls Ihre Markenanmeldung von der CNIPA ganz oder teilweise zurückgewiesen wird, haben Sie die Möglichkeit, vor dem *Trademark Review and Adjudication Department* (TRAD) der CNIPA Beschwerde gegen diese (Teil-)Zurückweisung einzulegen. Um Gelegenheit zu haben, von der CNIPA festgestellte relative Schutzhindernisse zu beseitigen, können Sie als Markenanmelder die Aussetzung des Beschwerdeverfahrens beantragen und parallel dazu Maßnahmen zur Beseitigung der relativen Schutzhindernisse ergreifen. Solche Maßnahmen können z. B. Löschungsanträge gegen entgegengehaltene Marken oder Verhandlungen mit deren Inhabern zum Zwecke von Zustimmungserklärungen oder hinsichtlich eines möglichen Kaufs oder einer Lizenz sein. Es ist für Sie nicht im Vorhinein erkennbar, ob die CNIPA Ihrem Antrag auf Aussetzung des Beschwerdeverfahrens stattgeben wird. Eine Aussetzung ist aber eher die Ausnahme als die Regel. Das chinesische Markengesetz enthält dazu keine konkreten Regelungen und die CNIPA erlässt keinen Bescheid darüber, ob Ihrem Antrag auf Aussetzung des Beschwerdeverfahrens stattgegeben wird oder nicht. Sie als Markenanmelder wissen also bis zur Entscheidung über Ihre Beschwerde nicht, ob und ggf. wie lange die CNIPA das Verfahren aussetzt. Im Zweifel wird überhaupt nicht oder nur kurz gewartet, da die Prüfer angehalten sind, ihre Fälle schnell zu bearbeiten. Da Sie nicht wissen können, wie schnell die CNIPA entscheidet und ob das der Eintragung Ihrer Marke entgegenstehende Hindernis beseitigt werden kann, bevor über die Eintragung Ihrer Marke entschieden wird, sollten Sie sicherheitshalber Ihre Marke parallel auch neu anmelden, um möglichst keine Lücken im Schutz entstehen zu lassen.[150]

Aus diesen Gründen sind, wie oben unter 2.1.3 dargestellt, frühzeitige Recherchen wichtig. Wenn Sie bereits frühzeitig angefangen haben, die der Eintragung Ihrer Marke entgegenstehenden Hindernisse zu beseitigen, sind Sie nachher nicht mehr so sehr darauf angewiesen, dass die CNIPA das Eintragungs- bzw. Beschwerdeverfahren aussetzt. Wenn Sie dagegen erst damit anfangen, sich mit eventuell entgegenstehenden Hindernissen zu befassen, nachdem Ihre Markenanmeldung in erster Instanz zurückgewiesen wurde, müssen Sie auf jeden Fall in die Beschwerdeinstanz und möglicherweise auch in die dritte Instanz (administrative Klage). Die dritte Instanz ist relativ kostenintensiv, da es sich hier um ein Klage- bzw. gerichtliches Verfahren handelt. Deshalb verzichten viele Unternehmen in diesem Fall auf die Einreichung der Klage, also auf die dritte Instanz, was aber bedeutet, dass die Markenanmeldung (und ihre Priorität) damit verloren geht. Sie verzichten also mit dem Verzicht auf die Klage gleichzeitig auch auf diese Markenanmeldung und deren Priorität. In diesem Fall ist es gut, wenn Sie dann wenigstens eine Back-up-Markenanmeldung haben, die zu diesem Zeitpunkt möglichst auch schon von der

---

150 Sog. Back-up Anmeldung

CNIPA geprüft wurde, damit Sie wissen, welche Hindernisse der Back-up-Markenanmeldung entgegengehalten werden. Sind es nämlich deutlich mehr als bei der ursprünglichen Marken- anmeldung, ist zu überlegen, ob es sich nicht vielleicht doch lohnt, mit einer Klage in die dritte Instanz zu gehen. Denn wenn Ihrer Back-up-Markenanmeldung mehr Hindernisse entgegenste- hen als Ihrer ursprünglichen Markenanmeldung, wird es wieder aufwendig und kostenintensiv und auch unsicher, ob Sie die Back-up-Anmeldung überhaupt eingetragen bekommen können.

Im Falle einer für Sie als Anmelder positiven Entscheidung erlässt die CNIPA einen vorläufigen Zulassungsbescheid. Die Markenanmeldung wird dann zur weiteren Bearbeitung, insbesonde- re zu der den Beginn der dreimonatigen Widerspruchsfrist einleitenden Veröffentlichung, an die zuständige Stelle der CNIPA geleitet.

2.3.4 Weiteres Verfahren vor der CNIPA

Wenn der Eintragung Ihrer Marke keine Schutzhindernisse (mehr) entgegenstehen, wird die Markenanmeldung vorläufig zur Eintragung zugelassen. Die CNIPA erlässt dann einen Bescheid über die vorläufige Zulassung und Veröffentlichung einer Markenanmeldung zur Eintragung. Die Marke wird im offiziellen Markenblatt *Official Trademark Gazette* veröffentlicht. Dritte haben drei Monate ab dem Datum der Veröffentlichung Gelegenheit, Widerspruch gegen die Eintra- gung zu erheben (siehe 2.3.5). Sofern innerhalb dieser drei Monate kein Widerspruch erhoben wird, wird Ihre Marke ein zweites Mal veröffentlicht und anschließend die Eintragungsurkunde ausgestellt. Sollten dagegen Dritte Widerspruch gegen die Eintragung Ihrer Marke erheben, folgt das Widerspruchsverfahren.

2.3.5 Widerspruchsfrist und mögliches Widerspruchsverfahren

Widersprüche dienen dazu, dass Dritte im Anschluss an die amtliche Prüfung, aber vor Eintra- gung Ihrer Marke noch die Möglichkeit haben, innerhalb einer Frist von drei Monaten ihre Ein- wände gegen die Eintragung Ihrer Marke vorzubringen.

Widersprüche können aufgrund absoluter Gründe wie z. B. fehlender Unterscheidungskraft oder der Behauptung, Ihre Marke beschreibe wesentliche Merkmale der beanspruchten Wa- ren, sie habe ungesunde Einflüsse oder sei bösgläubig ohne Benutzungsabsicht angemeldet worden, sowie aufgrund relativer Gründe wie z. B. älterer identischer oder ähnlicher Marken, Copyrights, Namensrechte oder Designpatente erhoben werden.

Absolute Widerspruchsgründe betreffen Defekte an der Marke selbst, unabhängig von einer Be- ziehung der Marke zu einem konkreten Dritten. Wenn eine Marke zum Beispiel nicht unterschei- dungskräftig ist und daher von den angesprochenen Verkehrskreisen nicht als Marke aufgefasst wird, kann sie aufgrund des absoluten Schutzhindernisses der fehlenden Unterscheidungskraft nicht eingetragen werden. Relative Widerspruchsgründe betreffen Umstände, die außerhalb der Marke liegen und ihren Grund in einer Beziehung zu konkreten Dritten haben.

Ein Widerspruch basierend auf absoluten Gründen kann von jeder Person erhoben werden. Ein Widerspruch basierend auf relativen Gründen kann dagegen nur von dem Inhaber der älteren Rechte oder einem interessierten Dritten wie einem Lizenznehmer erhoben werden. Nach den seit dem 1. November 2019 geltenden Änderungen im chinesischen Markengesetz ist ein Widerspruchsgrund auch die bösgläubige Markenanmeldung ohne Benutzungsabsicht. Dabei handelt es sich um einen absoluten Grund, aufgrund dessen von jeder Person Widerspruch erhoben werden kann. Dritte können also Widerspruch erheben auf der Basis von Gründen, die die CNIPA bereits selbst geprüft hat, und auch auf der Basis von Gründen, die die CNIPA selbst nicht prüft.

Sofern gegen Ihre nationale Markenanmeldung Widerspruch erhoben wurde, wird Ihre markenrechtliche Vertretung in China von der CNIPA darüber informiert und die CNIPA wird eine Frist setzen, innerhalb der Sie zu dem Widerspruch Stellung nehmen können. Nach etwa 12 bis 18 Monaten ist mit einer Entscheidung im Widerspruchsverfahren zu rechnen. So lange wird Ihre Markenanmeldung dann auch nicht eingetragen. Falls der Widerspruch zurückgewiesen wird, wird Ihre Marke eingetragen, und es gibt für den Widersprechenden kein Rechtsmittel im laufenden Verfahren. Er hat dann aber die Möglichkeit, Nichtigkeitsantrag zu stellen, nachdem Ihre Marke eingetragen wurde. Der Widersprechende kann in diesem Fall also die Eintragung Ihrer Marke nicht verhindern, aber später gegen Ihre bereits eingetragene Marke per Nichtigkeitsantrag vorgehen. Falls die Eintragung Ihrer Marke dagegen aufgrund des Widerspruchs versagt wird, haben Sie als Anmelder die Möglichkeit, Beschwerde gegen diese Entscheidung einzulegen und so möglicherweise doch noch die Eintragung Ihrer Marke zu erreichen.

2.3.6   Markeneintragung

Sind sowohl die amtliche Prüfung als auch ein eventuelles Widerspruchsverfahren abgeschlossen und ist die CNIPA zu dem Schluss gekommen, dass Ihre Marke eingetragen werden kann, stellt sie die Eintragungsurkunde aus. Seit Januar 2022 werden Eintragungsurkunden nicht mehr auf Papier, sondern nur noch elektronisch ausgestellt. Die Eintragung gilt für zehn Jahre vom Eintragungsdatum an (Näheres dazu und zur Verlängerung siehe 3.3). Sie sind damit Inhaber einer eingetragenen chinesischen Marke. Artikel 3 Abs. 1 S. 2 des chinesischen Markengesetzes sagt dazu Folgendes: »Der Inhaber einer eingetragenen Marke hat das ausschließliche Recht zur Benutzung der Marke, das gesetzlich geschützt ist.« Eine eingetragene Marke bietet Ihnen viele Vorteile, insbesondere den, dass Dritte dieselbe Marke für die gleichen Waren und/oder Dienstleistungen nicht ebenfalls eingetragen bekommen und sie auch nicht benutzen dürfen. Allerdings müssen Sie einiges tun, damit Ihre Marke eingetragen bleibt. Darum geht es im folgenden Kapitel.

3 Aufrechterhaltung Ihrer Markenrechte

Wenn Ihre Marke eingetragen wurde, können Sie sich, auch wenn die Eintragung an sich bereits ein großer Erfolg ist, nicht darauf ausruhen. Auch die Aufrechterhaltung von Markenrechten bedarf einiger Pflege und Aufmerksamkeit. Doch Sie können viel dazu beitragen, dass Ihre Markenrechte so lange aufrechterhalten bleiben, wie Sie selbst das möchten. Dazu gehören eine möglichst umfangreiche markenmäßige Benutzung, eine gute Dokumentation darüber sowie ein gutes Monitoring, um zu verhindern, dass Ihre Marke verwässert oder zum Gattungsbegriff wird. Wenn sich an Ihren Umständen etwas ändert, z.B. Ihre Adresse, die Rechtsform Ihres Unternehmens etc., sollte die zuständige Behörde CNIPA darüber stets zeitnah informiert werden. Diesbezügliche Fehler und Unterlassungen können zum Verlust Ihrer Marke führen. Außerdem kann es sein, dass Ihre eigenen älteren Marken dann Ihren jüngeren Markenanmeldungen entgegengehalten werden, weil die CNIPA im Falle von abweichenden Unternehmens- und Adressangaben von unterschiedlichen Unternehmen ausgeht.[151] Zudem muss die Marke alle zehn Jahre aktiv verlängert werden – einschließlich der Bezahlung der Verlängerungsgebühren –, um den Schutz aufrechtzuerhalten.

3.1 Rechtserhaltende Benutzung Ihrer Marke und Benutzungsnachweise

Zur Aufrechterhaltung Ihrer Markenrechte ist es notwendig, Ihre Marken rechtserhaltend zu benutzen und dies jederzeit nachweisen zu können. Benutzung bedeutet die Verwendung der Marke auf den Waren, ihrer Verpackung oder Behältnissen, auf Labels und Tags, in Handelsdokumenten, in der Werbung, in Ausstellungen, an Geschäftsgebäuden, auf der Bekleidung der Beschäftigten, auf Fahrzeugen, in Speisekarten etc. zum Zwecke der Identifizierung der Herkunft der Waren und/oder Dienstleistungen. Die Marke muss so, wie sie eingetragen ist, für die eingetragenen Waren und/oder Dienstleistungen benutzt werden. Wenn die benutzte Version der Marke leicht von der eingetragenen Version der Marke abweicht, ohne dass die unterscheidungskräftigen Elemente geändert werden, kann diese Benutzung ggf. als Benutzung der eingetragenen Marke betrachtet werden. Klären Sie das aber mit Ihren markenrechtlichen Vertretern, um hier auf der sicheren Seite zu sein. Die Benutzung muss im geschäftlichen Verkehr (und nicht ausschließlich unternehmensintern) in China stattfinden. Eine Benutzung in Hongkong, Macau oder Taiwan genügt den Anforderungen nicht.

Dritte können bereits ab Ablauf von drei Jahren nach Eintragung einer Marke einen Antrag auf Löschung wegen Nichtbenutzung stellen. Sofern Ihre Marke für drei Jahre in Folge nicht

151 Xu, Guangping, What's the Influence of Enterprise Name or Address Change on Its Trademarks?, http://en.kangxin.com/html/2/218/219/220/18239.html (zuletzt abgerufen am 18. Januar 2023)

rechtserhaltend benutzt wurde, ist sie löschungsreif. Die CNIPA prüft die rechtserhaltende Benutzung eingetragener Marken von sich aus allerdings nicht. Es erfolgt also keine Löschung wegen Nichtbenutzung von Amts wegen ohne einen entsprechenden Löschungsantrag Dritter. Es besteht auch keine Notwendigkeit, zu schon vorher festgelegten Zeiten unaufgefordert Benutzungserklärungen und -nachweise einzureichen. Allerdings scheint es neuerdings Hinweise darauf zu geben, dass weitere Maßnahmen zur Bekämpfung von bösgläubigen Markenanmeldungen ohne Benutzungsabsicht geplant sind. Eine dieser Maßnahmen könnte eine »Löschung wegen Nichtbenutzung für das Gemeinwohl« (»*Non-use Cancellation for Public Interests*«) sein.[152] Die weitere Entwicklung ist hier zu beobachten.

Grundsätzlich muss die Benutzung durch den Markeninhaber oder durch von ihm autorisierte Dritte erfolgen. Ob eine sog. passive Benutzung durch die Medien und die Öffentlichkeit dem Markeninhaber zugerechnet wird, wurde von den chinesischen Behörden und Gerichten in der Vergangenheit wohl nicht immer einheitlich entschieden, sie kann aber ggf. ausreichen.[153] Eine passive Benutzung ist eine Benutzung, die nicht durch den Markeninhaber selbst erfolgt, sondern durch die Öffentlichkeit und die Medien. Das heißt, der Markeninhaber verhält sich »passiv«, und die Medien und die Öffentlichkeit benutzen seine Marke. Das kann der Fall sein, wenn der Markeninhaber selbst keine Version seiner Marke in chinesischen Schriftzeichen entwickelt hat und benutzt, sondern ausschließlich die Version in lateinischen Buchstaben, und die chinesischen Medien und Verbraucher dann eine eigene chinesischsprachige Version entwickeln und diese statt (oder zusätzlich zu) der vom Markeninhaber geschützten und verwendeten Version in lateinischen Buchstaben benutzen.

Die CNIPA teilt es Ihnen nicht mit, wenn Ihre Marke einer jüngeren Markenanmeldung entgegengehalten wird. Wohl aber teilt sie dies dem Anmelder der jüngeren Markenanmeldung mit bzw. hält der Eintragung seiner jüngeren Markenanmeldung Ihre ältere Marke entgegen. Die übliche Vorgehensweise des Anmelders der jüngeren Markenanmeldung ist dann, zu recherchieren, ob Ihre Marke älter als drei Jahre ist und ob und ggf. für welche Waren/Dienstleistungen sie in Benutzung ist und innerhalb der letzten drei Jahre in Benutzung war. Sofern keine oder nur eine teilweise Benutzung Ihrer Marke feststellbar ist, kann der Inhaber der jüngeren Markenanmeldung erfolgreich (Teil-)Löschungsantrag gegen Ihre Markeneintragung stellen, um dieses Hindernis (Ihre Marke) für die Eintragung seiner eigenen jüngeren Markenanmeldung zu beseitigen. Sie bekommen in diesem Fall von der CNIPA die Aufforderung, die Benutzung Ihrer Marke für die eingetragenen Waren/Dienstleistungen innerhalb der letzten drei Jahre vor Stellung des Löschungsantrags nachzuweisen.

---

152 Suen, Valerie/Lai, Vincent, China: CNIPA Continues Crackdown on Bad Faith Fillings, https://www.ellalan.com/news/cnipa-continues-crackdown-on-bad-faith-fillings/ (zuletzt abgerufen am 17. Januar 2023)
153 Fu, Kristen, Beijing High People's Court rules »Chinese characters« (»Penguin Factory«) established connection with Tencent, https://www.spruson.com/trade-marks/beijing-high-peoples-court-rules-penguin-factory-established-connection-with-tencent/ (zuletzt abgerufen am 11. Februar 2023)

Auch die Benutzung einer Marke für Produkte, die ausschließlich für den Export bestimmt sind (OEM), kann ausreichend und rechtserhaltend sein.[154] Dass unter der Marke keine Waren und/ oder Dienstleistungen für den chinesischen Markt angeboten werden, sondern mit der Marke gekennzeichnete Produkte ausschließlich aus China exportiert werden, ist also für sich genommen kein Grund, das Fehlen einer rechtserhaltenden Benutzung anzunehmen. Reine OEM-Benutzung kann bei Vorliegen der Voraussetzungen genügen, um einen Löschungsantrag wegen Nichtbenutzung abzuwehren.

Die Benutzung – egal ob für den chinesischen Markt oder für den Export – muss nachweisbar sein. Es reicht dafür nicht aus, die Benutzung erst für die Zeit ab oder nach Stellung eines Löschungsantrags nachweisen zu können. Als Benutzungsnachweise können insbesondere folgende Unterlagen dienen:

- wenn Sie Produkte in China verkaufen oder dort Dienstleistungen erbringen: Produktmuster bzw. Bilder davon, Verpackungen bzw. Bilder davon, Website-Screenshots, Bestellungen, Auftragsbestätigungen, Lieferscheine, Rechnungen, Kaufverträge, Fracht- und Zolldokumente, Produktkataloge und Benutzerhandbücher, Werbematerial und Informationen über Werbeaufwendungen, Umsatzzahlen, Preislisten, Informationen hinsichtlich der Teilnahme an Ausstellungen und Messen, Medienberichte, Auszeichnungen und Preise
- wenn Sie in China Produkte ausschließlich für den Export herstellen (OEM): Rechnungen des Original Equipment Manufacturers an den Auftraggeber, Bestellungen, Auftragsbestätigungen, Lieferscheine, Fracht- und Zolldokumente, Verträge, insbesondere Herstellungs- und Lieferantenverträge, sowie Autorisierungsschreiben des Auftraggebers, Unterlagen über Qualitätsinspektionen und über die Teilnahme an Ausstellungen und Messen.

Die Benutzungsunterlagen müssen folgende Kriterien erfüllen:

- Sie betreffen die eingetragenen Waren/Dienstleistungen,
- sie zeigen die Marke so, wie sie tatsächlich eingetragen ist (bestimmte geringfügige Abweichungen können zulässig sein – auf der sicheren Seite sind Sie mit einer Benutzung der Marke genau wie eingetragen; inwieweit Abweichungen akzeptabel sind, sollten Sie mit Ihren markenrechtlichen Vertretern im Einzelfall klären – im Zweifel ist eher Vorsicht geboten),
- sie sind mit einem Datum versehen und dieses liegt innerhalb des relevanten Zeitraums (bei Löschungsanträgen wegen Nichtbenutzung liegt der relevante Benutzungszeitraum innerhalb der letzten drei Jahre vor Antragstellung),
- sie enthalten die Angabe des Markeninhabers oder der Person, die vom Markeninhaber zur Verwendung der Marke autorisiert wurde,

---

154   AFD China, Beijing Higher Court: Trademark Use on Export Products Passes Test of Actual Use, https://www.afdip.com/index.php?ac=article&at=read&did=3371 (zuletzt abgerufen am 11. Januar 2023); Zheng, Catherine/Ho, Barbie/Li, Tracy, OMG! Has China's Supreme Court reversed its position on OEM trademark infringement? The implications of the HONDAKIT case, https://www.lexology.com/library/detail.aspx?g=aad081ec-e621-4b79-83c4-7441197b1ed6 (zuletzt abgerufen am 18. Januar 2023)

- sie weisen die Benutzung in China nach – eine Benutzung in Hongkong, Macau oder Taiwan genügt den Anforderungen nicht,
- sie dürfen nicht nur der rein firmeninternen Verwendung dienen und
- es darf sich nicht um eine rein symbolische Scheinbenutzung handeln, die ausschließlich der Wahrung der Registerrechte dienen soll.

Die Benutzungsunterlagen sollten möglichst in chinesischer Sprache in oder für China erstellt worden sein. Originale oder notariell beglaubigte Kopien haben eine höhere Beweiskraft. Benutzungsunterlagen in anderer als chinesischer Sprache müssen übersetzt werden. Sofern die Benutzung durch andere Personen als den eingetragenen Markeninhaber erfolgt, müssen entsprechende Autorisierungsdokumente (z. B. offizielle Bestätigung der Lizenz; Autorisierungsschreiben) vorgelegt werden. Benutzungsunterlagen sollten kontinuierlich oder periodisch gesammelt werden, da sie im Falle eines etwaigen Konflikts schnell – und vor allem zum Nachweis der Benutzung **in der Vergangenheit** – verfügbar sein müssen.

Wenn Sie Ihre Produkte in China nicht verkaufen, sondern ausschließlich für den Export herstellen und kennzeichnen lassen (OEM), kann es schwieriger sein, die rechtserhaltende Benutzung nachzuweisen. Zwar sollte die sog. OEM-Benutzung in der Regel als rechtserhaltende Benutzung anerkannt werden, aber auch sie muss mit geeigneten Dokumenten jederzeit nachgewiesen werden können. Das heißt, die Rechnungen und die anderen – möglichst chinesischsprachigen – Dokumente sollten die Marke zeigen und klar darstellen, um welche Produkte es sich handelt.

Wenn von dritter Seite (Teil-)Löschungsantrag wegen Nichtbenutzung gestellt wurde, müssen Sie die Benutzung Ihrer Marke **für die Vergangenheit**, in der Regel für einen möglichst großen Zeitraum innerhalb der letzten drei Jahre vor Stellung des Löschungsantrags, nachweisen. Benutzungsunterlagen, die erst nach der Stellung des Löschungsantrags erstellt werden, z. B. aktuelle Screenshots Ihrer Internetpräsenz, werden dann entweder überhaupt nicht oder nur zusätzlich und ergänzend zu älteren Benutzungsunterlagen berücksichtigt. Deshalb ist es wichtig, Benutzungsunterlagen stetig oder periodisch zu sammeln, aktuell zu halten und für den Ernstfall griffbereit zu haben.[155]

Beachten Sie hier die aktuellen Änderungen in der Praxis, nämlich dass beide Instanzen der CNIPA, das CTMO und das TRAD, Benutzungsunterlagen strenger prüfen und der Löschungsantragsteller früher als bislang Informationen über die von Ihnen eingereichten Benutzungsunterlagen bekommt (siehe 2.1.4 und 4.3.2). Es wird daher empfohlen, bereits vor der ersten

---

155 Vertiefende Informationen zum Thema Benutzungsunterlagen, insbesondere im Falle von OEM, siehe: Rocafort, Fred, China Trademarks: When (and How) to Prove Use of a Mark in Commerce, https://harrisbricken.com/chinalawblog/china-trademarks-when-and-how-to-prove-use-of-a-mark-in-commerce/ (zuletzt abgerufen am 16. Januar 2023); Geller, Michael A./Chatterton, Edward/Zhang, Joanne, Defending trademarks from non-use cancellations: Strategies for OEM manufacturers in China, https://www.lexology.com/library/detail.aspx?g=cdfcef6e-e457-488a-ba37-836657f347f6 (zuletzt abgerufen am 11. Februar 2023)

Instanz der CNIPA Benutzungsunterlagen für mindestens eine Ware/Dienstleistung pro Unterklasse einzureichen[156], um sich gegen einen Löschungsantrag zu verteidigen.

Nur kurz sei an dieser Stelle darauf hingewiesen, dass es auch sog. berechtigte Gründe für die Nichtbenutzung gibt. Dabei handelt es sich um einen selten vorkommenden Sonderfall, z. B. im Falle von höherer Gewalt oder bei von der Regierung auferlegten Beschränkungen, in der Regel also Umständen, die vom Markeninhaber nicht zu vertreten sind.[157]

Eine eingetragene chinesische Marke darf bei ihrer Benutzung im geschäftlichen Verkehr grundsätzlich mit dem ®-Symbol, dem chinesischen Äquivalent, oder dem Vermerk *registered trade mark* versehen werden, wenn die Marke genauso wie in China eingetragen für die registrierten Waren/Dienstleistungen verwendet wird. Auch das TM-Symbol kann verwendet werden, um darauf hinzuweisen, dass ein Zeichen markenmäßig verwendet wird; dieses Symbol gibt aber nicht an, dass die Marke eingetragen ist. Es besteht keine Verpflichtung zur Anbringung der genannten Symbole. Da die Regelungen zur Anbringung der Symbole strikt sind[158] und eine fälschliche Anbringung der genannten Symbole untersagt ist (z. B. wenn die Marke nicht in China eingetragen ist, selbst dann, wenn sie dort bereits angemeldet ist, oder für über die Eintragung hinausgehende Waren/Dienstleistungen), sollten Sie die korrekte und zulässige Verwendungsform dieser Symbole unbedingt vorab im Einzelnen mit ihren markenrechtlichen Vertretern klären.

3.2   Keine Entwicklung zum Gattungsbegriff

Seltener als die nicht rechtserhaltende Benutzung, aber ebenfalls zum Verlust der Marke führend ist es, wenn eine Marke für die geschützten Waren oder Dienstleistungen zum Gattungsbegriff wird. Diese Marke verliert dann ihre Unterscheidungskraft, die wesentliche Voraussetzung für ihre Schutzfähigkeit, denn sie bezeichnet nun die Waren oder Dienstleistungen als solche und nicht mehr deren Herkunft.[159]

---

156 Liang, Cuicui, What is the Best Evidence That Meets the Latest Review Standard of Non-use Cancellation, https://www.ccpit-patent.com.cn/news/Intellectual/Trademark/2022/0512/5269.html (zuletzt abgerufen am 14. Januar 2023)

157 Vertiefende Informationen zum Thema rechtserhaltende Markenbenutzung siehe: Rocafort, Fred, China Trademarks: Use 'em or Lose 'em, https://harrisbricken.com/chinalawblog/china-trademarks-use-em-or-lose-em/ (zuletzt abgerufen am 16. Januar 2023); Chopenko, Alexandra, Three-year non-use trademark cancellation: a guide to maintain your rights, http://en.kangxin.com/html/2/218/219/220/13357.html (zuletzt abgerufen am 11. Januar 2023)

158 Yang, Frank, Legal Update: Regulations on Illegal Trademark Use, https://www.lexology.com/library/detail.aspx?g=60cb4649-3c39-489c-90bc-3856771b2249 (zuletzt abgerufen am 28. Januar 2023)

159 Vertiefende Informationen zu diesem Themenbereich siehe: Dennemeyer & Associates, Too much of a good thing: when trademarks die, https://www.dennemeyer.com/ip-blog/news/too-much-of-a-good-thing-when-trademarks-die/ (zuletzt abgerufen am 12. Januar 2023); Barth, Felix, Oh je: Heute Marke, morgen Gattungsbezeichnung – mehr Fluch als Segen, https://www.it-recht-kanzlei.de/marke-gattungsbegriffe-markenueberwachung.html (zuletzt abgerufen am 11. Februar 2023)

3.3 Verlängerung Ihrer Markeneintragung

Die Markeneintragung gilt für zehn Jahre ab dem Datum der Eintragung bzw. der letzten Verlängerung. Verlängerungen sind unbegrenzt für jeweils zehn Jahre möglich, dafür werden Verlängerungsgebühren fällig. Dabei sollte der Antrag auf Verlängerung innerhalb des Jahres vor Ablauf der Eintragung gestellt werden. Es gibt auch noch eine sechsmonatige *Grace Period* (Nachfrist), innerhalb derer die Verlängerungsgebühr mit Zuschlag bezahlt und die Eintragung aufrechterhalten werden kann. Wird die Verlängerungsfrist einschließlich der *Grace Period* verpasst, gibt es keine Möglichkeit, die Marke »wiederherzustellen«. Die Marke kann dann zwar neu angemeldet werden, aber nicht mehr mit dem ursprünglichen Anmelde- bzw. Prioritätsdatum.

3.4 Bekannte Marke

Für besonders umfangreiche Benutzung und Bekanntheit kann eine Marke den Status bekannte Marke[160] erwerben. Für »bekannte Marke« kenne ich im Wesentlichen die folgenden Definitionen: Eine Marke gilt als bekannte Marke, wenn sie »bei den maßgeblichen Verkehrskreisen allgemein bekannt und in China sehr beliebt«[161] ist. Oder: Eine bekannte Marke ist »eine Marke, die umfassend benutzt und beworben wird und die in ihrem Bereich ein hohes Ansehen genießt«[162]. Die von der CNIPA in ihren aktuellen Markenrichtlinien gegebene Definition lautet: »Eine bekannte Marke ist eine Marke, die den relevanten Verkehrskreisen in China bekannt ist.«[163] Die relevanten bzw. maßgeblichen Verkehrskreise sind u. a. die Verbraucher der betroffenen Waren und/oder Dienstleistungen, die entsprechenden Hersteller und Dienstleister, am Vertrieb und Transport der Waren Beteiligte etc.[164] Bekannte Marken genießen einen im Vergleich zu nicht bekannten Marken umfangreicheren Schutz. Beispielsweise gilt die fünfjährige Frist für Nichtigkeitsanträge aus relativen Gründen nicht, wenn aus einer bekannten Marke gegen eine bösgläubig erlangte Markeneintragung vorgegangen wird.

Sogar Marken, die nicht im chinesischen Markenregister eingetragen sind, können einen gewissen Schutz genießen, wenn sie in China bekannt sind. Allerdings beschränkt sich der Schutz nicht eingetragener bekannter Marken auf identische und ähnliche Waren und Dienstleistun-

---

160 Hinweis: Hier wird von der Übersetzung in der EU-Gesetzgebung abgewichen. In EU-Regelungen wird »bekannte Marke« übersetzt als »Trade Mark with Reputation« (siehe z. B. Art. 8 Abs. 5 UMV), während »notorisch bekannt« übersetzt wird als »well known« (siehe z. B. Art. 8 Abs. 2 Buchst. c) UMV). Im vorliegenden Leitfaden wird »well-known« mit »bekannt« übersetzt.

161 Yin, Boya/Xu, Qinghong, Comparative aspects of trademark dilution between the United States and China, https://www.iam-media.com/regionindustry-guide/china-managing-the-ip-lifecycle/2021/article/comparative-aspects-of-trademark-dilution-between-the-united-states-and-china (zuletzt abgerufen am 18. Januar 2023)

162 Giacopello, Fabio, All you need to know about Well-Known Trademark, https://www.hfgip.com/news/all-you-need-know-about-well-known-trademark (zuletzt abgerufen am 18. Februar 2023)

163 Markenrichtlinien, Kapitel 10, 5.

164 Markenrichtlinien, Kapitel 10, 5.1.

gen, während eingetragene bekannte Marken auch Schutz im Hinblick auf nicht ähnliche Waren und Dienstleistungen genießen können.

Die Anerkennung des Status als bekannte Marke muss in einem bereits laufenden Verfahren beantragt und kann von der CNIPA und von bestimmten Gerichten gewährt werden. Die Feststellung kann nur beantragt werden, wenn der Markeninhaber die Ansicht vertritt, dass es sich bei der jüngeren möglicherweise rechtsverletzenden Marke um eine Reproduktion (die Marke, deren Bekanntheit festgestellt werden soll, und die jüngere Marke sind identisch), Nachahmung (die jüngere Marke ist ein Plagiat und übernimmt die unterscheidungskräftigen Elemente der Marke, deren Bekanntheit festgestellt werden soll) oder Übersetzung der bekannten Marke handelt und diese dazu geeignet ist, Verwechslungen hervorzurufen oder die Öffentlichkeit irrezuführen und deren Interessen zu verletzen.[165] Eine Anerkennung findet nur statt, wenn sie für den Ausgang des Verfahrens entscheidend ist. Die Beantragung kann also nicht in einem gesonderten Verfahren ganz allgemein – ohne einen spezifischen Verletzungsfall – erfolgen. Eine Anerkennung von Amts wegen findet nicht statt. Eine Anerkennung des Status als bekannte Marke gilt jeweils nur für das Verfahren, in dem diese Anerkennung beantragt und gewährt wurde. Sie ist für spätere Verfahren nicht bindend, aber eine wichtige Referenz.

Bei der Frage, ob der Marke der Status einer bekannten Marke zuerkannt werden kann, berücksichtigen die CNIPA bzw. die zuständigen Gerichte insbesondere folgende Faktoren:
- Erkennungsgrad bei den angesprochenen Verkehrskreisen
- Benutzungsdauer der Marke
- Dauer, Ausmaß und geografischer Umfang der Veröffentlichungen und Werbung im Zusammenhang mit der Marke
- Mit der Marke erzielte Umsätze
- Aufzeichnungen über den Schutz der Marke als bekannte Marke
- Andere Faktoren wie Medienberichte, Recherchen in der National Library, Handelsdokumente, Geschäftszahlen.

Damit die CNIPA oder das zuständige Gericht diese Faktoren beurteilen können, sind umfangreiche Nachweise einzureichen, z. B. Auszeichnungen, Verkaufsnachweise, Werbenachweise, Nachweise über die Beteiligung an Ausstellungen und Messen, Statistiken etc. Seit dem 1. September 2021 muss den Unterlagen eine Erklärung beigefügt werden, in der die beantragende Partei und ihre markenrechtlichen Vertreter erklären, dass ihnen die Regeln bekannt sind, der Grundsatz von Treu und Glauben beachtet wurde und die gemachten Angaben wahr, genau und vollständig sind.[166] Mit der Bezeichnung bekannte Marke darf nicht geworben werden und

---

165 Markenrichtlinien, Kapitel 10, 3.1. und 6
166 Wang,Shuncun, CNIPA's Notice on Submitting Commitment Letter for Requesting Well-known Trademark Protection, https://www.lexology.com/library/detail.aspx?g=9d091b24-eeac-428d-b103-c8ad27a5da70 (zuletzt abgerufen am 17. Januar 2023); Lim, Ai-Leen, China endorses good-faith commitment when applying for well-known status, https://awapoint.com/china-endorses-good-faith-commitment-applying-well-known-status/ (zuletzt abgerufen am 14. Januar 2023)

die Angabe darf auch nicht auf den Waren oder ihrer Verpackung angebracht werden. Unter bestimmten schwerwiegenden Umständen, die insbesondere ihre Kreditwürdigkeit betreffen, können Personen davon ausgeschlossen werden, ihre Marken als bekannt feststellen zu lassen.[167,168]

3.5 Übertragungen und Lizenzen

Chinesische Marken können auf Dritte übertragen werden. Identische und ähnliche Marken für identische und ähnliche Waren/Dienstleistungen sollen zusammen übertragen werden. Die Parteien müssen einen Antrag auf Eintragung des Rechtsübergangs bei der CNIPA stellen. Diese kann die Eintragung ablehnen. Ein Grund für die Ablehnung kann z. B. sein, dass nicht alle identischen und ähnlichen Marken für identische und ähnliche Waren/Dienstleistungen zusammen übertragen werden. Es scheint aber neuerdings Fälle zu geben, in denen die CNIPA die Eintragung ablehnt, wenn Trademark-Squatting im Spiel ist.[169] Achten Sie auf diesen Aspekt und besprechen Sie das mit Ihren markenrechtlichen Vertretern, bevor Sie eine chinesische Marke kaufen. Eine Übertragung kann eine ursprüngliche Bösgläubigkeit ohne Benutzungsabsicht – also die fehlende Rechtmäßigkeit der Marke – nicht heilen.[170]

Der Inhaber einer eingetragenen Marke kann Dritten erlauben, seine Marke zu benutzen. Eine Lizenzerteilung soll der CNIPA mitgeteilt und dort eingetragen werden; in vielen Fällen ist die Eintragung sogar vorgeschrieben.[171] Es gibt die Möglichkeit der ausschließlichen Lizenz (»exclusive license«, bei der nur der Lizenznehmer das Nutzungsrecht hat), der Alleinlizenz (»sole license«, bei der der Lizenzgeber neben dem Lizenznehmer ebenfalls ein Nutzungsrecht hat) und der einfachen Lizenz (»non-exclusive license«, bei der der Lizenznehmer nicht vor Konkurrenz geschützt ist, denn der Lizenzgeber darf weitere Lizenzen vergeben). Im Lizenzvertrag muss das Gebiet, in dem die Lizenz gelten soll, genau bestimmt sein, damit alle Parteien sich darüber einig sind, welches Gebiet abgedeckt ist und welches nicht, insbesondere, welches Gebiet unter dem Namen »China« verstanden werden soll. In dieser Hinsicht ist zu berücksichtigen,

---

167 Markenrichtlinien, Kapitel 10, 3.4; siehe auch Bu, Yuanshi, Neue Markenrichtlinien in China, MarkenR 2022, S. 366

168 Vertiefende Informationen zum Thema bekannte Marken siehe: Wu, Hongxia, Protection of well-known trademarks in China, https://www.lexology.com/library/detail.aspx?g=ee750e1e-7e27-43b1-a5fe-63a8ae953b81 (zuletzt abgerufen am 18. Januar 2023); Vinh, Le Quang, Famous Trademark Protection Practices in the US, EU, Japan, China and Vietnam: similar or different although these countries all bound by the Paris Convention and TRIPs Agreement?, https://www.lexology.com/library/detail.aspx?g=9b42b2f3-3157-45ec-9386-8c727db14ebb (zuletzt abgerufen am 17. Januar 2023); Liao, Fei, CNIPA Issued Guidance on »Notice on Strengthening the Protection of Well-known Trademarks in Handling Cases Involving Trademark Infraction, https://www.chinalawinsight.com/2021/06/articles/intellectual-property/cnipa-issued-guidance-on-notice-on-strengthening-the-protection-of-well-known-trademarks-in-handling-cases-involving-trademark-infraction/ (zuletzt abgerufen am 11. Februar 2023)

169 Xu, Ann, Chan, Vivien, China's revision of trademark law and the impact on CNIPA practices, https://www.managingip.com/article/2a5d1aveddrlq9n8fqccg/chinas-revision-of-trademark-law-and-the-impact-on-cnipa-practices (zuletzt abgerufen am 18. Januar 2023)

170 Markenrichtlinien, Kapitel 2, 5

171 Rocafort, Fred, How to License Your IP to China, https://harrisbricken.com/chinalawblog/how-to-license-your-ip-to-china/ (zuletzt abgerufen am 16. Januar 2023)

dass Hongkong und Macau ihre eigenen Markengesetze haben und chinesische Marken nicht in Hongkong und Macau geschützt sind und umgekehrt. Wenn Sie Schutz für Ihre Marke in diesen Gebieten brauchen, müssen Sie Ihre Marke dort anmelden. Das Gleiche gilt für Taiwan.

3.6   Monitoring

Um zu verhindern, dass eine Marke verwässert oder zum Gattungsbegriff wird, wodurch der Schutzbereich der Marke im schlimmsten Fall auf null reduziert und die Marke löschungsreif werden kann, sollten sowohl das amtliche Markenregister als auch der Markt online wie offline sorgfältig beobachtet werden. Dadurch bemerken Sie es frühzeitig, wenn identische oder ähnliche Marken für gleiche oder ähnliche Waren/Dienstleistungen angemeldet und/oder benutzt werden oder wenn Ihre Marke generisch benutzt wird, wenn also die Marke als Synonym für das Produkt benutzt wird, und können schnell und strikt dagegen vorgehen.

4 Durchsetzung Ihrer Markenrechte

4.1 Einleitung

Manchmal ist es notwendig, dass Sie die erworbenen und mit viel Mühe aufrechterhaltenen Markenrechte Dritten gegenüber durchsetzen, also Ihre Rechte auch geltend machen. Wir drehen hier also jetzt den Spieß um, wir wechseln die Position vom Anmelder, der sich darum bemüht, selbst Rechte zu erwerben und zu behalten, zum Inhaber der älteren Marke, der jüngere Dritte davon abhalten möchte, in seine (jetzt älteren) Rechte einzugreifen. Im Folgenden wird dargelegt, wie Sie als Markeninhaber verhindern, dass Dritte eine jüngere Marke eingetragen bekommen und/oder benutzen, die mit Ihren älteren Rechten identisch oder ihnen ähnlich ist und damit Ihre älteren Rechte verletzt. Wir behandeln also bereits angesprochene Themen erneut, aber nun aus der anderen Perspektive, zum Beispiel das Widerspruchsverfahren: Als Markenanmelder möchten Sie einen Widerspruch Dritter verhindern oder jedenfalls dessen Zurückweisung erreichen, als Inhaber älterer Rechte möchten Sie das Widerspruchsverfahren effizient für sich nutzen, um die Eintragung jüngerer Ihrer Marke ähnlicher oder mit ihr identischer Marken zu verhindern. Bei Löschungsanträgen wegen Nichtbenutzung ist das ähnlich: In Kapitel 3 wurde erläutert, wie Sie sich im Rahmen der Aufrechterhaltung Ihrer Rechte gegen einen Löschungsantrag wegen Nichtbenutzung verteidigen (3.1), also erklärt, was Sie tun müssen, um einen Löschungsantrag wegen Nichtbenutzung möglichst zu verhindern (Ihre Marke umfassend und gut sichtbar rechtserhaltend benutzen) und sich gegen einen solchen zu verteidigen, falls er gestellt wurde (Benutzungsnachweise parat haben), und in den Kapiteln 2 und 4 erfahren Sie, wie Sie zum Erwerb und zur Durchsetzung Ihrer eigenen Rechte Löschungsanträge wegen Nichtbenutzung gegen Marken Dritter stellen können.

Dritte berücksichtigen Ihre Markenrechte nicht immer freiwillig. Wenn ein Dritter eine Marke benutzt, die identisch ist mit Ihrer eingetragenen Marke oder dieser ähnlich, oder wenn er eine ähnliche Marke für die gleichen Waren und Dienstleistungen bei der CNIPA anmeldet, dann können Sie dagegen auf der Basis Ihrer eigenen Rechte vorgehen. Eine gewisse Hilfestellung bekommen Sie ggf. von der CNIPA insofern, als diese jüngere Markenanmeldungen daraufhin prüft, ob sie identisch oder ähnlich mit bereits angemeldeten oder eingetragenen Marken für gleiche Waren/Dienstleistungen sind. Wenn die CNIPA dies feststellt, weist sie die jüngere Markenanmeldung zurück, trägt sie also nicht ein. Die CNIPA hilft damit Ihnen als dem Inhaber der älteren Marke, indem sie ohne Ihr Zutun, sondern nur deswegen, weil Sie eine eingetragene Marke haben, jüngere identische und ähnliche Marken für gleiche Waren/Dienstleistungen zurückweist. Sie erspart Ihnen damit die Mühe, selbst gegen die jüngere Markenanmeldung vorgehen zu müssen.

Die CNIPA prüft aber zum einen nicht alle relativen Schutzhindernisse bei der Eintragung einer Marke, sondern ausschließlich ältere Markeneintragungen und Markenanmeldungen. Sie prüft dagegen nicht, ob eine Markenanmeldung im Falle ihrer Eintragung ältere Copyrights, Design-patente, Firmennamen oder persönliche Namensrechte verletzen würde.

Zum anderen kann es sein, dass die CNIPA der Meinung ist, eine jüngere Markenanmeldung hal-te genügend Abstand von Ihrer älteren Markeneintragung. Das bedeutet, dass Ihnen die CNIPA nicht hilft, wenn sie der Meinung ist, dass eine jüngere Markenanmeldung Ihre älteren Marken-rechte nicht verletzt, sondern einen ausreichenden Abstand hält. Hier kann es sein, dass Sie anderer Meinung als die Prüfer der CNIPA sind und Ihre Marke entgegen der Einschätzung der CNIPA durch eine jüngere Marke verletzt sehen. Oder Sie haben andere ältere Rechte, die die CNIPA bei Ihrer Prüfung nicht berücksichtigt, z. B. ein älteres Copyright. Oder ein Dritter hat überhaupt nicht versucht, seine Marke eingetragen zu bekommen, benutzt sie aber, und Sie sehen Ihre Rechte dadurch verletzt.

Die CNIPA prüft nicht von Amts wegen, ob die **Benutzung** einer jüngeren Marke ältere Rechte Dritter verletzt. Die **Eintragung** Ihrer Marke **allein** kann also noch nicht verhindern, dass Dritte im geschäftlichen Verkehr den gleichen Namen oder das gleiche Logo für identische/ähnliche Waren und/oder Dienstleistungen verwenden. Die Behörden gehen dagegen nicht von Amts wegen vor, solange nicht zusätzliche Elemente wie eine Gefährdung der Öffentlichkeit oder eine Straftat gegeben sind.

Das bedeutet, dass Sie selbst aktiv werden müssen, um Ihre Markenrechte durchzusetzen. Dies geschieht zunächst einmal durch Beobachtung des Markenregisters und des Marktes offline wie online (siehe hierzu 1.2, Falle 3, und 3.6) und im Falle eines Falles durch das Ergreifen der notwendigen Schritte. Die Eintragung Ihrer Marke (und ggf. anderer Rechte wie z. B. eines Copy-rights) gibt Ihnen die Möglichkeit, gegen solche Verletzungen Ihrer älteren Rechte vorzugehen.

Gegen Markenrechtsverletzungen können Sie auf **administrativem, zivilrechtlichem sowie auf strafrechtlichem Weg** vorgehen. Dafür gibt es jeweils verschiedene Möglichkeiten, die auch miteinander kombiniert werden können. Oft wird das chinesische System als *Dual Track System* bezeichnet. Damit sind der rechtliche (zivil- und strafrechtliche) und der administrative Weg gemeint.

Da jeder Fall ein Einzelfall ist, sollten Sie die konkrete Strategie stets einzelfallbezogen aus-arbeiten. Im Folgenden werden zunächst die Charakteristika des administrativen, zivilrechtli-chen und strafrechtlichen Vorgehens vorgestellt und anschließend einige (nicht abschließend) der sich daraus ergebenden Möglichkeiten skizziert.

Insgesamt ist es vor einem Vorgehen gegen Dritte wichtig, dass Sie zunächst Ihre eigenen Rech-te überprüfen und nötigenfalls weiter sichern. Denn ein Vorgehen gegen Dritte fordert diese häufig dazu heraus, im Rahmen ihrer Verteidigung die Lücken in Ihrem Schutz zu suchen und für sich zu nutzen. Die beste (vorbeugende) Verteidigung ist, wie bereits mehrfach betont, die rechtzeitige Anmeldung und Eintragung Ihrer eigenen Rechte am geistigen Eigentum. Bevor

Sie Marken oder andere Rechte Dritter angreifen, müssen Sie sicherstellen, dass Ihre eigenen Rechte gut geschützt sind.

Dabei kann Ihnen helfen, dass durch die Gesetzesänderung zum 1. November 2019 das Vorgehen gegen bösgläubig und ohne Benutzungsabsicht angemeldete Marken erleichtert wurde. Die *State Administration for Market Regulation* (SAMR) hat außerdem Vorschriften in Form der *Several Provisions on Regulating Trademark Application and Registration Behaviour* zur Umsetzung der gesetzlichen Änderungen erlassen, die seit dem 1. Dezember 2019 gelten. Zur Beurteilung der Frage, ob Bösgläubigkeit ohne Benutzungsabsicht vorliegt, sollen die zuständigen Behörden z. B. die Menge und Art der angemeldeten Marken, die geschäftliche Tätigkeit des Anmelders und bereits wegen Bösgläubigkeit/Markenverletzung ergangene Entscheidungen gegen den Anmelder berücksichtigen. Relevant ist auch, ob jemand bekannte Marken oder Firmennamen Dritter anmeldet. Außerdem ist es möglich, die CNIPA schon vor Beginn der Widerspruchsfrist auf die Bösgläubigkeit einer Markenanmeldung hinzuweisen und sie aufzufordern, die Marke deshalb nicht einzutragen. Als Nachweis der Bösgläubigkeit des Markenanmelders können beispielsweise Unterlagen dienen, aus denen sich ergibt, dass der Markenanmelder versucht hat, Marken hochpreisig zu verkaufen oder aus ihnen bösgläubig vorgegangen ist, um damit Gewinn zu erzielen.[172,173]

Administrativer Weg

Administrativorgane sind z. B. die CNIPA sowie die *State Administration for Market Regulation* (SAMR) und ihre Unterbehörden. Die administrative Vorgehensweise ist im Grundsatz gegen jede Art von Markenverletzung möglich. Im Ergebnis können die Unterlassung der rechtsverletzenden Handlungen, die Einziehung und Vernichtung der rechtsverletzenden Produkte und der verwendeten Gerätschaften/Maschinen bewirkt sowie Bußgelder auferlegt werden. Die Durchsetzung Ihrer Rechte auf administrativem Weg ist üblicherweise schneller und kostengünstiger als der zivilrechtliche Weg. Allerdings schreiten Administrativorgane in der Regel nicht zur Tat,

---

172 Chen, Abraham, China Trade Mark Office (CTMO) releases latest statistics, https://www.lexology.com/library/detail. aspx?g=8383b0dc-5d0d-46c2-ba88-fb93aa170603 (zuletzt abgerufen am 11. Januar 2023)

173 Zur Durchsetzung von IP-Rechten in China siehe vertiefend siehe: Plane, Dan/Chen,Grace, Enforcement of IP Rights in China – A Primer, https://www.lexology.com/library/detail.aspx?g=bc133575-107f-4a6d-8df3-12fb109c78a7 (zuletzt abgerufen am 16. Januar 2023); Dai, Ivy/Hui, Dawn/Leung, Hank, Examining Bad Faith Applications Under the Amended Trademark Law in China – Are the amendments living up to their expectations?, https://www. twobirds.com/en/insights/2020/china/examining-bad-faith-applications-under-the-amended-trademark-law-in-china (zuletzt abgerufen am 11. Januar 2023); Lei, Yongjian, What brand owners should know in the battle against bad-faith trademarks in China, https://www.iam-media.com/article/what-brand-owners-should-know-in-the-battle-against-bad-faith-trademarks-in-china (zuletzt abgerufen am 14. Januar 2023); Choi, James/Wong, Alice, Chinese SPC's Guidelines on Enforcement of IP Judgments, https://www.ellalan.com/news/chinese-spcs-guidelines-on-enforcement-of-ip-judgments/ (zuletzt abgerufen am 11. Februar 2023); Zhang, August, China: IP Litigation & Enforcement Guide, https://rouse.com/insights/news/2021/china-ip-litigation-enforcement-guide (zuletzt abgerufen am 18. Januar 2023); Voon, Frank/Yao, Edward/Lui, Chantelle Lui, Guide: How to Enforce Intellectual Property Rights in China, https://www.klgates.com/Guide-How-to-Enforce-Intellectual-Property-Rights-in-China-8-11-2021 (zuletzt abgerufen am 11. Februar 2023); Yao, Jason, Developing a multiplatform approach to counterfeiting, https:// www.worldtrademarkreview.com/global-guide/anti-counterfeiting-and-online-brand-enforcement/2022/article/developing-multiplatform-approach-counterfeiting (zuletzt abgerufen am 18. Januar 2023)

wenn der Fall zu kompliziert ist, und es gibt im administrativen Verfahren keinen Schadensersatzanspruch. Administrative Verfahren können aber Informationen zum Vorschein bringen, die dann in späteren Gerichtsverfahren als Beweismittel verwendet werden können.[174]

Zivilrechtlicher Weg

Zuständig sind die entsprechenden Zivilgerichte. Es gibt vier Stufen innerhalb der Gerichte: *Basic People's Courts, Intermediate People's Courts, High People's Courts* und *Supreme People's Court* (SPC). In erster Instanz sind für Markensachen üblicherweise ein *Basic People's Court* oder ein *Intermediate People's Court* zuständig. In China gibt es auch auf geistiges Eigentum spezialisierte Gerichte, die *Intellectual Property Courts*. Auch die zivilrechtliche Vorgehensweise ist im Grundsatz gegen jede Art von Markenverletzung möglich. Sie ist insbesondere geeignet für komplexere Fälle.

Es ist üblich, dass chinesische Richter nicht nur rechtliche, sondern auch soziale und politische Effekte berücksichtigen, wenn sie ihre Entscheidungen fällen.[175] Es kann also auch mitentscheidend sein, ob eine Person z. B. schwanger ist oder einen arbeitslosen Ehepartner hat.

Nur im zivilrechtlichen Verfahren kann Schadensersatz geltend gemacht werden. Die Höhe des Schadensersatzes richtet sich nach dem tatsächlichen Verlust, den der Markeninhaber durch die Verletzung erlitten hat. Wenn es schwierig ist, den tatsächlichen Verlust zu ermitteln, kann die Höhe des Schadensersatzes nach dem Gewinn bestimmt werden, den der Verletzer aus den rechtsverletzenden Handlungen erzielt hat. Wenn beides schwierig zu ermitteln ist, können übliche Lizenzgebühren als Basis für die Berechnung des Schadensersatzes herangezogen werden. Im Falle der Bösgläubigkeit des Verletzers (dem Verletzer waren die Markenrechte des Dritten bekannt, dennoch beging er die Verletzung) und wenn die Umstände schwerwiegend sind (hinsichtlich Methode, Dauer, Umfang und/oder Auswirkung der Verletzung, z. B. dann, wenn von den rechtsverletzenden Produkten Gefahren für die Verbraucher ausgehen), kann der Schadensersatz erhöht werden. Die Gerichte können dann Strafschadensersatz von bis zum Fünffachen des nach den genannten Methoden kalkulierten Schadens zusprechen, was neben der Strafwirkung für den Täter auch abschreckende Wirkung auf Dritte haben soll. Durch Strafschadensersatz kann dem in seinen Markenrechten Verletzten mehr zugesprochen werden, als ihm tatsächlich an Schaden entstanden ist. Strafschadensersatz kann in der Regel nur zugesprochen werden, wenn es dafür eine Basis nach den oben genannten Berechnungsmethoden gibt, wobei es aber in Einzelfällen Ausnahmen gibt.[176] Der Schadensersatz soll auch

---

174 Konkretere Informationen zum administrativen Weg finden Sie hier: Zhang, Bin/Yang, Yifan, Administrative IP protection in China, https://www.iam-media.com/regionindustry-guide/china-managing-the-ip-lifecycle/2023/article/administrative-ip-protection-in-china (zuletzt abgerufen am 18. Januar 2023)

175 Du, Guodong, How Chinese Judges Think, https://www.chinajusticeobserver.com/a/how-chinese-judges-think (zuletzt abgerufen am 18. Februar 2023)

176 Zhao, Ray Lei, Calculation methods for trademark infringement damages in China, https://www.worldtrademarkreview.com/global-guide/trademark-litigation/2023/article/calculation-methods-trademark-infringement-damages-in-china (zuletzt abgerufen am 18. Januar 2023)

die angemessenen Kosten abdecken, die der Markeninhaber aufwenden musste, um die Verletzungshandlungen zu stoppen. In Fällen, in denen die Berechnung der Beträge nach den oben dargestellten Methoden schwierig ist, sollen die Umstände der Verletzungshandlung in Betracht gezogen werden und die zugesprochene gesetzliche Schadensersatzsumme soll 5 Millionen RMB nicht überschreiten.[177]

Die Verjährungsfrist für Verfahren gegen Markenverletzungen beträgt in der Regel drei Jahre, beginnend mit dem Zeitpunkt, zu dem der Kläger Kenntnis von der Rechtsverletzung hatte oder hätte haben müssen. Bei Vorliegen der Voraussetzungen, insbesondere der Eilbedürftigkeit, kann auf zivilrechtlichem Weg auch einstweiliger Rechtsschutz in Anspruch genommen werden (siehe 4.3.5).

Strafrechtlicher Weg

Der strafrechtliche Weg hat zwar wohl die abschreckendste Wirkung, ist aber nur eröffnet, wenn eine bestimmte kriminelle Grenze überschritten wurde, also bei schwerwiegenden Fällen strafrechtlich relevanter Markenverletzungen wie Counterfeiting eingetragener Marken. Gemäß dem chinesischen Strafrecht ist im Zusammenhang mit Markenrechtsverletzungen im Falle schwerwiegender Umstände insbesondere Folgendes relevant:

- Benutzung der identischen Marke für identische Waren/Dienstleistungen ohne Erlaubnis des Markeninhabers
- Die Erzielung von erheblichen illegalen Einnahmen durch den wissentlichen Verkauf von Counterfeits, also von gefälschten Produkten

---

177 Zum Thema Schadensersatz siehe: Han, Kevin (Jinwen)/Lin, Chen, An Analysis of the Applicable Standards of »Punitive Damages« in Trademark Infringement, https://www.lexology.com/library/detail.aspx?g=80d438bf-3eda-4661-a60a-1152d7ccfbf3 (zuletzt abgerufen am 12. Januar 2023); Xu, Jing, Guidelines on Damages Calculation in IP-Disputes, https://www.kwm.com/cn/en/insights/latest-thinking/guidelines-on-damages-calculation-in-ip-disputes0.html (zuletzt abgerufen am 18. Januar 2023); Wong, Alison/Xu, Martoe, Judicial Interpretations for Punitive Damages in China – wilful and serious IP infringers watch out!, https://www.twobirds.com/en/insights/2021/china/judicial-interpretations-for-punitive-damages-in-china-wilful-and-serious-ip-infringers-watch-out (zuletzt abgerufen am 18. Januar 2023); Tang, Panpan/Zhu, Spring, SPC issues Judicial Interpretation on Punitive Damages in Intellectual Property Infringement Cases, https://www.cms-lawnow.com/ealerts/2021/03/spc-issues-judicial-interpretation-on-punitive-damages-in-intellectual-property-infringement-cases?cc_lang=en (zuletzt abgerufen am 17. Januar 2023); Ni, Zhenhua (Ben)/Huang, Qijie, Brief Review of the Interpretation on the Application of Punitive Damages in the Trial of Civil Cases of Infringement of Intellectual Property Rights, https://www.chinalawinsight.com/2021/03/articles/intellectual-property/brief-review-of-the-interpretation-on-the-application-of-punitive-damages-in-the-trial-of-civil-cases-of-infringement-of-intellectual-property-rights/#page=1 (zuletzt abgerufen am 16. Januar 2023); Liu, Ji, Guidance from China's Supreme Court in light of punitive damages on intentional IPR infringement, https://www.lexology.com/library/detail.aspx?g=f1e07efc-d47f-4e97-a292-5a92276ae391 (zuletzt abgerufen am 14. Januar 2023); Meuwissen, Stefaan/Chang, Yu-An, Highlights of China's Supreme Court's new Interpretation on punitive damages in IP cases, https://www.engage.hoganlovells.com/knowledgeservices/news/highlights-of-chinas-supreme-courts-new-interpretation-on-punitive-damages-in-ip-cases (zuletzt abgerufen am 16. Januar 2023); AFD China Intellectual Property Law Office, New Judicial Interpretation on Punitive Damages in IP Infringement Disputes, https://www.lexology.com/library/detail.aspx?g=35b33700-d6e1-4ec3-a53d-f8082f60ad14 (zuletzt abgerufen am 11. Januar 2023); Zhu, Zhigang, SPC releases judicial interpretation relating to punitive damages in IP cases, https://www.lexology.com/commentary/intellectual-property/china/wanhuida-intellectual-property/spc-releases-judicial-interpretation-relating-to-punitive-damages-in-ip-cases (zuletzt abgerufen am 18. Januar 2023); Wang, Feng, Beijing High People's Court issues guidelines on punitive damages in civil IP cases, https://www.dlapiper.com/en/us/insights/publications/2022/05/guidelines-on-punitive-damages-in-civil-ip-cases/ (zuletzt abgerufen am 11. Februar 2023)

- Die illegale Herstellung oder der illegale Verkauf von illegal hergestellten eingetragenen Markensymbolen (also den Labels).[178]

Von Bedeutung sind hier vor allem der Wert der beschlagnahmten Waren und die Einnahmen aus früheren Verkäufen. Auch in strafrechtlicher Hinsicht werden bekannte Marken stärker und umfassender geschützt als nicht bekannte Marken.

Das *Public Security Bureau* (PSB) – die Polizei – ist für die Untersuchungen zuständig. Strafrechtliche Untersuchungen können vom Markeninhaber oder von einer Administrativbehörde angestoßen werden. Nach der Untersuchung entscheidet das PSB, ob der Fall eingestellt oder strafrechtlich verfolgt wird. Im Falle einer strafrechtlichen Verfolgung wird die Angelegenheit an die Staatsanwaltschaft, das *People's Procuratorate*, weitergeleitet. Wenn das *People's Procuratorate* den Fall akzeptiert, kommt er vor Gericht. Es gibt für den Markeninhaber auch die Möglichkeit, durch die Einreichung einer Klage ein »*Private Prosecution*«-Verfahren zu initiieren, wenn er ausreichende Nachweise für die Markenverletzung vorlegen kann.[179]

4.2 Kollisionsüberwachung und Feststellung von Markenverletzungen

Um rechtzeitig gegen jüngere Marken(anmeldungen) vorgehen zu können, müssen Sie Kenntnis davon haben, was Sie durch eine **Kollisionsüberwachung** gewährleisten können. Die eigenen Marken sollten Sie grundsätzlich im Rahmen dieser Kollisionsüberwachung dahingehend überwachen, ob Dritte jüngere Marken anmelden, die mit Ihren eigenen Marken identisch oder ihnen ähnlich sind. Für den Fall, dass die CNIPA eine jüngere – Ihre älteren Markenrechte verletzende – Markenanmeldung nicht von Amts wegen zurückweisen sollte, haben Sie damit die Möglichkeit, rechtzeitig, also vor der Eintragung der jüngeren Marke, Widerspruch zu erheben und so die Eintragung der jüngeren Marke zu verhindern. Eine solche Kollisionsüberwachung wird von verschiedenen Dienstleistern angeboten.

Neben der Kollisionsüberwachung einzelner Marken kann auch eine Überwachung der Markenanmeldungen bestimmter Unternehmen wie Wettbewerber oder Distributoren eingerichtet werden.

---

178 Jones, Paul D./Chen, Yixian, Snapshot: trademark enforcement in China, https://www.lexology.com/library/detail. aspx?g=2ea97217-0818-416b-87aa-838c48900825 (zuletzt abgerufen am 14. Januar 2023)

179 Vertiefende Informationen zum strafrechtlichen Weg siehe: Che, Jennifer, New Guidelines! How to Apply China's Criminal Law in IP Infringement, https://www.lexology.com/library/detail.aspx?g=1de2957e-72d7-4551-9f9b-6f2c40318d7b (zuletzt abgerufen am 11. Januar 2023); He, Wei/Zhang, Xiaoquan, Determining case value in trademark criminal cases, https://www.lexology.com/commentary/intellectual-property/china/wanhuida-intellectual-property/determining-case-value-in-trademark-criminal-cases (zuletzt abgerufen am 14. Januar 2023)

Um festzustellen, ob eine Markenverletzung vorliegt, werden u. a. folgende Faktoren in Betracht gezogen:[180]

- Liegt eine markenmäßige Benutzung vor, d. h., wo werden die Marken angebracht (z. B. auf den Waren, ihrer Verpackung, in Handelsdokumenten und Werbebroschüren, auf Firmengebäuden und -fahrzeugen etc.), wie sieht diese Benutzung konkret aus und wie wird sie von den angesprochenen Verkehrskreisen (je nach Marke Fachleute, Endverbraucher, Medien, an Transport und Logistik beteiligte Personen) wahrgenommen?
- Sind die Marken identisch oder ähnlich? Zur Bewertung der Ähnlichkeit von Marken gibt es mehrere Kriterien und zahlreiche Fallgruppen, deren Darstellung den Rahmen dieses Leitfadens sprengen würde. Eine sehr gute Übersicht finden Sie in Kapitel 5 der Markenrichtlinien.
- Sind die Waren/Dienstleistungen identisch oder ähnlich? Die Bewertung wird zum einen nach Unterklassen vorgenommen, zum anderen bei Waren nach Funktionsweise, Verwendungszweck, Hauptrohstoffen, Herstellern, Verkaufskanälen und angesprochenen Verkehrskreisen und bei Dienstleistungen nach Zweck, Inhalt, Erbringungsmethode, Erbringungsort und angesprochenen Verkehrskreisen.
- Unterscheidungskraft, Bekanntheit und Reputation der älteren Marke
- Besteht Verwechslungsgefahr zwischen der älteren und der jüngeren Marke? Die Relevanz dieses Faktors ist im chinesischen Markenrecht umstritten.[181]

Das Zusammenspiel der o. g. Faktoren ist komplex und muss von chinesischen Anwälten und Markenagenten für jeden Einzelfall bewertet werden. Zu der Thematik hat die CNIPA die Kriterien für die Beurteilung von Markenrechtsverletzungen erlassen, die im Juni 2020 in Kraft getreten sind.[182] Die aktuelleren Markenrichtlinien der CNIPA sind am 1. Januar 2022 in Kraft getreten.

---

180 Tang, Panpan, Judging Criteria for Trademark Infringements, https://cms.law/en/chn/publication/judging-criteria-for-trademark-infringements (zuletzt abgerufen am 17. Januar 2023); Zhou, Cissy, King and Wood Mallesons' IP group, China National Intellectual Property Administration enacted »Trademark Infringement Judgment Standard«, https://www.chinalawinsight.com/2020/07/articles/uncategorized/china-national-intellectual-property-administration-enacted-trademark-infringement-judgment-standard/#page=1 (zuletzt abgerufen am 18. Januar 2023); DEQI Intellectual Property Law Corporation, CNIPA issued Judging Criteria for Trademark Infringements, https://www.lexology.com/library/detail.aspx?g=24dd3cd8-1034-4bf6-9129-4b5bda33beb1 (zuletzt abgerufen am 12. Januar 2023); Chen, Jolene, Trademark Infringement Determination Standards (Mainland China), https://www.leetsai.com/arbitration-litigation/trademark-infringement-determination-standards-mainland-china (zuletzt abgerufen am 13. Februar 2023)

181 Bu, Yuanshi, Neue Markenrichtlinien in China, MarkenR 2022, S. 364 m. w. N.

182 Lim, Ai-Leen, CNIPA publishes trademark infringement criteria, https://awapoint.com/cnipa-publishes-trademark-infringement-criteria/ (zuletzt abgerufen am 14. Januar 2023); Beijing Sanyou Intellectual Property Agency Ltd, National Intellectual Property Administration Issues, https://www.lexology.com/library/detail.aspx?g=df6d4d4c-f439-4be3-8aca-ce27b4fb046f (zuletzt abgerufen am 11. Januar 2023)

4.3 Möglichkeiten des Vorgehens gegen Markenrechtsverletzungen

Vor einem etwaigen Vorgehen gegen Markenrechtsverletzungen sollten Informationen beschafft und gesichert werden, zunächst mit einer Desktop Recherche. Damit kann festgestellt werden, wie viele Marken der Anmelder hat und ob sein Markenportfolio auf eine tatsächliche Geschäftätigkeit oder auf einen gewerbsmäßigen Verletzer hindeutet. So lassen sich auch Informationen über die Firmenstruktur in Erfahrung bringen, z. B. wer zur Geschäftsführung gehört und welche Unternehmensverbindungen bestehen. Überdies können im Rahmen von Onsite-Untersuchungen und Onsite- und Website-Notarisierungen Hintergrundinformationen gesammelt und gesichert werden, um daraus eine sinnvolle Strategie für das weitere Vorgehen zu entwickeln. Konkrete Möglichkeiten der Rechtsdurchsetzung sind das Thema der folgenden Abschnitte.

4.3.1 Widerspruch gegen eine jüngere Markenanmeldung (administrativ)

Das Widerspruchsverfahren wurde bereits unter 2.3.5 behandelt, dort aus der Perspektive des Marken**anmelders**, der sich gegen einen eventuellen Widerspruch verteidigt. Hier behandeln wir das Widerspruchsverfahren aus der Sicht des Marken**inhabers**, der den Widerspruch als Mittel zur Durchsetzung seiner eigenen Rechte in Erwägung zieht.

Innerhalb von drei Monaten nach Veröffentlichung einer nationalen chinesischen Markenanmeldung können Sie gegen deren Eintragung Widerspruch bei der CNIPA erheben. Es mag überflüssig erscheinen, dass es die Möglichkeit eines Widerspruchsverfahrens gibt, wenn die CNIPA neue Markenanmeldungen ohnehin umfassend prüft und in ihre Prüfung auch einbezieht, ob ältere identische oder ähnliche Marken und -anmeldungen für die gleichen oder ähnliche Waren/Dienstleistungen existieren. Dabei ist aber zu berücksichtigen, dass Sie im Hinblick auf eine Markenähnlichkeit mit einer älteren Marke anderer Meinung sein können als die CNIPA, dass der Prüfer etwas übersehen hat oder dass Sie andere Rechte geltend machen möchten als die, die die CNIPA von Amts wegen prüft. Denn die CNIPA prüft von Amts wegen im Eintragungsverfahren als relative Schutzhindernisse ausschließlich ältere Marken und -anmeldungen, nicht aber andere ältere Rechte wie Firmennamen, Designpatente oder Copyrights.

Sie können Ihren Widerspruch auf unterschiedliche Gründe stützen. Zum einen auf relative Gründe – dabei können Sie nicht nur Ihre älteren Marken und Markenanmeldungen als Widerspruchsgrund vorbringen, sondern auch Ihre älteren Namensrechte, Firmennamen, Copyrights[183] etc. Zum anderen können Sie den Widerspruch auch auf absolute Gründe stützen, etwa die Behauptung, die jüngere Marke sei nicht unterscheidungskräftig, sie sei täuschend, irreführend, beschreibend, generisch oder bösgläubig ohne Benutzungsabsicht angemeldet

---

183 Kangxin, Copyright Claim in Trademark Opposition and Invalidation Case, http://en.kangxin.com/
html/2/218/223/228/15843.html (zuletzt abgerufen am 21. Januar 2023)

oder sie sei eine Kopie oder Nachahmung Ihrer bekannten Marke oder übe schädlichen Einfluss aus. Im Wesentlichen können relative Widerspruchsgründe nur von dem jeweiligen Rechteinhaber oder einer interessierten Partei (insbesondere Lizenznehmer) geltend gemacht werden, absolute Widerspruchsgründe von jedermann.

Ein Widerspruch kann auch nach den Regelungen zur Agentenmarke im engeren und weiteren Sinn erhoben werden. Eine Agentenmarke im engeren Sinne liegt vor, wenn ein Agent oder Vertreter ohne Zustimmung des Berechtigten die Marke in seinem eigenen Namen anmeldet. Dies betrifft zum Beispiel Vertriebshändler oder einen Geschäftsführer des Geschäftsherrn bzw. des Vertretenen.[184] Eine Agentenmarke im weiteren Sinne liegt vor, wenn jemand eine Marke, die ein anderer bereits benutzt hat, identisch oder ähnlich für identische oder ähnliche Waren/Dienstleistungen anmeldet, obwohl der Anmelder die Marke durch vertragliche, geschäftliche oder sonstige Beziehungen eindeutig gekannt hat. Vertragliche oder geschäftliche Beziehungen umfassen zum Beispiel Handelsverbindungen, Franchising, Investitionsbeziehungen, Sponsoring und Beziehungen zu Werbeagenturen.[185] Sonstige Beziehungen betreffen insbesondere Verwandtschaftsbeziehungen, Arbeitgeber-Arbeitnehmer-Beziehungen oder auch einfach eine örtliche Nähe, sprich nachbarschaftliche Beziehungen.[186] Nach der Rechtsprechung genügen für sonstige Beziehungen auch gescheiterte Geschäftsanbahnungsgespräche bzw. die Kenntnis des Anmelders von der Marke zusammen mit einer Rücksichtnahmepflicht.[187] Allerdings ist es aber so, dass viele Markenanmelder in diesen Situationen aufgrund dieser Regelungen die Marken nicht selbst in ihrem eigenen Namen anmelden, sondern sie von Dritten in deren Namen anmelden lassen, sodass es häufig sehr schwierig bis unmöglich ist, die oben dargestellten Beziehungen tatsächlich nachzuweisen.

Auch gegen die Benennung Chinas in **Internationalen Registrierungen** kann innerhalb einer dreimonatigen Frist Widerspruch erhoben werden.

Wenn die Widerspruchsfrist abgelaufen ist und die Marke bereits eingetragen wurde, können zwar noch Löschungs- und Nichtigkeitsanträge gegen eine jüngere Marke gestellt werden (wenn die Voraussetzungen im Übrigen vorliegen) – diese richten sich dann aber nicht mehr gegen eine Markenanmeldung, sondern gegen eine bereits eingetragene Marke.[188]

---

184 Bu, Yuanshi, Neue Markenrichtlinien in China, MarkenR 2022, S. 366
185 Markenrichtlinien, Kapitel 12, 5.2.
186 Markenrichtlinien, Kapitel 12, 5.3.
187 Bu, Yuanshi, Neue Markenrichtlinien in China, MarkenR 2022, S. 367 m. w. N.
188 Vertiefende Informationen zu Widersprüchen siehe: Zheng, Xia/Wu, Jingjing/Cui, Chunrong, AFD Case Study – Proper Application of Articles 4 & 7 of Trademark Law in Opposition Proceedings, https://www.lexology.com/library/detail. aspx?g=d01d02f4-e5ca-4071-b538-55dbe7f4209c (zuletzt abgerufen am 18. Januar 2023); Yang, Mingming/Nan, Jiang, CNIPA backs Acushnet in opposition against FUTLEWT mark, https://www.lexology.com/commentary/intellectual-property/china/wanhuida-intellectual-property/cnipa-backs-acushnet-in-opposition-against-futlewt-mark (zuletzt abgerufen am 18. Januar 2023)

4.3.2 Löschungsantrag/Nichtigkeitsantrag gegen eine bereits eingetragene Marke (administrativ)

Löschungsanträge und Nichtigkeitsanträge können aus verschiedenen Gründen gestellt werden und unterliegen unterschiedlichen Voraussetzungen. Sie sind bei der CNIPA einzureichen.

Löschungsantrag wegen Nichtbenutzung

Eine Marke, die drei Jahre in Folge nicht benutzt wurde, ist löschungsreif, sofern nicht berechtigte Gründe für die Nichtbenutzung vorliegen. Gemäß den seit Januar 2022 geltenden Markenrichtlinien der CNIPA sind berechtigte Gründe für die Nichtbenutzung

- höhere Gewalt,
- Einschränkungen durch die Regierungspolitik,
- Konkursverfahren und
- andere berechtigte Gründe, die nicht im Verantwortungsbereich des Markeninhabers liegen.[189]

Ein Löschungsantrag wegen Nichtbenutzung kann erfolgreich sein bei vollständiger oder teilweiser Nichtbenutzung einer Marke, sofern sie seit mehr als drei Jahren eingetragen ist. Sollte die Marke für einen Teil der eingetragenen Waren und/oder Dienstleistungen benutzt worden sein, ist sie insoweit nicht löschungsreif. Den Antrag kann jede Person stellen. Es muss dafür kein besonderes Interesse vorliegen.

Wenn Sie einen Löschungsantrag wegen Nichtbenutzung einreichen, geben Sie an, ob sich Ihr Löschungsantrag gegen die ganze Marke, also gegen alle eingetragenen Waren und/oder Dienstleistungen richtet oder nur gegen eine oder mehrere Unterklassen. Falls es Ihr Ziel ist, eine ältere Marke zu löschen, die der Eintragung Ihrer eigenen Marke entgegensteht, kann es ausreichen, den Antrag nur gegen eine oder mehrere Unterklassen und nicht gegen die ganze Marke zu stellen. Die Erfolgsaussichten Ihres Löschungsantrags können in diesem Fall höher sein, da der Inhaber der angegriffenen Marke jedenfalls bislang in erster Instanz die Benutzung seiner Marke nur für **eine** Ware/Dienstleistung nachweisen musste, um den Antrag auf vollständige Löschung wegen Nichtbenutzung abzuwehren. Es hat also in erster Instanz vor der CNIPA ausgereicht, Benutzungsunterlagen für eine Ware oder Dienstleistung vorzulegen, um die ganze Klasse aufrechterhalten zu können. Wenn Sie den Löschungsantrag gegen die ganze Marke richten, hat der Markeninhaber es leichter, eine Ware/Dienstleistung geltend zu machen, für die er die Marke benutzt. Wenn Sie den Löschungsantrag dagegen nur gegen eine Unterklasse richten, muss der Markeninhaber die Benutzung für eine Ware/Dienstleistung aus genau dieser Unterklasse nachweisen, was schwieriger sein kann. Allerdings scheint es seit Anfang 2022 so zu sein, dass die erste Instanz der CNIPA, das CTMO, ihre Amtspraxis an die der zweiten Instanz, des TRAD, anpasst. Anders als früher scheint es derzeit so zu sein, dass die erste Instanz

---

189 Markenrichtlinien, Kapitel 17, 1.

der CNIPA in ihrer Entscheidung über einen Löschungsantrag die Beweismaterialien auflistet, die bei ihr eingereicht wurden, sodass sich der Löschungsantragsteller ein Bild machen kann. Außerdem ist das CTMO strenger als früher und bewertet die eingereichten Unterlagen nach Unterklassen. Es ist also möglich, dass auch schon in erster Instanz Marken nur noch für diejenigen Unterklassen aufrechterhalten werden, für die ausreichende Benutzungsunterlagen eingereicht wurden. Da hier vieles im Fluss ist, muss die jeweilige Strategie in jedem Einzelfall aktuell mit Ihren markenrechtlichen Vertretern abgestimmt werden.

Da Inhaber von mit Löschungsanträgen angegriffenen Marken dazu neigen, die angegriffene Marke direkt nach Kenntnis von dem Löschungsantrag erneut anzumelden, ist es in der Regel empfehlenswert, Ihre eigene Marke parallel zu dem Löschungsantrag selbst erneut anzumelden.

Sollte Ihrem Löschungsantrag wegen Nichtbenutzung in erster Instanz nicht stattgegeben werden, kann die Weiterverfolgung Ihres Antrags in der zweiten Instanz vor der CNIPA, dem TRAD, zum Erfolg verhelfen, da das TRAD zum einen auch bisher schon striktere Prüfungskriterien hatte und Sie vor allem vor dem TRAD die Möglichkeit bekommen, die vom Inhaber der angegriffenen Marke eingereichten Benutzungsunterlagen zu sichten, zu überprüfen und dazu Stellung zu nehmen. Das kann den entscheidenden Unterschied ausmachen.

Wenn Sie der Löschungsantragsteller sind, ist diese neue Amtspraxis gut für Sie. Wenn Ihre Marke mit einem Löschungsantrag wegen Nichtbenutzung angegriffen wird, ist es für Sie hingegen schwieriger als bisher, die rechtserhaltende Benutzung Ihrer Marke nachzuweisen[190] (siehe 2.1.4).

Nichtigkeitsantrag

Mit einem Nichtigkeitsantrag greifen Sie – anders als mit einem Widerspruch – eine bereits eingetragene Marke an. Anders als mit einem Löschungsantrag wegen Nichtbenutzung greifen Sie die Marke mit einem Nichtigkeitsantrag wegen absoluter oder relativer Schutzhindernisse an. Der Nichtigkeitsantrag ist im Wesentlichen das Äquivalent eines Widerspruchs, nur richtet er sich nicht gegen eine Markenanmeldung, sondern gegen eine bereits eingetragene Marke.

Gründe für Nichtigkeitsanträge können beispielsweise sein:
- Sie haben eigene ältere Rechte. Eine Marke kann für nichtig erklärt werden, wenn sie eingetragen wurde, obwohl Sie ältere identische oder ähnliche eingetragene Markenrechte für identische und/oder ähnliche Waren und/oder Dienstleistungen oder andere Schutzrechte wie Copyrights haben.

---

190 Zum Thema Löschungsanträge wegen Nichtbenutzung siehe vertiefend: Chopenko, Alexandra, Three-year non-use trademark cancellation: a guide to maintain your rights, http://en.kangxin.com/html/2/218/219/220/13357.html (zuletzt abgerufen am 11. Januar 2023); Speeks, Simon/Pun, Lily, China TM Practice Note – CNIPA Expedited Examination and Re-filing Strategies, https://www.marks-clerk.com/insights/articles/china-tm-practice-note-cnipa-expedited-examination-and-re-filing-strategies/ (zuletzt abgerufen am 17. Januar 2023); Liang, Cuicui, What is the Best Evidence That Meets the Latest Review Standard of Non-use Cancellation, https://www.ccpit-patent.com.cn/news/Intellectual/Trademark/2022/0512/5269.html (zuletzt abgerufen am 14. Januar 2023)

- Die angegriffene Marke wurde durch Betrug oder andere unlautere Mittel (z. B. Fälschen von Anmeldeunterlagen) erworben.
- Die angegriffene Marke übt einen schlechten Einfluss in politischer Hinsicht aus, z. B. wenn sie den Namen einer terroristischen Organisation enthält[191] und dies bei Eintragung der Marke vom Amt übersehen wurde.
- Die angegriffene Marke ist eine Reproduktion, Imitation oder Übersetzung einer älteren bekannten Marke.
- Die angegriffene Marke enthält Nationalflaggen oder Zeichen internationaler zwischenstaatlicher Organisationen oder des Roten Kreuzes. Teilweise sind Ausnahmen möglich mit Zustimmung der entsprechenden Regierung oder Organisation oder wenn keine Verwirrung bei den angesprochenen Verkehrskreisen zu erwarten ist.
- Der eingetragene Inhaber der angegriffenen Marke ist ein Agent oder Vertreter des tatsächlichen Markeninhabers oder es handelt sich um eine Agentenmarke im weiteren Sinn (siehe 4.3.1).
- Die Marke wurde bösgläubig ohne Benutzungsabsicht angemeldet.

Für Nichtigkeitsanträge, die auf relativen Schutzhindernissen basieren, gilt in der Regel eine Fünfjahresfrist, d. h., der Nichtigkeitsantrag kann nur innerhalb von fünf Jahren ab Eintragung der angegriffenen Marke gestellt werden. In manchen Fällen kann ein Nichtigkeitsantrag von jedermann eingereicht werden, in anderen Fällen nur vom Rechteinhaber bzw. interessierten Personen. Hierzu gibt es eine Vielzahl von Regelungen und die Entscheidungspraxis hängt von zahlreichen Faktoren ab, sodass jeder Einzelfall gesondert daraufhin überprüft werden muss, ob die Fünfjahresfrist gilt und wer den Nichtigkeitsantrag einreichen kann. Relevante Faktoren, die hier ausschlaggebend und daher zu berücksichtigen sind, sind insbesondere die folgenden:
- Wird der Nichtigkeitsantrag auf absolute (z. B., dass die Marke unmittelbar beschreibend ist) oder relative Gründe (z. B. ältere Marke des Nichtigkeitsantragstellers) gestützt?
- Wird aus einer bekannten Marke gegen eine bösgläubig erlangte Markeneintragung vorgegangen?
- Hat die Bekanntheit bereits vor Anmeldung der bösgläubig erlangten Markeneintragung vorgelegen?
- Wurde die Eintragung der angegriffenen Marke mit unangemessenen Mitteln erlangt?
- Wurde die angegriffene Marke bösgläubig und ohne Benutzungsabsicht angemeldet?

Bekannte Marken genießen einen erweiterten Schutz, sodass bei einem Vorgehen aus einer bekannten Marke gegen eine bösgläubig erlangte Markeneintragung bei Vorliegen der Voraussetzungen die Fünfjahresfrist für Nichtigkeitsanträge wegfällt.

Es ist nach chinesischem Recht verboten, dass Ihr Agent, Vertreter oder Distributor Ihre Marke oder eine ähnliche Marke ohne Ihre Autorisierung in seinem eigenen Namen für gleiche oder

---

191 Markenrichtlinien, Kapitel 3, 3.8.2.

ähnliche Waren und/oder Dienstleistungen anmeldet. Um dieses Verbot zu umgehen, melden manche Agenten, Vertreter oder Distributoren Ihre Marke nicht in ihrem eigenen Namen an, sondern veranlassen Dritte dazu. Dadurch wird die Zuordnung schwieriger bis unmöglich. Das schwächt Ihre Position als Nichtigkeitsantragsteller, da Sie zwar vielleicht eine Vermutung haben, diese aber ggf. nicht beweisen können.

Im Rahmen der Prüfung, ob einem Nichtigkeitsantrag stattzugeben ist, wird auch berücksichtigt, ob die Parteien bereits Geschäftsbeziehungen oder Auseinandersetzungen hatten, ob also der Inhaber der angegriffenen Marke die Marke des Nichtigkeitsantragstellers kannte, und auch, ob die angegriffene Marke aus unfairen Motiven und damit aus anderen Gründen angemeldet wurde, als um damit Marktanteile zu erwerben oder zu sichern. Dies gilt auch, wenn jemand unlauter eine Marke anmeldet, die von einem Dritten bereits benutzt wird, soweit diese Marke durch die Benutzung des Dritten einen gewissen Grad an Einfluss erlangt hat. Das bedeutet, dass die Marke in China bereits von einem Dritten benutzt wurde, ohne eingetragen worden zu sein, und dass die angesprochenen chinesischen Verkehrskreise die Marke, die die Herkunft der Waren und/oder Dienstleistungen zeigt, kennen.

Nichtigkeitsanträge haben auch deshalb eine besondere Bedeutung, weil in vielen Fällen erst die zugrunde liegende Marke für nichtig erklärt werden – d. h. die Markeneintragung beseitigt werden – muss, bevor auf dem Klageweg gegen ihre Benutzung vorgegangen werden kann.[192]

4.3.3   Beschwerde an die CNIPA im Hinblick auf die Aufnahme bösgläubiger Anmelder in ihre schwarze Liste

Lange Zeit wurde gemunkelt, dass die CNIPA eine Schwarze Liste habe, in die bösgläubige Markenanmelder eingetragen werden, und dass sie von den Prüfern der CNIPA zurate gezogen wird, wenn es darum geht, bösgläubige Markenanmeldungen ohne Benutzungsabsicht zu erkennen. Inzwischen wird wohl allgemein angenommen, dass es eine solche Liste gibt, wenn auch nicht offiziell und nicht für die Öffentlichkeit einsehbar.

Wenn Sie also Informationen über mutmaßlich bösgläubige Anmelder haben, können Sie die CNIPA darauf mit einem entsprechenden Schreiben hinweisen, das Informationen über Ihre Rechte und vor allem über die Aktionen des mutmaßlich bösgläubigen Anmelders enthält, von denen Sie Kenntnis haben. Ein einziges Schreiben genügt für alle Marken und -anmeldungen sowie alle weiteren Verfahren, an denen der mutmaßlich bösgläubige Anmelder beteiligt ist. Welche Informationen hier konkret vorzutragen sind, können Ihre markenrechtlichen Vertreter für jeden konkreten Einzelfall für Sie ausarbeiten.

---

192 Vertiefende Informationen zu Nichtigkeitsanträgen siehe: Huang, Ariel, (IP CHINA) Pirelli overcomes the 5 years limitation and wins, https://www.lexology.com/library/detail.aspx?g=a1000adb-00b7-4af2-92b6-5a0983a9fafd (zuletzt abgerufen am 11. Februar 2023)

Wie bereits dargestellt, sollen gemäß dem chinesischen Markengesetz bösgläubige Markenanmeldungen ohne Benutzungsabsicht von Amts wegen zurückgewiesen werden. Die CNIPA kann aufgrund der Vielzahl von Anmeldungen nicht jede einzelne Anmeldung diesbezüglich prüfen, sodass solche Beschwerden der CNIPA helfen, entsprechende Anmeldungen ausfindig zu machen und ggf. direkt zurückzuweisen. Wenn Sie damit Erfolg haben, erspart Ihnen das später die Notwendigkeit, Widersprüche und Nichtigkeitsanträge einreichen zu müssen, da die Marken bereits im Rahmen der amtlichen Prüfung zurückgewiesen werden, was Zeit- und Kostenersparnis für Sie bedeutet.[193]

4.3.4 Abmahnung und Klage (zivilrechtlich)

Im Falle von Verletzungen Ihrer Markenrechte können die mutmaßlichen Verletzer abgemahnt und verklagt werden. Ansprüche sollen innerhalb von drei Jahren ab Kenntnis von oder Kennenmüssen der Rechtsverletzung und des Verletzers geltend gemacht werden. Aber auch nach dieser Zeit können Gerichte noch Maßnahmen anordnen, wenn die Verletzung andauert. Eine Abmahnung und die eventuell darauffolgende Klage zielen abhängig von der jeweiligen Verletzung häufig darauf ab, dass der mutmaßliche Verletzer
* die Verletzungshandlungen unterlässt,
* unlauteres Wettbewerbsverhalten einstellt,
* verletzende Markenanmeldungen zurücknimmt und auf verletzende eingetragene Marken verzichtet,
* seinen Firmennamen ändert und sich verpflichtet, in Zukunft nicht mehr unter diesem Firmennamen im geschäftlichen Verkehr aufzutreten,
* seine Firmennameneintragung löscht,
* rechtsverletzende Produkte vernichtet,
* sich verpflichtet, Ihre IP-Rechte in Zukunft nicht mehr zu verletzen,
* eine Erklärung in einer Fachpublikation abgibt, um die negativen Effekte seines rechtsverletzenden Handelns zu mindern, und
* sich öffentlich entschuldigt.

Im Rahmen eines zivilrechtlichen Klageverfahrens können Sie überdies Schadensersatz und Erstattung der Gerichts- und Anwaltskosten geltend machen (siehe 4.1 Zivilrechtlicher Weg).

---

193 Vertiefende Informationen über die bei der CNIPA wohl inoffiziell geführte Schwarze Liste siehe: Koo, Anna Mae/Xu, Ann, China's Top 10 trademark developments 2021, https://www.worldipreview.com/contributed-article/china-s-top-10-trademark-developments-2021 (zuletzt abgerufen am 18. Februar 2023); Xu, Ann/Chan, Vivien, China's revision of trademark law and the impact on CNIPA practices, https://www.managingip.com/article/2a5d1aveddrlq9n8fqccg/chinas-revision-of-trademark-law-and-the-impact-on-cnipa-practices (zuletzt abgerufen am 18. Januar 2023); Xia, Summer, (IP CHINA) Purpose other than use: Art. 4 of the Revised Trademark Law, https://www.hfgip.com/news/ip-china-purpose-other-use-art-4-revised-trademark-law (zuletzt abgerufen am 18. Januar 2023)

Eine vorherige Abmahnung des Verletzers durch den Markeninhaber kann dazu führen, dass dem Verletzer später im Klageverfahren Strafschadensersatz auferlegt wird. Der Grund dafür ist, dass eine Abmahnung den Verletzer bösgläubig machen kann.

Gerichte können auch die Vernichtung von Waren, die mit rechtsverletzenden gefälschten Marken gekennzeichnet sind, sowie die Vernichtung der vorwiegend zur Herstellung dieser Waren verwendeten Materialien und Werkzeuge anordnen. Außerdem dürfen Waren, die mit gefälschten eingetragenen Marken gekennzeichnet sind, auch nach einfacher Entfernung derselben nicht mehr in den Handel gelangen. Das bedeutet, dass das (erneute) Inverkehrbringen von Fälschungen auch dann verboten ist, wenn die rechtsverletzenden Marken entfernt wurden. Häufig muss jedoch erst die zugrunde liegende Marke z. B. durch ein Nichtigkeitsverfahren beseitigt werden, bevor erfolgreich auf Unterlassung ihrer Benutzung geklagt werden kann.[194] Dies ist allerdings nicht immer der Fall; zum Beispiel kann es in manchen Fällen einfacher sein, die Benutzung einer Marke zu untersagen, wenn die Anspruchsbasis ein Copyright ist.[195] Die Regeln hierzu sind kompliziert. Besprechen Sie die individuelle Strategie mit Ihren markenrechtlichen Vertretern.

Je bekannter eine Marke in China ist, umso größer ist ihr Schutzumfang und umso leichter ist es, aus ihr erfolgreich gegen Rechtsverletzungen vorzugehen. Auch aus in China nicht eingetragenen bekannten Marken kann erfolgreich geklagt werden (siehe 3.4). Sie sollten im Zusammenhang mit nicht eingetragenen Marken auch prüfen, ob Schutz im Rahmen des Wettbewerbsrechts gegeben ist.

Kläger kann der Markeninhaber selbst oder – unter bestimmten Voraussetzungen – eine interessierte Partei wie ein Lizenznehmer sein. Ein zivilrechtliches Klageverfahren im Bereich Markenverletzung läuft im Wesentlichen wie folgt ab: Nach Einreichung der Klage durch den Kläger prüft das Gericht, ob es die Klage annimmt. Nimmt es sie an, stellt es sie dem Beklagten zu. Dabei wird der Beklagte aufgefordert, innerhalb einer bestimmten Frist Stellung zu nehmen. Das Gericht übermittelt die Stellungnahme des Beklagten an den Kläger. Anschließend setzt das Gericht einen Termin zur mündlichen Verhandlung fest. Bei der mündlichen Verhandlung werden Argumente vorgetragen und Beweismittel erläutert und geprüft. Nach Abschluss der mündlichen Verhandlung reichen die Anwälte häufig zusammenfassende Stellungnahmen ein, mit denen sie ihre Argumente betonen; dies ist wichtig, um die eigenen Standpunkte noch einmal darzulegen. Anschließend erlässt das Gericht die Entscheidung.[196]

---

194 Liu, Frank/Zhu, Adam, Protecting rights against trademark infringers, https://www.lexology.com/library/detail. aspx?g=ffa243e8-87ca-4889-b66e-e451a8d76d20 (zuletzt abgerufen am 14. Januar 2023)

195 Ranjard, Paul, Consequences of trademark invalidation, https://www.lexology.com/commentary/intellectual-property/china/wanhuida-intellectual-property/consequences-of-trademark-invalidation (zuletzt abgerufen am 28. Januar 2023).

196 Vertiefende Hinweise siehe: Suchy, Donna (Hrsg.), IP Protection in China, Chapter 1 Patents (Stephen Yang, Jiancheng Jiang, Hu Yuzhang, C. Frederick Koenig III, Yin Shao) 5. Dual Track System, S. 103; Huo, Aimin, Litigation procedures and strategies: China, https://www.worldtrademarkreview.com/global-guide/trademark-litigation/2020/article/litigation-procedures-and-strategies-china (zuletzt abgerufen am 14. Januar 2023)

4.3.5 Einstweiliger Rechtsschutz (zivilrechtlich)

Es gibt auch die Möglichkeit, einstweiligen Rechtsschutz in Anspruch zu nehmen. Im Rahmen einer einstweiligen Verfügung (*Interim* oder *Preliminary Injunction*) wird über eine Angelegenheit nicht abschließend entschieden, sondern das Gericht entscheidet schnell und vorläufig, um laufende oder in Kürze bevorstehende Rechtsverletzungen unmittelbar zu verhindern oder zu beenden und drohende Schäden für den mutmaßlich Verletzten abzuwenden. Einstweiliger Rechtsschutz kann in Anspruch genommen werden, wenn Beweise dafür vorliegen, dass ein Dritter rechtsverletzende Handlungen begeht oder zu begehen im Begriff ist und dadurch irreversible Schäden entstehen würden. Es muss Dringlichkeit gegeben sein. Der Antrag auf einstweiligen Rechtsschutz sollte so früh wie möglich gestellt werden. Der Antragsteller muss in der Regel eine Sicherheit hinterlegen, die die möglichen Schäden für den Antragsgegner abdecken soll. Einstweiliger Rechtsschutz kann sowohl vor dem Beginn eines Gerichtsverfahrens als auch während eines laufenden Gerichtsverfahrens beantragt werden.[197]

Bislang waren chinesische Gerichte mit dem Erlass einstweiliger Verfügungen eher zurückhaltend, da eine falsche Entscheidung erheblich negativen Einfluss auf die Interessen des Antragsgegners haben kann. Im Hinblick auf einstweiligen Rechtsschutz in Fällen von geistigem Eigentum hat der chinesische *Supreme People's Court* (SPC) die *Regulations on Certain Issues on the Application of Law for Conduct Preservation in Trials of Intellectual Property Disputes* erlassen, die am 1. Januar 2019 in Kraft traten.[198]

4.3.6 Razzia (administrativ)

Bei einer administrativen Razzia handelt es sich um eine schnelle Durchsetzungsmaßnahme für relativ unkomplizierte, klare Fälle und offensichtliche Verstöße, die bei den zuständigen chinesischen Behörden unter Vorlage relevanter Unterlagen (z. B. Markeneintragungsurkunden) beantragt und von diesen durchgeführt werden kann. Typische Fälle für eine Razzia sind Fälschungen, eindeutige Markenverletzungen und Wettbewerbsverstöße wie z. B. die unzulässige Verwendung des ®-Symbols. Die Erfolgsaussichten sind umso höher, je mehr Sie als Beschwerdeführer bereits vorab recherchieren und den zuständigen Behörden Unterlagen zur Verfügung stellen können, aus denen die Rechtsverletzungen klar ersichtlich sind. Dazu gehören Eintragungsurkunden für Ihre relevanten IP-Rechte, möglichst viele Daten über den mutmaßlichen Verletzer, bereits notariell beglaubigte Beweise etc.

---

197 Shi, Yang, Pretrial injunction: a choice for IP owners to resist irreparable harms in China, https://www.lexology.com/library/detail.aspx?g=5681c00d-5af5-49ce-8a50-37fd760d2d01 (zuletzt abgerufen am 17. Januar 2023)
198 Feng, Zhen (Katie)/Low, Eugene/Xia, Helen, What you need to know about China's new Regulations on interim injunctions in IP cases, https://f.datasrvr.com/fr1/319/20320/(2019.02.28)_China_updates_its_rules_on_interim_injunctions_PDF.pdf (zuletzt abgerufen am 12. Januar 2023)

Beachten Sie in diesem Zusammenhang, dass Schutzgewährungsbescheide der Weltorganisation für geistiges Eigentum (WIPO) für Internationale Registrierungen mit Benennung Chinas von den zuständigen Behörden nicht als Markenurkunden akzeptiert werden. Stattdessen benötigen Sie eine von der CNIPA ausgestellte Eintragungsurkunde auf Chinesisch mit offiziellem Stempel (siehe 2.1.5). Üblicherweise dauert es einige Wochen bis zur Ausstellung; eine Beschleunigung kann beantragt werden. Am besten beantragen Sie dieses Dokument bereits direkt nach der Schutzgewährung des chinesischen Teils Ihrer Internationalen Registrierung, um zu vermeiden, dass eine geplante Razzia nicht zeitnah durchgeführt werden kann, weil die Nachweise für Ihre eigenen Markenrechte fehlen.

Die Behörden können verletzende Produkte und Werkzeuge beschlagnahmen, die Beendigung der rechtsverletzenden Tätigkeiten anordnen und Geldbußen auferlegen. Die Ergebnisse dieser Razzien und die dabei gewonnenen Erkenntnisse können bei evtl. späteren gerichtlichen Verfahren als Beweismittel verwendet werden. In schwerwiegenden Fällen können Sie als Markeninhaber auch beantragen, dass das *Public Security Bureau* (PSB), also die Polizei, den Fall übernimmt und eine strafrechtliche Untersuchung durchführt.

4.3.7   Vorgehen gegen Online-Markenrechtsverletzungen

Im Januar 2019 ist das *Electronic Commerce Law* in Kraft getreten. Dadurch soll geistiges Eigentum besser geschützt werden.[199] Im Zusammenhang mit diesem Gesetz gibt es einen Beitrag im *China Law Blog*, in dem u. a. wesentliche Begriffe wie *electronic commerce*, *E-commerce operators* oder *cross-border e-commerce company* erklärt werden.[200]

Im September 2020 hat der *Supreme People's Court* auch *Guiding Opinions on the Trial of Civil Cases Involving the Intellectual Property Rights on E-Commerce Platforms* erlassen.[201] Darin geht es speziell um den Schutz von IP-Rechten im E-Commerce, wobei insbesondere die Grundprinzipien und die allgemeinen Regeln im E-Commerce und auch die rechtliche Verantwortlichkeit von Plattformbetreibern thematisiert werden. So müssen Plattformbetreiber bei Kenntnis oder Kennenmüssen von Markenrechtsverletzungen vernünftige und umsichtige Maßnahmen

---

199   VORYS eCONTROL Marketplace Solutions Blog, New Law in China Promotes Protection of Intellectual Property Rights on Online Marketplaces, https://www.vorysecontrol.com/blog/new-law-in-china-promotes-protection-of-intellectual-property-rights-on-online-marketplaces/ (zuletzt abgerufen am 17. Januar 2023); Simone, Joseph, China's new E-commerce Law, https://www.worldtrademarkreview.com/global-guide/anti-counterfeiting-and-online-brand-enforcement/2019-obe/article/chinas-new-e-commerce-law (zuletzt abgerufen am 17. Januar 2023)

200   Xia, Sara, China's New E-Commerce Law and Its Foreign Company Impacts, https://harrisbricken.com/chinalawblog/chinas-new-e-commerce-law-and-its-foreign-company-impacts/ (zuletzt abgerufen am 11. Februar 2023)

201   Wen, Joyce, Guiding Opinions of the Supreme People's Court on the Trial of Civil Cases Involving the Intellectual Property Rights on E-commerce Platforms (Mainland China), https://www.lexology.com/library/detail.aspx?g=f0eb2484-3a9a-457f-8922-125bbeedbbba (zuletzt abgerufen am 18. Januar 2023)

zur Beendigung der Rechtsverletzungen ergreifen, z. B. die Entfernung von Waren oder die Sperrung von Links.[202]

Dem EUIPO-Statusbericht 2020 des Amtes der Europäischen Union für geistiges Eigentum vom Juni 2020 über Verletzungen von Rechten des geistigen Eigentums[203] kann Folgendes entnommen werden: »Die Verletzung von Rechten des geistigen Eigentums ist ein erhebliches Geschäft. Der jährliche Wert der Importe gefälschter Waren in die EU wurde auf 121 Milliarden EUR geschätzt, was 6,8 % der EU-Importe aus der gesamten Welt entspricht. Die Präsenz von Fälschungen auf dem EU-Markt führt zum Verlust von über 400.000 Arbeitsplätzen, zu Umsatzeinbußen in Höhe von 83 Milliarden EUR in der legalen Wirtschaft und zu Steuereinbußen in Höhe von 15 Milliarden EUR.«[204] Von den Schäden und Gefahren für die öffentliche Gesundheit, Verbrauchersicherheit und die Umwelt ganz zu schweigen! Weiter heißt es in dem Bericht: »Counterfeiting ist ein globales Phänomen, das sich mit dem Aufkommen besserer Technologien erheblich weiterentwickelt hat. Online-Marktplätze und soziale Medien werden zunehmend zu einer wichtigen Einnahmequelle für kriminelle Gruppen, die sowohl gefälschte Produkte als auch raubkopierte digitale Inhalte wie Filme, Fernsehen, Musik, Live-Sportveranstaltungen, E-Books und Spiele verkaufen.«[205]

Fälscher benutzen Online-Marktplätze und soziale Medien, um dort ihre Produkte anzubieten, teilweise für den chinesischen Markt, teilweise weltweit. Ebenso kommt es vor, dass Online-Verkäufer ihre eigenen Produkte zwar nicht mit fremden Marken kennzeichnen, diese fremden Marken aber auf Online-Marktplätzen verwenden, um sich an den guten Ruf eines anderen Unternehmens oder dessen Marken anzuhängen und Kunden anzulocken, indem sie die Werbefunktion der Marken für sich ausnutzen. Diese Risiken können durch geeignete proaktive Maßnahmen reduziert werden, insbesondere durch

- Markenkollisionsüberwachung,
- Domain-Überwachung und
- Überwachung der betreffenden Online-Marktplätze.

Die Markenkollisionsüberwachung dient der Überprüfung, ob jüngere identische oder ähnliche Marken Dritter angemeldet wurden, sodass rechtzeitig vor Eintragung Widerspruch erhoben werden kann. Mit der Domain-Überwachung wird geprüft, ob Dritte verwechslungsfähige Domains registrieren. Die Überwachung der Online-Marktplätze hilft bei der Überprüfung, ob

---

202 Ebd.
203 EUIPO, 2020 Status Report on IPR infringement, June 2020, https://euipo.europa.eu/tunnel-web/secure/webdav/guest/document_library/observatory/documents/reports/2020_Status_Report_on_IPR_infringement/2020_Status_Report_on_IPR_infringement_en.pdf (zuletzt abgerufen am 11. Februar 2023)
204 EUIPO, 2020 Status Report on IPR infringement, June 2020, https://euipo.europa.eu/tunnel-web/secure/webdav/guest/document_library/observatory/documents/reports/2020_Status_Report_on_IPR_infringement/2020_Status_Report_on_IPR_infringement_en.pdf, 3. Quantification and consequences of IPR infringement, S. 22 (zuletzt abgerufen am 11. Februar 2023)
205 EUIPO, 2020 Status Report on IPR infringement, June 2020, https://euipo.europa.eu/tunnel-web/secure/webdav/guest/document_library/observatory/documents/reports/2020_Status_Report_on_IPR_infringement/2020_Status_Report_on_IPR_infringement_en.pdf 2. Why and how are IP rights infringed? S. 14 (zuletzt abgerufen am 11. Februar 2023)

Dritte die Marken Ihres Unternehmens auf Online-Plattformen verletzen, entweder indem sie Fälschungen anbieten oder indem sie Ihre Marken im Titel oder in der Beschreibung ihrer Produkte verwenden und dadurch den guten Ruf Ihres Unternehmens und dessen Marken ausbeuten und beeinträchtigen.

Die meisten Online-Marktplätze haben eigene Online-Portale, auf denen Inhaber von Marken und anderen IP-Rechten ihre Eintragungsurkunden und weitere Dokumente hinterlegen und dann elektronisch ihre *Notice-and-Takedown Requests* einreichen können. Dafür ist es bei vielen Online-Marktplätzen notwendig, eine eingetragene chinesische Marke (nicht: eine erst angemeldete) zu besitzen. Bei manchen Online-Marktplätzen genügt zwar auch eine nichtchinesische Markeneintragung, aber auch bei diesen ist es oft schneller und effizienter, eine chinesische Markeneintragung vorweisen zu können.

Das übliche Prozedere kann grob wie folgt beschrieben werden, hängt aber letztlich von dem jeweiligen Online-Marktplatz ab: Der Markeninhaber reicht eine Beschwerde, den *Notice-and-Takedown Request* bei dem Online-Marktplatz ein. Dieser informiert den mutmaßlichen Verletzer, der entweder Widerspruch erheben oder untätig bleiben kann. Erhebt er Widerspruch, kann sein Widerspruch akzeptiert oder zurückgewiesen werden. Bleibt der mutmaßliche Verletzer untätig oder weist der Online-Marktplatz seinen Widerspruch zurück, ergreift der Online-Marktplatz geeignete Maßnahmen, z. B. die Entfernung der betreffenden Angebote, die vorübergehende oder dauerhafte Schließung des Stores etc. Falls der mutmaßliche Verletzer Widerspruch erhebt und diesem stattgegeben wird, können Sie als Markeninhaber auf anderem Wege unmittelbar gegen das verletzende Verhalten vorgehen, z. B. mit einer Abmahnung oder Klage vor einem Gericht.

Nicht ausreichendes Monitoring und fehlendes Vorgehen gegen Online-Markenrechtsverletzungen können zu folgenden Nachteilen führen:
- Je mehr Besitzstand sich der mutmaßliche Verletzer aufbauen konnte, desto schwieriger und teurer wird es, diesen wieder zu beseitigen.
- Ihre eigene Marke wird verwässert.
- Das Vertrauen Ihrer Kunden geht verloren, der gute Ruf wird beeinträchtigt.
- Die Verkaufszahlen gehen zurück.
- Das kann zu Sicherheitsrisiken führen bis hin zu gesundheitlichen Schäden und Verletzungen bei den Käufern von Fälschungen, die in der Öffentlichkeit und in den Medien mit Ihrer Marke in Zusammenhang gebracht werden.

Die Vorteile ausreichenden Online-Monitorings sind:
- Fälschungen und andere Markenrechtsverletzungen können frühzeitig festgestellt werden.
- Informationen, um ein erfolgreiches Vorgehen gegen Markenrechtsverletzungen zu ermöglichen, können beschafft werden.
- Es schreckt Dritte ab, wenn sie feststellen, dass ein Markeninhaber strikt gegen Markenrechtsverletzungen vorgeht.

- Die eigenen Verkaufszahlen können gesteigert werden.
- Das Vertrauen der Kunden und Abnehmer bleibt erhalten.
- Die Kosten und Risiken sind umso geringer, je früher man sich um die Entfernung der Rechtsverletzungen kümmert.[206]

4.3.8 Zoll

Es ist empfehlenswert, Ihre IP-Rechte (Marken, Copyrights, Patente, Designpatente) bei der chinesischen Zollbehörde *General Administration of Customs People's Republic of China* (GACC)[207], zu registrieren. Im Hinblick auf Marken muss für jede Marke in jeder Klasse ein eigener Antrag eingereicht werden. Dieser muss von Unterlagen wie der Geschäftserlaubnis (*Business Registration Certificate*), der Markeneintragungsurkunde, Informationen über Lizenzen, Bildern der Waren und ihrer Verpackung sowie einer Vollmacht begleitet sein. Darüber hinaus können Sie auch bereits bekannte Verletzer angeben.

Wenn ein IP-Recht bei der chinesischen Zollbehörde registriert wurde (*Ex Officio Protection*), werden die Informationen dem offiziellen Computersystem der chinesischen Zollbehörden hinzugefügt, sodass jedes chinesische Zollamt darauf zugreifen kann. Der chinesische Zoll prüft sowohl Importe als auch Exporte im Hinblick auf Rechtsverletzungen. Die Zolleintragung gilt für zehn Jahre, sofern das geschützte Recht nicht vorher abläuft. Verlängerungen sind möglich. Zollbeamte achten sowohl bei Importen als auch bei Exporten stärker auf Waren, hinsichtlich derer IP-Rechte beim Zoll registriert sind. In einem Verdachtsfall informiert der Zoll Ihre markenrechtliche Vertretung und Sie können einen Antrag auf Festhalten der verdächtigen Waren stellen. Die Frist hierfür ist sehr kurz, normalerweise beträgt sie drei Arbeitstage. In diesem Fall müssen Sie als Rechtsinhaber eine Sicherheitskaution hinterlegen. Falls sich der Verdacht bestätigt und die Waren tatsächlich rechtsverletzend sind, können die Zollbehörden die Waren beschlagnahmen und vernichten und dem Verletzer eine Geldbuße auferlegen. Die Kosten für die Lagerung und Vernichtung der Waren werden von Ihrer Sicherheitskaution abgezogen. Falls sich herausstellt, dass die festgehaltenen Waren nicht rechtsverletzend sind, können Sie als Rechteinhaber schadensersatzpflichtig sein. Hat die Zollbehörde einen Verdacht auf strafrechtliche Relevanz, kann sie den Fall auch an die dafür zuständigen Behörden weiterleiten.

---

206 Vertiefende Informationen zum Vorgehen gegen Online-Markenrechtsverletzungen siehe: Rocafort, Fred, How To Take Down Counterfeits From Alibaba and Other Chinese E-Commerce Sites, https://harrisbricken.com/chinalawblog/how-to-take-down-counterfeits-from-alibaba-and-other-chinese-e-commerce-sites/ (zuletzt abgerufen am 16. Januar 2023); Su, Sunny/Xia, Jennifer, China Case Study: IP Protection in Live Streaming E-Commerce Platforms, https://rouse.com/insights/news/2021/china-case-study-ip-protection-in-live-streaming-e-commerce-platforms (zuletzt abgerufen am 17. Januar 2023); Zhu, Zhigang/Wei He, Online infringement in China – legislation update, https://www.lexology.com/commentary/intellectual-property/china/wanhuida-intellectual-property/online-infringement-in-china-legislation-update (zuletzt abgerufen am 18. Januar 2023); Godefroy, James/Liu, Zoe/Liang, Isabel, Demystifying Alibaba's Three-Strike Policy: How to have IP infringers banned, https://rouse.com/insights/news/2022/demystifying-alibaba-s-three-strike-policy-how-to-have-ip-infringers-banned (zuletzt abgerufen am 12. Januar 2023)
207 http://english.customs.gov.cn/

Ein Nachteil der Registrierung beim Zoll kann es sein, dass dann ggf. auch Ihre eigenen Waren oder durch Sie autorisierte Waren aufgehalten werden. Die *White List* der eigenen Lieferanten/Distributoren sollte daher stets aktuell und beim Zoll hinterlegt sein. Sollten Sie selbst auf verdächtige Importe oder Exporte aufmerksam werden, können Sie auch dann Schutzmaßnahmen bei den Zollbehörden beantragen, wenn Ihre IP-Rechte nicht beim Zoll registriert sind (*Protection on Request*). Durch die Möglichkeiten der Zusammenarbeit mit dem chinesischen Zoll können Sie das Risiko reduzieren, dass gefälschte Waren aus China exportiert und in Ihren Heimatmarkt oder andere Länder importiert werden.

Im Rahmen der Sensibilisierungskampagne 2021 schreibt das EUIPO im Bericht »Risiken und Schäden durch Verletzungen von Rechten des geistigen Eigentums in Europa«:

»Eine gemeinsame Studie des Amtes der Europäischen Union für geistiges Eigentum (EUIPO) und der Organisation für wirtschaftliche Zusammenarbeit und Entwicklung (OECD) schätzte, dass gefälschte Produkte **6,8 % der Einfuhren in die Europäische Union (EU)** im Wert von **121 Mrd. EUR** ausmachen und jeden Wirtschaftszweig, von Kosmetika und Spielzeug über Weine und Getränke, Elektronik und Bekleidung bis hin zu Pestiziden und pharmazeutischen Erzeugnissen, betreffen.«[208] Weiter heißt es in dem Bericht: »Der Containerseetransport ist nach wie vor ein wichtiger Kanal für den Versand nachgeahmter Waren, die größtenteils aus Ostasien, insbesondere aus China und Hongkong, stammen, auf die 80 % des Gesamtwerts der weltweit aus Containern beschlagnahmten Fälschungen entfallen.«[209]

Da die chinesischen Zollbehörden auch Exporte prüfen, können Sie durch die Registrierung Ihrer chinesischen Marken (und anderen Schutzrechte) beim chinesischen Zoll erheblich dazu beitragen, dass Fälschungen China gar nicht erst verlassen und entsprechend auch nicht in die EU gelangen können.[210]

---

208 EUIPO, Risiken und Schäden durch Verletzungen von Rechten des geistigen Eigentums in Europa, Sensibilisierungskampagne 2021, S. 3, https://euipo.europa.eu/tunnel-web/secure/webdav/guest/document_library/observatory/documents/Awareness_campaigns/spring_campaign_2021/2021_Spring_Campaign_de.pdf (zuletzt abgerufen am 12. Januar 2023)

209 Ebd. mit Verweis auf Informationen zum Missbrauch der Containerschiffahrt (Misuse of Containerised Maritime Shipping), https://euipo.europa.eu/ohimportal/en/web/observatory/misuse-of-containerised-maritime-shipping (zuletzt abgerufen am 11. Februar 2023)

210 Vertiefende Informationen zum Thema Schutz von IP-Rechten durch den chinesischen Zoll siehe: Lee, David/Tsi, Ron, Chinese customs protection strategy – route to efficient and cost-saving relief, https://www.iam-media.com/global-guide/iam-yearbook/2020/article/chinese-customs-protection-strategy-route-efficient-and-cost-saving-relief (zuletzt abgerufen am 14. Januar 2023); Baker, Brandy E., How to empower Chinese customs authorities, https://www.worldtrademarkreview.com/article/how-empower-chinese-customs-authorities (zuletzt abgerufen am 18. Februar 2023); Baker, Brandy E., How to detect and capture infringing goods in China, http://en.kangxin.com/html/2/218/219/220/14551.html (zuletzt abgerufen am 14. Januar 2023); Jiang, Xiuhua, Trademark enforcement through customs services, http://en.kangxin.com/html/2/218/219/220/15241.html (zuletzt abgerufen am 14. Januar 2023); Jing, Ning/Jia, Xiaoning, How to Efficiently Protect Your Intellectual Property Right through China Customs?, https://www.lexology.com/library/detail.aspx?g=ee201dc1-70ac-4567-8687-e6d31c0d2511 (zuletzt abgerufen am 18. Januar 2023); Rocafort, Fred, The Four Best Ways to Protect Your IP from China, https://harrisbricken.com/chinalawblog/the-four-best-ways-to-protect-your-ip-from-china/ (zuletzt abgerufen am 16. Januar 2023); Liu, Zoe, Copyright Customs recordal – your brand's saving grace?, https://rouse.com/insights/news/2022/copyright-customs-

recordal-your-brand-s-saving-grace (zuletzt abgerufen am 14. Januar 2023); Hou, Sophia/Liu, Zoe, China: Strategic use of China Customs detention to solve complicated IP disputes, https://rouse.com/insights/news/2022/china-strategic-use-of-china-customs-detention-to-solve-complicated-ip-disputes (zuletzt abgerufen am 14. Januar 2023); Liu, Zoe, Non-determination decisions: A remedy when your branded goods are seized, https://rouse.com/insights/news/2022/non-determination-decisions-a-remedy-when-your-branded-goods-are-seized (zuletzt abgerufen am 14. Januar 2023); Fan, Christine/Fang, Ting, IP enforcement through China Customs, https://www.iam-media.com/regionindustry-guide/china-managing-the-ip-lifecycle/2023/article/ip-enforcement-through-china-customs (zuletzt abgerufen am 12. Januar 2023)

5 Kosten

Die Kosten schwanken je nach aktuellem Umrechnungskurs und stellen ungefähre Angaben dar. Die nachfolgenden Angaben beziehen sich jeweils auf eine Klasse.

Amtsgebühr für eine Markenanmeldung in einer Klasse mit bis zu zehn Begriffen im Waren/Dienstleistungsverzeichnis	etwa 50 EUR
Amtsgebühr pro Begriff ab dem 11. Begriff im Waren-/Dienstleistungsverzeichnis einer Klasse	etwa 5 EUR
Amtsgebühr für eine Beschwerde im Markeneintragungsverfahren	etwa 100 EUR
Amtsgebühr für eine Markenverlängerung	etwa 75 EUR
Amtsgebühr für einen Widerspruch gegen die Eintragung einer Marke	etwa 75 EUR
Amtsgebühr für die Einreichung eines Löschungsantrags wegen Nicht-benutzung	etwa 75 EUR
Amtsgebühr für die Einreichung eines Nichtigkeitsantrags	etwa 100 EUR

Dazu kommen die Kosten der chinesischen Anwälte/Markenagenturen, die in der Regel nach Zeitaufwand in Ansatz gebracht werden. Die Stundensätze liegen üblicherweise zwischen 200 und 500 USD. Bei Inanspruchnahme eines deutschen Anwalts kommen dessen Kosten hinzu. Diese werden ebenfalls in der Regel größtenteils nach Zeitaufwand berechnet. Die Stundensätze liegen üblicherweise zwischen 240 und 500 EUR.

6   Verfahrensdauer und Fristen

Fristen und Verfahrensdauer unterliegen stetigen Änderungen und beruhen auf dem derzeitigen Kenntnisstand (Februar 2023). Sie dienen ausschließlich dem Überblick; im Hinblick auf konkrete Fälle ist stets der Rat einer chinesischen Anwaltskanzlei oder Markenagentur einzuholen.

6.1   Verfahrensdauer

Von der Anmeldung einer Marke bis zur Eintragung, wenn es zu keiner Beanstandung und zu keinem Widerspruch kommt	ca. 7 bis 12 Monate
Prüfung einer Markenanmeldung durch die CNIPA	ca. 4 bis 7 Monate
Verfahrensdauer bis zur Entscheidung der CNIPA über ein Rechtsmittel im Eintragungsverfahren	ca. 9 bis 12 Monate
Prüfung eines Widerspruchs durch die CNIPA	ca. 12 bis 18 Monate
Prüfung eines Nichtigkeitsantrags durch die CNIPA	ca. 12 bis 18 Monate
Prüfung eines Löschungsantrags wegen Nichtbenutzung durch die CNIPA	ca. 9 bis 12 Monate
Verfahrensdauer bis zur Entscheidung der CNIPA über ein Rechtsmittel in einem Löschungsverfahren wegen Nichtbenutzung	ca. 9 bis 12 Monate

6.2   Fristen

Die Fristen wird Ihre chinesische Anwaltskanzlei bzw. Markenagentur für jeden Einzelfall genau ausrechnen und mitteilen. Die untenstehenden Angaben betreffen nationale chinesische Marken, dienen nur dem allgemeinen Überblick und sollen eine ungefähre Orientierung geben. Häufig ist für deutsche Unternehmen und ihre Anwälte nicht genau erkennbar, wie lange eine Frist wirklich dauert, da es recht komplizierte Regelungen zum Fristbeginn gibt, und den Unternehmen und ihren Anwälten meistens nicht bekannt ist, wann genau die Frist begonnen hat.

Stellungnahme zu einer amtlichen Mitteilung der CNIPA mit der Aufforderung zur Anpassung des Waren-/Dienstleistungsverzeichnisses	30 Tage
Rechtsmittel nach Zurückweisung einer Markenanmeldung	15 Tage
Teilung einer Markenanmeldung nach Teilzurückweisung durch die CNIPA	15 Tage

Widerspruchsfrist	3 Monate
Falls der Widerspruch zurückgewiesen wird, folgt die Eintragung der angegriffenen Marke (kein Rechtsmittel möglich); Möglichkeit für den Widersprechenden: Stellung eines Nichtigkeitsantrags	Nach Eintragung der jüngeren Marke
Einlegung von Rechtsmitteln, falls dem Widerspruch stattgegeben und die angemeldete Marke zurückgewiesen wird	15 Tage
Benutzungsschonfrist	3 Jahre ab Eintragung; nach Abschluss eines Widerspruchsverfahrens 3 Jahre ab Veröffentlichung der Eintragung in der Trademark Gazette. **Wichtig:** Schon drei Jahre nach ihrer Eintragung kann Löschungsantrag gegen eine chinesische Marke gestellt werden; wenn Löschungsantrag gestellt wird, muss die Benutzung für die letzten drei Jahre vor Stellung des Löschungsantrags nachgewiesen werden. Im Falle eines Löschungsantrags müssen Sie also die Benutzung für die vergangenen drei Jahre nachweisen, auch wenn diese drei Jahre die Zeit von der Eintragung der Marke bis zur Stellung des Löschungsantrags betreffen. Der Begriff »Benutzungsschonfrist« ist daher irreführend, wenngleich allgemein gebräuchlich.
Stellung von Nichtigkeitsanträgen.	In vielen Fällen 5 Jahre ab Eintragung einer Marke

7 Weitere relevante Aspekte im Zusammenhang mit dem Schutz Ihrer Rechte in China

7.1 Verträge

Obwohl Sie für die Anmeldung und Eintragung einer Marke – abgesehen von der Beauftragung einer Kanzlei oder Markenagentur – keinen Vertrag brauchen, haben Verträge im Zusammenhang mit Marken in China eine nicht zu unterschätzende Bedeutung. Die Rede ist hier z. B. von Verträgen mit Herstellern, Lieferanten und Distributoren, aber auch von Abgrenzungsvereinbarungen zwischen Markeninhabern und von Lizenzverträgen. Mit jeder einzelnen Vertragsart könnte man Bücher füllen, und das wird auch gemacht. Hier finden Sie daher eher allgemeine Hinweise, die im Hinblick auf Verträge im Zusammenhang mit chinesischem Markenrecht und verwandter Gebiete hilfreich sein können. Das fängt schon damit an, dass Verträge möglichst frühzeitig abgeschlossen werden sollten, also nicht erst, wenn bereits Fakten geschaffen wurden, die eine der Parteien – im schlechtesten Fall Sie – in eine schwächere Position bringen, sondern bevor der anderen Vertragspartei relevante Informationen preisgegeben werden. Beispiel: Ein Vertrag mit Ihrem Original Equipment Manufacturer, der sicherstellen soll, dass Ihre IP-Rechte Ihnen gehören und auch nur von Ihnen und in Ihrem Namen eingetragen werden dürfen, wird am besten geschlossen, bevor der Original Equipment Manufacturer Kenntnis von den Marken erhält, mit denen er Ihre Produkte labeln soll. Genauso wichtig ist es, vor Vertragsschluss zu wissen, wer Ihr Vertragspartner überhaupt ist, und vor allem, ob er vertrauenswürdig ist: Handelt es sich um ein seriöses Unternehmen, wie oft war es in rechtliche Auseinandersetzungen verwickelt, wie ist die finanzielle Situation, kann das Unternehmen die Aufgaben, die es mit Ihnen vertraglich vereinbaren will, überhaupt erfüllen etc.? Das finden Sie mit einer Due-Diligence-Prüfung heraus, deren Umfang sich nach der Bedeutung und Größe des Rechtsgeschäftes richten sollte. Eine Due-Diligence-Prüfung kann auch stufenweise durchgeführt werden – wenn man auf der oberflächlichsten Stufe beispielsweise in Form einer kurzen Desktop-Recherche nichts Auffälliges findet, sollte man etwas weitergehend prüfen. Findet man dagegen schon nach kurzer Prüfung etwas Auffälliges, vielleicht dass das Unternehmen keine Zulassung für die Art von Tätigkeit hat, um die es geht, oder dass das Unternehmen in der Presse im Zusammenhang mit Markenverletzungen genannt wurde, dann kann man seine weiteren Entscheidungen auf der Basis dieser Erkenntnisse treffen.

Der Sinn solcher Verträge ist es u. a., Klarheit und Sicherheit zu schaffen, indem die Punkte, auf die sich die Parteien einigen, formell, konkret und dauerhaft festgelegt werden, sowie, vertrauliche Informationen zu schützen und eventuellen Rechtsstreitigkeiten vorzubeugen. Oft werden in den Verträgen in einer Präambel die Motive der Parteien dargelegt und damit die Grundlagen der Geschäftsbeziehung festgelegt. Verträge sollen Schutzmaßnahmen vorsehen für den Fall, dass sich die Situation nicht wie erwünscht entwickelt. Damit die mit den Verträgen verfolgten Ziele erreicht werden können, müssen die Verträge durchsetzbar sein.

Das richtige Timing hängt von zahlreichen Faktoren ab, aber grundsätzlich kann es sinnvoll sein, Vertragsverhandlungen mit potenziellen chinesischen Geschäftspartnern erst zu führen, wenn alle relevanten IP-Rechte wie Patente, zu denen in China auch die Designs gehören, Marken und Copyrights zumindest angemeldet und die Domains registriert sind. Verträge mit chinesischen Partnern sollten **im Regelfall** die Anwendbarkeit chinesischen Rechts vorsehen, in chinesischer Sprache mit englischer Übersetzung geschrieben sein sowie Chinesisch als maßgebliche Sprache und chinesische Gerichte mit Zuständigkeit für den Vertragspartner für zuständig erklären.[211] Es ist darauf zu achten, dass eine autorisierte Person den Vertrag unterzeichnet und dass dieser mit dem offiziellen Firmensiegel versehen wird.[212] Das Firmensiegel kann auch elektronisch sein und ist dann rechtlich ebenso gültig wie ein physisches Firmensiegel.[213]

Ein Vertrag mit einem chinesischen Vertragspartner sollte also im Regelfall so verfasst sein, dass er bei einem für Ihren Vertragspartner zuständigen chinesischen Gericht durchsetzbar ist. Dies bedeutet, dass das anwendbare Recht das chinesische Recht ist, die maßgebliche Sprache Chinesisch ist und chinesische Gerichte zuständig sind.[214] Durch eine andere Vertragsgestaltung – also z. B. Gerichtsstand in Deutschland oder Englisch als maßgebliche Sprache – kann es passieren, dass der Vertrag im Endeffekt nicht oder nicht in einem angemessenen Verhältnis zum Aufwand durchsetzbar ist. Es gibt aber auch Konstellationen, in denen eine andere Vertragsgestaltung Ihren Interessen besser entspricht – stellen Sie sicher, dass alle wichtigen Fakten berücksichtigt werden und Ihnen bewusst ist, wo Sie den Vertrag am wahrscheinlichsten werden durchsetzen müssen. Ein gutes Beispiel dafür finden Sie in dem Post aus dem China Law Blog »How to Protect Against Theft When Selling TO China«[215] von Dan Harris.[216]

Achten Sie darauf, dass Sie nicht nur genau wissen, was die englische Version Ihres Vertrags aussagt, sondern auch ganz konkret, was die chinesische Version Ihres Vertrags besagt. Warum das so wichtig ist, erklärt Dan Harris in einem Blog Post, der mit den Worten beginnt: »Don't trust the translation.«[217] Die englische und die chinesische Version eines Vertrags können voneinander abweichen, und es ist möglich, dass die chinesische Version die gültige Version des

---

211 China Law Blog, China Contracts: Make Them Enforceable Or Don't Bother, https://harrisbricken.com/chinalawblog/contracts-in-china-enforce-it-or-go-home/ (zuletzt abgerufen am 11. Februar 2023)

212 Harris, Dan, China Company Chops: The Basics, https://harrisbricken.com/chinalawblog/china-company-chops-the-basics/ (zuletzt abgerufen am 14. Januar 2023); Harris, Dan, Is That A Real Chinese Company Chop/Stamp/Seal? https://harrisbricken.com/chinalawblog/is-that-a-real-chinese-company-chop-stamp-seal/ (zuletzt abgerufen am 14. Januar 2023)

213 Kipfer, Arlo, The Chinese Company Chop Goes Digital, https://harrisbricken.com/chinalawblog/the-chinese-company-chop-goes-digital/ (zuletzt abgerufen am 14. Januar 2023)

214 Harris, Dan, Three Rules for China Contracts, https://harrisbricken.com/chinalawblog/three-rules-for-china-contracts/ (zuletzt abgerufen am 14. Januar 2023)

215 https://harrisbricken.com/chinalawblog/how-to-protect-against-theft-when-selling-to-china/ (zuletzt abgerufen am 11. Februar 2023)

216 Harris, Dan, Choosing the Jurisdiction for Your China Contract Disputes, https://harrisbricken.com/chinalawblog/choosing-the-jurisdiction-for-your-china-contract-disputes/ (zuletzt abgerufen am 28. Januar 2023)

217 Harris, Dan, Dual Language China Contracts: Don't get Fooled!, https://harrisbricken.com/chinalawblog/dual-language-china-contracts-dont-get-fooled/ (zuletzt abgerufen am 14. Januar 2023)

Vertrags ist.[218] Falls Sie den Vertrag auf der Basis der chinesischen Version durchsetzen müssen, ist es von entscheidender Bedeutung, dass Sie den genauen Inhalt der chinesischen Version kennen.[219]

Besonders hinzuweisen ist auf die Bedeutung sog. NNN-Verträge (*non-disclosure, non-use/ non-compete, non-circumvention*). Sie dienen dazu, Ihre vertraulichen Informationen wie *Trade Secrets* zu schützen und Ihre Vertragspartner daran zu hindern, diese vertraulichen Informationen unautorisiert aufzudecken (*non-disclosure*), Ihre Idee oder Ihr Produkt zu verwenden, um mit Ihnen in Wettbewerb zu treten (*non-use* bzw. *non-compete*), und Ihr Produkt selbst an Ihre Kunden oder Dritte zu verkaufen (*non-circumvention*).[220] Eine gute Darstellung von NNN-Verträgen finden Sie im Post aus dem China Law Blog »China NNN Agreements: Essential and NOT for Trade Secrets«[221] von Arlo Kipfer.

Es kommt auch vor, dass chinesische Vertragspartner im Vertrag die Regelung einer etwaigen Auseinandersetzung durch Schiedsgerichte und Schlichtung vorsehen möchten. Was hier die beste Regelung ist, muss für jeden Einzelfall gesondert eruiert werden.[222]

Verträge mit Distributoren sollten Folgendes vorsehen: Der Distributor bestätigt und erkennt an, dass alle Markenrechte – und andere IP-Rechte – bei Ihnen als tatsächlichem Inhaber verbleiben und dass er daran keine Rechte hat oder erwirbt. Lizenzverträge sollten bei den zuständigen Behörden registriert werden.[223]

---

218 Harris, Dan, Reviewing China Contracts, https://harrisbricken.com/chinalawblog/reviewing-china-contracts/ (zuletzt abgerufen am 14. Januar 2023)

219 Bench, Jonathan, Do You Know What Your Chinese Language Contract Says?, https://harrisbricken.com/chinalawblog/ do-you-know-what-your-chinese-language-contract-says/ (zuletzt abgerufen am 11. Januar 2023)

220 Harris, Dan, NDAs Do NOT Work for China but NNN Agreements Do, https://harrisbricken.com/chinalawblog/ndas- do-not-work-for-china-but-nnn-agreements-do/ (zuletzt abgerufen am 14. Januar 2023); Kipfer, Arlo, The 101 on International NNN Agreements, https://harrisbricken.com/chinalawblog/the-101-on-international-nnn-agreements/ (zuletzt abgerufen am 14. Januar 2023); Kipfer, Arlo, Beware the China Mutual NDA, https://harrisbricken.com/ chinalawblog/beware-the-china-mutual-nda/ (zuletzt abgerufen am 14. Januar 2023); Kipfer, Arlo, China NNN Agreements, https://harrisbricken.com/chinalawblog/china-nnn-agreements/ (zuletzt abgerufen am 11. Februar 2023)

221 https://harrisbricken.com/chinalawblog/china-nnn-agreements-essential-and-not-for-trade-secrets/ (zuletzt abgerufen am 11. Februar 2023)

222 Einen kleinen Überblick dazu finden Sie hier: Harris, Dan, Arbitration in China as the New Normal, https:// harrisbricken.com/chinalawblog/arbitration-in-china-as-the-new-normal/ (zuletzt abgerufen am 14. Januar 2023)

223 Vertiefende Informationen zu Verträgen siehe: Harris, Dan, Drafting China Contracts That Work, https://harrisbricken. com/chinalawblog/drafting-china-contracts-that-work/ (zuletzt abgerufen am 14. Januar 2023); Schaub, Mark/ Link, Sandra/Reitzel, Johannes, Coronavirus – Global Supply Chain Chaos for German companies?, https:// www.chinalawinsight.com/2020/02/articles/corporate-ma/coronavirus-global-supply-chain-chaos-for-german- companies/#page=1 (zuletzt abgerufen am 16. Januar 2023); Harris, Dan, International Dispute Resolution Clauses: Context is Everything, https://harrisbricken.com/chinalawblog/international-dispute-resolution-clauses-context-is- everything/ (zuletzt abgerufen am 14. Januar 2023); Bench, Jonathan, Chinese Contracts Work, but You Can't Make a Good Deal with a Bad Company, https://harrisbricken.com/chinalawblog/chinese-contracts-work-but-you-cant- make-a-good-deal-with-a-bad-company/ (zuletzt abgerufen am 11. Januar 2023); Harris, Dan, China Contracts That Work: Get the Company Chop Right, https://harrisbricken.com/chinalawblog/china-contracts-that-work-get-the- company-chop-right/ (zuletzt abgerufen am 14. Januar 2023); Harris, Dan, China Contract Jurisdiction and Being Too Clever By Half, https://harrisbricken.com/chinalawblog/china-contract-jurisdiction-and-being-too-clever-by-half/ (zuletzt abgerufen am 11. Februar 2023); Harris, Dan, China Dispute Resolution Clauses, https://harrisbricken.com/

7.2 Domains

Grundsätzlich sollten Sie gleichzeitig mit der Anmeldung Ihrer Marke auch die entsprechenden Domains registrieren, da es anderenfalls passieren kann, dass Dritte sich die zu Ihrer Marke passenden Domains sichern. Denn es gibt Personen, die die Markenregister daraufhin überwachen, ob neue Marken angemeldet werden, für die noch keine entsprechenden Domains registriert sind. Diese Domains registrieren sie dann selbst, um den Markeninhaber zu blockieren und ihm die Domain zum Kauf anzubieten oder anderweitig davon zu profitieren. Für Sie wäre in einem solchen Fall ein wichtiges Marketingwerkzeug verloren. Unter bestimmten Umständen ist es zwar möglich, sich die Domain »zurückzuholen«, womit aber so gut wie immer höhere Kosten und mehr Zeitaufwand verbunden sind, als wenn Sie sich die Domain von Anfang an sichern.

Die Registrierung neuer eventuell Ihre Rechte verletzender Domains sollten Sie kontinuierlich überwachen. Neben einem zivilrechtlichen Klageverfahren, einem Schiedsverfahren oder Verhandlungen können Sie auch einen *Domain Name Complaint* (*Domain Name Dispute Resolution Verfahren*) stellen. *Domain Name Complaints* betreffend ».cn«-Domains sowie das Äquivalent in chinesischen Schriftzeichen können bei den folgenden drei Organisationen gestellt werden:

- *China International Economic and Trade Arbitration Commission Online Dispute Resolution Center* (CIETAC ODRC)[224]
- *Hong Kong International Arbitration Centre* (HKIAC)[225]
- *World Intellectual Property Organization* (WIPO)[226].

---

chinalawblog/china-dispute-resolution-clauses/ (zuletzt abgerufen am 14. Januar 2023); Kipfer, Arlo, China NNN Agreements Up Close, https://harrisbricken.com/chinalawblog/china-nnn-agreements-up-close/ (zuletzt abgerufen am 14. Januar 2023); Kipfer, Arlo, China NNN Agreements and How to Give Them Real Teeth, https://harrisbricken.com/chinalawblog/china-nnn-agreements-and-how-to-give-them-real-teeth/ (zuletzt abgerufen am 14. Januar 2023); Harris, Dan, Translate Your Contract for China? Not Gonna Do It, https://harrisbricken.com/chinalawblog/translate-your-contract-for-china-not-gonna-do-it/ (zuletzt abgerufen am 14. Januar 2023); Harris, Dan, Is Your China Contract Worthless?, https://harrisbricken.com/chinalawblog/is-your-china-contract-worthless/ (zuletzt abgerufen am 14. Januar 2023); Harris, Dan, Protecting Your Product From China: The 101, https://harrisbricken.com/chinalawblog/protecting-your-product-from-china-the-101/ (zuletzt abgerufen am 14. Januar 2023); Kipfer, Arlo, China Contract Dispute Resolution Clauses: Choose Certainty, https://harrisbricken.com/chinalawblog/china-contract-dispute-resolution-clauses-choose-certainty/ (zuletzt abgerufen am 14. Januar 2023); Harris, Dan, International Manufacturing Contracts: The Basics, https://harrisbricken.com/chinalawblog/international-manufacturing-contracts-the-basics/ (zuletzt abgerufen am 11. Februar 2023)

224 www.cietac.org und http://www.odr.org.cn

225 www.hkiac.org und https://www.hkiac.org/ip-and-domain-name/domain-dispute-resolution/domain-name-dispute-resolution-services#CNDRP%20-%20.cn%20domains

226 https://www.wipo.int/amc/en/domains/cctld/cn/

Die Frist für einen Domain Name Complaint beträgt seit Juni 2019 drei Jahre (früher zwei Jahre) ab Registrierung (ggf. auch Übertragung) der Domain.[227,228]

7.3   Copyrights

Urheberrecht wird meist mit Copyright übersetzt, obwohl es streng genommen einige relevante Unterschiede gibt. Nach deutschem Recht kann das Urheberrecht selbst (außer durch Vererbung) nicht auf andere übertragen werden, sondern es werden die Nutzungsrechte übertragen. Nach chinesischem Recht dagegen wird das Copyright selbst übertragen. Zur besseren Verständlichkeit wird auch im deutschsprachigen Text der Begriff Copyright verwendet.

Ein Copyright schützt den Ausdruck einer Idee, aber nicht die Idee selbst. Durch Copyrights können u. a. Schriftwerke, musikalische Werke, fotografische Werke, Software und Kunstwerke geschützt werden. Auch Logos und Bildmarken können bei Erfüllung der Voraussetzungen in China im *Copyright Register* eingetragen werden. Die Eintragung ist aber keine Voraussetzung für den Schutz, denn der Schutz eines Werkes beginnt mit seiner Entstehung, wenn es sich bei dem Autor um eine chinesische Person oder um eine Person aus einem Mitgliedstaat der Berner Übereinkunft zum Schutz von Werken der Literatur und Kunst handelt.[229] Die Eintragung im *Copyright Register* ist aber für Beweis- und Durchsetzungszwecke empfehlenswert.

Folgende Gründe sprechen dafür, zusätzlich zum Markenschutz auch Copyrightschutz zu beanspruchen, soweit möglich:
- Es gibt bei Copyrights, anders als bei Marken, keine Klassen und Unterklassen, sodass Copyrights grundsätzlich unabhängig von etwaigen Waren/Dienstleistungen Schutz genießen.

---

227 Gillet, Emmanuel, China: acquisition of domain name, limitation period and admissibility of the complaint under the China dispute resolution procedure, https://www.iptwins.com/en/2020/05/11/china-acquisition-of-domain-name-limitation-period-and-admissibility-of-the-complaint-under-the-china-dispute-resolution-procedure/ (zuletzt abgerufen am 11. Februar 2023); Gillet, Emmanuel, Article 2 of the cnDRP: the reaction time of brand owners, https://www.iptwins.com/en/2020/12/03/article-2-of-the-cndrp-the-reaction-time-of-brand-owners/ (zuletzt abgerufen am 12. Januar 2023); Gillet, Emmanuel, Article 2 of the cnDRP: the issue of the starting point of the limitation period in case of a domain name that has been assigned, https://www.iptwins.com/en/2020/12/09/article-2-of-the-cndrp-the-issue-of-the-starting-point-of-the-limitation-period-in-case-of-a-domain-name-that-has-been-assigned/ (zuletzt abgerufen am 12. Januar 2023)

228 Vertiefende Informationen zu Domains siehe: Harris, Dan, China Domain Name Scam Emails, Trademark Scam Emails, and the devil that is Sinosure, https://harrisbricken.com/chinalawblog/china-domain-name-scam-emails-trademark-scam-emails-and-the-devil-that-is-sinosure/ (zuletzt abgerufen am 14. Januar 2023); Chen, Sylvia, TM Rights In Domain Name Arbitration https://www.hongfanglaw.com/en/news/tm-rights-in-domain-name-arbitration/ (zuletzt abgerufen am 11. Januar 2023); Gillet, Emmanuel, Review of out-of-court decisions relating to domain names 2022-01 (December 2021), https://www.iptwins.com/en/2022/01/06/review-of-out-of-court-decisions-relating-to-domain-names-december-2021/ (zuletzt abgerufen am 12. Januar 2023)

229 Zhang, Karl, Chen, Jolene, Intellectual property issues for foreign enterprises acquiring Chinese companies, https://www.lexology.com/library/detail.aspx?g=1c67e9dd-7651-4c29-817e-9183c1e93c82 (zuletzt abgerufen am 21. Januar 2023); Liu, Xiaoming, Taking Precautionary Steps to Protect Copyrights in China, http://en.chofn.com/Articles/609e7c3f68969c002fd7c82b/Taking_Precautionary_Steps_to_Protect_Copyrights_in_China?keyword=Taking%20prec&page=1 (zuletzt abgerufen am 14. Januar 2023)

- Eine Copyright-Eintragung kann die Basis für Widersprüche und Nichtigkeitsanträge gegen Marken sein.[230]
- Die Bewertungskriterien für Ähnlichkeit sind andere als bei Marken: Während es bei Marken um die Herkunftsfunktion geht, soll beim Copyright-Schutz das Werk als solches geschützt werden, d. h., das spätere Werk darf nicht das frühere Werk oder dessen wesentliche Teile kopieren. Durch diese unterschiedlichen Bewertungskriterien kann es zu Unterschieden in der Bewertung, ob Ähnlichkeit vorliegt oder nicht, kommen. Zum Beispiel wird bei Marken häufig den Wortelementen die herkunftshinweisende Funktion zugeschrieben. Wenn dann nur die Bildelemente zweier Marken ähnlich sind, während die Wortelemente abweichen, kann das aus der Markenähnlichkeit herausführen. Bei Copyrights dagegen geht es um den Schutz des Werkes, und auch wenn das Werk in eine kombinierte Wort-/Bildmarke übernommen wird, kann dies das frühere Copyright verletzen und Ähnlichkeit bestehen.[231] Es ist also in bestimmten Fällen möglich, dass Sie gegen eine Sie störende jüngere Marke nicht erfolgreich auf der Basis Ihrer älteren Markeneintragung vorgehen können, wohl aber auf der Basis Ihres Copyrights.
- Copyrights können da Lücken schließen, wo Marken ggf. nicht eingetragen werden, z. B. wegen Entgegenhaltung älterer Marken.
- Es kann in bestimmten Fällen einfacher sein, die eigenen Rechte auf der Basis von Copyrights durchzusetzen.[232]
- Es gibt bei Copyrights keine Verlängerungsgebühren.

Schutz besteht für die Lebenszeit des Inhabers plus 50 Jahre darüber hinaus, wenn es sich bei dem Inhaber um eine natürliche Person handelt. Wenn es sich bei dem Inhaber um ein Unternehmen handelt, besteht der Schutz 50 Jahre ab Erstveröffentlichung des Werkes.

Zuständig für die Eintragung und Verwaltung von Copyrights sind die *National Copyright Administration of the People's Republic of China* (NCAC)[233] und das *Copyright Protection Center of China* (CPCC)[234]. Im Eintragungsprozess nimmt das CPCC nur eine Formalprüfung, aber keine substanzielle Prüfung vor. Daher dient die Copyright-Eintragungsurkunde nur als Prima-facie-Beweis für die Entstehung und Inhaberschaft. Es ist deshalb wahrscheinlich, dass Gegner und Behörden neben der Eintragungsurkunde weitere Unterlagen zum Nachweis verlangen, wenn Sie versuchen, Ihr Copyright durchzusetzen. Es empfiehlt sich also, die relevanten Unterlagen

---

230 Kangxin, Copyright Claim in Trademark Opposition and Invalidation Case, http://en.kangxin.com/html/2/218/223/228/15843.html (zuletzt abgerufen am 11. Februar 2023)

231 Ebd.

232 Siehe hierzu: Ranjard, Paul, Consequences of trademark invalidation, https://www.lexology.com/commentary/intellectual-property/china/wanhuida-intellectual-property/consequences-of-trademark-invalidation (zuletzt abgerufen am 28. Januar 2023)

233 https://en.ncac.gov.cn/

234 https://www.ccopyright.com/en/

zum Nachweis der Entstehung und Inhaberschaft wie insbesondere Verträge mit Designern/ Angestellten oder Erklärungen dieser Personen, Zeichnungen und Entwürfe sowie Veröffentlichungen jeweils im Original zu beschaffen und griffbereit zu halten für den Fall, dass es nötig wird, das Copyright durchzusetzen. Wie gegen Markenverletzungen kann auch gegen Copyright-Verletzungen in China durch administrative Beschwerden, zivilrechtliche Klageverfahren sowie strafrechtlich vorgegangen werden.[235] Schadensersatzansprüche können nur in zivilrechtlichen Klageverfahren geltend gemacht werden.

Das wesentliche Gesetz ist das chinesische Copyright-Gesetz (*Copyright Law of the People's Republic of China*).[236] Dieses wurde mit Wirkung zum 1. Juni 2021 hinsichtlich einiger Aspekte (u. a. Einführung von Strafschadensersatz) geändert.[237,238]

---

235   Zhang, Song/Chen, Wenjun/GUO, Cherry Chunfei/Fan, Yingxin/Sun, Wenjing, In brief: copyright infringement and remedies in China https://www.lexology.com/library/detail.aspx?g=7374af2a-5158-409e-813f-d062539d808a (zuletzt abgerufen am 18. Januar 2023)

236   https://wipolex.wipo.int/en/legislation/details/21065

237   Vertiefende Hinweise zu den Änderungen des Copyright-Gesetzes 2021 siehe: AFD China Intellectual Property Law Office, Third Amendment to China's Copyright Law, https://www.lexology.com/library/detail.aspx?g=e71cbb95-9c32-4129-9da8-92b990e09b24 (zuletzt abgerufen am 11. Januar 2023); AFD China Intellectual Property Law Offic, Copyright and Related Rights Better Protected by the Newly-Amended Copyright Law, https://www.lexology.com/library/detail.aspx?g=4534ac51-1205-456a-bb97-a56961a603e9 (zuletzt abgerufen am 11. Januar 2023); DEQI Intellectual Property Law Corporation, The amended Copyright Law will become effective on June 1, 2021 in China, https://www.lexology.com/library/detail.aspx?g=c7c183e9-3e1d-40c8-84e8-1e8581139889 (zuletzt abgerufen am 12. Januar 2023); Cai, Ye/Ma, Mary, Third Amendment to Copyright Law, https://www.lexology.com/commentary/intellectual-property/china/wanhuida-intellectual-property/third-amendment-to-copyright-law (zuletzt abgerufen am 11. Januar 2023); Huang, Xuefang, The Third Amendment to the Copyright Law of China takes effect from 1 June 2021, https://www.marks-clerk.com/insights/articles/the-third-amendment-to-the-copyright-law-of-china-takes-effect-from-1-june-2021/ (zuletzt abgerufen am 14. Januar 2023); Xu, Echo, Top tips for enforcement success as big changes to China's copyright regime come into force, http://en.kangxin.com/html/2/218/219/220/14329.html (zuletzt abgerufen am 18. Januar 2023)

238   Vertiefende Hinweise zum Thema Copyrights in China siehe: Li, Chun/Xie, Guanbin/Zhang, Bin, Copyright ownership and transfer in China, https://www.lexology.com/library/detail.aspx?g=ef043371-4c93-4146-ad47-71d108367e37 (zuletzt abgerufen am 14. Januar 2023); Mirkov, Relja/Kliska, Nikola, Powerlifting: Is Copyright stronger than Trademarks?, https://www.lexology.com/library/detail.aspx?g=c89a1606-c197-4991-b016-efb3d21eb8df (zuletzt abgerufen am 16. Januar 2023); Gun, Lara, The value of registering copyright in China, https://www.lexology.com/library/detail.aspx?g=1d539b68-e9cf-4a00-a2bb-954371015363 (zuletzt abgerufen am 12. Januar 2023); Zhang, Fiona, Practical Tips – Copyright Protection and IP Protection, http://en.kangxin.com/html/2/218/219/220/12833.html (zuletzt abgerufen am 18. Januar 2023); Low, Eugene/Meuwissen, Stefaan, Q&A: Why you should consider registering your copyright in China, https://www.engage.hoganlovells.com/knowledgeservices/news/qa-why-you-should-consider-registering-your-copyright-in-china (zuletzt abgerufen am 16. Januar 2023); Zhang, Fiona, Copyright protection or trademark protection? Practical tips for rights holders, http://en.kangxin.com/html/2/218/219/220/13789.html (zuletzt abgerufen am 18. Januar 2023); Zhang, Song/Chen, Wenjun/GUO, Cherry Chunfei/Fan, Yingxin/Sun, Wenjing, Q&A: copyright ownership and transfer in China, https://www.lexology.com/library/detail.aspx?g=d5e34aff-c12b-44be-9926-1acad1cb4139 (zuletzt abgerufen am 18. Januar 2023); Rocafort, Fred, Amazon Seller Shenanigans and Why You Must Register Your Copyrights, https://harrisbricken.com/chinalawblog/amazon-seller-shenanigans-and-why-you-must-register-your-copyrights/ (zuletzt abgerufen am 16. Januar 2023)

7.4 Designpatente

Die Formulierungen im Zusammenhang mit Designs und Geschmacksmustern sind verwirrend. In Deutschland heißt es Design, hieß aber früher Geschmacksmuster. Nach EU-Recht heißt es auf Deutsch Geschmacksmuster, auf Englisch Design. Weder in Deutschland noch in der EU gehören Designs/Geschmacksmuster zu den Patenten, und sie haben ihre eigenen Gesetze.

Nach chinesischem Recht gehören Designs – neben Erfinderpatenten und Gebrauchsmustern – zu den Patenten und werden durch das Patentgesetz geschützt.[239] Designs werden im chinesischen Patentgesetz wie folgt definiert: »›Design‹ bedeutet in Bezug auf ein Gesamterzeugnis oder ein Teilerzeugnis jede neue Gestaltung der Form, des Musters oder ihrer Kombination oder die Kombination der Farbe mit der Form oder dem Muster, das eine hohe ästhetische Wirkung hat und sich für die industrielle Anwendung eignet.«[240]

Designs können bei der CNIPA angemeldet werden. Anders als in der EU, wo man das »nicht eingetragene Gemeinschaftsgeschmacksmuster« kennt, gibt es in China keinen Designschutz für nicht eingetragene Designs. In bestimmten Fällen kann hier das Wettbewerbsrecht helfen. Zum 1. Juni 2021 sind Änderungen des Patentgesetzes in Kraft getreten, die auch Designs betreffen. Dabei wurde die Gültigkeitsdauer von Designpatenten von zehn auf 15 Jahre verlängert (gerechnet vom Datum der Anmeldung und gültig für Designs, die ab dem 1. Juni 2021 eingereicht werden). Außerdem können nun auch Teile von Erzeugnissen geschützt werden. Darüber hinaus wurden der gesetzliche Schadensersatz erhöht und die Möglichkeit des Strafschadensersatzes sowie Beweiserleichterungen für den Designinhaber eingeführt.

Mit einem Designpatent können neue Bildelemente, Formen, Muster, Farbkombinationen, 3D-Gestaltungen etc. geschützt werden. Ein Designpatent schützt keine technische Lösung, sondern die Erscheinungsform eines Produkts, die dann von Dritten nicht kopiert werden darf. Anders als bei Marken ist für die Schutzfähigkeit von Designs Neuheit ein Erfordernis. Das zu schützende Design darf weder in China noch anderswo bereits der Öffentlichkeit zugänglich gemacht worden sein (Ausnahme: die sechsmonatige Prioritätsfrist).[241] Eine Designpatent-An-

---

239 Patent Law of the People's Republic of China, https://wipolex.wipo.int/en/legislation/details/21027
240 Patent Law of the People's Republic of China, Art. 2 Abs. 4
241 Yiu, Christine, Jaguar Land Rover's victory against Land Wind X7 – is it a fluke or a trend?, https://www.twobirds.com/en/insights/2019/china/jaguar-land-rovers-victory-against-land-wind-x7-is-it-a-fluke-or-a-trend#page=1 (zuletzt abgerufen am 18. Januar 2023); Han, Kevin (Jinwen)/Zhou, Qi/Li, Lan/Zhao, Yixuan, Land Rover v. Jiangling Holdings: Automobile Design Protection Strategy, https://www.lexology.com/library/detail.aspx?g=36135b9e-081c-455f-b8a2-ff07e6428b2b (zuletzt abgerufen am 12. Januar 2023); Rowlands, Jamie, Jaguar Land Rover v. Landwind: acts of unfair competition and copyright infringement, https://gowlingwlg.com/en/insights-resources/articles/2019/jaguar-land-rover-v-landwind-unfair-competition/ (zuletzt abgerufen am 16. Januar 2023); Zheng, Feng/Liu, Wenting, Daimler fails to defend Smart design patent in validity challenge, https://www.lexology.com/commentary/intellectual-property/china/wanhuida-intellectual-property/daimler-fails-to-defend-smart-design-patent-in-validity-challenge (zuletzt abgerufen am 18. Januar 2023)

meldung sollte also vor Veröffentlichung des Designs getätigt werden. Für die Gültigkeit eines Designpatents ist darüber hinaus Originalität ein Erfordernis.

Nach der Anmeldung findet keine substanzielle Prüfung des Designs durch die CNIPA statt, sondern nur eine Prüfung auf Formalien, wobei auch offensichtliche Eintragungshindernisse Berücksichtigung finden. Allerdings kann der Anmelder eine weitergehende Prüfung beantragen.[242] Das Designpatent kann also eingetragen werden, auch wenn die Schutzfähigkeit eigentlich nicht gegeben ist – dies kann später im Falle von Auseinandersetzungen problematisch werden, wenn sich herausstellen sollte, dass das Design von Anfang an nicht schutzfähig war.

Für die Aufrechterhaltung von Designpatenten sind Jahresgebühren zu bezahlen. Gegen ein eingetragenes Designpatent kann Nichtigkeitsantrag bei der CNIPA gestellt werden.

Seit dem 5. Mai 2022 können Designs auch über *The Hague System for the International Registration of Industrial Designs* angemeldet werden, das wie Internationale Markenregistrierungen über die WIPO läuft.[243] Dabei können bis zu 100 Designs in über 90 Ländern durch die Einreichung einer einzigen Internationalen Anmeldung beansprucht werden.[244] Wird China beansprucht, gilt dies jedoch nicht für Hongkong und Macau und auch nicht für Taiwan. Anders als bei Internationalen Markenregistrierungen benötigen Sie für die Internationale Designanmeldung keine Basismarke. Die Internationale Designanmeldung wird von der WIPO nur formell geprüft. Jedes beanspruchte Land hat das Recht, die Anmeldung auch substanziell zu prüfen. Die zuständige chinesische Behörde kann die Designanmeldung in China auch aus formellen Gründen zurückweisen. Hier bleibt

---

242 Zhang, Karl/Chen, Jolene, Intellectual Property Issues for Foreign Enterprises Acquiring Chinese Companies, https://www.lexology.com/library/detail.aspx?g=1c67e9dd-7651-4c29-817e-9183c1e93c82 (zuletzt abgerufen am 18. Februar 2023)
243 WIPO, https://www.wipo.int/hague/en/news/2022/news_0005.html
244 WIPO/HAGUE, https://www.wipo.int/hague/en/

die weitere Entwicklung abzuwarten und die Einholung von rechtlichem Rat ist in jedem Einzelfall zu empfehlen.[245,246]

7.5 Wettbewerbsrecht

Relevant ist hier insbesondere das Gesetz gegen den unlauteren Wettbewerb (*Anti-Unfair Competition Law* (AUCL)).[247] Dort ist geregelt, dass Unternehmen bei ihrer Geschäftstätigkeit die Prinzipien der Fairness und Gutgläubigkeit anwenden sowie sich an Gesetze und Geschäftsethik halten sollen. Als unlauter werden Verhaltensweisen eingestuft, die den Wettbewerb stören und die Rechte und Interessen anderer Unternehmen oder der Verbraucher schädigen.

---

245 Vertiefende Hinweise zum Thema Internationales Designsystem siehe: Beconcini, Paolo, China Accedes to the Hague Convention and Now Allows for International Design Filings, https://www.iptechblog.com/2022/02/china-accedes-to-the-hague-convention-and-now-allows-for-international-design-filings/ (zuletzt abgerufen am 11.Januar 2023); Lee, Nigel, China joins Hague design registration system, https://www.lexology.com/library/detail.aspx?g=97acffae-4b35-4691-8cca-0795768ddbda (zuletzt abgerufen am 14. Januar 2023); Teng, Jason, China joins international design system, https://www.lexology.com/library/detail.aspx?g=c11647fe-1147-4f18-9a34-1b23cfd13a02 (zuletzt abgerufen am 17. Januar 2023); Che, Jennifer, China Joins Two WIPO Treaties, the Hague System and the Marrakesh Treaty, https://chinapatentstrategy.com/china-joins-two-wipo-treaties/ (zuletzt abgerufen am 11. Januar 2023); Albertini,Tom, China Joins the Hague System for International Registration of Industrial Designs, https://www.lexology.com/library/detail.aspx?g=1dba4b9f-f66e-458f-bb0d-60b4a20c4cd3 (zuletzt abgerufen am 11. Januar 2023); Anderson, Christopher, China Joins the Hague System for the International Registration of Industrial Designs, https://www.lexology.com/library/detail.aspx?g=6f824f6b-550f-4205-9f05-fc77f66127c2 (zuletzt abgerufen am 11. Januar 2023); S&O IPR, China joins the hague system for designs, https://www.lexology.com/library/detail.aspx?g=3e4301f5-8c7e-4d47-94b8-d00e3a69372a (zuletzt abgerufen am 17. Januar 2023); DEQI Intellectual Property Law Corporation, China joins WIPO's hague system, https://www.lexology.com/library/detail.aspx?g=b4ec620e-22a8-4835-a7fa-3096644ff249 (zuletzt abgerufen am 12. Januar 2023); Ran, Ruixue/Huang, Sheng/Wang, Alexander/Garten, Thomas/Wang, Justin/Guo, Yan/Chen, Xiaoliang, Quarterly China IP Update, https://www.cov.com/-/media/files/corporate/publications/2022/07/quarterly-china-ip-update-20220725.pdf (zuletzt abgerufen am 16. Januar 2023); Mi, Li, China's Design Patent Registration System Going Global, https://rouse.com/insights/news/2022/china-s-design-patent-registration-system-going-global (zuletzt abgerufen am 11. Februar 2023)
246 Vertiefende Hinweise zum Thema Designs siehe: Huang, Yan, Protecting and enforcing design rights: China, https://www.worldtrademarkreview.com/global-guide/designs/2020/article/protecting-and-enforcing-design-rights-china (zuletzt abgerufen am 14. Januar 2023); Petraz, Davide Luigi/Barilà, Carmela/Dalla Longa, Arianna, Policing global markets for designs infringement, https://www.worldtrademarkreview.com/global-guide/designs/2020/article/policing-global-markets-designs-infringement (zuletzt abgerufen am 16. Januar 2023); Su, Juan, Impact of new Patent Law in 2021 on Design Applications, https://www.chinalawinsight.com/2021/01/articles/intellectual-property/impact-of-new-patent-law-in-2021-on-design-applications/#page=1 (zuletzt abgerufen am 17. Januar 2023); Hou, Sophia, Patent and design patent administrative enforcement in China, https://rouse.com/insights/news/2021/patent-and-design-patent-administrative-enforcement-in-china (zuletzt abgerufen am 14. Januar 2023); Li, Jenny, Highlights of Chinese Design Filings from June 1, 2021, http://en.kangxin.com/html/2/218/219/220/14129.html (zuletzt abgerufen am 14. Januar 2023); AFD China Intellectual Property Law Office, New Chinese Patent Law Protects Partial Designs, https://www.lexology.com/library/detail.aspx?g=58d9c513-ad97-4524-a7d1-a5e9785b5249 (zuletzt abgerufen am 11. Januar 2023); Robles, Braulio, »Made in China« goes standard: a reform of the industrial design protection system is bringing the Asian giant into line with international norms, https://www.lexology.com/library/detail.aspx?g=1d8b438d-d1ec-4fe3-8bf2-fb662f31e1ca (zuletzt abgerufen am 16. Januar 2023); Zheng, Feng/Wu, Sichun, Fighting against bad-faith design patent filings in China, https://www.lexology.com/commentary/intellectual-property/china/wanhuida-intellectual-property/fighting-against-bad-faith-design-patent-filings-in-china (zuletzt abgerufen am 18. Januar 2023); Su, Lei/Lin, Emma/Liu, Yang, Purplevine IP Group, Understanding design patent protection, https://www.iam-media.com/regionindustry-guide/china-managing-the-ip-lifecycle/2023/article/understanding-design-patent-protection (zuletzt abgerufen am 17. Januar 2023)
247 Law of the People's Republic of China against Unfair Competition, https://wipolex.wipo.int/zh/text/547027

Unlauterer Wettbewerb betrifft z. B. die Verletzung von Handelsnamen[248] und Firmennamen, die nicht autorisierte Benutzung der Verpackung oder Dekoration bekannter Marken, den Diebstahl von Geschäftsgeheimnissen, falsche Werbung etc. Auch die bloße bösgläubige Markenanmeldung kann unter gewissen Umständen bereits als wettbewerbsrechtlich relevant angesehen werden.[249]

Die mit Wirkung zum 23. April 2019 vorgenommenen Änderungen des AUCL sollen hauptsächlich dem verbesserten Schutz von Rechteinhabern gegen Verletzungen von Geschäftsgeheimnissen (*Trade Secrets*) dienen. Sie sehen die Anwendbarkeit auch auf derzeitige und frühere Arbeitnehmer, die Möglichkeit des Strafschadensersatzes, die Erhöhung des maximal zuzusprechenden Schadensersatzes und Beweislasterleichterungen für den Rechteinhaber vor.[250] Im Einzelnen gilt Folgendes:

- Geschäftsgeheimnisse werden definiert als Geschäftsinformationen, die der Öffentlichkeit nicht bekannt sind, die einen wirtschaftlichen Wert haben und hinsichtlich derer der Rechteinhaber angemessene Maßnahmen zur Geheimhaltung getroffen hat.
- Elektronische Eingriffe werden neben Diebstahl, Bestechung, Betrug und Bedrohung beispielhaft als Mittel der unzulässigen Aneignung von Geschäftsgeheimnissen Dritter genannt.
- Natürliche und juristische Personen sowie nicht rechtsfähige Organisationen können für den Missbrauch von Geschäftsgeheimnissen haftbar gemacht werden.
- Auch indirekte Verletzungen wie Beihilfe oder Anstiftung fallen unter den Schutz des Gesetzes.
- Der maximal zuzusprechende gesetzliche Schadensersatz beträgt 5 Millionen RMB.
- In schwerwiegenden Fällen und bei böswilliger Verletzung kann Strafschadensersatz bis zum fünffachen Betrag des nach den üblichen Methoden errechneten Schadensersatzes zugesprochen werden.
- Für den Rechteinhaber sieht das Gesetz nun eine Beweislasterleichterung insofern vor, als eine Rechtsverletzung vermutet wird, wenn er im Klageverfahren den Anscheinsbeweis dafür vorbringt, dass er Maßnahmen zur Geheimhaltung getroffen hat und dass das Geschäftsgeheimnis verletzt wurde.

---

248 Xue, Elian, The Anti-unfair Competition Protection for Trade Name Right, http://en.kangxin.com/html/2/218/219/220/15941.html (zuletzt abgerufen am 18. Januar 2023)

249 Huang, Xuefang, China: Filing bad-faith trade mark applications alone may constitute unfair competition, https://www.marks-clerk.com/insights/articles/china-filing-bad-faith-trade-mark-applications-alone-may-constitute-unfair-competition/ (zuletzt abgerufen am 14. Januar 2023); Hung, Ken/Leung, Winky, New Development in Combating Trademark Squatting in China: Taking the Squatters to Court for Bad Faith Filings, https://www.lexology.com/library/detail.aspx?g=ce1129e0-cace-4a4d-bf14-1ebb90e5110e (zuletzt abgerufen am 28. Januar 2023).

250 Zhan, Hao/Song Ying/Wu, Yuanyuan Stephanie/ Lv, Hongjie, China Revises Anti-Unfair Competition Law to Step Up Fight against Trade Secret Infringement, https://www.lexology.com/library/detail.aspx?g=907fd0b8-dfef-4046-80d2-edd77432e242 (zuletzt abgerufen am 18. Januar 2023); Lam, Horace/Chen, Reking/Fisher, William (Skip)/Xiao, Ting, China's Long-Awaited Overhaul of Trade Secret Protection Regime, https://www.lexology.com/library/detail.aspx?g=cf8d3ef4-8cc5-42ba-b9bb-73b10ad7e00a (zuletzt abgerufen am 11. Februar 2023); CCPIT Patent & Trademark Law Office, The Revised PRC Anti-Unfair Competition Law Took Effect on April 23, 2019, https://www.lexology.com/library/detail.aspx?g=28800923-860e-4e9c-b04f-4852a7cd0baa (zuletzt abgerufen am 11. Januar 2023)

- Wenn der Rechteinhaber im Klageverfahren den Anscheinsbeweis erbringt, dass Geschäftsgeheimnisse verletzt wurden, und zusätzlich den Nachweis hinsichtlich eines der folgenden Aspekte beibringt, muss der Beklagte das Nichtvorhandensein einer Verletzung nachweisen:
  - Der Beklagte hatte Zugang zu dem Geschäftsgeheimnis oder die Möglichkeit des Zugangs, und die Informationen, die der Beklagte verwendet hat, sind im Wesentlichen mit dem Geschäftsgeheimnis identisch.
  - Das Geschäftsgeheimnis wurde vom Beklagten bereits veröffentlicht oder verwendet oder es besteht die Gefahr der Veröffentlichung oder Verwendung.
  - Es gibt andere Nachweise, die darauf hindeuten, dass das Geschäftsgeheimnis vom Beklagten verletzt wurde.[251,252,253]

251 Chen, Shihua, Contribution on trade secret, https://www.lexology.com/library/detail.aspx?g=e289101a-bf17-47f9-8998-5198998254ab (zuletzt abgerufen am 11. Januar 2023); Hou, Sophia, How to Prepare Evidence in Trade Secret Disputes, https://rouse.com/insights/news/2021/how-to-prepare-evidence-in-trade-secret-disputes (zuletzt abgerufen am 14. Januar 2023)

252 Vertiefende Hinweise zum Thema Geschäftsgeheimnisse siehe: Xia, Jerry, In brief: protection of trade secrets China, https://www.lexology.com/library/detail.aspx?g=5212426e-4c3a-4519-b9f3-9f472216f266 (zuletzt abgerufen am 18. Januar 2023); Xia, Jerry, Q&A: enforcement proceedings for trade secrets in China, https://www.lexology.com/library/detail.aspx?g=8da54879-67f0-423a-969b-252c72a4ecf0 (zuletzt abgerufen am 18. Januar 2023); Xu, Jing/Zhang, Chao, King & Wood Mallesons' Intellectual Property Group, Two Judicial Interpretations Relating to Trade Secrets Formally Promulgated and Coming into Force in September, https://www.chinalawinsight.com/2020/11/articles/intellectual-property/two-judicial-interpretations-relating-to-trade-secrets-formally-promulgated-and-coming-into-force-in-september/#page=1 (zuletzt abgerufen am 18. Januar 2023); Grimes, Steven Grimes, Cheng, Gino, New Judicial Interpretation in China Strengthens Protection of Trade Secrets, https://www.lexology.com/library/detail.aspx?g=a15a169c-a179-4877-9f30-b1d4aa8c6d3b (zuletzt abgerufen am 12. Januar 2023); Liang, Ivy/Desmonts, Vivian/Rowlands, Jamie, Risk Prevention and Strategy for Trade Secret Protection in China, https://gowlingwlg.com/en/insights-resources/articles/2021/risk-prevention-and-strategy-for-trade-secrets/ (zuletzt abgerufen am 14. Januar 2023); Kou, Haixia, A Good Time for Trade Secret Protection in China Part One and Part Two, https://www.lexology.com/library/detail.aspx?g=edd76a60-1af3-4c5a-930d-2d417a864cb4 und https://www.lexology.com/library/detail.aspx?g=906476f8-32dd-450c-b13a-823aa75c2595 (zuletzt abgerufen am 14. Januar 2023); Bailey, Chris/Hou, Sophia/Lai, Roslyn/Tian, Aria/Zhao, Julie, Trade Secret Litigation in China, https://www.lexology.com/library/detail.aspx?g=0d0c2b34-0ea7-4b9c-95ce-9dedcd52b56a (zuletzt abgerufen am 11. Februar 2023)

253 Vertiefende Hinweise zum Thema Wettbewerbsrecht siehe: Huang, Hui/Ranjard, Paul, Supreme People's Court issues new interpretation of the Anti-Unfair Competition Law, https://www.iam-media.com/article/supreme-peoples-court-issues-new-interpretation-of-the-anti-unfair-competition-law (zuletzt abgerufen am 14. Januar 2023); Mark, Liza L.S./Ji, Tianyun, China Releases Judicial Interpretation of Anti-Unfair Competition Law, https://www.lexology.com/library/detail.aspx?g=21a479ff-1af2-4043-9a2f-a6e914a67ad0 (zuletzt abgerufen am 16. Januar 2023); Huang, Hui/Ranjard, Paul, China SPC's new interpretation on AUCL, https://www.lexology.com/commentary/intellectual-property/china/wanhuida-intellectual-property/china-spcs-new-interpretation-on-aucl (zuletzt abgerufen am 14. Januar 2023)

8   Tipps für die Praxis

1. Wer soll Markeninhaber sein, d. h., auf wessen Namen soll die Marke in China angemeldet werden? Hierbei ist zu beachten, dass identische und sehr ähnliche Marken für identische Waren/Dienstleistungen in China nicht im Namen von unterschiedlichen Unternehmen koexistieren dürfen, auch dann nicht, wenn es sich um Unternehmen desselben Konzerns handelt. Es gibt auch nicht die Möglichkeit, wie zum Beispiel in den USA, »unity of control« geltend zu machen.

2. Hat der Markenanmelder bereits einen chinesischen Namen? Falls es noch keinen chinesischen Namen gibt, muss einer entwickelt werden.

3. Sind der Markenanmelder oder verbundene Unternehmen bereits Inhaber von chinesischen Marken?

4. Sind der Markenanmelder oder verbundene Unternehmen Inhaber von Marken in ihrem Heimatland oder in anderen Ländern?

5. Welche Marke soll geschützt werden?

6. Gibt es eine Internationale Registrierung, die auf China erstreckt werden kann?

7. Soll die Priorität einer früheren Marke in Anspruch genommen werden?

8. Wird die Marke irgendwo auf der Welt bereits benutzt und ggf. seit wann?

9. Gibt es von der Marke bereits eine chinesischsprachige Version?

10. Ist die Marke dazu bestimmt, im geschäftlichen Verkehr in China benutzt zu werden, d. h., werden Produkte oder Dienstleistungen chinesischen Verkehrsteilnehmern angeboten oder ist die Marke dazu bestimmt, in China auf ausschließlich für den Export bestimmten Waren angebracht und exportiert zu werden (Original Equipment Manufacturing)?

11. Wann soll mit der Benutzung in China begonnen werden?

12. Für welche Waren und/oder Dienstleistungen ist die Marke bestimmt? Welche Waren und/oder Dienstleistungen werden unter der Marke angeboten oder sollen in den nächsten Jahren unter der Marke angeboten werden?

13. Handelt es sich dabei um Endprodukte oder um Zwischenprodukte?

14. Sollen weitere Waren/Dienstleistungen in der gleichen Klasse/den gleichen Klassen angemeldet werden, um alle Unterklassen jeder beanspruchten Klasse abzudecken? Das ist in der Regel zu empfehlen.

15. Sollen zusätzlich Defensivmarken angemeldet werden?

16. Wurde bereits recherchiert, ob die Marke frei zur Eintragung und Benutzung ist, und wurden Maßnahmen zur Überwindung etwaiger Hindernisse ergriffen? Sollen bereits jetzt solche Maßnahmen ergriffen werden, zum Beispiel Löschungsanträge wegen Nichtbenutzung gestellt werden?

17. Wurde geprüft, ob die Marke in China unangemessene Assoziationen hervorruft oder aus sonstigen Gründen nicht oder nicht optimal geeignet ist, die mit ihr erstrebten Ziele zu erreichen?

18. Bestehen Lizenzen oder müssen Lizenzen erteilt werden, zum Beispiel wenn der Markeninhaber nicht das Unternehmen ist, das die Marke in China benutzen wird?
19. Bestehen Abgrenzungsvereinbarungen mit Dritten, aufgrund derer die Marke nur für bestimmte Waren/Dienstleistungen oder nicht für bestimmte Waren/Dienstleistungen oder nur in einer bestimmten Gestaltung eingetragen und benutzt werden darf?
20. Werden bereits Überwachungen durchgeführt, z. B. Markenkollisionsüberwachung, Online-Monitoring?
21. Sind identische oder ähnliche Marken bereits beim chinesischen Zoll hinterlegt?
22. Passen Sie Ihr Markenportfolio ständig oder in regelmäßigen Abständen der tatsächlichen Benutzung Ihrer Marken an? Bestehen hier möglicherweise Lücken?

Im Folgenden stelle ich einige kontrovers diskutierte Themen dar, die mir in der Praxis häufig begegnen, und erläutere, wie ich damit umgehe.

RECHERCHE

Meiner Erfahrung nach lohnt es sich immer, vor der Markenanmeldung zu recherchieren. Man kann sich die Frage stellen, ob sich das wirklich lohnt, weil die Recherchen aufgrund der Unmengen von bereits angemeldeten und eingetragenen Marken nicht immer genau die Marken zum Vorschein bringen, die der eigenen Marke später tatsächlich entgegengehalten werden. Da kann es sein, dass Marken bei der Recherche als kritisch erachtet werden, die später überhaupt nicht entgegengehalten werden, oder Marken bei der Recherche nicht zum Vorschein kommen, die dann später entgegengehalten werden. Oder beides. Da reagiert man auf die Rechercheergebnisse, reicht Löschungsanträge wegen Nichtbenutzung ein oder verhandelt wegen Zustimmungserklärungen, und letztendlich war alles umsonst, weil die Marken von der CNIPA überhaupt nicht entgegengehalten werden. Stattdessen muss man mit Entgegenhaltungen kämpfen, mit denen man trotz Recherche nicht gerechnet hatte.

Meiner Erfahrung nach ist es so, dass man chinesische Marken ohnehin häufig mehrfach anmeldet (sog. Backup-Anmeldungen), um auch während diverser anderer laufender Verfahren immer eine neue Markenanmeldung zur Verhinderung von Lücken im eigenen Schutz zu haben. Die Prüfer der CNIPA halten – wie Prüfer in anderen Ländern auch – Backup-Anmeldungen manchmal Marken entgegen, die der ursprünglichen Anmeldung nicht entgegengehalten wurden. Da ist man dann froh, schon gegen diverse Marken Löschungsanträge wegen Nichtbenutzung gestellt zu haben, sodass die Löschungsverfahren bereits laufen oder sogar schon entschieden wurde. Außerdem kann es sein, dass später aus einer Marke Widerspruch erhoben wird, von deren Inhaber man bei rechtzeitigen Verhandlungen vielleicht eine Zustimmungserklärung bekommen hätte. Durch Recherchen erhält man wertvolle Informationen. Manchmal kommen dabei Marken zum Vorschein, die auch in anderen wichtigen Märkten Schutz genießen und die man vorher noch nicht kannte.

Das Schlimmste, was einem beim Recherchieren passieren kann, ist, dass man unnötig Geld ausgibt. Das Nicht-Recherchieren kann dagegen viele äußerst unangenehme Auswirkungen haben, z. B. dass man eine bereits aufgenommene Benutzung beenden muss und/oder dass Dritte Schadensersatzansprüche geltend machen und/oder mit der Marke gekennzeichnete Waren vom chinesischen Zoll aufgehalten werden.

GERICHTSSTANDSKLAUSELN IN VERTRÄGEN

Deutschland und China haben kein Vollstreckungsübereinkommen.[254] Deshalb ist es für ein deutsches Unternehmen oft nicht zielführend, in Verträgen mit chinesischen Geschäftspartnern die Zuständigkeit deutscher Gerichte und die Anwendbarkeit deutschen Rechts vorzusehen. Ebenso wenig zielführend ist es dann, in Deutschland gegen chinesische Unternehmen zu klagen, wenn diese kein Vermögen in Deutschland haben. Das ist ein sehr komplexes Thema mit vielen Fallstricken. Ich möchte an dieser Stelle nur das Bewusstsein dafür schaffen, dass man bei den Klauseln zum Gerichtsstand und zum anwendbaren Recht darauf achtet, die richtige Wahl zu treffen. Und die richtige Wahl ist eben häufig (nicht immer) die Zuständigkeit chinesischer Gerichte und die Anwendbarkeit chinesischen Rechts in Verträgen mit chinesischen Geschäftspartnern (siehe 7.1), wobei es sicher auch darauf ankommt, welche Vertragspartei (wenn überhaupt) voraussichtlich wahrscheinlicher klagen wird.

ANMELDEN, ANMELDEN, ANMELDEN

Meine Empfehlung ist des Weiteren, so viel und so umfassend wie möglich anzumelden (siehe 2.2). In China, wo die CNIPA Ihnen bei der Durchsetzung Ihrer Rechte hilft, indem sie jüngeren Markenanmeldungen ältere identische und ähnliche Marken und -anmeldungen, die für gleiche oder ähnliche Waren und/oder Dienstleistungen geschützt sind, entgegenhält, ist die umfassende Anmeldung Ihrer Marken (in lateinischen Buchstaben, in chinesischen Schriftzeichen, ggf. in Pinyin, der Logos in Schwarz/Weiß und in Farbe, Kombinationsmarken für Defensivzwecke) sehr oft die kostengünstigere Variante. Außerdem haben Sie damit eine gewisse Kontrolle über die Kosten. Für den Preis **eines** aufwendigen Widerspruchs- und erst recht Klageverfahrens können Sie viele Marken anmelden. Wenn es erst einmal die eine oder andere kritische Marke Dritter geschafft hat, das amtliche Prüfungsverfahren erfolgreich zu durchlaufen, **müssen** Sie gegen diese Marke vorgehen, um Ihre Interessen zu wahren, und die Kosten hängen dann vom Verlauf des Verfahrens ab. Mit der Anmeldung und Eintragung Ihrer Marken blocken Sie die meisten verwechslungsfähigen jüngeren Marken ab und brauchen sich damit noch nicht einmal zu beschäftigen, weil die CNIPA Ihnen das abnimmt. Früher

---

254 Merkblatt über Rechtsverfolgung und Rechtsdurchsetzung in Zivil- und Handelssachen der Vertretungen der Bundesrepublik Deutschland in der Volksrepublik China, https://china.diplo.de/blob/1094452/9bcf1f68b593c185744f4 08c57d9677a/pdf-merkblatt-rechtsverfolgung-data.pdf (zuletzt abgerufen am 17. Januar 2023)

war das uneingeschränkt empfehlenswert. Das ist auch weiterhin die grundsätzliche Empfehlung, allerdings mit der Einschränkung, dass Sie sich von Ihren markenrechtlichen Vertretern jeweils konkret dahingehend beraten lassen, was für die CNIPA akzeptabel ist, also was entweder als Defensivanmeldung oder als für die zukünftige Geschäftstätigkeit notwendig erachtet wird, um nicht Gefahr zu laufen, dass Ihre Marken von der CNIPA als bösgläubig und ohne Benutzungsabsicht erachtet und deshalb zurückgewiesen werden.

ORIGINAL EQUIPMENT MANUFACTURING (OEM)

Wenn Sie (noch) nicht Inhaber der chinesischen Marke(n) sind, mit der bzw. denen Sie Ihre Produkte in China kennzeichnen lassen, dann stellen Sie sicher, dass Sie Inhaber dieser Marken im Zielland bzw. den Zielländern sind und dass die benutzte Marke (also die, die auf die Produkte in China gelabelt wird) und die im Zielland eingetragene Marke vollkommen übereinstimmen, also identisch sind. Zwar ist es sicherer und erstrebenswert, auch Inhaber der chinesischen Marke zu sein. Falls das aber nicht oder nicht so schnell möglich ist, kann es im Falle einer Auseinandersetzung helfen, nachweisen zu können, dass Sie Inhaber ganz genau der in China gelabelten Marke im Zielland sind (siehe auch 2.1.8).

9   Die Geschichte einer chinesischen Marke

Für eine Zusammenfassung übergebe ich nun das Wort an eine chinesische Marke. Sie erzählt Ihnen ihre Geschichte.

Hi! Mein Name ist …

Ach nein, mein Name ist eigentlich egal, er tut hier nichts zur Sache. Ich bin eine Marke und ich darf Ihnen hier meine Geschichte erzählen. Ich fange mal ganz von vorne an. Geboren wurde ich in einer Marketing- und Werbeagentur in Deutschland. Gemeinsam mit ungefähr zwanzig anderen Vorschlägen wurde ich von dort in eine Anwaltskanzlei verfrachtet, die mich – zusammen mit meinen Geschwister-Vorschlägen – »recherchiert« hat. »Recherchiert« – so ein unangemessenes Wort! Mich »recherchieren« – pah! Aber ja, dabei hat sich herausgestellt, was mir schon die ganze Zeit klar war, ich bin einzigartig. Also wurde ich ausgewählt als Name eines wunderschönen neuen Lippenstifts. Wie ich mich gefreut habe. Zunächst wurde ich als europäische Unionsmarke angemeldet und noch innerhalb der sechsmonatigen Prioritätsfrist auch als chinesische Marke. Weil die chinesischen angesprochenen Verkehrskreise, also die zahlreichen Menschen, die den Lippenstift kaufen und benutzen sollen, Kosmetika lieber mit chinesischen Namen bezeichnen, bekam ich eine Schwester – eine Marke in chinesischen Schriftzeichen. Was soll ich sagen? Zunächst war ich natürlich etwas eifersüchtig. Aber dann fand ich Gefallen daran, nicht ganz allein zu sein, sondern gemeinsam mit einer anderen fancy Marke so ein tolles Produkt zu kennzeichnen und zu bewerben. Allerdings, wie es manchmal so ist – Sie kennen das vielleicht aus Ihrem Unternehmen –, hat es mit dem Launch ziemlich lange gedauert. In der EU ist das ja nicht so ein großes Problem, hier dauert die »Benutzungsschonfrist« fünf Jahre. »Benutzungsschonfrist«, auch schon wieder so ein Wort! Was soll das sein? Es bedeutet, dass Dritte in dieser Zeit nicht erfolgreich einen Löschungsantrag gegen eine Marke stellen können mit der Begründung, sie werde nicht benutzt. Wie gesagt, diese Frist beläuft sich in der EU auf fünf Jahre. Aber in China ist sie kürzer, nämlich drei Jahre. Schon drei Jahre nach der Eintragung einer chinesischen Marke können Dritte erfolgreich Antrag auf Löschung der Marke stellen mit der Begründung, dass sie nicht benutzt worden sei. Ich wurde also allmählich ziemlich nervös und habe mich gefragt, was da eigentlich mit dem Launch so lange dauern kann. Ich wollte keineswegs gelöscht werden, bevor ich auf dem Lippenstift, dessen Name ich sein darf, angebracht werden konnte. Also wirklich nicht. Und ganz ehrlich, ich wollte auch nicht, dass meine Schwestermarke gleich wieder gelöscht würde, weil ich die Vorstellung ganz schön fand, mit ihr zusammen den Lippenstift zu kennzeichnen – als »Herkunftshinweis zu dienen« – so nennen die Juristen das. Und ja, puh, dem Löschungsantrag sind wir entronnen, weil wir inzwischen benutzt werden, meine Schwestermarke in chinesischen Schriftzeichen und ich. Ich möchte nicht angeben, ich sage das mehr so zur Inspiration, aber wir sind wirklich erfolgreich. Natürlich ist der Lippenstift, den wir kennzeichnen dürfen, ein supergutes Produkt, aber in aller Bescheidenheit möchte ich anmerken, dass auch wir zwei Marken ziemlich cool sind, avantgardistisch geradezu. Wir haben eine solide Verbindung aufgebaut, was uns ziemlich stark macht auf dem chinesischen Markt. Kurz hatte ich Bedenken, dass wir zu erfolgreich sind und uns die Leute nicht mehr als Marken für den Lippenstift unserer Inhaberin wahrnehmen würden, sondern als Namen einer bestimmten Art von Produkt, also einer bestimmten Art von Lippenstift. Aber das hat unsere Inhaberin zum Glück verhindert, indem sie darauf geachtet hat, dass wir stets mit dem ®-Symbol gekennzeichnet waren. Sie hat dafür gesorgt, dass auch die Medien bei Berichten über uns immer deutlich gemacht haben, dass wir eingetragene Marken sind. Klar gibt es manchmal Nachahmer, die versuchen, ähnliche Marken wie mich und meine Schwester ins chinesische Markenregister zu bringen, aber die zuständige Behörde CNIPA hat das bisher immer verhindert, worüber ich sehr froh bin. Ich hätte wirklich nicht gerne so eine Nachahmerprodukt-Marke neben mir im Markenregister. Was leider auch immer wieder passiert, ist, dass Fälscher Counterfeits mit meinem eigenen Namen darauf als echt anbieten. Das ärgert mich so richtig, und meine Inhaberin tut alles, um das zu verhindern, aber es passiert leider trotzdem immer wieder. Deshalb bin ich jetzt auch beim chinesischen Zoll hinterlegt, und wenn der Zoll Produkte mit meinem Namen findet, dann prüft er, ob es sich um Originale oder Fälschungen handelt. Und hält die Fälschungen auf und lässt die Originale durch. Cool, was? Ich kann sagen, ich habe ein sehr gutes Leben und bin wirklich glücklich. Ich hoffe, Sie sind das mit Ihren Marken auch.

Alles Gute für Sie!

Ausblick

Am 13. Januar 2023 hat die CNIPA den Entwurf für eine weitere Änderung des chinesischen Markengesetzes vorgelegt. Dritte konnten bis zum 27. Februar 2023 ihre Stellungnahmen dazu abgeben. Wann das neue Markengesetz in Kraft tritt und wie es genau aussehen wird, ist noch offen. Bislang sieht es jedenfalls so aus, dass damit die Regeln gegen bösgläubige Markenanmeldungen verschärft werden, der Schutz von bekannten Marken gestärkt wird und mehr Gewicht auf die Markenbenutzung und Benutzungserklärungen gelegt wird. So sieht der Entwurf vor, dass alle fünf Jahre Benutzungserklärungen eingereicht werden müssen. Möglicherweise wird sogar die Möglichkeit geschaffen, dass bösgläubig angemeldete Marken unter bestimmten Umständen auf ihre rechtmäßigen Inhaber übertragen werden können. Ein Markeninhaber soll für **eine** Marke für eine Ware/Dienstleistung nur noch **eine einzige** Eintragung haben dürfen; die Widerspruchsfrist soll von drei Monaten auf zwei Monate verkürzt werden. Insgesamt scheint es sich um recht umfassende Änderungen zu handeln.

Glossar

China National Intellectual Property Administration (CNIPA) unter der *State Administration for Market Regulation* (SAMR), nunmehr wohl unter dem *State Council*[255] – die CNIPA ist im administrativen Bereich zuständig für die Eintragung, Verwaltung und Durchsetzung von Patenten, Marken und geografischen Herkunftsangaben; die offizielle Internetpräsenz ist erreichbar unter http://english.cnipa.gov.cn.

Counterfeiting – »Illegale Herstellung und illegaler Verkauf von Waren (einschließlich ihrer Verpackung), die ohne Autorisierung mit einer Marke gekennzeichnet sind, die mit einer rechtskräftig eingetragenen Marke identisch ist oder von dieser nicht unterschieden werden kann.«[256] Counterfeiter lassen häufig Marken eintragen, um ihre Fälschungsaktivitäten damit zu unterstützen.

Copyright – Schützt den Ausdruck einer Idee, aber nicht die Idee selbst. Durch Copyrights/Urheberrechte können u. a. Schriftwerke, musikalische Werke, fotografische Werke, Software und Kunstwerke geschützt werden. Auch Logos und stilisierte Schriftzüge können dem urheberrechtlichen Schutz zugänglich sein und in China als Copyrights eingetragen werden.

Design (auch: Geschmacksmuster) – Schützt die ästhetischen und dekorativen Elemente eines neuen Produktes, jedoch nicht dessen technische Aspekte. Ein Design wird vor Eintragung nur im Hinblick auf formale Aspekte geprüft. Im Rahmen des Eintragungsverfahrens findet keine substanzielle Prüfung auf Neuheit oder möglicherweise entgegenstehende ältere Rechte Dritter statt. Ein Design gehört nach chinesischem Recht zu den Patenten; die Regelungen dazu finden sich im chinesischen Patentgesetz.

Due Diligence – Sorgfältige Prüfung eines Unternehmens, vor allem im Hinblick auf seine finanziellen, rechtlichen und wirtschaftlichen Verhältnisse sowie im Hinblick auf seine Reputation und seinen Umgang mit der Umwelt.

»Geistiges Eigentum (engl. *intellectual property*, kurz *IP*) ist das immaterielle vermögenswerte, aneignungsfähige Resultat, das durch kreative intellektuelle Leistung entsteht. Es kann das Ergebnis unterschiedlichster geistiger Prozesse sein, an denen nur Einzelne oder mehrere Menschen zusammenwirkend beteiligt sind, wie Spielen, Lernen, Lesen, Forschen/Experimentieren, deduzierende Schlussfolgerungen, Kommunikationsvorgänge aller Art. Geistiges Eigentum kann

---

255 Van Malenstein, Reinout, IP on stage on the 14th National People's Congress Meeting, https://www.lexology.com/library/detail.aspx?g=75745d34-7fa3-4029-b8ce-78ed4fb7c5ac (zuletzt abgerufen am 5. April 2023)
256 INTA International Trademark Association, TOPIC Counterfeiting, https://www.inta.org/topics/counterfeiting/ (zuletzt abgerufen am 14. Januar 2023)

zufällig entstehen oder auch infolge zielstrebiger geistiger Anstrengung.«[257] Geistiges Eigentum kann u. a. geschützt werden durch Patente, Marken, Urheberrechte oder Designpatente.

Marke – Als Marke können Zeichen geschützt werden, die geeignet sind, Waren und Dienstleistungen einer natürlichen oder juristischen Person oder einer sonstigen Organisation von denen anderer zu unterscheiden. Als Marken können grundsätzlich nicht nur Wörter und Bilder, sondern auch Schriftzeichen, Zahlen, dreidimensionale Gestaltungen, Farbkombinationen, Klänge sowie Kombinationen davon eingetragen werden. Einzelne Farben können in China nicht als Marken eingetragen werden.

Bekannte Marke – Eine Marke, die bei den maßgeblichen Verkehrskreisen bzw. Verbrauchern allgemein bekannt und in China sehr beliebt ist. Insgesamt gibt es mehrere recht ähnliche Definitionen (siehe dazu 3.4).

Markenagentur – Eine Organisation, die von der CNIPA dazu ermächtigt wurde und bei ihr registriert ist, Markenanmelder und -inhaber zu vertreten. Markenagenten arbeiten für eine Markenagentur oder eine Kanzlei. Es handelt sich dabei um Dienstleistungsagenturen und Anwaltskanzleien, deren Geschäftstätigkeit die markenrechtliche Vertretung ist.[258]

Original Equipment Manufacturing (OEM) – Ein chinesischer Hersteller produziert Waren im Auftrag eines ausländischen Auftraggebers nach dessen Vorstellungen, kennzeichnet diese ggf. mit den vom ausländischen Auftraggeber vorgegebenen Marken und bereitet sie für den Export vor.

Parallelimport – Das Importieren von Originalprodukten aus einem Land in ein anderes Land ohne die ausdrückliche Zustimmung des Markeninhabers. Dieser Import findet »parallel« zu den von dem Markeninhaber vorgesehenen Vertriebskanälen statt.[259]

Patent – Das chinesische Recht gewährt drei Arten von Patentrechten: Erfindungspatente, Gebrauchsmuster und Designs (Geschmacksmuster). Dabei ist eine Erfindung jegliche neue technische Lösung für einen Prozess oder ein Produkt oder eine Verbesserung derselben. Ein Gebrauchsmuster schützt eine neue technische Lösung für die Form oder Struktur eines Produktes oder deren Kombination, die für die praktische Anwendung geeignet ist. Ein Geschmacksmuster (Design) kann für die neue Gestaltung der Form, des Musters, oder einer Kombination derselben, oder einer Kombination der Farbe mit Form und Muster, eines Produktes oder eines Teils davon erteilt werden, das eine ästhetische Wirkung erzeugt und für die industrielle Anwendung geeignet ist.[260]

257 Mittelstaedt, Axel, https://wirtschaftslexikon.gabler.de/definition/geistiges-eigentum-53871 (zuletzt abgerufen am 11. Februar 2023)
258 Markenrichtlinien, Kapitel 13
259 Giacopello, Fabio, Parallel import: the battle between safe and cheap, https://www.hfgip.com/news/parallel-import-battle-between-safe-and-cheap (zuletzt abgerufen am 18. Februar 2023)
260 Patent Law of the People's Republic of China, Art. 2 https://wipolex.wipo.int/en/text/585084

Pinyin – Das Standardsystem der lateinischen Rechtschreibung im Chinesischen[261]; die »offizielle chinesische Romanisierung des Hochchinesischen in der Volksrepublik China«[262].

Trade Dress – »Trade Dress – manchmal auch Get-Up genannt – ist das gesamte kommerzielle Image (Look and Feel) einer Ware oder einer Dienstleistung, das die Herkunft einer Ware oder einer Dienstleistung angibt oder identifiziert und diese von denen anderer unterscheidet.«[263]

Trademark Squatter – Eine Person, die bösgläubig Marken anderer anmeldet, um vom Ruf des tatsächlichen Markeninhabers zu profitieren. Häufig bietet ein Trademark Squatter die Marke dann dem tatsächlichen Markeninhaber zum Kauf an. Trademark Squatter sind üblicherweise mit diesen Marken nicht im geschäftlichen Verkehr tätig, sondern versuchen, die Marken zu monetarisieren, indem sie sie dem tatsächlichen Brandinhaber oder anderen, die dafür bezahlen, verkaufen.[264]

Trademark Warehousing – Das Anmelden großer Mengen von Marken, das offensichtlich weit über die Anforderungen einer normalen Geschäftstätigkeit hinausgeht, und ohne Benutzungsabsicht geschieht.

Trade Secret (Geschäftsgeheimnis) – Handelsinformationen wie technische oder Geschäftsinformationen, die der Öffentlichkeit nicht bekannt sind, einen wirtschaftlichen Wert haben und für die der Rechteinhaber angemessene Anstrengungen unternommen hat, um die Geheimhaltung zu bewahren.

Urheberrecht (wird meist mit Copyright gleichgesetzt, obwohl es streng genommen einige Unterschiede gibt) – Schützt den Ausdruck einer Idee, aber nicht die Idee selbst. Durch Copyrights/Urheberrechte können u. a. Schriftwerke, musikalische Werke, fotografische Werke, Software und Kunstwerke geschützt werden. Auch Logos und stilisierte Schriftzüge können dem urheberrechtlichen Schutz zugänglich sein und in China als Copyrights eingetragen werden.

---

261 Oxford Learner's Dictionaries, https://www.oxfordlearnersdictionaries.com/definition/american_english/pinyin (zuletzt abgerufen am 16. Januar 2023)

262 Wikipedia https://de.wikipedia.org/wiki/Pinyin (zuletzt abgerufen am 11. Februar 2023)

263 International Trademark Association INTA, TOPIC Trade Dress, https://www.inta.org/topics/trade-dress/ (zuletzt abgerufen am 11. Februar 2023)

264 Yu, Adelaide, Is your brand moving into new markets? Look (and search) before you leap!, https://rouse.com/insights/news/2022/is-your-brand-moving-into-new-markets-look-and-search-before-you-leap (zuletzt abgerufen am 11. Februar 2023)

Trademark Law in China

Introduction

I have always had great interest in businesses and their very often completely unique success stories. Therefore, it bothers me that some businesses spend more money on their trademark rights in China than necessary. This is often because they lack expertise for this hardly manageable area themselves and have doubts whether a measure is really necessary and helpful. As a result, sometimes important preventive measures are not taken, which although initially generate costs, but – especially medium and long term – save money.

Sometimes it is difficult to see the whole picture in the hectic of everyday professional life; then the focus is on acutely arising problems. When your trademark issue is becoming an acute problem, it can be too late and become very cost intensive. Therefore, it is a strong competitive advantage to be well advised from the very beginning and to take the necessary action.

Goal of the Guide

This guide is intended to help you with Chinese Trademark Law issues in order to take the necessary preventive measures, to take the right steps as well as to avoid possible sources of error, and it is intended to instruct how problems – if they have already arisen – can be efficiently resolved. It is based on my more than 35 years of experience in the field of Intellectual Property, including 25 years as a lawyer. During this time, I have handled countless cases successfully for clients – in cooperation with Chinese trademark representatives – in the area of Trademark Law and related fields such as Copyright Law. The Chinese Trademark Law including its practical application is very specific and differs in many aspects from trademark law in other countries, especially Germany, the EU and the USA and I would like to share my knowledge in this issue. This is how the idea for this book came about.

As a basis for the work on this guide, not the Chinese original legal texts were studied, but English translations of them. The English translations of the legal texts were taken from the WIPO-Lex database.[1]

My goal is that this guide offers you a source of inspiration for your current and future business activities in China, and to provide the necessary knowledge so that you can reduce costs and enhance your successes.

For Whom this Guide is Suitable

This book is suitable for you and your company if you
- offer goods and/or services in China or
- plan to do so in the next years or

---

1   Trademark Law of the People's Republic of China, https://wipolex.wipo.int/en/legislation/details/19559.

- manufacture products in China and have them exported from there or
- want to take efficient action against counterfeiting of your products in Germany and the EU or
- as a lawyer advise German companies in the field of Chinese trademark law.

English Language Communication

Since the target audience of this guide is busy people in professional life, I wrote a **short** guide that gives an overview of best practice. You can read it within a few hours and later briefly look into it again and again for relevant questions. The effect of the bilingualism ENG/GER is that you can adopt the texts one-to-one for your English language communication so that you do not have to learn the technical terms of trademark law yourself, or rely on translation tools that are not necessarily familiar with the technical terms.

In practice, there have in the – usual English-language – communication between German and Chinese professionals in trademark law many technical terms become established, which are just in use, without considering it each time in detail, and also without them having necessarily to be correct linguistically and grammatically. Examples for this are that, although we say »non-use cancellation action« for a request for cancellation due to non-use, we say »invalidation request« for a request for invalidation, or also »device mark« for a figurative trademark. When entering the German term »Bildmarke« in the translation tool »DeepL«, and have the English translation displayed, the suggestions »figurative mark«, »picture mark«, »image mark« are shown.[2] While »figurative mark« as well as »device mark« are often used, the terms »picture mark« and »image mark« are, according to my knowledge, not used at all in the practice of trademark law. When entering »Löschungsantrag wegen Nichtbenutzung« into »DeepL«, for example among others »cancellation request due to non-use«[3] is shown, which is surely correct, however, not used in practice as far as I know. In this guide, we have used the terms commonly used in practice for the English translation, independent of whether they are linguistically and grammatically correct or not. You can use it for orientation when communicating with Chinese business partners. In the German version, we also have maintained the English-language terms of the Chinese organisations, because it is easier for understanding and communication. Therefore, also in the German version of this guide we use, e.g. »Supreme People's Court (SPC)« and not »Oberstes Volksgericht (OVG)« or »Hong Kong International Arbitration Centre (HKIAC)« and not »Internationales Schiedsgerichtszentrum Hongkong«.

Attorney Support

For your trademark matters in China, you can either directly contact a Chinese law firm or trademark agency or consult a German lawyer. One reason for consulting a German lawyer is that he understands the overall context in which you operate. This requires a legal and prac-

---

2 https://www.deepl.com/translator#de/en/Bildmarke (last retrieved 10 February 2023)
3 https://www.deepl.com/translator#de/en/L%C3%B6schungsantrag%20wegen%20Nichtbenutzung (last retrieved 10 February 2023)

tical understanding of both your home market and the other markets that are important to you, as well as clear communication.[4] Your lawyer can advise you best when you both share the same knowledge base, i.e., if you both start from the same basic understanding in legal and cultural terms. Only in this way the differences can be recognized and addressed. The direct legal services in China and the detailed consultancy are provided by the colleagues in China. I am not a Chinese lawyer and do not have special knowledge about the current applicable trademark law and the practice rules in China **in detail**, but I rely on my colleagues in China, on my general knowledge of trademark law, and on my experience and intuition. However, I have gained a lot of knowledge in connection with Chinese trademark law and neighbouring topics such as copyright and anti-unfair competition law, through my practical work as a lawyer for clients with relation to China, as well as through the intensive studying of extensive literature.

Trademark Protection

In Germany as well as in China, trademarks can be protected as Intellectual Property. According to the definition of the German Patent and Trademark Office (GPTO), »proprietary rights in creations of the human intellect«, such as inventions or software, fall under the term Intellectual Property – IP[5]. These individual intellectual achievements can be protected by industrial property rights such as inventions through patents and works of art and literature through copyrights. Names for goods and services can be protected as trademarks. The Trademark Examination Guidelines (Trademark Guidelines) of the CNIPA[6], which have been effective since January 1, 2022 define trademark as »a sign used to identify and distinguish the sources of goods or services«[7]. According to the Civil Code of the People's Republic of China, Intellectual Property rights are the exclusive rights enjoyed by the right holders in accordance with law over certain subject matters.[8] The Civil Code names, among others, inventions, designs, trade secrets, geographical indications, and trademarks.

Sometimes, it can still be heard it would not be worthwhile to file trademarks or other property rights in China, as these would not be enforceable anyway. The reality looks different: China has recognised the importance of Intellectual Property. According to the »Guidelines for Building a Powerful Intellectual Property Nation« issued in 2021 in China, the standards shall be improved in the next years, and the protection of Intellectual Property be strengthened.[9] By 2025, China

---

4   Rocafort, Fred, Beware of China Lawyers, https://harrisbricken.com/chinalawblog/beware-of-china-lawyers/ (last retrieved 16 January 2023).
5   https://www.dpma.de/service/kmu/geistiges_eigentum/index.html (last retrieved 10 February 2023)
6   Chinese Trademark Examination Guidelines, Volume B, Substantial Examination on Trademarks hereinafter Trademark Guidelines); for this book, the English translation by Haoyu Feng, Haiyu Li, Jia Li, Zhangqing Tang, Wen Peng, Jiao Ren und Tingxi Huo (IP firm Chofn http://en.chofn.com) was used. This is a translation for the better understanding of the international readership and not the official translation of CNIPA. In case of any discrepancy, the Chinese original shall prevail. Given the scope and complexity of the Trademark Guidelines, errors cannot be completely ruled out.
7   Trademark Guidelines, Chapter 1, 3.1
8   Art. 123 Civil Code of the PRC
9   Ling, Jin/Wang, Carol, China IP Updates: September 2021 (Issue 4), https://rouse.com/insights/news/2021/china-ip-updates-september-2021-issue-4 (last retrieved 14 January 2023)

shall achieve clear results in its positioning as an Intellectual Property Rights (IPR) powerhouse and by 2035, China's IPR shall occupy leading positions in the world.[10]

The Global Innovation Index (GII) of the World Intellectual Property Organization WIPO measures the most recent global innovation trends every year and ranks the innovative ecosystems of (in 2022: 132) economies.[11] In 2020 it read: »The global innovation landscape is shifting; China, Vietnam, India, and the Philippines are constantly on the rise«.[12] In 2020, China was still ranked 14th[13], in 2021 China has climbed by two places to 12th[14], meanwhile (2022), China is on the 11th place[15]. For comparison: Germany was ranked 9th in 2020[16], has fallen by one place to 10th in 2021[17] and is, according to the current GII 2022 on the 8th place[18].

In China, about 5.7 million new trademark applications were filed in 2017; in 2018, it was about 7.3 million,[19] in 2019 about 7.8[20] and in 2020 about 9.3 million.[21] In 2021, there were about 9.4 million new trademarks applied for in China.[22] The data can be seen on the web presence of the China National Intellectual Property Administration CNIPA at https://english.cnipa.gov.cn/. At the end of 2021, there were more than 37 million registered trademarks in China.[23]

In 2021, there were 17.697 Chinese trademark applications from German applicants (883 more than 2020). Altogether, at the end of 2021, there were 185.628 registered trademarks from German owners in China (6.841 more than 2020).[24]

---

10 Mi, Li, From »big« to »powerful«, https://rouse.com/insights/news/2021/from-big-to-powerful-china-s-ambition-to-become-an-intellectual-property-nation-in-15-years (last retrieved 16 January 2023)
11 Global Innovation Index (GII), https://www.wipo.int/global_innovation_index/en/ (last retrieved 10 February 2023)
12 Global Innovation Index 2020, https://www.wipo.int/edocs/pubdocs/en/wipo_pub_gii_2020.pdf (last retrieved 10 February 2023)
13 Global Innovation Index 2020, https://www.wipo.int/edocs/pubdocs/en/wipo_pub_gii_2020.pdf (last retrieved 10 February 2023)
14 Global Innovation Index 2021, https://www.wipo.int/edocs/pubdocs/en/wipo_pub_gii_2021.pdf (last retrieved 10 February 2023)
15 Global Innovation Index 2022, https://www.wipo.int/edocs/pubdocs/en/wipo-pub-2000-2022-en-main-report-global-innovation-index-2022-15th-edition.pdf (last retrieved 10 February 2023)
16 Global Innovation Index 2020, https://www.wipo.int/edocs/pubdocs/en/wipo_pub_gii_2020.pdf (last retrieved 10 February 2023)
17 Global Innovation Index 2021, https://www.wipo.int/edocs/pubdocs/en/wipo_pub_gii_2021.pdf (last retrieved 10 February 2023)
18 Global Innovation Index 2022, https://www.wipo.int/edocs/pubdocs/en/wipo-pub-2000-2022-en-main-report-global-innovation-index-2022-15th-edition.pdf (last retrieved 10 February 2023)
19 2018 CNIPA Annual Report, https://english.cnipa.gov.cn/module/download/down.jsp?i_ID=143069&colID=2076 (last retrieved 10 February 2023)
20 2019 CNIPA Annual Report/Appendix, https://english.cnipa.gov.cn/module/download/down.jsp?i_ID=152468&colID=2159 (last retrieved 10 February 2023)
21 2020 CNIPA Annual Report/Appendix, https://english.cnipa.gov.cn/module/download/down.jsp?i_ID=160354&colID=2630 (last retrieved 10 February 2023)
22 CNIPA Annual Report 2021, https://english.cnipa.gov.cn/module/download/down.jsp?i_ID=176470&colID=2936 (last retrieved 10 February 2023)
23 CNIPA Annual Report 2021, https://english.cnipa.gov.cn/module/download/down.jsp?i_ID=176470&colID=2936 (last retrieved 10 February 2023)
24 CNIPA Annual Report 2021/Appendix, https://english.cnipa.gov.cn/module/download/down.jsp?i_ID=176477&colID=2936 (last retrieved 10 February 2023)

For comparison[25]: Trademark applications with the German Patent and Trademark Office (GPTO) and European Union trademark applications with the European Union Intellectual Property Office EUIPO:

GPTO 2021: 92.317 applications (thereof 87.631 directly (thereof 2.347 from China and 675 from the US) and 4.686 via International Registrations)[26]

EUIPO 2021: 197.898 applications (thereof 165.922 directly and 31.976 via the Madrid System)[27]. If you do not count the trademarks independent of their classes, but the classes filed, it is 489.498 filed classes.[28]

Thus, in 2021 EUIPO received 197.898 trademark applications altogether, class count 489.498, the Chinese trademark authority CNIPA about 9.4 million. Out of the 9.4 million trademarks filed with the CNIPA in 2021, about 258.000 are from foreign countries (not from China).

In 2021, Chinese applicants filed 34.377 trademark applications with the EUIPO – therefore, China is the country from which the most trademark applications were filed with the EUIPO in 2021 (Germany 2nd place with 27.571 trademark applications and the US 3rd place with 20.105 trademark applications).

Due to the increased competition, registered trademarks are becoming more and more valuable. 2022 the three most valuable Chinese companies were
- Tencent (media, social networks, news)
- Alibaba.com (online trade) and
- Moutai (alcohol).[29]

Due to the numerous already existing Chinese trademarks and the strict examination practice of the responsible Chinese trademark authority *China National Intellectual Property Administration* CNIPA, it is becoming increasingly difficult to register a trademark in China. When the CNIPA identifies a conflict with a prior trademark applied or registered for identical

---

25   When comparing the number of trademarks and trademark applications, it should be noted that Chinese trademarks and trademark applications are counted by class, i.e. one trademark application or trademark means application/ protection in one class. Thus, if the same trademark is applied for in 10 classes, it counts as 10 trademark applications in China. Therefore, when comparing trademark applications, it is always necessary to ask whether the application in each class counts as a separate trademark, or whether the trademarks as such are counted independently of the classes.
26   German Patent and Trademark Office, Annual Report 2021, https://www.dpma.de/digitaler_jahresbericht/2021/jb21_ de/marken.html (last retrieved 10 February 2023); the numbers are independent of the classes, meaning whether an application claims one class, 7 classes or all 45 classes, it is always counted as one application.
27   EUIPO European Union Intellectual Property Office, Consolidated Annual Activity Report 2021, page 4, https://euipo. europa.eu/tunnel-web/secure/webdav/guest/document_library/contentPdfs/about_euipo/annual_report/annual_ activity_report_2021_en.pdf (last retrieved 10 February 2023)
28   Ibid, Appendix A, Performance Data
29   INTERNET WORLD, BrandZ-Ranking, These are the 10 most valuable trademarks from China, https://www.internetworld. de/plattformen/10-wertvollsten-marken-china-2798716.html?ganzseitig=1 (last retrieved 10 February 2023)

or similar goods/services, it rejects the younger trademark application in full or in part. In order to be able to enforce the obtained trademark rights later against younger third parties (see 4.), you need to consider essential aspects already before filing and also during the running registration proceedings of a trademark; also during the validity time of a trademark and in case of a conflict.

This guide is intended to help you and your undertaking set the right course from the very beginning so that problems ideally do not arise in the first place or in any case be solved quickly and efficiently. You can avoid many problems in the field of Intellectual Property – including Trademark Law – from the outset by filing the correct rights (e.g. trademarks, copyrights, designs) at the right time – usually as early as possible. Please consider that for patents and design patents, novelty is a requirement.[30] Moreover, you should conclude the right agreements in an enforceable manner. Efforts and costs incurred for these activities usually pay off many times over.

From a report of the European Patent Office and European Union Intellectual Property Office EUIPO »Intellectual property rights and firm performance in the European Union« from February 2021[31], the following results: If you »isolate the effect of IPR ownership from other factors such as the size of a firm or the countries and sectors in which it operates« the revenue per employee is 55 % higher for IPR owners than for non-owners. Thus, the results of the study »confirm the positive association between IPR ownership and economic performance.«[32]

China in this Guide

In this guide, the People's Republic of China (PRC) without Hong Kong and Macao is named as China, as the latter have their own trademark regulations and laws[33]. A Chinese trademark does not enjoy protection in Hong Kong and Macao and also not in Taiwan. Vice versa, trademarks in Hong Kong, Macao and Taiwan do also not enjoy protection in the PRC. This should also be taken into account when drafting a contract and it should be ensured that all contracting parties are on the same page when it comes to defining the geografic scope when talking about »China«.

Structure of the Guide

This guide is structured as follows: After chapter 1 »The essentials in brief«, it chronologically accompanies you from the first thoughts, through the application of the trademark, the over-

---

30 Baggs, Simon, Design Patents in China: a warning to register early, https://www.wiggin.co.uk/insight/design-patents-in-china-a-warning-to-register-early/ (last retrieved 11 January 2023)

31 https://euipo.europa.eu/tunnel-web/secure/webdav/guest/document_library/observatory/documents/reports/IPContributionStudy/IPR_firm_performance_in_EU/2021_IP_Rights_and_firm_performance_in_the_EU_en.pdf

32 Page 14 of the above mentioned study

33 Hong Kong (China) Trade Marks Ordinance, https://wipolex.wipo.int/es/text/451035 (last retrieved 10 February 2023); Macao, China, Industrial Property Code, https://wipolex.wipo.int/en/legislation/details/3057 (last retrieved 10 February 2023)

coming of a possible opposition proceedings, and the registration (chapter 2). Then in chapter 3 it explains what you need to do to permanently maintain your trademark and presents in chapter 4 what you can do if you are already a trademark owner and your own trademark rights are infringed, thus, you must enforce your trademark. Here, we turn the tables, so to speak: You learn what you, as the owner of the prior mark, can do to prevent third parties from getting trademarks registered, which are identical with or similar to your trademark and/or from using such trademarks, i.e. how you prevent that third parties infringe your rights. In other words: In chapters 2 and 3, this guide accompanies you as the party of the younger trademark right, the trademark applicant and (later) owner, who wants to first obtain and than maintain his rights. In chapter 4, this guide accompanies you as the senior party of the trademark right, who is already the owner of trademark rights, and now defends these against third parties of younger trademark rights and a possible infringement.

This can be confusing, as many aspects in this guide are illuminated from two perspectives. We change the position again and again and thus also the perspective. In order to make clear what is meant in this context already here, we take the opposition proceedings as an example: In chapter 2, we illuminate the opposition proceedings from the perspective of the applicant who wants to have his trademark registered, and has to cope with a possible opposition of a third party to obtain his goal (the trademark registration); thus, this is about how you as the trademark applicant defend yourself against an opposition. In chapter 4, on the other hand, we illuminate the same proceedings, namely the opposition proceedings, from the perspective of the trademark owner, who considers an opposition against a younger trademark application and possibly also raises it. Thus, this is about how you raise an opposition, in order to prevent the registration of a younger trademark. In this guide, you find the correct solutions for every situation.

Regarding some proceedings, we change position and perspective several times, e.g. in connection with the non-use cancellation action: Chapter 2 is about using the non-use cancellation action to remove blocks against the registration of your own trademark. Chapter 3 is about using your trademark as well as proving said use so that you prevent a non-use cancellation action against your trademark, and, in case it will be filed nevertheless, you can fend it off easily. Chapter 4 again is about using a non-use cancellation action for defending your existing and maintained trademark rights.

Chapters 5 and 6 are about the formal aspects: Chapter 5 about costs, chapter 6 about duration of proceedings and terms. Chapter 7 contains references to related fields, which can play a role in connection with trademark law: contracts, domains, copyrights, designs, and Anti-Unfair Competition Law. Chapter 8 contains important references for practice and chapter 9 tells the fictional story of a Chinese trademark.

As I have worked a lot with online media, and therefore mainly quote online sources, it is possible that they change after publication of this guide, and also that some links cease functioning. Most online quotations mirror the status January/February 2023.

Note: The generic masculine is used in this text as a generalisation. These formulations include all persons and genders; all are thus equally addressed.

If, despite all my efforts, I have made a small mistake somewhere, I ask for your understanding and forbearance.

Sonja Schäffler, March 2023

1   The Essentials in Brief

1.1   The Chinese Trademark Law in a Quick Overview

On the following pages, you will get a quick overview of the most important aspects in connection with Chinese trademark law. This already gives you a very good basis.

- In March 2018, China initiated a comprehensive reform of the administrative authorities concerned with Intellectual Property. Trademarks, patents – which under Chinese law also include designs (design patents) – and geographical indications are now all the responsibility of the *China National Intellectual Property Administration* CNIPA (formerly State Intellectual Property Office SIPO) under the *State Administration for Market Regulation* SAMR. The SAMR absorbed the former *Administrations for Industry and Commerce* (AICs). It is a highly important market regulation and enforcement authority. CNIPA and SAMR are now responsible in the administrative field for granting, administrating and enforcing patents, trademarks and geographical indications. The *China Trademark Office* CTMO and the *Trademark Review and Adjudication Board* TRAB do not exist as separate Offices any more, but have been merged into the CNIPA.[34] Recently, however, the CNIPA is said to fall directly under the State Council.[35]
- This terminology is not always used consistently in English texts. Mostly, the former CTMO is referred to as the *China Trademark Office* of CNIPA and the former TRAB as *Trademark Review and Adjudication Department* (TRAD) of CNIPA. Where not the concrete departments and instances within the CNIPA are concerned, mostly the terms *China National Intellectual Property Administration* and CNIPA are used. This guide adopts that practice.
- The main law in connection with the Chinese trademark law is the Trademark Law of the People's Republic of China.[36] On April 23, 2019, the *Standing Committee of the National People's Congress* (NPC) issued amendments to the Chinese Trademark Law, which came into effect on November 1, 2019.[37] They shall serve the handling of bad faith trademark applications and registrations and increase damages for trademark infringement. In addition, stricter obligations were imposed on trademark agencies. The *Regulations for the Implementation of the Trademark Law of the People's Republic of China*[38] are also very important. Further, there are *Several Provisions on Regulating Trademark Application and Registration*

34   Kui, Guan Hua, China Brand Protection – Important Institutional Restructuring, https://www.lexology.com/library/detail.aspx?g=02f25337-46bf-4d7b-a680-fa3685761e44 (last retrieved 12 January 2023).
35   Van Malenstein, Reinout, IP on stage on the 14th National People's Congress Meeting, https://www.lexology.com/library/detail.aspx?g=75745d34-7fa3-4029-b8ce-78ed4fb7c5ac (zuletzt abgerufen am 5. April 2023)
36   https://wipolex.wipo.int/en/legislation/details/19559 (last retrieved 10 February 2023)
37   SIPS Simone Intellectual Property Services Asia Ltd, PRC – Trademark Law Amendment Targeting Bad Faith Registration and Infringements, https://www.lexology.com/library/detail.aspx?g=577f40db-5db7-4151-8d30-a4f80649e77e (last retrieved 18 February 2023)
38   Durchführungsbestimmungen (Regulations for the Implementation), https://wipolex.wipo.int/en/text/425590 (last retrieved February 10, 2023)

Behavior issued by the SAMR in October 2019 for implementing the legal changes.[39] They are effective as of December 1, 2019. These provisions regulate, among other things, the factors to be considered by the CNIPA in assessing whether trademarks have been filed in bad faith without intent to use. Since January 1, 2022, also the CNIPA's new Trademark Examination Guidelines (Trademark Guidelines) have been effective. For this guide, we worked with the English translation of the attorneys Haoyu Feng, Haiyu Li, Jia Li, Zhangqing Tang, Wen Peng, Jiao Ren and Tingxi Huo of Chofn IP.[40]

- A Chinese trademark does not give trademark rights in Hong Kong and Macao and also not in Taiwan. Should you wish trademark protection there, you can file national trademarks there.

- File your trademark (and other IP rights) in China before you take any other action there, e.g. negotiate. Clarify the correct order with your legal representatives, because for some IP rights, such as design patents, novelty is a requirement, and a prepublication, for example as a trademark, can destroy the novelty of the design patent.

- In China, trademark rights come into existence almost exclusively through registration with the CNIPA.

- To file a trademark application is easy (although non-Chinese applicants need a Chinese law firm or trademark agency for this) and not expensive if there are no obstacles to registration. However, lacking trademark protection can become expensive.

- China has a »first-to-file« trademark system. This means that as a general rule, the party who first files a trademark with CNIPA will obtain the trademark. Prior use by third parties is only taken into account in a few exceptional cases. The opposite is a »first-to-use« trademark system, as is the case in the USA, for example. In a »first-to-use« trademark system, the party who used the trademark first will obtain it. In Germany and in the European Union the »first-to-file« trademark system applies in principle, but with some exceptions, which primarily serve to fairly balance the interests of all parties involved.

- However, there is a kind of »prior use defense« in China: A trademark owner has no right to prohibit a party from using the same or a similar trademark to the previous extent, if the party has already used the trademark prior to the filing and use of the trademark owner's trademark and if such trademark has already acquired a certain influence prior to the filing and use of the trademark owner's trademark.[41] In this case, however, the trademark owner can request that the prior user adds a distinctive element to his trademark. More easily ex-

39   Wei, Xiaoping, New Trademark Law enhances trademark protection in China, https://www.managingip.com/article/2a5d0zxo7uj1lvlhs7myo/new-trademark-law-enhances-trademark-protection-in-china (last retrieved 17 January 2023)
40   Chinese Trademark Examination Guidelines, Volume B, Substantial Examination on Trademarks, English translation by Haoyu Feng, Haiyu Li, Jia Li, Zhangqing Tang, Wen Peng, Jiao Ren and Tingxi Huo of the IP firm Chofn IP, http://en.chofn.com/ (hereinafter: Trademark Guidelines). This is not an official translation by CNIPA. In case of any discrepancy, the Chinese original shall prevail. Given the scope and complexity of the Trademark Guidelines, errors cannot be completely ruled out.
41   Ranjard, Paul/ Huang, Hui/Du, Binbin, SPC clarifies requirements for citing prior use defence in trademark infringement cases, https://www.lexology.com/commentary/intellectual-property/china/wanhuida-intellectual-property/spc-clarifies-requirements-for-citing-prior-use-defence-in-trademark-infringement-cases (last retrieved 16 January 2023)

pressed: A person who gets a trademark registered cannot prohibit someone who has used this or a similar trademark previously without registration from using it, if this trademark has, through prior use, acquired a certain influence with the Chinese consumers. In such a case, the trademark owner can request the prior user to add an addition to his used version so that there will be no confusion.

- Signs that are capable of distinguishing the goods and/or services of a natural person, legal person or other organisation from those of others can be protected as trademarks. Not only words, in Chinese characters and/or Latin letters, and graphs, but also letters, numbers, three dimensional signs, colour combinations, sound, and any combinations thereof, can be registered as trademarks if they are distinctive.
- File your trademark application in Chinese characters as well.
- Consider filing your trademark application also in pinyin (official phonetic transcription of Mandarin based on the Latin alphabet) – in which cases this is recommendable should be discussed with your trademark representatives for each individual case.
- File your trademark application not only for those goods and services for which you actually use it, but also for those goods and services for which you plan to use it in the foreseeable future and also for those goods and services for which you do not intend any use but on which you do not want to see your trademark put by any third party (defensive trademarks). Discuss with your trademark representatives in each individual case whether the trademarks as planned by you will presumably be accepted by the CNIPA as defensive applications, and not considered bad-faith applications without intention to use.
- Well-known trademarks can enjoy protection in China without registration. In that case, the protection refers only to identical and similar goods/services.
- There are several definitions for »well-known trademark« (see 3.4); in the current Trademark Guidelines it reads: »A well-known mark shall refer to a trademark well-known to the relevant public in China.« Well-known trademarks enjoy broader protection than normal, not well-known trademarks.
- There are no clear legal rules as to whether parallel imports are permitted or not. Parallel imports are goods which have been manufactured with the consent of the rights owner, and are therefore no counterfeits, however brought into markets for which they were not intended by the rights owners through distribution channels not authorised by the rights owners. The probably prevailing Chinese case law assumes that parallel imports are not infringing in principle, but that each individual case must be examined to determine whether there are grounds for inadmissibility, e.g. if the goods have been altered.[42]

---

42   For more detailed information on parallel imports, see: Hu, Jennifer, Analysis of Relevant Issues of Trademark infringement in Parallel Imports, https://www.hongfanglaw.com/en/news/analysis-of-relevant-issues-of-trademark-infringement-in-parallel-imports/?_sm_au_=iVV77k087MFRPnqMvMFckK0232C0F (last retrieved 14 January 2023); Zhen, Cindy Shu Qi/Su, Jack, Trademark use on signboards by unauthorised retailers, https://www.lexology.com/Commentary/intellectual-property/china/wanhuida-intellectual-property/trademark-use-on-signboards-by-unauthorised-retailers (last retrieved 18 January 2023); Zhen, Cindy Shu Qi, Stores' unauthorised use of trademarks on signboards requires clarification, https://www.iam-media.com/article/stores-unauthorised-use-of-trademarks-signboards-requires-clarification (last retrieved January 18, 2023); Jiao, Hongbin/Liu, Yuxin, King and Wood Mallesons' IP group, First Trademark Infringement and Unfair Competition Case regarding Parallel Import Concluded

- A registered trademark which has not been put into genuine use for three consecutive years without justifiable reasons can be cancelled on third-party request. That is, three years after its registration, a non-use cancellation action can be filed against a trademark at any time. In this case, its genuine use needs to be proven for the past.
- There is the possibility of a complaint to the CNIPA about bad-faith trademark applicants. This is an informal procedure: Rights holders identify bad faith applicants by submitting information and documentation about a particular applicant with the CNIPA, e.g. regarding the kind and quantity of applications already filed by that applicant. If, after examining the information and documents, the CNIPA concludes that the applicant is indeed a bad faith applicant, he is added to the CNIPA's blacklist. An alert will then appear to CNIPA examiners each time they work on a case in which this applicant is involved.[43] The aim is to make the CNIPA aware of certain applicants with this, so that their trademarks are examined as to bad faith more intensly and in this case be rejected ex officio, so that the initiation of further proceedings becomes unnecessary.
- File also your other Intellectual Property (IP) such as patents, designs (which in China belong to the patents), utility models and copyrights before conducting any other activities in China, such as negotiate. For some IP rights (unlike in the case of trademarks), novelty is a requirement for the validity, even though this novelty is not examined by the respective office before registration in each case. The filing strategy should consider this.
- Also register the domains corresponding to your trademark.
- The *National Copyright Administration of the People's Republic of China* (NCAC)[44] and the *Copyright Protection Center of China* (CPCC)[45] are the competent authorities for granting and administrating copyrights.
- Even if you have your products only manufactured in China, without selling them there, you should file your trademarks, designs, copyrights, etc. there.
- The mere manufacturing and branding of goods in China intended solely for export from China may constitute infringing use. If someone has registered the trademark with which you label your products in China, for the same or similar goods and/or services, they can – if there is the risk of confusion – claim that you »cease and desist« from your current use. In that case you have no right to have your goods manufactured and labeled with this trademark in China and to export them. There is also the risk that the person who has registered your trademark in China has your goods labeled with this trademark stopped at the border.

---

by Guangzhou IP Court, https://www.chinalawinsight.com/2020/06/articles/intellectual-property/first-trademark-infringement-and-unfair-competition-case-regarding-parallel-import-concluded-by-guangzhou-ip-court/#page=1 (last retrieved January 14, 2023); Zhu, Zhigang, Guangzhou IP Court reaffirms legality of parallel imports, https://www.lexology.com/commentary/intellectual-property/china/wanhuida-intellectual-property/guangzhou-ip-court-reaffirms-legality-of-parallel-imports (last retrieved January 18, 2023); Liang, Ivy/Desmonts, Vivian/Rowlands, Jamie, Overview of Parallel Import Issues in China, https://gowlingwlg.com/en/insights-resources/articles/2021/trends-in-judicial-discretion-in-chinese-courts/ (last retrieved 14 January 2023)

43   Grossberg, Lesley/Wilcox, Deborah A., Blacklist Complaints: A Novel Tool Against Bad-Faith Trademark Applicants in China, https://www.ipintelligencereport.com/2021/03/18/blacklist-complaints-a-novel-tool-against-bad-faith-trademark-applicants-in-china/ (last retrieved 18 February 2023)

44   https://en.ncac.gov.cn/copyright/ (last retrieved 10 February 2023)

45   www.ccopyright.com/en/ (last retrieved 10 February 2023)

- Since a large proportion of counterfeit products entering the EU originate in China, you can take effective action here by recording your China trademarks and other IP such as copyrights and design patents with Chinese customs. Chinese customs not only check imports for infringements, but also exports, so that these can be stopped by customs at the border before export and do not even enter the EU and other markets.
- Conduct the necessary company examination – due diligence – before entering into contracts, making any other commitments or disclosing anything to a company. Due diligence helps to reduce your business risks and to obtain important information for your decision making. Note that according to an »Leaflet on Legal Prosecution and Enforcement in Civil and Commercial Matters« of the Missions of the Federal Republic of Germany in the People's Republic of China«, the possibilities of companies to gather relevant information about their business partners through own searches might be limited.[46] Discuss those issues with your trademark representatives.[47]
- Contracts with your Chinese partners should usually stipulate the applicability of Chinese law and be enforceable in China; of course in individual cases also another contract design can be useful (see 7.1).
- The Chinese authorities are working on comprehensive amendments of the Chinese Trademark Law. Until the end of February 2023, the public had been given the opportunity to comment on the draft with the proposals developed so far (see Outlook).

1.2   Traps to Avoid

TRAP 1

You file your Trademark Applications too late
It is important that you file your trademarks in time. In time is before you even come out with your product or service. In time is before you advertise your product or service and before you talk about it with external effects. In time is before the media mention your product or service and its name. In time is before or at the same time as you file your trademark applications in other countries. In time is before third parties

---

46   Leaflet on Legal Prosecution and Enforcement in Civil and Commercial Matters of the Missions of the Federal Republic of Germany in the People's Republic of China, https://china.diplo.de/blob/1094452/9bcf1f68b593c185744f408c57d96 77a/pdf-merkblatt-rechtsverfolgung-data.pdf (last retrieved 18 February 2023)

47   For more detailed information on Due Diligence, see: Gordon, JeremyRisky Business in China, A Guide to Due Diligence; McManamny, Patrick/Cowin, Prue, The importance of IP due diligence, https://www.fbrice.com.au/ip-news-insights/the-importance-of-ip-due-diligence (last retrieved 16 January 2023); Rocafort, Fred, Foreign Company Due Diligence, https://harrisbricken.com/chinalawblog/foreign-company-due-diligence/ (last retrieved 16 January 2023); Harris, Dan, How to Avoid China Factory Scams, https://harrisbricken.com/chinalawblog/how-to-avoid-china-factory-scams/ (last retrieved 14 January 2023); Harris, Dan, The Three Keys to Protecting Your IP in China and Internationally, https://harrisbricken.com/chinalawblog/the-three-keys-to-protecting-your-ip-in-china-and-internationally/ (last retrieved 14 January 2023); Harris, Dan/Kipfer, Arlo/Rocafort, Fred, last amended 30 June 2022, Manufacturing in China: Minimising Your Risks by Doing Things Right, https://harrisbricken.com/chinalawblog/manufacturing-in-china-minimizing-your-risks-by-doing-things-right/ (last retrieved 14 January 2023)

can get any idea that you plan to register and use the name of your product or service in China.

A late application of your trademarks, including those in Chinese characters, enhances the risk of third parties appropriating these rights – which are the result of your ideas – by filing applications for the names of your products or services, the results of your creativity, as trademarks by themselves. This does then not happen to obtain or enhance own market shares in a fair manner, but rather to block you and earn money by it. These trademarks are intended to be offered to you for sale at high prices and, if you are not willing to buy them, they are used to interfere with your business activities. Examples of such often successful obstruction attempts are that the trademarks are recorded with the Chinese customs, who then stop the export of your products, or that you are sued to cease the use of these trademarks. It is also possible that, especially if your trademarks have already received a high level of attention and a good reputation in other countries, the registrants of the Chinese trademarks then label and sell their own products with these trademarks. Since the »first-to-file« trademark system applies in China, the person who first files a trademark application with the CNIPA and obtains trademark protection is usually considered the legitimate trademark owner. There are exceptions, but even if you succeed in the end after several administrative and/or court proceedings, you will still have lost: Money, reputation, trust, time. Therefore, file your trademark applications in China – also in Chinese characters – as early as possible.

TRAP 2

You do not file applications for all your IP rights (patents, trademarks, also in Chinese characters, designs, copyrights, domains)

The same applies here as with regard to trap 1, with the only exception that it also affects other IP rights in addition to trademarks. Each IP right, be it trademark, patent (also design patent), copyright or domain, has its own legitimation, its own field of application. The more of your IP rights are actually registered and enjoy legitimate protection in China, the more flexible you are and the stronger is your position, the easier you can defend against attacks by third parties and the easier you can enforce your rights. Thus, for example, trademarks are always valid only in connection with the protected goods and services. However, they can be renewed indefinitely for a further 10 years. Copyrights, on the other hand, are not protected in connection with or for specific goods/services, but have time constraints. Trademarks are comprehensively examined formally and substantially by the CNIPA during the registration proceedings and undergo opposition proceedings. This means that prior to registration, trademarks are comprehensively examined for formal, absolute and relative grounds for refusal and are published so that third parties can file oppositions against their registration. Design patents and copyrights, on the other hand, do not undergo a substantive examination before registration and there is no opposition procedure – they are easier to get registered, but also more vulnerable to later attacks.

Some rights, such as design patents, can lose their protectability if they are presented to the public before they have been applied for, as novelty is a prerequiste for protection. In case you wish to protect the same contents as trademark and as design patent, it might be reasonable to file the design patent application earlier than the trademark application. This should be coordinated with your legal advisors.

TRAP 3

There is No or Insufficient Monitoring of Market Environment

To be able to take timely action against third parties who infringe your rights, it is mandatory to detect these infringers as early as possible. Timely means, on the one hand, that no deadlines are missed, e.g., the 3-month opposition period or the 5-year period for filing invalidation requests (mainly valid for invalidation requests based on relative grounds). On the other hand, timely means that the infringer has not yet been able to build up and acquire comprehensive rights, because it becomes increasingly difficult for you to remove illegally acquired third party rights the longer and more extensive they already exist.

It is therefore essential to monitor the market environment sufficiently. It is best to discuss with your trademark representatives which strategy could be the right one for you. Usually, this includes at least trademark and domain monitoring, i.e. the installation of a collision watch to check whether third parties have applied for similar or even identical trademarks or domains. In addition, specific applicants can also be monitored and regularly searches should be conducted online.[48]

1.3   The 10 Most Common Misconceptions Regarding Chinese Trademark Law and Their Correction

MISCONCEPTION 1

Chinese Trademark Law, like German and European Union Trademark Law, only grants a negative right of defense.

Reality

According to probably prevailing opinion, the right to a German and to a European Union trademark is exclusively a negative right of defense in the sense that it grants the trademark owner cease and prohibition rights. The trademark owner can thus prohibit third parties the use of the same or a similar sign for the same or similar goods and ser-

---

48   For more detailed information, see: Chen, Abraham/Chen, Jacob, How to win the fight against »legitimate« infringers in China?, https://rouse.com/insights/news/2021/how-to-win-the-fight-against-legitimate-infringers-in-china (last retrieved 11 January 2023)

vices. For example, Art. 9 II EUTMR[49] contains the following: »…the proprietor … shall be entitled to prevent all third parties not having his consent from using in the course of trade, in relation to goods or services, any sign where…«. According to Chinese trademark law, however, a trademark grants its owner a positive right of use. Art. 3 para. 1 s. 2 Trademark Law of the People's Republic of China reads as follows: »The owner of a registered trademark shall enjoy the exclusive right to the use of the trademark, which shall be protected by law.«[50] This has extensive implications, in particular, if the owner of a prior Chinese trademark believes that a younger registered Chinese trademark infringes his rights, he must in many cases first obtain a declaration of invalidity of this younger trademark through administrative proceedings before he can enforce the prohibition of its use.[51]

MISCONCEPTION 2

Chinese lawyers and trademark agencies are bound by the same obligations regarding secrecy and confidentiality as German lawyers.

Reality

Admittedly, Chinese lawyers and trademark agents also have confidentiality obligations towards their clients, in particular, they are not allowed to represent both sides in the same conflict. However, their confidentiality obligations differ in essential respects from those of German lawyers.[52]

Lawyers in Germany are subject to a strict duty of confidentiality. The law provides here: »The lawyer is obliged to maintain secrecy. This obligation relates to everything which has become known to him in the exercise of his profession. This shall not apply to obvious facts or facts which do not require secrecy according to their significance.«[53] Although there are exceptions from this duty of confidentiality, they are clearly regulated and narrowly limited, and they are mainly given when the client releases the lawyer from the duty of confidentiality, or to prevent a criminal offense.[54]

---

49 Regulation (EU) 2017/1001 of the European Parliament and of the Council of 14 June 2017 on the European trade mark (EUTMR)

50 https://wipolex.wipo.int/en/legislation/details/19559 (last retrieved 13 February 2023)

51 Huo, Aimin, The fight against the phenomenon of mass attacks against a targeted or given trademark, https://www.lexology.com/library/detail.aspx?g=09530754-0d8d-4bea-9449-d6b3b996067c (last retrieved 14 January 2023); Ranjard, Paul, Consequences of trademark invalidation, https://www.lexology.com/commentary/intellectual-property/china/wanhuida-intellectual-property/consequences-of-trademark-invalidation (last retrieved 28 January 2023)

52 El-Mohtar, Hannibal, China's Intellectual Property Courts: A Procedural Overview, https://harrisbricken.com/chinalawblog/chinas-intellectual-property-courts-a-procedural-overview/ (last retrieved 12 January 2023); Rocafort, Fred, The Attorney-Client Privilege Really Matters When Doing Business Internationally, Especially in China, https://harrisbricken.com/chinalawblog/the-attorney-client-privilege-really-matters-when-doing-business-internationally-especially-in-china/ (last retrieved 16 January 2023)

53 § 43a para 2 s. 1-3 BRAO (Bundesrechtsanwaltsordnung)

54 Hauptmann, Markus, Anwaltliche Verschwiegenheit: Ein rechtsvergleichender Blick, AnwBl Online 2019, p. 337 ff., https://anwaltsblatt.anwaltverein.de/files/anwaltsblatt.de/anwaltsblatt-online/2019-337.pdf (last retrieved 14 January 2023)

Chinese lawyers are also subject to a duty of confidentiality, which are, however, »restricted in the form of a general clause by the exemption for »protection of national security«.[55] What falls under the term of national security can be interpreted broadly – it includes, e.g., the population's prosperity and generally important state interests. This means that Chinese lawyers cannot refer to their duty (and right) of confidentiality if the authorities assume a risk for national security – and the term »national security« is very general.[56]

In case of doubt, you should rather exercise caution and ask detailed questions.

MISCONCEPTION 3

A trademark agency is always a law firm led by lawyers.

Reality

Trademark agencies are organizations regularly admitted and recorded before the CNIPA, which do not need to consist of lawyers. According to the Trademark Guidelines these are law firms and service agencies, the business area of which is representation in trademark matters.[57] Trademark agencies are allowed to conduct administrative acts on behalf of the persons they represent, in particular filing trademark applications and conducting opposition and cancellation proceedings and they care for trademark renewals and assignments. A trademark agency can stand independently or be integrated in a law firm. With the amendments to the Chinese trademark law in 2019, the trademark agencies were imposed with stricter rules regarding their behaviour. For example, a trademark agency may not accept an order for a new trademark application, if it knows or ought to know that this new trademark application would be made in bad faith. Trademark agencies are only allowed to file trademark applications for themselves exclusively for their own trademark representation services.[58]

MISCONCEPTION 4

By registering a trademark in Latin characters, the trademark is always also protected in Chinese characters and pinyin, or by registering the trademark in Latin characters, the Chinese characters and pinyin are always covered.

Reality

The trademark is protected as registered. In principle, the protection is only valid for this version. Thus, if you file a trademark application in Latin letters (e.g. an English

---

55   Ibid.
56   Ibid.
57   Trademark Guidelines, Chapter 13
58   Ibid.

word), only the trademark in Latin letters (the English word) is protected. However, it may be that a similarity between a trademark in Latin letters and a trademark in Chinese characters is assumed. This can, but must not necessarily be the case. The Trademark Guidelines which have been effective since January 1, 2022, provide that trademark similarity can be assumed in such a case, when the meaning of the English and the Chinese term is identical or mainly identical and likely to confuse the relevant public regarding the source of the goods and/or services.[59] For this, the Chinese public needs to understand the meaning of the English word. As an example for similarity, among others, »Victory« and the Chinese characters for »Victory Brand« is given.[60]

If, however, it is about non-Chinese, e.g. English, terms, the meaning of which is not known to the Chinese public, and there is no risk of confusion, the terms are not considered similar.[61] The Trademark Guidelines indicate as an example that no similarity is assumed between the word »bruin« (an English slang expression for brown bear [62]) and the Chinese characters for »bear«.[63] The reason is that the Chinese public probably knows the English word »victory«, but not the English expression »bruin«. Altogether, the rules here are complicated and difficult to classify – you neither can rely on the version in Chinese characters always being considered similar to the version in Latin letters, nor that this is never the case. The registration of a trademark in Latin letters can indeed often not prohibit third parties from registering and using one or more equivalents in Chinese characters or in pinyin. On the other hand, you still can infringe the rights in a trademark in Chinese characters with a trademark in Latin letters. Here, it depends very much on the individual case, and early searches and trademark applications can – in coordination with your trademark representatives – be helpful.

MISCONCEPTION 5

Separation of powers also exists in China and Chinese courts consider exclusively legal aspects when issuing their judgments.

Reality

Chinese courts may consider legal as well as social and political aspects when issuing their judgments.

---

59 Trademark Guidelines, Chapter 5, 5.1.6
60 Ibid.
61 Ibid.
62 https://en.wikipedia.org/wiki/Bruin (zuletzt abgerufen am 10. Februar 2023)
63 Trademark Guidelines, Chapter 5, 5.1.6

MISCONCEPTION 6

Letters of Consent – i.e. declarations of proprietors of earlier trademarks that they accept the registration and use of younger similar trademarks – are in principle being accepted by the CNIPA and Chinese courts.

Reality

The situation is complicated. Until summer 2021, Letters of Consent were usually accepted by the Chinese authorities and courts, if the trademarks were not identical and the consumers would not be misled by the coexistence of two similar trademarks on identical or similar goods/services. In September 2021, there was the sudden announcement that the Trademark Review and Adjudication Department TRAD of the CNIPA has stopped accepting Letters of Consent in all appeal cases from now on. The courts still accept Letters of Consent, but apply much stricter criteria. There seems to be some discussion about whether the TRAD will shortly start accepting Letters of Consent again. In practice, at the moment much is in flux: At present – status February 2023 – Letters of Consent are apparently only accepted – if at all – when there are obvious deviations between the trademarks. Unlike previously, it does not suffice for the acceptance of Letters of Consent any more when the trademarks are not identical or highly similar, but there must be obvious deviations. A deviation in only one letter will hardly be sufficient. Altogether, many factors have to be considered when deciding whether Letters of Consent will be probably accepted or not, e.g. which goods and/or services are concerned, whether the respective companies are connected, and how renowned the trademarks are. As it needs usually a lot of effort to obtain a Letter of Consent, and to fulfill the strict formal requirements for it, it should for each single case be clarified with a Chinese law firm or trademark agency in advance whether it is at all worthwhile to start respective negotiations with the trademark owner or whether another strategy needs to be developed. Conversely, you as a trademark owner need to take even more care now according to the stricter criteria, to genuinely use your own registered trademarks and be able to prove this any time. Because if Letters of Consent are no longer accepted so easily, as is currently (status: February 2023) the case, it may be assumed that there will be more cancellation actions against prior trademarks. The risk for owners of Chinese trademarks is higher than before that non-use cancellation actions are directed against their trademarks. On the one hand, the possibility of Letters of Consent is more often eliminated under the new rules, and on the other hand, the examination of genuine use is stricter, so that non-use cancellation actions are more likely to be successful].[64]

---

64   For more detailed information on the subject of the declaration of consent, see: Xiao, Sophia, Current Situation of Trademark Coexistence System and the Application of Coexistence Agreement in the Chinese Trademark Practice, https://www.lexology.com/library/detail.aspx?g=0606b023-10f2-4457-bbce-f85ad8d2f103 (last retrieved 18 January 2023); Michishita, Rieko, Are Trademark Coexistence Consent Letters Admissible?, https://www.twobirds.com/en/insights/2021/china/are-trademark-coexistence-consent-letters-admissible (last retreived 16 January 2023);

MISCONCEPTION 7

It is not worthwhile registering trademarks and other IP rights in China as they will not be enforceable after all.

Reality

In many cases it is possible for foreign – non-Chinese – companies to enforce their rights in China also against Chinese companies, and also against counterfeiters and trademark squatters, if they comply with the rules in China. This means in particular that they have the correct IP rights registered for the correct goods/services and concluded the necessary contracts in an enforceable manner.

MISCONCEPTION 8

If you have your goods manufactured and labeled in China only for export (Original Equipment Manufacturing – OEM), you do not need a trademark registration there.

Reality

It is important to have your trademark registered in China even if you have goods manufactured and labeled there exclusively for export and these goods are not intended for the Chinese market. Otherwise, you risk that a third party obtains registration for »your« trademark in China and then tries to take action against you or the Chinese manufacturer respectively, and, for example, to have your goods stopped by customs or sues you for trademark infringement.

MISCONCEPTION 9

The choice of jurisdiction in contracts is secondary.

Reality

The choice of jurisdiction can be decisive. Not only for whether you can enforce your rights if necessary, but also whether the other party takes the contract seriously. If one party realises that a contract is hardly or not at all enforceable due to a poor choice of jurisdiction, they might tend to not abide by the contractual agreements. Therefore, attention should be paid to the aspect of jurisdiction. It can often be a good decision to provide for the jurisdiction of Chinese courts in contracts with Chinese partners (see 7.1).

Xia, Summer, Coexistence of similar Trademarks: How is it possible?, https://www.lexology.com/library/detail. aspx?g=cbedce7c-6f82-42e6-b44b-cac5e2a51a87 (last retrieved 18 January 2023)

MISCONCEPTION 10

If you do not apply for your own Chinese trademarks and then a third party obtains protection for identical or similar trademarks, the worst thing that can happen is that the trademarks of this third party coexist regarding their use with your (in China not registered but used) trademarks.

Reality

A third party which has registered an identical or a similar trademark for identical/similar goods/services may prohibit you from using your trademark in China. Although there are exceptions, they underlie strict regulations, and have to be claimed by the trademark user in administrative or judicial proceedings, which is time and cost intensive. Moreover, some specific products (e.g. tobacco products) may only be marketed in China under a registered Chinese trademark. Thus, there are goods that may only be marketed if the user owns a registered trademark.

2   Obtaining Your Trademark

At the beginning, there is the legal obtaining of your trademark rights. You shall then be able to maintain them as long and as comprehensively as you need them, and must be able to enforce them, if necessary. First of all, the question arises: Why do you need trademark rights at all? Can you not just do business in commerce without trademark rights?

The answer is: The application for trademarks serves to secure your rights and to prevent later conflicts. With registered trademarks you can prevent third parties from using your trademarks without your consent. It also prevents that third parties obtain registration of the trademarks used by you and then successfully act against your use. As Spring Chang[65] put it in an interview with the WTR World Trademark Review: »It should be remembered that patents, trademarks and other forms of intellectual property are assets for companies – that is why they are termed as »property««.[66] The following example illustrates this very well:

The Battle for the Trademark

The Manolo Blahnik International Limited, known for their luxury shoes, was founded in 1970 and the designer Manolo Blahnik is still active as creative director and chairman.[67] Already in the 1980s, the company was quite successful and from 1998 onwards there was the big hype with Carrie Bradshaw (played by Sarah Jessica Parker) in the series »Sex and the City«.[68] At that time, the company was not yet active in the Chinese market and also had not filed a Chinese trademark for MANOLO BLAHNIK or a version of same in Chinese characters.[69] In 1999, a Chinese person filed for the trademark MANOLO & BLAHNIK and characters (a combination of Latin letters and Chinese characters) for shoes, among others, in China.[70] As China follows the »first-to-file« system in principle – who files a trademark first gets it registered in his name – the trademark was registered. Already in 2000, Manolo Blahnik filed an opposition against the trademark application, which was not successful, like a request for invalidation, through several instances, altogether for 22 years. It was not until June 2022 that Manolo Blahnik finally won, namely before the highest

65   Founding Partner of the law firm Chang Tsi & Partners
66   Chang, Spring, Global Leaders 2021, https://www.worldtrademarkreview.com/survey/wtr-global-leaders/2021/article/spring-chang (last retrieved 11 January 2023)
67   https://www.manoloblahnik.com/int/the-company (last retrieved 10 February 2023)
68   Riedl, Ann-Kathrin, To the birthday of the designer Manolo Blahnik: We show the most legendary moments of the shoe designer, https://www.vogue.de/mode/artikel/manolo-blahnik (last retrieved 10 February 2023)
69   Meuwissen, Stefaan/Xia, Helen, China: Manolo Blahnik wins back trademark after 22-year legal battle, https://www.engage.hoganlovells.com/knowledgeservices/viewContent.action?key=Ec8teaJ9VapqMbOPfXjrX8xgHJMKLFEppVpbbVX%2B3OXcP3PYxlq7sZUjdbSm5FIetvAtgf1eVU8 %3D&nav=FRbANEucS95NMLRN47z%2BeeOgEFCt8EGQ0qFfoEM4UR4%3D&emailtofriendview=true&freeviewlink=true (last retrieved 16 January 2023)
70   Search tool of the CNIPA, available at wcjs.sbj.cnipa.gov.cn/; Huang, Xuefang, China: Overseas visibility is a persuasive factor in the Manolo Blahnik TM case, https://www.marks-clerk.com/insights/articles/china-overseas-visibility-is-a-persuasive-factor-in-the-manolo-blahnik-tm-case/ (last retrieved 14 January 2023)

instance, the Chinese Supreme People's Court (SPC), which overruled the decisions of the lower instances and found that the registered trademark infringed Manolo Blahnik's prior name rights. In all other proceedings and instances before that, Manolo Blahnik had lost. This victory was now only possible because meanwhile China cracks down on bad-faith applicants much stricter than that was the case before (more on this later), and because Manolo Blahnik could claim personal name rights, because it is actually his name. For this, the SPC acknowledged documents from which could be seen that the name Manolo Blahnik »had a certain level of reputation among people interested in fashion in mainland China, and that the name's reputation abroad and in Hong Kong could, to a certain extent, spread to the mainland« already before 1999, meaning before the application of the trademark MANOLO & BLAHNIK and characters (a combination of Latin letters and Chinese characters).[71] In Hong Kong, there were about 50 media reports between 1993 and 1999 about Manolo Blahnik, among same also a report about the opening of his Hong Kong store; the company's sales in Hong Kong had exceeded HK$30 million between 1997 and 1999; moreover, also in China there were some reports published in fashion magazines before 1999 about Manolo Blahnik and his shoes.[72] Thus, the trademark applicant ought to have known Manolo Blahnik in advance to the application of the trademark MANOLO & BLAHNIK and characters (a combination of Latin letters and Chinese characters) and have applied for the trademark for this reason.[73,74]

Note: As already stated in the preface, the People's Republic of China and Hong Kong each have their own trademark laws and regulations[75] – it is therefore not the case that the SPC considered the trademark use in Hong Kong as trademark use in China, but it has only assumed a radiating effect.

Trademarks can block a market or open it. In the case presented above, the trademark MANOLO & BLAHNIK and characters (a combination of Latin letters and Chinese characters) which was registered for a third party has blocked the market for Manolo Blahnik and his company for more than 22 years. In case Manolo Blahnik would have offered shoes

71 Jaeckel, Christoph, Die Entscheidung »Manolo Blahnik« des OVG China, MarkenR 2022, p. 420
72 Ibid.
73 Ibid. p. 421
74 For more publications on this topic, see: Van Malenstein, Reinout, (IP China), And just like that Manolo Blahnik wins trademark back, https://www.lexology.com/library/detail.aspx?g=6546893c-f57e-42ea-b715-2d25b1f58a1a (last retrieved 10 February 2023); Du Plessis, Ilse, China lessons (in IP), https://www.lexology.com/library/detail.aspx?g=7fbd6f63-ede4-4c63-ad85-6f7bcbc7fbef (last retrieved 12 January 2023); SHOEZ, Manolo Blahnik wins trademark dispute in China, https://www.shoez.biz/manolo-blahnik-gewinnt-markenstreit-in-china/ (last retrieved 17 January 2023); Taylor, Nigel, translation by Felicia Enderes, Manolo Blahnik wins trademark dispute in China, https://de.fashionnetwork.com/news/Manolo-blahnik-gewinnt-markenrechtsstreit-in-china,1425352.html (last retrieved 17 January 2023); Pattloch, Thomas/Popple, Louise, Co-Authors: Wan, Helen/Zhou, JoAnn/Si, Akili, Another cause for hope for well-known brands in China: the Manolo Blahnik case, https://www.taylorwessing.com/en/insights-and-events/insights/2022/10/bu-another-cause-for-hope-for-well-known-brands-in-china (last retrieved 10 February 2023)
75 Trademark Law of the People's Republic of China, https://wipolex.wipo.int/en/text/579988, and Hong Kong, China, Trade Marks Ordinance, https://wipolex.wipo.int/en/legislation/details/17371 (respectively last retrieved 10 February 2023).

under the trademark directly on the Chinese market, although a third party was the owner of the Chinese trademark, he would have exposed himself to all kinds of claims (in particular for cease and desist and damages). Surely, it would have been possible to use another trademark, but this would probably not have met the need of the targeted public for these famous shoes. In comparable cases, some companies purchase the trademark registration of the third party to gain market entrance, what, however, can be risky, because there is normally no healing of the bad-faith of the applicant at the time of filing through the assignment.

From this case, the following lessons can be learned:

1. Trademarks shall be filed as early as possible, even when it is not yet clear if and when the Chinese market will be entered.
2. The costs for getting back a trademark of a third party are mostly high, and almost always higher than the costs for the early trademark application. These costs do not only concern the legal disputes that have to be conducted over many years to get the trademark back, or the costs for a possible purchase of the trademark, but the essential costs are the opportunity costs, namely the profits which cannot be realised, because it is not possible to enter the Chinese market directly with this trademark.
3. The trademark law and the case law are currently positive for companies which want to act against bad faith trademark applications and registrations – not giving up can pay off here.

It is best to think about what trademark problems could be there in the future and what measures you can take to prevent them at the outset of trademark planning, and to create a back-up plan to be prepared for difficult situations. This will help you prevent or avoid the great majority of disputes. Even considering purely the economic aspects, the savings in money, time and energy from avoiding later disputes far exceed the costs incurred for such initial trademark planning.«[76] Such conflicts can intensly complicate your business in China or even make it impossible, at least with these trademarks. Naturally, it is possible that you choose another trademark for China in case you must not use the original one there. However, this has disadvantages, in particular if your original trademark has already gained reputation through use and advertising in other countries, and you need to spend a lot of time and money to transfer the reputation to the new trademark now used in China. The diligent planning and applying for your trademarks in China is therefore essential.

A trademark is a sign that serves the purpose of identifying the goods and services of an undertaking and allowing the relevant public[77] to distinguish goods and services of one undertaking

---

76 Liu, Frank, Revisiting strategies for IP protection in China, https://www.lexology.com/library/detail.aspx?g=f96edf85-41dd-4e6e-97a1-4fad3d3c870c (last retrieved 14 January 2023)

77 The relevant public may be end consumers, business customers and/or skilled persons. The Chinese Supreme People's Court has also classified persons involved in transport and logistics as belonging to the relevant public. Who

from those of other undertakings. A registered Chinese trademark gives the trademark owner the exclusive right to use the sign for the goods and services covered by the trademark registration, and the right to prohibit others from using it. The relevant regulations can in particular be found in the *Trademark Law of the People's Republic of China*[78] and in the *Regulations for the Implementation of the Trademark Law of the People's Republic of China*[79].

The following explanations apply to national Chinese trademarks and trademark applications, unless expressly stated otherwise. For the Chinese designations of International Registrations, partly other rules apply, the most important of which are depicted under 2.1.5.

2.1 Prior to the Trademark Application

National trademark rights in China are usually obtained by applying for the trademark for specific goods and/or services with the *China National Intellectual Property Administration* (CNIPA) and by the subsequent registration of the trademark in the official trademark register[80]. The trademark application should be filed early, as there is some time between the application and the registration of the trademark. If there are no official objections and no oppositions raised, you can expect about 8-12 months from application to receipt of the registration certificate. There are some aspects that you need to clarify prior to filing the trademark application to ensure that you will eventually obtain the trademark registration which you actually need. Thus, comprehensive consideration should be given as to which words/letters/logos need to be protected for which goods and/or services. A trademark application cannot be changed after filing and the list of goods/services cannot be broadened any more. Instead, you would have to file the trademark application again, albeit with a new, later filing date and double costs.

Use in commerce before filing the application is not necessary and not a prerequisite for registration. On the contrary, the trademark application should be filed with the CNIPA before starting its use, even before indicating that use is planned. With validity from November 1, 2019, the sentence »Any bad faith application for a trademark without intention to use shall be rejected« was inserted in the Chinese Trademark Law (Art. 4). According to probably general opinion »bad faith« and »without intention to use« are to be evaluated separately and need to exist cumulatively, i.e. trademark applications without intention to use are not generally considered to be in bad faith. Assuming the latter interpretation, defensive trademark applications of actual brand owners, which are not intended for use per se, would always have to be rejected. The argument being that the new sentence in Art. 4 Chinese Trademark Law initially read: »Any application

---

belongs to the relevant public in an individual case depends on the goods/services claimed. Packaging machines, for example, are generally sold to business customers, while food products are sold to end consumers. This is then also how the relevant public is defined.

78   https://wipolex.wipo.int/en/legislation/details/19559 (last retrieved 10 February 2023)
79   https://wipolex.wipo.int/en/legislation/details/15011(last retrieved 10 February 2023)
80   The Chinese trademark register can be accessed at http://wcjs.sbj.cnipa.gov.cn (last retrieved 10 February 2023)

for a trademark without intention to use shall be rejected«. That would have automatically affected defensive trademark applications as well as applications of trademark squatters who have no intention to use the trademarks, but apply for them to offer them to the actual brand owners for high-prized sale. Since the term »bad faith« was added later, from the beginning it was largely assumed that the new rule does not affect defensive applications.

Beijing High People's Court has published guidelines regarding bad faith, according to which bad faith is given when there is no intention to use **and** additional elements exist, such as in particular when trademarks are filed which are identical or similar to trademarks with a certain level of reputation or having strong distinctive features belonging to third parties or when large amounts of trademark applications are filed without justifiable reasons.[81]

Moreover, the *State Administration for Market Regulation* (SAMR) issued the *Several Provisions on Regulating Trademark Application and Registration Behavior*, which have been in effect since December 1, 2019. According to these provisions, the CNIPA, in assessing whether there is bad faith without intention of use, shall particularly consider the quantity of the trademarks applied for and the classes, the trademark transactions, the applicant's business activity and any decisions already issued against the applicant due to bad faith/trademark infringement.[82,83]

According to the guidelines of the CNIPA which have been in effect since January 1, 2022, in particular the following aspects are considered comprehensively when evaluating whether there is »bad faith without intention to use« or not:
- Scope and kind of the trademark applicant's business
- Total number of trademark applications of the applicant including classes and in which time frame they were filed
- Trademark transactions of the applicant and related companies
- Specific composition of the filed signs
- Actual use of the trademarks
- Whether the filed trademark is identical to or similar with another trademark of a certain reputation, with famous names, with a company name, etc.

---

81   Wong, Alison/Yiu, Christine, China amends Trademark Law against Bad Faith Applications without Intent to Use, https://www.twobirds.com/en/insights/2019/china/china-amends-trademark-law-against-bad-faith-applications-without-intent-to-use (last retrieved 10 February 2023)

82   Yang, Mingming/Chen, Li, Article 4 of new Trademark Law: an efficient weapon against bad-faith trademark filings https://www.lexology.com/commentary/intellectual-property/china/wanhuida-intellectual-property/article-4-of-new-trademark-law-an-efficient-weapon-against-bad-faith-trademark-filings (last retrieved 18 February 2023)

83   More detailed information about the trademark law amendments 2019: Chen, Jane, Amendment and Implementation of Article 4 of China Trademark Law, http://en.kangxin.com/html/2/218/219/220/13249.html (last retrieved 10 February 2023); Plane, Dan/Zhao, Avie, Update on Latest Developments in Respect of Bad Faith Trademark Filings in China, https://www.lexology.com/library/detail.aspx?g=7974305f-5a72-4a0f-b97e-b9bbc00a803e (last retrieved 16 January 2023); Liu, Emily, A New Comment on Article 4 of Trademark Law, http://en.kangxin.com/html/2/218/219/220/14283.html (last retrieved 14 January 2023); Xia, Summer, (IP China) Purpose other than use: Art. 4 of the Revised Trademark Law, https://www.lexology.com/library/detail.aspx?g=d5520a6d-7131-4ad3-aef2-34820205d371 (last retrieved 18 January 2023)

- Whether the trademark applicant has already registered trademarks maliciously or has infringed trademark rights of others
- Whether the applicant offered trademarks for sale and was not able to provide evidence for intention to use
- Whether the filed trademarks are obviously unfit to be used in the frame of usual business practice and whether they obviously exceed normal business needs and also lie outside the business capacities of the trademark applicant
- Whether the trademark applicant has tried to coerce others in business cooperation
- Whether the trademark applicant has requested high assignment and license fees, damages for trademark infringement or settlement fees
- Whether the trademarks have obviously been filed to gain unfair interests and disturb the normal trademark registration order.[84]

The following situations do not fall under »bad faith without intention to use«:
- Trademarks which are identical with or similar to already existing trademarks of the applicant and which are filed for defensive purposes and
- a moderate amount of trademarks for the applicant's future business.[85]

The purpose of the admissibility of defensive trademarks is to prevent malicious third parties from taking advantage of the already built reputation of the applicant or to damage it, and to create the possibilities for companies to file trademarks early to avoid trademark squatting and trademark infringement.[86] Thus, you should always be able to explain comprehensibly that your defensive applications are necessary to achieve these goals.

2.1.1 What to Apply for? – Initial Ideas

Perhaps you are already a trademark owner in Germany or in the European Union and you would like to have your trademarks protected in China as well. In advance to applying for trademark protection in China, you should clarify whether your trademarks can work there. The trademarks must not address any taboos (such as »opium« for a perfume). Trademarks may also not be detrimental to socialist ethics and socialist customs or have other unwholesome influences, i.e., have indecent, inappropriate or negative aspects and connotations[87] like

---

84 Trademark Guidelines, Chapter 2; Xu, Ann/Chan, Vivien, China's revision of trademark law and the impact on CNIPA practices, https://www.managingip.com/article/2a5d1aveddrlq9n8fqccg/chinas-revision-of-trademark-law-and-the-impact-on-cnipa-practices (last retrieved 18 January 2023)
85 Zhao, Ling, New Guidelines on trade mark examination in China, https://www.lexology.com/library/detail.aspx?g=9cc82070-5e3c-45fa-994b-48b8abb0e764 (last retrieved 18 January 2023); Trademark Guidelines, Chapter 2, 3.
86 Xu, Ann/Chan, Vivien, China's revision of trademark law and the impact on CNIPA practices, https://www.managingip.com/article/2a5d1aveddrlq9n8fqccg/chinas-revision-of-trademark-law-and-the-impact-on-cnipa-practices (last retrieved 18 January 2023)
87 Xie, Jiayan, Understanding and Application of »Signs with Unhealthy influences shall not be used as trademarks«, https://www.lexology.com/library/detail.aspx?g=0136cedd-8c99-4b93-a35b-c22edb31866c (last retrieved 18

»Roughneck« for gloves[88]. In the Trademark Guidelines of the CNIPA, effective since January 1, 2022, there are some examples mentioned. Detrimental to socialist ethics are e.g., »MLGB«[89] (although the applicants argued this would be the abbrevation of »My Life's Getting Better«, the court considered the letter combination to be a vulgar slang insult[90]), or the Chinese characters for »local tyrant«[91]. Signs identical to or similar with the names of high-ranking Chinese or foreign political personalities are mentioned as examples for unhealthy influence, or signs which hurt the ethnic dignity or the ethnic sentiment, or which can be detrimental to religious belief, e.g., signs for sacred scriptures and sites.[92] According to the trademark guidelines, also a perfume bottle in skull shape (as a 3D-trademark) has unhealthy influence.[93]

Furthermore, you should additionally develop a trademark in Chinese characters and have it registered as early as possible. The meaning of the Chinese characters should fit the goods and/ or services offered under the trademark.

Here is an example in connection with Pfizer's Viagra that illustrates how sensitive this topic can be: »the Chinese media coined the transliteration *Weige* for Viagra.«[94] »Weige« means »great older brother«. Pfizer themselves chose »Wan Aike« as the name for »a transliteration of Viagra that has no meaning in Chinese and lacks the cachet, wit, and the appeal of *Weige*.»[95] »Weige«, however, was much more successful in China than »Wan Aike«. Daniel Chow explains it this way: A lighthearted name can possibly cushion some of the social pressures which may be created by conservative attitudes. Humor was often used in China to deal with sensitive social issues. »Wei« meant »great« in the sense of respect and reputation and not in the sense of physical force, strength or violence. »Ge« in the sense of »older brother« had the association of respect and affection. »Weige« was a gentle and humorous name.[96] »Wan Aike«, on the other hand, appearead as a boring, uninspired and scholarly sounding name, which may have had the effect of increasing social pressure, what might be the reason that the name was not accepted by the Chinese consumers.[97]

January 2023)

88 AFD China, CNIPA: ROUGHNECK Denied TM Registration for Negative Meaning, https://www.afdip.com/index.php?ac=article&at=read&did=3352 (last retrieved 11 January 2023)

89 Trademark Guidelines, Chapter 3, 3.8.1.; see also: Hopkins, Adam, Streetwear Brand MLGB has been banned in China for being offensive, https://www.timeoutshanghai.com/features/Blog-Shopping/65472/Streetwear-brand-MLGB-has-been-banned-in-China-for-being-offensive.html (last retrieved 14 January 2023)

90 Ibid.

91 Trademark Guidelines, Chapter 3, 3.8.1.

92 Trademark Guidelines, Chapter 3, 3.8.3.; regarding the topic of immorality and possible negative effects of trademarks, also see Yuanshi Bu, New Trademark Guidelines in China, MarkenR 2022, p. 362

93 Trademark Guidelines, Chapter 6, 3.1.

94 Chow, Daniel, Lessons from Pfizer's Disputes Over its Viagra Trademark in China, Maryland Journal of International Law, 27 (2012), p. 87 with further references https://digitalcommons.law.umaryland.edu/cgi/viewcontent.cgi?article=1581&context=mjil (last retrieved 10 February 2023)

95 Ibid. p. 83

96 Ibid. p. 89

97 Ibid. p. 90

»A good Chinese translation can better integrate itself with Chinese culture, resonate with Chinese consumers and promote the brand to increase its popularity and competitiveness in the Chinese market.«[98]

In addition to words, be in it Latin letters or in Chinese characters, in China also devices (graphs), numbers, three-dimensional symbols, colour combinations (not: single colours), sounds and combinations of these elements can be protected.

It is recommendable that you also apply for trademarks the use of which you plan for the future. It is also recommendable to file your trademark applications for goods and services which you do not offer and also do not plan to offer, regarding which it is, however, important for you to prohibit third parties from riding on the cotails of your good reputation and apply for and use your trademarks for these goods/services. For example, it might be the case that a clothing manufacturer does not plan to offer bags. Still, he wants to avoid that a third party applies his trademark for bags und uses it. This is possible by the early filing of respective defensive applications. Even after the amendments of the Chinese Trademark Law, which have come into effect on November 1, 2019, defensive trademarks are permissible within a certain scope (see 2.1).

Company names and trade names as well as trade dress, on the other hand, are not protected under Trademark Law, but can be protected under Anti-Unfair Competition Law.[99] Whether protection as to the Anti-Unfair Competition Law is given, depends on the circumstances of the respective case, among others how reputed a name is and whether the infringer is in bad faith (see 7.5).

2.1.2 Priority

Trademark Law has the institution of the so-called priority. If you submit an identical second application in China within six months of your first filing in another country, e.g., a German or European Union trademark application, you can claim the application date of the first filing also in China. Your trademark application will then be treated as having been applied for in China on the date of the first filing. This can give you advantages over competitors who have filed trademark applications between the filing date of your first application anywhere and your second application in China. The priority term of six months is not extendable. To successfully claim the priority of the first filing, the owner, the trademarks, and the goods/services of the first and the second application must be identical.

---

98   Jiang, Xiuhua, Kangxin Partners PC, Translating and protecting brands in the Chinese market, https://www.iam-media. com/regionindustry-guide/china-managing-the-ip-lifecycle/2023/article/translating-and-protecting-brands-in-the-chinese-market (last retrieved 18 February 2023)

99   Law of the People's Republic of China Against Unfair Competition, https://wipolex.wipo.int/en/legislation/ details/19557; Huang, Xuefang, China: copying clothing style may constitute unfair competition, https://www.lexology. com/library/detail.aspx?g=66d18c6e-14f3-475c-923e-8ed09938a6d1 (last retrieved 5 April 2023)

For the sake of completeness, it shall be mentioned that you can still apply for your trademark in China after the expiration of the six months priority term, but it will then not enjoy the application date of the first filing. Trademark rights of third parties that may have come into existence between your first German or European Union trademark application and your second trademark application in China may in this case hinder the registration.

Besides, there is the possibility of claiming a so called exhibition priority. If a trademark has been used for the first time at an international exhibition, which was organised or accepted by the Chinese government, priority can also be claimed within six months, if the prerequisites are met.

2.1.3   Research

I strongly recommend that prior to filing the trademark application, or at the latest before using the trademark in China, you conduct searches whether there are any prior trademarks or trademark applications that may prevent your trademark from being registered and used. It is true that you should file your trademark application in China before taking any other action there, e.g., negotiate. However, it increases the likelihood that your trademark application will be successfully registered, and you acquire trademark rights if you conduct searches beforehand to see whether any third-party rights may conflict with your trademark registration and use. Note that it can take a few months for trademarks after filing to be found on the CNIPA's web presence[100].

If you infringe a registered Chinese trademark, it can have significant consequences, e.g., lawsuits (cease and desist, information, damages, destruction of the goods), having your listings removed from online marketplaces, or seizure of your products through customs.

The sooner you conduct such a search for possibly existing prior trademarks of third parties, the sooner you can check whether these prior trademarks are in use. Should this not or only partly be the case, you can file (partial) non-use cancellation actions against the prior trademarks. Independent of a possible use, you can ask the owners of these prior trademarks for *Letters of Consent* (see 1.3 misconception 6) or negotiate with them regarding purchasing or licensing. Take into consideration, however, that the transfer of a trademark filed in bad faith does not change its initial bad faith.[101] The same is true when the trademark was obtained by deception or other improper means.[102] It is usually best to file a planned non-use cancellation

---

100 Accessible at http://wcjs.sbj.cnipa.gov.cn/ (last retrieved 10 February 2023)

101 Pei, Fenhong Paula/Gao, Ya, Trademark applications – malicious behaviour and its countermeasures, https://www.worldtrademarkreview.com/regionindustry-guide/china-managing-the-ip-lifecycle/2022/article/trademark-applications-malicious-behaviour-and-its-countermeasures (last retrieved 10 February 2023)

102 Sanyou IP Group, Administrative Dispute over the Invalidation of the Trademark of »Chinese characters Anker« https://www.sanyouip.com/English/a/10598.htm (last retrieved 10 February 2023)

action against the prior trademark which builds an obstacle against the registration of your own trademark shortly **before** you file your own trademark application. This way, you enhance your chances that the responsible authority suspends the registration proceedings of your trademark until the decision about the non-use cancellation action is issued. In any case, the correct timing when filing non-use cancellation actions and early searches are important.[103]

You can conduct initial simple search by yourself on the web presence provided free of charge by the CNIPA, also in English, available at http://wcjs.sbj.cnipa.gov.cn/. There is a certain time gap until you can find new trademark applications in the database and the information does not have legal effect.

If you do not conduct searches prior to the trademark application, you risk that after waiting for a decision of the CNIPA for several months, your trademark application might be rejected in the end and your trademark will not be registered. If you then only start to remove possible obstacles against the registration of your own trademark, you need to go at least to the next instance, presumably also to the instance after next, if you further wish to have your own trademark registered. It is also not always possible to remove every obstacle.

By using a trademark in China, not only prior third-party trademark rights can be infringed, but also other rights of third parties such as personal name rights, company name rights, domain rights or copyrights. The infringement of such prior rights of third parties can also cause claims for cease and desist, information, destruction of goods, and damages.

2.1.4 First Considerations on Possible Obstacles to Registration

If the search reveals an earlier trademark which is likely to block the registration of your trademark, you should already at this stage think about and find a strategy how to overcome this obstacle. Ensure that your own rights are secured before you take externally recognisable measures, i.e., that not only your trademarks but also your domains, design patents, copyrights etc. are applied for or registered, respectively. However, the timing is essential here:

Chinese trademarks and also designations of China in International Registrations (see 2.1.5) must be genuinely used within three years after their registration or grant of protection; otherwise, they can be deleted due to non-use. If such genuine use is not recognisable or not recognisable for all registered goods/services, and the trademark has been registered for more than three years, a non-use cancellation action against the trademark may be successful. If only

---

103 For more detailed information, see: AFD China, AFD Case Study – Choosing the Right Time to File a Request for Three Year Non-use Registration Cancellation, https://www.afdip.com/index.php?ac=article&at=read&did=3850 (last retrieved 11 January 2023); Batzella, Laura/Xie, Fredrick/Capraro, Silvia/Xia, Summer/Huang, Ariel/Giacopello, Fabio, GossIP newsletter – June/July 2022 – Editors' Pick, https://www.lexology.com/library/detail.aspx?g=1d46fab6-7088-414b-9e97-489788d461b0 (last retrieved 11 January 2023)

some goods/services of the prior mark conflict with your trademark application, it may be useful to direct the cancellation action only against these goods/services or against the subclass containing them, respectively.

It takes about nine to twelve months for the CNIPA to decide about the non-use cancellation action. A negative decision can be appealed.

As trademark applications in China are meanwhile being examined within only some months after filing, whereas non-use cancellation proceedings regularly need more time, it is often necessary to request suspension of the registration proceedings of your own trademark until a decision has been issued regarding the cancellation action against the cited trademark. Although such requests for suspension are seldom granted, it increases the chances to file the cancellation action **before** you file your own trademark application. Here, the correct timing should be well coordinated with your trademark representatives, so that the cancellation action will be filed before your trademark application, if possible, however, the trademark application follows so soon that the owner of the attacked trademark only gets knowledge about the cancellation action after your trademark application has been filed. The same applies to invalidation requests. The reason for this is that the owner of the attacked trademark otherwise possibly refiles his own trademark (i.e., files a new trademark application which is identical with his already registered prior trademark with the CNIPA) before you file your trademark application. In this case, he was not only with one, but with two trademarks ahead of you in time so that you would have to act against two prior trademark applications of the same owner, which is more difficult and more expensive. Above all, the prior trademark application filed at last is not yet subject to the use requirement, so that a non-use cancellation action cannot yet be filed against it.

Non-use cancellation actions should be filed as early as possible, among others because in the first instance of CNIPA, the Chinese Trademark Office (CTMO), the applicant is not allowed to inspect and comment on the evidence of use provided by the owner of the prior trademark. He can therefore also not make helpful counterarguments, which puts him in a rather weak position. This is only possible in the second instance of the CNIPA, the Trademark Review and Adjudication Department (TRAD). Therefore, it is often necessary for the non-use cancellation applicant to proceed to the second instance to inspect the evidence of use filed by the owner of the attacked trademark and to explain why it is not sufficient to prove the genuine use of the prior trademark, so that it must be cancelled.

This office practice may have partly changed de facto. There were some decisions of the CTMO early in 2022 in cancellation proceedings, which were different from previous decisions both in content and in form. These current decisions list (different than previously) the main evidence documents which have been filed by the owner of the attacked trademark with the CTMO. Moreover, the CTMO seems to be stricter regarding acceptance of evidence of use. It looks like the CTMO is starting to apply similar criteria in reviewing use documents as the TRAD.[104] This is a positive development for trademark applicants who want to have older trademarks cancelled due to non-use, and a negative development for owners of prior trademarks.

It is also conceivable, possibly in parallel to the non-use cancellation action, to negotiate with the owner of the prior trademark, e.g., about a *Letter of Consent*. Until summer 2021 *Letters of Consent* were accepted by Chinese authorities and courts in most cases. The authorities and courts were, however, not bound by *Letters of Consent* – in case they assumed consumer confusion or other negative effects despite the *Letter of Consent*, they did also not consider the *Letter of Consent* in the past. This was particularly the case with identical and highly similar trademarks for identical and highly similar goods/services.[105] Meanwhile, the office practice and case law in that regard have changed, and *Letters of Consent* are – if at all – only accepted in case of obvious deviations between the trademarks.[106] There is a lot in flux here (see also 1.3 misconception 6). Possibly, the citation can be overcome by purchasing and assigning the cited trademark.

2.1.5   International Registration (IR) or National Application

Instead of filing a national trademark application in China with the CNIPA, it is also possible to designate China in an *International Registration* (IR). IRs are managed by the *World Intellectual Property Organization* (WIPO) in Geneva. It is the global forum for intellectual property (IP) services, policy, information and cooperation, a self-funding agency of the United Nations.[107] WIPO manages the *Madrid System* (*Madrid Agreement* and *Madrid Protocol*), which it describes as follows: »The Madrid System is a convenient and cost-effective solution for registering and managing trademarks worldwide«.[108] According to this, a trademark which has already been filed or registered on a national basis (basic mark), can be registered in the International Register on request and protection can be claimed in the designated countries. To be allowed to use the *Madrid System*, you need a connection to one of its member states by having an industrial or commercial establishment or being domiciled there, or by being a citizen of this member

---

104 For more detailed information on these practice changes, see : Zhu, Peggy, Change in the Practice of Non-use Cancellation in China, https://www.lexology.com/library/detail.aspx?g=5fb6dac8-7fe5-4bbd-aad3-9e3c0883f52a (last retrieved 18 January 2023)

105 More detailed information on the previous situation, see: Xiao, Sophia, Current Situation of Trademark Coexistence System and the Application of Coexistence Agreement in the Chinese Trademark Practice, https://www.lexology.com/library/detail.aspx?g=0606b023-10f2-4457-bbce-f85ad8d2f103 (last retrieved 18 January 2023); Tan, Kavin, Acceptability of Letters of Consent in Trademark Review, https://www.lexology.com/library/detail.aspx?g=f1263fde-e11b-4484-b5be-dec62f4c1919 (last retrieved 17 January 2023)

106 More detailed information on the new practice, see: Simone, Joseph, TRAD tightens standards for evaluating consent letters, https://www.lexology.com/library/detail.aspx?g=0032e8d5-9d1b-4470-a0df-5396c1ad22ac (last retrieved 17 January 2023)

107 https://www.wipo.int/about-wipo/en/ (last retrieved 10 February 2023)

108 https://www.wipo.int/madrid/en/ (last retrieved 10 February 2023)

state.[109] In this member state, you need a basic mark (or application), on which the IR will be based. In an IR, you can designate countries that are members of the *Madrid Agreement* and/or the *Madrid Protocol*. China is both a member of the *Madrid Agreement* and the *Madrid Protocol* and can be designated in the scope of an IR.[110]

In principle, the designation of China in the scope of an IR shall lead to the same trademark protection as a national Chinese trademark application. However, there are significant differences:

Representative

As a German applicant, you cannot file a **national Chinese trademark application** yourself with the CNIPA. Instead, you must be represented by a Chinese law firm or a Chinese trademark agency. An application for an **IR** can be filed with WIPO by yourself – also with the designation of China – if the above-mentioned prerequisites are met.

List of Goods/Services

For **national Chinese trademark applications,** the CNIPA almost exclusively accepts terms which it has recorded in its list of standard items *Chinese Classification,* the so-called *standard items*. Additionally, it accepts so called *non- standard but acceptable* items, which have been declared acceptable by the CNIPA although not belonging to the respective standard items. Mostly, it is not possible to obtain registration for items in the list of goods/services of national Chinese trademark applications which are neither *standard items* nor *non-standard but acceptable*. If you nevertheless file such items in a national Chinese trademark application, and the CNIPA does not accept them, it does not immediately refuse the application, but issues an amendment notification, and you are given the possibility (once!) to amend the contested items into *standard items* or to delete them.

In an **IR**, the CNIPA accepts most items which are accepted by WIPO, even if they are not *standard items* or *non-standard but acceptable*, if the classification as a whole is correct. However, the CNIPA does not accept all items, and in case of non-acceptance, there will be no amendment notification with the possibility of amendment or deletion of certain items, but an immediate rejection. You as the trademark applicant, if you are further interested in protection in China, need to file an appeal with the *Trademark Review and Adjudication Department* TRAD of the CNIPA and in parallel adjust the items via proceedings with WIPO to the requirements of the CNIPA, to gain protection in China.

Classes and Subclasses

In most countries, also in Germany and in China, the *Nice Classification* applies. It categorises all goods and services of classes 1 to 45, whereby classes 1 to 34 concern goods and classes

---

109 Ibid.
110 https://wipolex.wipo.int/en/treaties/ShowResults?start_year=ANY&end_year=ANY&search_what=C&country_
     id=38C&treaty_all=ALL (last retrieved 10 February 2023).

35 to 45 concern services. Additionally, there is a *subclass system* in China. Each class of the *Nice Classification* is divided into several *subclasses*, whereby each subclass contains specified standard items. For **national Chinese trademark applications,** you as the applicant can determine which subclasses you want to claim by choosing the respective standard items.

WIPO applies the *Nice Classification*, but not the *subclass system*. The CNIPA, however, also uses the subclass system on **IR**. This creates a certain discrepancy which must be resolved. IR can contain terms which are not standard terms according to Chinese specifications. The examiners of the CNIPA must nevertheless classify the terms into the Chinese subclass system, even though this is not really designed for it. Additionally, there are the language differences – IR are not filed in Chinese. The examiners must at first translate the English terms in the list of goods and services into Chinese. These translated terms must then be classified by the examiner in the subclasses which he deems to be the correct ones. This procedure has a certain error proneness during translating as well as during the classification into the subclasses. If a term is incorrectly translated from English into Chinese, it is quite likely that the term is classified in the wrong subclass. Likewise, it may be the case that the translation is correct, but the examiner may understand something else from this term than what was meant by the applicant. As a result, it may be the case that you obtain protection for goods or services which you do not offer, but no protection for goods or services which you offer and for which you have filed your IR initially. Normally, you as the applicant will not be notified of this because, although a Grant of Protection Notification is issued for the Chinese designation of the IR, the subclass categorisation cannot be found in it. Therefore, it is recommendable to engage a Chinese law firm or trademark agency to check on the official translation and the subclass classification of a China designation in an IR and request for correction, if necessary.

Duration of Proceedings until Registration/Grant of Protection

National Chinese trademark applications are examined by the CNIPA within nine to twelve months at the latest, usually however already within about four to seven months, sometimes even quicker, if there are no objections raised regarding the list of goods/services. After the CNIPA has finalised the official examination and holds the trademark to be registrable, the three months opposition period follows the examination, within which third parties can claim their rights. If no opposition is raised within these three months, the trademark will be registered. It takes several weeks from registration until the registration certificate is issued.

The process until protection is granted to the Chinese designation of an **IR** is somewhat less predictable. As explained above, you need a basic trademark (application) on which to base your IR. The development of the basic trademark application until registration should be awaited for safety reasons, if possible, before basing an IR on it. This is not always possible, for example when you want to claim the priority of the basic mark and the basic mark is not registered within the six months priority term. After filing the IR, it is formally examined by WIPO and then forwarded to the CNIPA, which examines the trademark formally and substantially. The opposition term runs in parallel to the examination by the CNIPA and not, as in the national proceedings, after the CNIPA has finalised its examination. When everything is in good order, the Grant of Protection Notification is issued. However, the Grant of Protection Notification is not sufficient to enforce the Chinese designation of the IR in China, i.e., is not a complete Registration Certificate – therefore you need a further document, the issuance of which takes another few weeks or months (see below »Enforcement«).

Costs

As explained above, you as a German applicant need the assistance of a Chinese law firm or trademark agency to file a **national Chinese trademark application**. In the official basic fees of the CNIPA for the national trademark application in one class, 10 items per class are contained. For each item exceeding the 10th per class, additional fees apply. Also, many law firms and trademark agencies request additional fees for each item exceeding the 10th per class.

The costs for designating China in an **IR** are initially lower because you do not need a Chinese law firm or trademark agency for the application. Moreover, there are – unlike for the national trademark applications – no additional fees for more than 10 goods/services items per class. As explained above, it is however recommendable to have a Chinese law firm or trademark agency evaluate after grant of protection of the Chinese part of an IR whether the translation and the subclass classification are correct, which incurs costs. Further costs are incurred to make the Chinese part of an IR enforceable, as will be explained in the following.

Enforcement

The **national Chinese trademark registration** is enforceable from receipt of the Registration Certificate. For the Chinese designation of an **IR**, the CNIPA issues a grant of protection notification. This alone is however not sufficient for the enforcement of the Chinese designation of the IR. The IR in China can be enforced only after an additional certificate has been issued by the CNIPA, namely a kind of localisation certificate or certification of trademark registration in Chinese with the official seal of the CNIPA. Such a certificate can be requested by your Chinese representative with the CNIPA after protection has been granted, for which costs will be incurred. Only with such a certificate, the Chinese designation of an IR can be enforced like a national trademark in China. It is recommendable to request this certification immediately after the grant of protection, as otherwise you cannot enforce your trademark in China. Sometimes, quick action is necessary, when you become aware of an infringement of your rights and then, the certificate should already be at hand and not have to be obtained first.

Geografic Scope of Protection

The **national Chinese trademark** as well as the **Chinese designation in an IR** are exclusively valid in the People's Republic of China without Hong Kong and Macao. They are also not valid in Taiwan. In case you need protection in Hong Kong, Macao and/or Taiwan, you can **apply for national trademark protection** there. Hong Kong, Macao and Taiwan **cannot be designated in an IR**. While trademark protection in China can be obtained nationally or via the IR, trademark protection in Hong Kong, Macao and Taiwan can only be obtained by respective national trademark filings.

Recommendation: Due to the considerations set out above, choosing a national trademark application in China over a designation of China in an IR is generally preferable. There are cases in which an IR – possibly additionally – can be useful, in particular if terms are needed in the list of goods/services which will not be accepted by CNIPA in national applications; this should be decided on a case-by-case basis.[111]

2.1.6 Chinese Characters and Pinyin

It is highly recommendable to also develop, register and use a version of your trademark in Chinese characters. For Chinese customers, it is easier to pronounce and remember Chinese language trademarks, so that Chinese customers will normally name your trademark in Chinese. The question is only: With a trademark version as developed, chosen, filed, used and therefore controlled by you, or with a trademark version as developed by the Chinese consumers, media or your business partners – or likewise possible, more of such versions? It is namely possible that different groups of the Chinese public (professionals, entrepreneurs, consumers, media) develop different Chinese-language versions of your trademark, i.e., name your goods or services differently. If this happens and one or more Chinese-language versions of your trademark are in use, which do not stem from yourself, you have lost control over the Chinese version of your trademark.

In parallel, there is also a high risk that third parties file this Chinese-language version – or these versions – as trademark applications and have them registered. These third parties are then usually the righteous owners of the Chinese character trademarks. As a result, especially, if there are multiple versions of your mark in Chinese characters, there is almost inevitably confusion or at least, uncertainty among the targeted Chinese public. Consider in this connection also the following: Although it is possible in some cases that the Latin version of your trademark also covers a Chinese equivalent, so that similarity between the trademarks can be assumed, this is rather seldom the case[112]. You can easily avoid this whole issue by including the development and application of your trademark also in Chinese characters into your considerations from the beginning.

---

111 More detailed informationen on the designation of China in international registrations: Schäffler, Sonja, Marken-Anmeldestrategie in China – National anmelden oder im Rahmen einer Internationalen Registrierung (IR) (IR)?, GRUR Prax 2022, p. 38; Chen, Jane, Ex Officio Examination – Goods or Services Concerning International Registrations Designating China, https://www.lexology.com/library/detail.aspx?g=63c4bd0b-7e1a-45f8-845f-1b9f5fc7ab33 (last retrieved 10 February 2023); Long, Chuanhong/Zhang, Bin/Liang, Cuicui/Fu, Lei, Global Practice Guides Trade Marks 2022 China, 4.11 The Madrid System, https://practiceguides.chambers.com/practice-guides/trade-marks-2022/china (last retrieved 16 January 2023); Lam, Charis/Toh, Coral, China Classification, https://www.spruson.com/trade-marks/china-classification/ (last retrieved 11 February 2023)

112 Further informationen in this context, see: Zhang, Yan/Chang, Austin, Key considerations when protecting Chinese language marks, https://www.managingip.com/article/2a5d15ejam5bo2nscj2m8/key-considerations-when-protecting-chinese-language-marks (last retrieved 18 January 2023)

You should also consider applying for a pinyin-version of your trademark. Pinyin is a system of writing in Latin script for the transliteration of the Chinese. Pinyin literally means »composite sounds«.[113] In contrast to languages with the alphabetical system, you cannot directly deduce their pronunciation from Chinese characters. Therefore, phonologists on behalf of the Chinese government have developed a system for the transcription of Chinese characters into Latin letters. This makes it possible to transcribe the Chinese characters and simplifies the use of dictionaries. This pinyin transcription system »uses the Latin alphabet to transcribe Chinese sounds, and four diacritical signs to indicate the different tones of the Chinese characters.«[114]

2.1.7   Defensive Trademarks

Defensive trademarks are not intended for use but to enlarge your company's trademark protection in China and to create obstacles for (in particular bad faith) third parties to block the registration of later filed identical or similar applications of these third parties. Moreover, defensive trademarks serve the purpose to hinder (in particular bad faith) third parties from registering your trademark or confusingly similar trademarks in other classes and gain unfair advantages thereby. Keyword: Trademark Piracy!

The question of the legitimacy of defensive trademarks has not been addressed in the Chinese trademark law. For some time after the amendments to the Chinese trademark law came into effect in 2019, it was controversial whether the newly included Art. 4 para 1 p. 2 Chinese Trademark Law also covered defensive trademarks, these were therefore in bad faith per se (as they are not intended for use, they would have to be refused ex officio, if they were also considered to be bad-faith). According to the Trademark Guidelines issued by the CNIPA, there is now clarity in this respect: defensive trademarks do not fall under Art. 4 Chinese Trademark Law, i.e. are not per se in bad faith.[115] However, it is important to be able to prove that the trademarks are indeed defensive trademarks.

Trademark hoarding, however, meaning the filing of a large amount of trademarks without intention to use and obviously exceeding the requirements of normal business activities, is not allowed.[116] This behaviour is also called *trademark warehousing*. How you can, in the case of doubt, prove that your trademarks are legitimate defensive applications – and not illegal trademark hoarding – should be clarified with your trademark representatives early on.[117]

---

113   Xun Liu (Hrsg.), Das Neue Praktische Chinesisch (The New Practical Chinese), 3rd edition, Chinabooks E. Wolf/Beijing Language and Culture University Press, Zürich 2012, p. 35
114   Ibid.
115   Trademark Guidelines, Chapter 2, 3.
116   Wang, Chuan, Trademark hoarding, rejected!, https://www.ccpit-patent.com.cn/news/centent/2021/0407/4737.html (last retrieved 17 January 2023)
117   More detailed informationen on the topic »defensive trademarks«, see: Smith, Christopher/Simone, Joseph, Defensive PRC Trademark Registrations Recognized as Legitimate, https://www.lexology.com/library/detail.aspx?g=0766fecf-e74b-438d-b9b5-a2b9f42fdc90 (last retrieved 17 January 2023)

2.1.8 Original Equipment Manufacturing – OEM

Original Equipment Manufacturing OEM means that a (here: Chinese) company contractually agrees with a foreign customer (the principal) that they manufacture products for the customer according to the customer's specifications which are intended for sale abroad (here: not in China). Often, the contractual agreement includes that the Chinese company, the *Original Equipment Manufacturer,* affixes the trademarks of the foreign principal to the goods according to the principal's wishes and prepares the goods for export.

Now it is the case that German principals of Chinese Original Equipment Manufacturers most of the times have registrations for the trademarks which the Original Equipment Manufacturer affixes to their products manufactured in China, in their home countries as well as in other countries in which they sell their products, but often not in China. The reason for this is that the former Chinese case law took OEM mainly out of the topic »genuine and infringing trademark use«. OEM was mainly not considered as trademark use, but simply as manufacturing and exporting process. The fact that in this process also trademarks were affixed was not considered.

In 2019, the Chinese case law in that regard changed. The Chinese Supreme People's Court has decided in its »Honda«-decision (HONDA./.HONDAKIT) that OEM can be considered trademark use and is not in general an exeption from or a defense against the accusation of trademark infringement.[118] In its »Honda«-decision, the Supreme People's Court has assumed trademark infringement by OEM activities. OEM can be infringing, according to the Supreme People's Court, if confusion can be created for the relevant public in China. However, how can confusion arise, if the goods are not intended for the Chinese market, but are exported? For this, the Supreme People's Court has interpreted the term »relevant public« broadly:

- The relevant public are not only Chinese end consumers, but also operators of companies or other persons who are concerned with export, logistics and transport of these goods.
- Through the development of e-commerce and Internet, the products can return to China after their export.
- Chinese consumers can encounter these products when traveling abroad.

According to this decision, the foreign principal, who is not the owner of the Chinese trademark, must expect that he and the Chinese Original Equipment Manufacturer infringe third party trademark rights by manufacturing, labeling and exporting goods, if the risk of confusion exists. This does not seem to be a single- case decision but more a new trend, because Chinese courts and Chinese customs authorities already use this decision as a reference.[119] However, it may not be completely neglected that in the case which was the basis for the »Honda«-deci-

---

118 Liu, Isabella/Loo, Shih Yann/Zhou, Zheng/Ho, Bertha, China: Use of trademark in OEM manufacturing may constitute trademark infringement in China, https://insightplus.bakermckenzie.com/bm/intellectual-property/china-use-of-trademark-in-oem-manufacturing-may-constitute-trademark-infringement-in-china (last retrieved 14 January 2023)
119 Ren, Jiao, China: Updates On Chinese Courts' Views On OEM Use Of Trademarks, https://www.mondaq.com/china/trademark/1066014/updates-on-chinese-courts39-views-on-oem-use-of-trademarks (last retrieved 10 February 2023)

sion, it was not exactly the trademark affixed on the products as it was protected by the foreign principal abroad, but a trademark which came closer to the trademark which was protected in China for the plaintiff.[120] Part of doctrine and case law in China seems still not to assume trademark use in China when the labeled goods are exclusively for export, because in this case the trademark would not fulfill its characterizing function within China.[121]

From these developments, it can be concluded that it is worthwhile for principals of Original Equipment Manufacturing in China to also be the owner of the respective Chinese trademarks. Even if some things are still in flux in this field, and case law and doctrine will have to clarify some questions, one thing is certain already at this point: OEM is not any more taken out from the field of »trademark use« automatically. The authorisation of an Original Equipment Manufacturer through a German principal, who has registered the trademark which shall be affixed on the product for himself in Germany, does not automatically mean that the affixing of the trademark in China is always legal, even if the products are intended solely for export to Germany or to other countries. Conversely, it is also not automatically the case, as far as can be seen so far, that OEM is infringing, if the principal does not have the trademark which has to be affixed registered for himself in China. Several factors play a role here, in particular whether third parties have registered an identical or similar trademark for themselves in China, whether there is a likelihood of confusion and whether the trademark is affixed on the goods exactly as it is protected for the principal in the destination countries.

Even if, at the moment, due to the numerous already registered trademarks and the strict examination by the Chinese trademark authority CNIPA regarding prior trademarks, it is often not really easy to have trademarks registered in China, according to my estimation, it is worthwhile in most cases. Because the alternative – not to know whether third parties have the identical or a similar trademark filed or will file it, and whether they will try to take action against the own OEM, and are possibly even successful with it, seems much less desirable to me. Even if one would overcome such a proceedings successfully, for which there is no guarantee whatsoever due to the as yet unestablished case law, and in the end no trademark infringement would be determined, such proceedings are usually (often also through several instances) more time and cost consuming than the early application of the own trademarks, as long as there is no time pressure yet. And to lose in such proceedings initiated by the owner of the Chinese trademark, is surely the opposite of which one could wish. Also, without registered trademark, it is much more difficult in China, if not impossible, to prohibit third parties from exporting products labeled with your trademark (counterfeits).

Although it will take time to see how the courts' further decisions regarding OEM will develop, the above depicted Supreme People's Court's »Honda«-decision makes it all the more impor-

---

120 Schäffler, Sonja, Original Equipment Manufacturing – OEM – Markenverletzung in China, GRUR Prax 2021, p. 471
121 Yuanshi Bu, Neue Markenrichtlinien in China, MarkenR 2022, p. 370

tant for companies that have products in China manufactured and labeled exclusively for export to have their trademarks registered in China. Thus, it is recommendable that you as the German principal are the owner of the registered Chinese trademark with which you have your products labeled by the Chinese Original Equipment Manufacturer. Beforehand, you should conduct appropriate search and remove any obstacles blocking the registration of your trademarks as far as possible, e.g. through non-use cancellation actions, oppositions, invalidation requests, negotiations about letters of consent (whereby the Chinese authorities and courts are much stricter regarding their acceptance than this was the case formerly), licenses or purchase, etc. Possible risks should be considered in this regard (see 1.3, misconception 6 and 2.1.3).

Sometimes it is unfortunately not possible, or at least not so quickly, to remove the obstacles to the registration of your own trademark. In this case, you can take precautionary measures to ensure that your goods are not held up by customs during export or in any case be released quickly. In particular, it is important to have your OEM-papers in order and at hand, i.e. among others, the trademark registration certificates in the destination countries, the authorization documents for manufacturing and export, purchasing agreements and freight documents.[122] You should be able to prove that all goods are exported for sales outside of China.[123] It is also recommendable to have your products labeled with exactly the trademark for which you have trademark registrations in your home country or in the destination country. If this should not yet be the case, it can make sense to have the trademark registered in the home and in all destination markets exactly as it is affixed on the products in China. Usually, in Germany as well as in China, minor deviations between the registered and the used form are accepted. For example, when you have a trademark registered written together with internal capitalisation, but use it in separate writing, it is often not a problem, and in many cases the used version is still covered by the registered version (please clarify for each individual case with your trademark representatives). In the case of OEM, however, it can be decisive whether you have exactly the version registered in the destination country which is labeled in China, even if the deviations between your already registered and the affixed trademark are minor. Ask your trademark representatives specifically about this, namely which documents can be helpful for you when you are in the situation that your own trademarks cannot (yet) be registered in China because of prior identical or similar third party rights.

OEM cannot only be infringing, but Chinese courts usually will recognize it also as genuine trademark use, if the prerequisites are fulfilled and can be proven (see 4.3.2).[124]

---

122 Liu, Zoe, The changing nature of OEM product exports from China, https://rouse.com/insights/news/2021/the-changing-nature-of-oem-product-exports-from-china (last retrieved 14 January 2023)

123 Fang, He/Zhang, Siwei, Guidelines on how to deal with IPR-related seizures by the customs in cross-border OEM business, https://www.kwm.com/cn/en/insights/latest-thinking/guidelines-on-how-to-deal-with-ipr-related-seizures-by-the-customs-in-cross-border-oem-business.html (last retrieved 12 January 2023)

124 More detailed information on the topic OEM, see: Huang, Hui/Ranjard, Paul, Supreme People's Court Honda OEM case: end of a long story?, https://www.lexology.com/Commentary/intellectual-property/china/wanhuida-

2.1.9   Non-Registered Trademark Rights

Under certain circumstances, unregistered trademarks in China can also enjoy protection, in particular when they are well-known. In addition, there is also a kind of »prior use right«: A trademark owner does not have the right to prohibit a party from using the same or a similar trademark to the previous extent, if the party has already used the trademark before the trademark owner filed and used the trademark, and if the trademark has already acquired a certain influence before the trademark owner filed and used the trademark. In this case, however, the trademark owner can request that the prior user adds a distinctive element to his trademark.[125]

2.2   The Trademark Application

The most important in brief: A national Chinese trademark application has to be filed with the China National Intellectual Property Administration (CNIPA). The web presence is available at http://english.cnipa.gov.cn/, the official search tool at http://wcjs.sbj.cnipa.gov.cn/. Foreign trademark applicants need a trademark representative (law firm or trademark agency) for filing their trademark application. After filing the trademark application, it cannot be changed any more. In particular, it is not allowed to add further goods or services.

2.2.1   Request for Expedited Examination

Since January 14, 2022, there is – for specific trademark applications – the possibility to request expedited examination with the CNIPA. This option was initially introduced on a trial basis. It

---

intellectual-property/supreme-peoples-court-honda-oem-case-end-of-a-long-story (last retrieved 14 January 2023); Hoffman, Janet L., China: Use in OEM Manufacturing Could Give Rise to Trademark Infringement, https://www.frosszelnick.com/china-use-in-oem-manufacturing-could-give-rise-to-trademark-infringement/ (last retrieved 14 January 2023); Lim Ai-Leen/Wang, Julia, Supreme People's Court reverses position on OEM trademark use in Honda case, https://awapoint.com/supreme-peoples-court-reverses-position-on-oem-trademark-use-in-honda-case/ (last retrieved 14 January 2023); Tsai, Lee & Chen, Brand-Labeled OEM Ruled as Constituting Use of a Trademark in Chinese Landmark Decision, http://www.tsailee.com/news_show_en.aspx?cid=3&id=1771 (last retrieved 17 January 2023); Beconcini, Paolo, Made in China 2025: OEM Manufacturing and Trademark Infringement in China, https://www.iptechblog.com/2020/06/made-in-china-2025-oem-manufacturing-and-trademark-infringement-in-china/ (last retrieved 11 January 2023); Seow, Esther/Drew, Ian/Lau, Benita, China law update: Does OEM manufacturing constitute trade mark use or infringement?, https://www.lexology.com/library/detail.aspx?g=fa19a5fa-745e-417c-925d-72afcbae43d9 (last retrieved 17 January 2023); Schäffler, Sonja, Original Equipment Manufacturing – OEM – Markenverletzung in China, GRUR Prax 2021, p. 471; Harris, Dan, THE Rules When Manufacturing Overseas, https://harrisbricken.com/chinalawblog/the-rules-when-manufacturing-overseas/ (last retrieved 14 January 2023); AFD China, China's flexible approach to territorial protection addresses OEM conflicts, https://www.afdip.com/index.php?ac=article&at=read&did=4124 (last retrieved 11 January 2023); Yang, Miriam, A Reflection on Judicial Decisions of OEM-related Trade Mark Infringement Cases in China, https://www.lexology.com/library/detail.aspx?g=7851796d-18f1-41c0-85ec-7089fe26d7f2 (last retrieved 5 April 2023)

125 Ranjard, Paul/Huang, Hui/Du, Binbin, SPC clarifies requirements for citing prior use defence in trademark infringement cases, https://www.lexology.com/commentary/intellectual-property/china/wanhuida-intellectual-property/spc-clarifies-requirements-for-citing-prior-use-defence-in-trademark-infringement-cases (last retrieved 16 January 2023)

exclusively concerns wordmarks, which need to fulfill specific requirements, e.g. trademarks in connection with major projects and programs, scientific and technological infrastructures, exhibitions at national or provincial level, or trademarks of great practical significance for national or social public interests or major regional development strategies. A trademark application must be accompanied by further documents when requesting expedited examination, in particular documents for proof of suitability for expedited examination and Letters of Recommendation from competent authorities. These are likely to be exceptions – if necessary, ask your trademark representatives in the specific individual case. In case the requirements are fulfilled and the necessary documents are filed, the trademark application shall be examined by the CNIPA within 20 working days which is much faster than the usual examination time.[126] At the time of writing this paragraph (February 2023), the option to request expedited examination still exists. However, it is not foreseeable how long this test phase will last, nor whether the option to apply for expedited examination will subsequently – after the test phase – be adopted permanently.

2.2.2 The Applicant

Natural persons, legal persons or other organizations can be trademark applicants (in the following called undertakings for the sake of simplicity). Several persons can also apply for a trademark jointly.

2.2.3 The Sign/Logo

A trademark serves to distinguish the goods and/or services of one undertaking from those of other undertakings. Signs capable of distinguishing the goods and/or services of one undertaking from those of other undertakings including words in Latin letters or in Chinese characters, graphs, letters, numbers, three-dimensional symbols, colour combinations, sounds as well as

---

126 For details see: Huo, Aimin, Fast Track for Trademarks in China, https://www.lexology.com/library/detail. aspx?g=65ea13ce-2e1d-4e69-86cd-f3339d2412e1 (last retrieved 14 January 2023); Zhu, Melanie, CNIPA Released Measures on Expedited Examination of Trademark Registration Application (Trial), https://rouse.com/insights/ news/2022/china-ip-updates-january-2022-issue-2 (last retrieved 10 February 2023); AFD China Intellectual Property Law Office, CNIPA Releases Measures for Quick Examination of Trademark Applications (for Trial Implementation), https://www.lexology.com/library/detail.aspx?g=b918ba45-e334-46f0-bcbb-a50adbf9aa01 (last retrieved 11 January 2023); DEQI Intellectual Property Law Corporation, CNIPA released the measures for rapid examination of trademark applications, https://www.lexology.com/library/detail.aspx?g=1badbd51-5b80-4866-9d16-e846cead1e3e (last retrieved 12 January 2023); Lim, Ai-Leen/Zhao, Ashley, China trials fast-track examination for trademark applications, https://awapoint.com/china-trials-fast-track-examination-for-trademark-applications/ (last retrieved 14 January 2023); Beconcini, Paolo/Li, Elisa Li, First Time Ever! China Adopts Fast-Track Examination for Trademark Applications, https://www.iptechblog.com/2022/03/first-time-ever-china-adopts-fast-track-examination-for-trademark-applications/ (last retrieved 11 January 2023); Wen, Joyce, Measures for Expedited Examination of Trademark Registration Applications in China (Trial Implementation), https://www.leetsai.com/trademark/measures-for-expedited-examination-of-trademark-registration-applications-trail-implementation (last retrieved 18 January 2023).

combinations of the aforementioned, may in principle be applied for registration as trademarks in China. Of course, there are numerous special regulations and limitations in that regard.

Chinese trademarks as well as German trademarks and European Union trademarks need distinctiveness to be protectable. As the name already indicates, distinctiveness means that a sign has the power to make it possible for the targeted public to distinguish the goods and services of one undertaking from those of other undertakings, and therefore, to serve as a source indicator. A trademark can have distinctiveness per se or obtained through use and advertising. Prof. Dr., LL.M. (Harvard) Yuanshi Bu puts it this way: »According to the Trademark Guidelines, distinctiveness exists if the sign shows sufficient characteristics to make it possible for the relevant public to distinguish the source of the goods or services; concretely, you need to be able to remember the trademark and to identify the origin of the goods, at the same time, the sign must fulfill its indicative function.«[127]

Non-distinctive are signs which are not recognised by the targeted public as trademark, such as decorative elements and embellishments. According to the Trademark Guidelines, also not distinctive are, for example, simple geometric designs, single simple, i.e. non-stylised letters, ordinary advertising texts, telephone numbers or addresses, etc. As examples for non-distinctive signs, the Trademark Guidelines cite, among others: The Chinese characters for the word »discount«, the word »mall« for the service sales promotion for others, »HAPPY NEW YEAR«, »Good Luck«, »Good appetite« or the Chinese characters for the Spring Festival.[128] As for sound marks, the Trademark Guidelines name as examples for non-distinctiveness the sound of children's laughter for powdered milk for babies.[129]

Also not as trademark protectable and not monopolisable are descriptive terms, thus, those which directly describe the quality, the main elements, the function, the use, the weight, the amount or other characteristics of the goods/services. As examples for descriptive terms, the Trademark Guidelines name, among others, items such as the Chinese characters for »superb« for hotel services, the word »SAFETY« for leakage protectors, the stylized indication »50 kg« for rice, the Chinese characters for »Chinese style« for furniture, or the Chinese characters for »brew« for instant noodles.[130]

There are exceptions to this: If a term has acquired distinctiveness through use it may, under certain circumstances, be registered as a trademark. Where those non-monopolisable terms have acquired distinctiveness through use (secondary meaning), which means that they are understood by the relevant public as an indication of the products/services of a particular un-

---

127   Bu, Yuanshi, Neue Markenrichtlinien in China, MarkenR 2022, p. 362 f. with further references
128   Trademark Guidelines, Chapter 4, 3.3.8., 3.3.12., 3.3.13.
129   Trademark Guidelines, Chapter 8, 3.2.1.
130   Trademark Guidelines, Chapter 4, 3.2.1., 3.2.3., 3.2.4., 3.2.5.

dertaking, because the relevant public has become accustomed to that through the extensive trademark use of these terms, trademark protection is possible.

Protectable and even particularly popular are suggestive trademarks, which are trademarks that require imagination, thought or perception to arrive at a conclusion regarding the goods and/or services in question. The reason for this is that suggestive trademarks give a hint at what your product/service is about but are not directly descriptive.

Apart from lacking distinctiveness, there are according to the Chinese Trademark Law additional exclusion criteria why signs cannot be registered as trademarks in China. These are for example signs which are identical with or similar to national flags, unless the government gave its consent. In the Chinese Trademark Law it is also regulated that signs which are contrary to socialist ethics or morals or have other unhealthy influences, cannot be registered as trademarks[131] (see 2.1.1).

Company names, trade names and trade dress (the entire presentation of the goods or services) as such are first of all not protected by Trademark Law, but can be protected by Anti-Unfair Competition Law.[132] Nevertheless, they can also be registered additonally as trademarks, if they fulfill the requirements.

2.2.4 Chinese Version of Your Trademark and Pinyin

The registration of your trademark in Latin letters can usually not prohibit third parties from registering an equivalent (or several) in Chinese characters. The Chinese version of a trademark is better understandable, more familiar and also more memorable to most of the Chinese public (see 2.1.6). With a good version of your trademark in Chinese characters, you can thus increase the selling power of your goods and services on the Chinese market. Hence, you also reduce the risk that trademark pirates have a Chinese version of your trademark registered and try to gain unfair advantage from it. The same can be true for pinyin.

In case you do not yet have a Chinese name for your product or service, you should develop same as quickly as possible. Otherwise, Chinese consumers or the Chinese media will create a Chinese name or several Chinese names for it. This is then not under your control, and it is unlikely that this Chinese version corresponds to your wishes and ideas. There is then also the risk that third parties apply for these names as trademarks and have them registered. Without the authorisation of these third parties, you may then not use their trademark for your product

---

131 More detailed information in this context, see: Xi, Angell (Minjie), At a glance: trademark registration and use in China, https://www.lexology.com/library/detail.aspx?g=210ae5d8-faea-489e-8cef-32d42a7b5470 (last retrieved 18 January 2023)

132 Law of the People's Republic of China Against Unfair Competition, https://wipolex.wipo.int/en/legislation/details/19557 (last retrieved 10 February 2023).

or service. In case you are aware that Chinese consumers or Chinese media are already using a name for your product or service which is not authorised by you, it can make sense to apply for this version/these versions as trademarks, as far as they are still available.

The following options are available for creating a trademark in Chinese characters:

- Literal (direct) translation – this is only possible for terms with a meaning, e.g., the Chinese pinyin version of APPLE is »ping guo«, what means »apple« in Chinese. The advantage of this method is that the thereby created Chinese terms are usually simple, concise and meaningful, so that they can be remembered relatively easily.[133] However, the disadvantage is that the trademarks then usually do not correspond phonetically, so that it may be more difficult for consumers to make the reference to the Chinese version of the trademark, respectively the trademark owner needs to conduct more marketing for this.[134]
- Free translation – for terms which have a meaning, where the literal (direct) translation would sound awkward in Chinese. For example, the McDonald's slogan »I'm lovin' it« was liberally translated into Chinese as »I *do* love it!« (»Wo jiu xihuan«).[135]
- Transliteration – the Chinese version resembles the sound of the German or English trademark, e.g., the Chinese pinyin version of SONY is »suo ni«. The Chinese pinyin version of SIEMENS is »xi men zi«. The Chinese pinyin version of DISNEY is »di shi ni«. The advantage of this method is obvious: The sound stays about the same – Western brands, which are perceived as status symbols, can integrate the feeling conveyed by the German or English version easily into the Chinese version of the trademark.[136] The disadvantage is that the Chinese trademarks created with this method do not necessarily have a meaning, which might be unfamiliar for Chinese consumers, so that they may not remember the trademark so well.[137]
- Adaption – a new term with a positive meaning without obvious link to the German or English language trademark is created, e.g., the Chinese pinyin version of BMW is »bao ma« which means »precious horse«.
- A combination of the above possibilities – e.g., the Chinese pinyin version of STARBUCKS is »xing ba ke«, whereby »xing xing« is the Chinese word for »star« and »ba ke« is the transliteration of »bucks«. The Chinese pinyin version of Coca Cola is »Ke Kou Ke Le«, whereby the Chinese version has a sound resemblance to Coca Cola. In addition, there is a positive connotation as »tasty, delicious« and »enjoyable«, »brings fun«. Here you have the possibility to combine the advantages of the above depicted methods.[138]

---

133 Xu, Jian, How to translate your trademark into Chinese?, https://loupedin.blog/2022/10/how-to-translate-your-trademark-into-chinese/ (last retrieved 18 January 2023)
134 Ibid.
135 Cohen, Mark, »I'm Lovin' it!« – A »Wrong Way« for McDonalds?, https://chinaipr.com/2015/03/15/im-lovin-it-a-wrong-way-for-mcdonalds/ (last retrieved 11 January 2023)
136 Xu, Jian, How to translate your trademark into Chinese?, https://loupedin.blog/2022/10/how-to-translate-your-trademark-into-chinese/ (last retrieved 18 January 2023)
137 Ibid.
138 More in-depth information regarding trademarks in Chinese characters and in pinyin: Wang, Hongyan, Brand transliteration: how to translate and protect your brand for the Chinese market, https://www.iam-media.com/article/

2.2.5 Goods and Services

Each trademark application must be filed for specific goods and/or services. Therefore, a so called »list of goods/services« must be developed and filed with the CNIPA. The CNIPA applies strict criteria when examining the wording of the list of goods/services. All acceptable standard items can be found in the Chinese Classification. It is available in Chinese and appears in a new edition every year. In addition, there is a list of items that are not standard but acceptable (»non-standard but acceptable«), which is updated more often. According to current office practice, the CNIPA usually accepts the standard as well as the »non-standard but acceptable« items for national Chinese trademark applications.

Differently formulated terms are accepted by the CNIPA only in exceptional cases, at least for national trademark applications. For designations of China in International Registrations, it is more likely that the wording accepted by the World Intellectual Property Organization WIPO will also be accepted by CNIPA. Still, there are certain terms which will not be accepted by the CNIPA, even when filed with an IR[139] (see 2.1.5).

Regarding national trademark applications, as well, it is not completely excluded that the CNIPA accepts terms which are not standard and also not »non-standard but acceptable«. In this case, however, the terms must be chosen so that they exactly describe the goods and/or services and suffice to differentiate the goods and/or services from those of other classes. The terms in the list of goods/services must not be ambiguous and not be too broad and shall not be likely to lead to misunderstandings.[140] E.g., »e-commerce service« is too broad, but the more concrete term »logistics distribution of ecommerce service« would probably be acceptable.[141] The difficulty is here certainly to find terms which fulfill the mentioned requirements, so that it should be tried to choose standard or »non-standard but acceptable« terms. However, if the latter do not fit to describe your offered goods and/or services really accurate, you may try **additionally** listing terms which are neither standard nor »non-standard but acceptable«, applying the above-mentioned specifications. In that case, you must expect that these terms will not be accepted by the CNIPA, but a notification of amendment will be issued, which delays the registration and incurs costs. But it may be worth a try.

---

brand-transliteration-how-translate-and-protect-your-brand-the-chinese-market (last retrieved 17 January 2023); Pei, Fenhong Paula, Lost in translation: protecting Chinese-language marks, https://www.iam-media.com/regionindustry-guide/china-managing-the-ip-lifecycle/2021/article/lost-in-translation-protecting-chinese-language-marks (last retrieved February 16, 2023); Rocafort, Fred, China Trademarks, Brand Names, Copycats, and Soundalikes, https://harrisbricken.com/chinalawblog/china-trademarks-brand-names-copycats-and-soundalikes/ (last retrieved 16 January 2023); Escudero, Daniel De Prado, Translating the trademark in Chinese: why it's a must, https://www.hfgip.com/news/translating-trademark-chinese-why-its-must (last retrieved 12 January 2023)

139 Lam, Charis/Toh, Coral, China Classification, https://www.spruson.com/trade-marks/china-classification/ (last retrieved 11 February 2023)

140 Xie, Jiayan, Basic requirements for designating goods and services in Chinese trademark registration applications, https://www.lexology.com/library/detail.aspx?g=985703fa-58ec-4a19-a3bf-37c5b21c35ec (last retrieved 18 January 2023)

141 Ibid.

When you claim priority of a foreign – i.e., non-Chinese – trademark, for your Chinese trademark application, you need to file the terms from the list of goods/services of the foreign trademark also with the CNIPA. As lists of goods/services of non-Chinese trademarks often contain terms which do not correspond with the CNIPA's strict criteria, i.e., are not standard or »non-standard but acceptable« terms, the CNIPA will presumably issue a notification of amendment regarding the list of goods/services. In this case you have the possibility to adapt the list of goods/services to the requirements of the CNIPA without losing the priority. On the other hand, it is not possible to claim priority if you adapt the list of goods/services from the beginning to the requirements of the CNIPA, if these are not the exact terms from the first application.

Conclusion: When filing the Chinese trademark application, the lists of goods/services of the first and the second application must be identical to be able to claim the priority of the first application, and after request from the CNIPA, the list of goods/services can be converted into standard terms without losing the priority. Therefore, to save time and costs, in practice it might be considered to instruct a Chinese law firm or trademark agency to adapt the list of goods/services developed for Germany or the EU to the standards of the CNIPA before filing the Chinese trademark application, to file the Chinese trademark application at the same time or directly after the German or the European Union trademark application and not to claim the priority. This is only recommendable if the trademarks can be filed at the same time or directly after each other.

2.2.6   Classes and Subclasses

As already stated, the Nice Classification, which is valid in most countries, classifies all goods and services into 45 classes (goods: classes 1-34, services: classes 35-45)[142] (see 2.1.5). China uses this system and it additionally has a subclass system which further subdivides the goods and services of the classes 1-45 into subclasses and also contains additional names of goods and services commonly used in China. Goods/services in the same subclass are regularly regarded as similar, goods/services in different subclasses are regularly regarded as dissimilar. There are exceptions to this rule. The subclass system mainly has efficiency purposes during the official examination conducted by the CNIPA. The courts are not bound by it. In infringement proceedings, courts can make a different assessment regarding the similarity or dissimilarity of goods/services, meaning that also goods/services in different subclasses or even in different classes can be regarded as similar.

When filing a trademark application, you should regularly try to claim coverage of each subclass of a class. This is not always possible, in particular if prior identical or similar trademarks

---

142 https://www.dpma.de/marken/klassifikation/waren_dienstleistungen/nizza/index.html (last retrieved 11 February 2023)

are registered for these subclasses. It should, however, be strived for as far as possible. Otherwise, similar goods/services may not be covered by your trademark and an identical or similar trademark may be registered and used by third parties for similar goods/services. The registration of a trademark in one subclass cannot prevent third parties from filing and registering the identical trademark in other subclasses of the same International Nice Class.

Thus, to obtain the broadest protection possible for each class, it is not only advisable to file the trademark application for those goods and services which fall within the main area of your interest, but to include at least one item from each further subclass of the same class in the list of goods/services. If this is not possible, because identical or similar third-party trademarks already enjoy protection in a part of the subclasses and there is no realistic possibility to overcome these grounds for refusal, a reasonable solution must be found for each individual case.[143]

2.2.7 Single-Class Application or Multi-Class Application

Often, applicants would like to protect goods and/or services in several classes, e.g., machines (class 7) and their repair and maintenance (class 37) or shoes (class 25) and bags (class 18). At many Trademark Offices, e.g., the German Patent and Trademark Office GPTO and the European Union Intellectual Property Office EUIPO, it is normal and common to combine goods and services of different classes (in the above examples classes 7 and 37, 25 and 18) in such a case in a single trademark application. The trademark applications in the above examples claim then protection for classes 7 and 37, 25 and 18, respectively. Also the combination of more than two classes is normal and common. A trademark application which covers more than one class is a multi-class application.

Although in China it is also possible to include several classes of goods and/or services in one trademark application (multi-class application), it is more common and also recommendable to file a separate trademark application with the CNIPA for each claimed class (single-class application). It regularly has no cost advantage to file multi-class applications compared to single-class applications. The official fees per class are identical, as they are charged based on the number of classes also in multi-class applications.

However, national Chinese multi-class applications have essential disadvantages:
- A multi-class application may only be divided after an official partial refusal, for example due to the citation of a prior trademark in one class. A division of a multi-class application is

---

143 More detailed information on the topic of Chinese class and subclass system, see: Xu, Jian, China's trademark subclass system: A guide to what foreign companies need to know, https://gowlingwlg.com/en/insights-resources/articles/2019/china-s-trademark-subclass-system-a-guide-to-what/ (last retrieved 18 January 2023); Xu, Jian, Six common problems caused by China's trademark subclass system, https://loupedin.blog/2021/10/six-common-problems-caused-by-chinas-trademark-subclass-system (last retrieved 18 January 2023).

not possible due to an opposition which is only directed against one class. If an opposition is raised only against one class of a multi-class application, the whole application cannot be registered until the opposition proceedings have been finalised.
- In case a notification of amendment is issued regarding the list of goods/services of a multi-class application, the registration of the whole trademark with all classes is delayed. This can in particular be critical in China, because the official examination is strict and after a notification of amendement of the list of goods/services, the applicant has only one opportunity to amend the list of goods/services, so that it fulfills the CNIPA's requirements. If this is not successful, the whole application with all classes will be refused.
- A multi-class application can only be transferred with all classes; a partial transfer of only one class is not possible.[144] The same is true for renewal.

Thus, the filing of single-class applications gives the greater flexibility with usually the same costs.[145]

2.2.8   Documents to be Filed

For a national Chinese trademark application, the following information and documents have to be filed with CNIPA:
- The sign
- The goods and/or services for which the trademark shall be protected
- Name and address of the applicant, also in Chinese; the applicant can be a natural person, a legal person or any other organisation
- Power of Attorney from the applicant for the law firm/trademark agency (non-Chinese applicants must have their trademark application filed through a Chinese law firm/trademark agency)
- Copy of an extract from the commercial register for companies; copy of passport or ID card for natural persons.

After you have filed your trademark application, you need to wait for the reaction of the CNIPA.[146]. After you have filed your trademark application, you need to wait for the reaction of the

---

144 Xie, Jiayan, Overviews on Assignment/Transfer of Chinese Trademarks, https://www.lexology.com/library/detail. aspx?g=924a8ca6-145d-4fcb-aabe-1c4e7411680d (last retrieved 18 January 2023)

145 Further information on advantages and disadvantages of multi-class- and single-class-applications in China, see: King & Wood Mallesons' Trademark Group, Pros and Cons of Multi-Class Trademark Application in the PRC, https://www. chinalawinsight.com/2014/08/articles/intellectual-property/pros-and-cons-of-multi-class-trademark-application-in-the-prc/ (last retrieved 11 February 2023); Li, Nina, Practical Tips for Trademark Protection in China, https://www. ipmarch.cn/en/NewsDetail/2064925.html (last retrieved 14 January 2023)

146 More in-depth information on the filing of trademark applications in China: Sung, Vera/Luo, Angel, China – Trademark Electronic Application, https://oln-law.com/china-ndash-trademark-electronic-application/ (last retrieved 11 February 2023)

CNIPA. You will find the proceedings of the examination process of the CNIPA and the opposition proceedings in the next chapter.

2.3 Examination Process of the CNIPA and Opposition Proceedings

After filing the application documents, the CNIPA examines the application. For this purpose, the CNIPA has issued the new Trademark Guidelines (see Preface), which came into effect on January 1, 2022.[147]

2.3.1 Formality Examination of the Application

The CNIPA examines in its formality examination whether the file is complete and all fees have been paid, as well as whether the claimed goods and/or services consist exclusively of acceptable terms. If so, the CNIPA issues the **filing receipt** within several weeks or months after the application has been filed. The filing receipt shows the official application date and the official application number.

If the application does not meet the requirements of the formal examination, the CNIPA will issue a **notification of amendment** instead. It also contains the official application date and the official application number. The applicant then has the opportunity to file a response and amend the objected items within a certain time limit. There is only one opportunity to amend the list of goods/services. If the list of goods/services still does not meet the requirements of the CNIPA after amendment, the CNIPA can reject the trademark application immediately and without further consultation. Only at this stage, it is admissible to change the list of goods/services by replacing one term through another. At all other stages of the trademark, terms may be deleted, but not replaced by other terms.[148] At this stage, it is however also not possible to limit terms in the list of goods/services by an addition and thus get out of the risk of confusion. For example, it is not possible to limit the term »food supplements« by indications like »based on proteins and amino acids, for non-medical purposes, mainly consisting of vitamins, minerals, and trace elements« and thereby distinguish it from other terms in the same subclass.

147 See also footnote 6; Xie, Jiayan, Overview of the trademark examination and trial guidelines, https://www.lexology.com/library/detail.aspx?g=1a4ac851-6b58-4322-8bbe-3b0a08219bb4 (last retrieved 18 January 2023)
148 Xie, Jiayan, Changes on the designated goods/services of trademark applications/registrations, https://www.lexology.com/library/detail.aspx?g=6931ec23-4ac7-422e-98b1-7da1a6a6bda1 (last retrieved 18 January 2023)

2.3.2   Substantial Examination of the Application

By conducting the substantial examination,[149] the CNIPA determines whether absolute or relative grounds for refusal exist. **Absolute** grounds for refusal are those which hinder the registration based on the public interest, thus, regarding which the problem is the concept of the trademark itself, independent from its relationship to a third party. They are examined ex officio. In particular the following aspects are relevant here:

- Lack of distinctiveness is an absolute ground for refusal – in that case, the sign applied for is not suited to distinguish the goods/services of one undertaking from those of other undertakings, e.g., the sign is considered to be decorative or ornamental. Distinctiveness is an essential requirement for trademark protection. Distinctiveness means the capacity of a trademark to serve for the relevant public as source indicator of the goods and services marked with it. A trademark can have distinctiveness per se or acquire it over time through extensive advertising and use.
- Descriptive indication – the sign applied for exclusively describes directly and immediately the quality, main ingredients, function, use, weight, quantity, or other features of the goods/services claimed. Those signs cannot be monopolised but need to be kept free for public.
- Indication detrimental to socialist ethics or customs or having other unhealthy influences
- Risk of misleading – there is a risk that the targeted public will be misled by the trademark.
- Bad faith application without intention to use

Relative grounds for refusal are those which are contrary to the registration only in relationship to certain third parties, namely prior rights of third parties. In principle, prior rights can be in particular trademarks, also well-known trademarks, company names, domains, name rights, copyrights or design patents of these third parties. However, the CNIPA in the frame of its substantial examination of the trademark application does not examine whether **any** prior rights of third parties exist, because of which the trademark application cannot be registered. This would be much too elaborate and not to accomplish within the official examination which is supposed to be fast. These rights can be claimed by the third parties themselves through an opposition proceedings (see 2.3.5). The relative grounds for refusal examined by the CNIPA as part of the substantial examination are prior identical and similar third-party trademarks and trademark applications, which enjoy or claim protection for identical or similar goods/services (usually in the same subclass(es)). It is important to know that not only **identical** prior trademarks and applications can be relative grounds for refusal, but also only similar ones. Thus, it is not only important that no identical prior trademarks exist, but also no similar ones, for your trademark to be able to proceed to registration. Thereby, visual, phonetic and conceptual similarities are considered by the examiners of the CNIPA. Already similarity in one of these aspects can cause the prior trademark to be cited as a registration block against your trademark

---

149 Normally meanwhile within about 4-7 months after application, if there is no objection to the list of goods/services

application. Identity or similarity of goods/services is also an important factor to consider. This is in the registration proceedings of national Chinese trademark applications mainly assessed according to class and subclass classification.

The CNIPA does not examine ex officio whether there are other conflicting prior rights apart from prior trademarks and trademark applications. However, such prior rights may still be used by their owners to act against the registration and/or use of your trademark. One possibility of such action is the opposition (see 2.3.5 and 4.3.1); further possibilities are invalidation requests and lawsuits (see 4.3.2 and 4.3.4).

The substantial examination will be followed, when there are no objections raised, at the latest after 9 months from the date of filing the application, often also earlier, by either the notification of publication or by a whole or partial refusal notification. In the case that a **notification of publication** will be issued, the three-month opposition period starts, within which third parties can file an opposition against the registration of your trademark. The opposition can be based on relative grounds (prior rights of third parties such as trademarks, design patents, copyrights, company names, domain names, name rights) or on absolute grounds (e.g., with the assertion your trademark would be descriptive, non-distinctive, or it would be detrimental to socialist ethics). In case of a **refusal notification,** you as the trademark applicant will have a certain time limit to file an appeal with the CNIPA. In the case of a partial refusal of the trademark application, you as the applicant may divide the trademark application within a certain time limit. In this case, the trademark will be published for the accepted goods and/or services, and for this part, the registration proceedings goes on, while the appeal is filed regarding the rejected goods and/or services to obtain protection of your trademark also for these goods and/or services.

2.3.3   Appeal Proceedings

In case your trademark application is partly or fully rejected by the CNIPA, you can appeal the (partial) rejection before the Trademark Review and Adjudication Department (TRAD) of the CNIPA. To have the opportunity to remove any relative grounds for refusal identified by the CNIPA, you as the trademark applicant can request suspension of the appeal proceedings and, in parallel, take action to remove the relative refusal grounds. Such action can e.g., be cancellation actions against cited trademarks or negotiations with their owners for letters of consent, regarding purchasing or licensing. It is not possible for you to know in advance whether the CNIPA will grant your request for suspension of the appeal proceedings. However, a suspension is the exception rather than the rule. The Chinese Trademark Law does not contain any specific regulations in that regard, and the CNIPA does not issue a notification as to whether the appeal suspension request is granted or not. Thus, until the decision has been issued, you as the trademark applicant do not know whether and for how long the CNIPA will wait before making a decision. In case of doubt, the examiner does not wait at all or only for a short time, because the examiners are required to decide their cases quickly. As you cannot know in advance how quickly the CNIPA issues the decision and whether the obstacle which blocks the registration of your trademark can be removed before the decision is issued you should, as a precautionary measure, also newly apply for your trademark in parallel to avoid gaps as far as possible.[150]

For these reasons, as depicted above under 2.1.3, early searches are important. If you have early on started to remove the obstacles against the registration of your trademark, then, afterwards, you are not so dependent on the CNIPA suspending the registration or appeal proceedings. On the other hand, if you only start considering possible obstacles after your trademark application has been refused in the first instance, you need in any case in the appeal proceedings and possibly also in the third instance (administrative lawsuit). The third instance is relatively cost intensive, as it concerns a lawsuit before a court. For this reason, many companies refrain from filing the lawsuit in such a case, i.e., the third instance, what, however, means that the trademark application (and its priority) is also lost. Thus, by waiving the lawsuit, you also waive this trademark application and its priority. In this case, it is good if you have at least a back-up trademark application, which has, at this point in time, also been examined by the CNIPA, so that you know which obstacles are cited against the back-up application. If these are clearly more than for the original trademark application, you might consider whether it might be worthwhile to go into the third instance with a lawsuit. Because, if your back-up application faces more obstacles than your initial trademark application, it will again be complex, cost intensive and also unclear whether you can obtain registration of the back-up application anyway.

In case of a positive decision for you as the applicant, the CNIPA issues a preliminary approval notification. The trademark application is then forwarded to the responsible authority within CNIPA for further processing, in particular for publication which starts the three-month opposition period.

2.3.4   Further Proceedings before the CNIPA

Once the obstacles against the registration of your trademark have been removed, your trademark application will be accepted for provisional registration. The CNIPA then issues a notification of preliminary approval and publication of application for trademark registration. The trademark is published in the Official Trademark Gazette. Third parties have three months from the date of publication to file an opposition against the registration (see 2.3.5). If no opposition is filed within these three months, your trademark will be published a second time, and then

---

150   So-called »back-up application«

the registration certificate will be issued. However, if a third party files an opposition against the registration of your trademark, the opposition proceedings start.

2.3.5 Opposition Term and Possible Opposition Proceedings

Oppositions serve the purpose that third parties have the opportunity after the official examination but before the registration of your trademark within a timeframe of three months to bring their objections against the registration of your trademark.

Oppositions may be based on absolute grounds, such as lack of distinctiveness, or the assertion your trademark would describe main characteristics of the claimed goods, it would have unhealthy influences or had been registered in bad faith without intention to use, and on relative grounds, such as prior identical or similar trademarks, copyrights, name rights or design patents.

Absolute opposition grounds concern defects in the trademark itself, independent of a connection of the trademark to a concrete third party. If a trademark is, for example, not distinctive, and will therefore not be considered to be a trademark by the relevant public, it cannot be registered due to the absolute ground of non-distinctiveness. Relative opposition grounds concern factors outside the trademark which have their reason in a relationship to a concrete third party.

An opposition based on absolute grounds can be filed by any person. An opposition based on relative grounds can only be filed by the owner of the prior right or by an interested party, such as a licensee. According to the amendments to the Chinese Trademark Law effective since November 1, 2019, an opposition ground is also a bad faith trademark application without intention to use. This is an absolute ground for opposition which can be filed by any person. Thus, third parties can base the opposition on grounds which have already been examined by the CNIPA, and also on grounds which will not be examined by the CNIPA ex officio.

In case an opposition has been filed against your national trademark application, your trademark representatives in China will be informed thereof by the CNIPA and the CNIPA will set a deadline to respond to the opposition. A decision in the opposition proceedings is to be expected within 12 to 18 months. Your trademark application will also not be registered for this period of time. In case the opposition is rejected, your trademark will be registered, and there is no possibility for the opponent to appeal in the current proceedings. Instead, they have the possibility to request invalidation after your trademark has been registered. Thus, in that case, the opponent cannot prevent the registration of your trademark, but later on file an invalidation request against your already registered trademark. On the other hand, if the registration of your trademark is not approved due to the opposition, you as the applicant have the possibility to file an appeal against this decision, and so yet possibly achieve the registration of your trademark.

2.3.6   Trademark Registration

Once both the official examination and possible opposition proceedings have been finalised, and the CNIPA has concluded that your trademark can be registered, it issues the registration certificate. Since January 2022, registration certificates are no longer issued on paper, but only electronically. The registration is valid for 10 years from the date of registration (more details to this and the renewal see 3.3). You are now the owner of a registered Chinese trademark. Art. 3 para. 1 p. 2 Chinese Trademark Law says the following: »The owner of a registered trademark shall enjoy the exclusive right to the use of the trademark, which shall be protected by law.« A registered trademark provides many advantages, in particular to prevent third parties from also registering and using the same trademark for the same goods and/or services. However, there is something to do so that your trademark remains registered. The following chapter is about this.

3   Maintaining Your Trademark Rights

After your trademark has been registered, you cannot rest on your laurels, even if the registration as such is already a big success. The maintenance of trademark rights also needs some care and attention. But you can do a lot to ensure that your trademark rights are maintained for as long as you want them to be. This includes the most extensive use possible in a trademark manner, a good documentation about the use, and a good monitoring to avoid dilution or that the trademark becomes generic. In case there are changes in your situation, e.g., your address, the legal form of your company, etc., the responsible authority CNIPA should always be informed thereof early. Respective mistakes and omissions can lead to the loss of your trademark. Moreover, it can then be the case that your own prior trademarks are cited against your younger trademark applications, because the CNIPA assumes different companies in the case of deviating company and address indications.[151] Furthermore, the trademark needs to be renewed actively every 10 years – including the payment of the renewal fees – to maintain the protection.

3.1   Genuine Use of Your Trademark and Use Evidence

For maintaining your trademark rights, it is necessary to genuinely use your trademarks and be able to prove this at any time. Use means use of the trademark on goods, their packaging or containers, on labels and tags, in transaction documents, in advertising, exhibitions, on company buildings, on the clothing of employees, on vehicles, in menus, etc. for the purpose of identifying the source of the goods and/or services. The trademark must be used as registered, for the registered goods and/or services. Where the used form of the trademark slightly deviates from the registered form, without changing the distinctive elements, this use might be considered use of the registered mark. However, please clarify in any case with your trademark representative to be on the safe side. The use must be in the course of trade (and not exclusively in-house) in China. Use in Hong Kong, Macao or Taiwan does not suffice the requirements.

Already from the expiration of three years after registration of a trademark, third parties can file non-use cancellation actions. If your trademark was not used for three consecutive years, it is vulnerable for cancellation. The CNIPA does not examine the genuine use of registered trademarks on its own. This means, there is no ex-officio non-use cancellation without request of a third party. There is also no necessity, at times already set in advance without request to file use declarations and evidence. However, lately there seem to be indications that further measures for cracking down on bad faith trademark applications without intention to use are

---

151 Xu, Guangping, What's the Influence of Enterprise Name or Address Change on Its Trademarks?, http://en.kangxin.com/html/2/218/219/220/18239.html (last retrieved 18 January 2023)

planned. One of these measures could be a non-use cancellation for public interests[152]. The further development should be observed here.

In principle, the trademark use must be made by the trademark owner or by third parties authorised by the trademark owner. Whether a so-called passive use by the media and the public is attributed to the trademark owner has not always been decided uniformly by Chinese authorities and courts but can possibly suffice.[153] Passive use is use which is not conducted by the trademark owner themselves, but by the public and the media. This means, the trademark owner behaves passively and the media and the public use his trademark. This can be the case when the trademark owner has not developed and does not use a version of his trademark in Chinese characters, but exclusively the version in Latin letters, and the Chinese media and consumers then develop their own Chinese language version and use it instead of (or in addition to) the Latin letter version registered and used by the trademark owner.

The CNIPA does not inform you when your trademark is cited against a younger trademark application. However, it informs the applicant of the younger trademark and cites your prior trademark against their younger trademark application. The usual practice of the applicant of the younger trademark application is then to investigate whether your trademark has been registered for more than three years and if so, for which goods/services your trademark registration is in use or was in use for the past three years. If there is none or only partial use of your trademark detectable, the applicant of the younger trademark can successfully file a (partial) non-use cancellation action against your trademark registration to remove this obstacle (your trademark) to the registration of their own younger trademark application. In this case, you will be requested by the CNIPA to prove the use of your trademark for the registered goods/services within the last three years before the non-use cancellation action was filed.

Even the use of a trademark on products which are exclusively intended for export (OEM) can suffice and be genuine.[154] The fact that under the trademark are no goods and/or services offered for the Chinese market, but goods labeled with the trademark are exclusively exported, is per se not a reason to assume lack of genuine use. Pure OEM-use can suffice, if the requirements are met, to defend a non-use cancellation action.

---

152 Suen, Valerie/Lai, Vincent, China: CNIPA Continues Crackdown on Bad Faith Fillings, https://www.ellalan.com/news/cnipa-continues-crackdown-on-bad-faith-fillings/ (last retrieved 17 January 2023)

153 Fu, Kristen, Beijing High People's Court rules »Chinese characters« (»Penguin Factory«) established connection with Tencent, https://www.spruson.com/trade-marks/beijing-high-peoples-court-rules-penguin-factory-established-connection-with-tencent/ (last retrieved 11 February 2023)

154 AFD China, Beijing Higher Court: Trademark Use on Export Products Passes Test of Actual Use, https://www.afdip.com/index.php?ac=article&at=read&did=3371 (last retrieved 11 January 2023); Zheng, Catherine/Ho, Barbie/Li, Tracy, OMG! Has China's Supreme Court reversed its position on OEM trademark infringement? The implications of the HONDAKIT case, https://www.lexology.com/library/detail.aspx?g=aad081ec-e621-4b79-83c4-7441197b1ed6 (last retrieved 18 January 2023)

The use – be it for the Chinese market or for export – must be provable. It is not sufficient to be able to prove use only for the time from or after the cancellation action was filed. To prove use, in particular the following documents can be submitted:

- If you provide your products or services in China: Product samples or images thereof, packages or images thereof, website screenshots, order letters, order confirmations, delivery notes, invoices, purchasing contracts, shipping and customs documents, product catalogues and user manuals, promotional material and information about advertising expenditures, sales figures, price lists, information regarding the participation in exhibitions and fairs, media reports, awards and prizes.
- If you manufacture in China exclusively for export (OEM): Invoices of the Original Equipment Manufacturer to the principal, order letters, order confirmations, delivery notes, shipping and customs documents, contracts, in particular manufacturing and supplier contracts, authorising letters of the principal, quality inspection documents and documents regarding participation in exhibitions and fairs.

The evidence of use must meet the following criteria:

- They concern the registered goods/services,
- they show the trademark as it is registered (certain minor deviations may be admissible – you are on the safe side with use of the trademark exactly as registered; to what extent deviations are admissible should be clarified with your trademark representatives for each individual case – in case of doubt caution is advisable),
- they show a date, which is within the relevant timeframe (for non-use cancellation actions, the relevant timeframe is within the past three years before the cancellation action was filed),
- they show the name of the trademark owner or the person who is authorised by the trademark owner to use the trademark,
- they prove use in China – use in Hong Kong, Macao or Taiwan does not fulfill the requirements,
- they do not merely show company-internal use and
- it is not merely token use, which is only aiming at maintaining the registered rights.

The use documents should be in Chinese, if possible, and have been issued in or for China. Originals or notarised copies have higher probative value. Use documents not in Chinese need to be translated. If use is conducted by persons other than the trademark owner, respective authorisation documents (e.g., official confirmation of the license; authorisation letter) must be provided. Use documents should be collected continually or periodically, as they need to be available quickly – and in particular for evidencing use **in the past** – in the case of a conflict.

If you do not sell your products in China, but exclusively have them manufactured and labeled for export (OEM), it can be more difficult to prove the genuine use. Although the so-called OEM use should normally be accepted as genuine use, you must be able to prove it at any time with suitable documents. This means, the invoices and other documents – if possible, in Chinese – should depict the trademark and clearly show which goods are concerned.

Once a (partial) non-use cancellation action has been filed by a third party, you have to prove use of your trademark **for the past**, usually for a as long a period as possible within the last three years before the filing of the non-use cancellation action. Use documents which are only prepared after the non-use cancellation action has been filed, e.g., current screenshots of your web presence, will either not be considered at all or only additionally and complementarily to older use documents. Therefore, it is important to collect use documents steadily or periodically, to keep them updated, and to have them at hand in case of necessity.[155]

Consider the current amendments in practice, namey that both instances of the CNIPA, the CTMO and the TRAD, examine use documents stricter and the applicant of a non-use cancellation action gets information about the use documents filed by you earlier than before (see 2.1.4 and 4.3.2). It is therefore recommended to file use evidence for at least one item of goods/services per subclass before the first instance of the CNIPA[156] to defend against a non-use cancellation action.

It should only be briefly mentioned at this point that there are also justifiable reasons for non-use. These are rare special cases, e.g., in the case of force majeure or restrictions imposed by the government, normally situations for which the trademark owner is not responsible.[157]

A registered Chinese trademark may in commercial use be marked with the ®-symbol, the Chinese equivalent or the term »registered trademark« if the trademark is used as registered in China for the registered goods/services. The TM-symbol can also be used to indicate that a mark is being used in a trademark manner; but this symbol does not indicate that the mark is registered. There is no obligation to attach the mentioned symbols. Since the rules for the use of these symbols are strict[158] and an incorrect attachment of the above symbols is prohibited (e.g., if the trademark is not registered in China, even if it has already been filed, or for goods/services beyond the registered scope), you should clarify the correct and admissible form of use of these symbols in advance with your trademark representatives.

---

155 More detailed informationen on the topic use evidence, in particular in the context of OEM, see: Rocafort, Fred, China Trademarks: When (and How) to Prove Use of a Mark in Commerce, https://harrisbricken.com/chinalawblog/china-trademarks-when-and-how-to-prove-use-of-a-mark-in-commerce/ (last retrieved 16 January 2023); Geller, Michael A./Chatterton, Edward/Zhang, Joanne Zhang, Defending trademarks from non-use cancellations: Strategies for OEM manufacturers in China, https://www.lexology.com/library/detail.aspx?g=cdfcef6e-e457-488a-ba37-836657f347f6 (last retrieved 11 February 2023)

156 Liang, Cuicui, What is the Best Evidence That Meets the Latest Review Standard of Non-use Cancellation, https://www.ccpit-patent.com.cn/news/Intellectual/Trademark/2022/0512/5269.html (last retrieved 14 January 2023)

157 More detailed informationen on the topic of genuine trademark use, see: Rocafort, Fred Rocafort), China Trademarks: Use 'em or Lose 'em, https://harrisbricken.com/chinalawblog/china-trademarks-use-em-or-lose-em/ (last retrieved 16 January 2023); Chopenko, Alexandra, Three-year non-use trademark cancellation: a guide to maintain your rights, http://en.kangxin.com/html/2/218/219/220/13357.html (last retrieved 11 January 2023)

158 Yang, Frank, Legal Update: Regulations on Illegal Trademark Use, https://www.lexology.com/library/detail.aspx?g=60cb4649-3c39-489c-90bc-3856771b2249 (last retrieved 28 January 2023)

3.2   No Development as a Generic Term

More seldom than the lack of genuine use but also effecting the loss of the trademark is when a trademark becomes generic for the protected goods or services. This trademark then loses its distinctiveness, the essential prerequisite for its protectability, because now it specifies the goods or services as such, and not their origin anymore.[159]

3.3   Trademark Renewal

The trademark is valid for 10 years from the registration date or the last renewal date. Its validity can be renewed again and again for further 10 years and renewal fees have to be paid. The request for renewal should be filed within the year before renewal is due. There is also a six-month grace period within which the renewal fees can be paid with a surcharge and the registration can be maintained. If the deadline including the grace period is missed, there is no possibility to revive the trademark. The trademark can be filed anew, but not with the original application or priority date.

3.4   Well-known Trademark

For particularly extensive use and recognition, a trademark can acquire the status »well-known trademark«[160]. For »well-known trademark«, I know particularly the following definitions: A trademark is considered well-known if it is »commonly known by the relevant public and highly popular in China«[161]. Or: A well-known trademark is »a trademark that is extensively used and advertised and enjoys high reputation in its field«[162]. The definition given by the CNIPA in its current Trademark Guidelines reads: »A well-known mark shall refer to a trademark well-known to the relevant public in China.«[163] The relevant public are, among others, consumers of the goods and/or services concerned, their manufacturers and service providers, persons involved

159 More detailed informationen regarding this topic, see: Dennemeyer & Associates, Too much of a good thing: when trademarks die, https://www.dennemeyer.com/ip-blog/news/too-much-of-a-good-thing-when-trademarks-die/ (last retrieved 12 January 2023); Barth, Felix, Oh je: Heute Marke, morgen Gattungsbezeichnung – mehr Fluch als Segen (5. August 2021), https://www.it-recht-kanzlei.de/marke-gattungsbegriffe-markenueberwachung.html (last retrieved 11 February 2023)

160 Note: Here it is deviated from the translation in the EU-legislation. According to EU law, »Bekannte Marke« is translated as »Trade Mark with Reputation« (see e.g., Art. 8 para. 5 EUTMR), while »notorisch bekannt« is translated as »well known« (see e.g., Art. 8 para. 2 lit. c) EUTMR). In this guide, »bekannt« is translated with »well-known«.

161 Yin, Boya, Xu, Qinghong, Comparative aspects of trademark dilution between the United States and China, https://www.iam-media.com/regionindustry-guide/china-managing-the-ip-lifecycle/2021/article/comparative-aspects-of-trademark-dilution-between-the-united-states-and-china (last retrieved 18 January 2023)

162 HFG (Fabio Giacopello) of 4 October 2022, (IP China) All you need to know about Well-Known Trademark, https://www.hfgip.com/news/all-you-need-know-about-well-known-trademark (last retrieved 18 February 2023)

163 Trademark Guidelines, Chapter 10, 5.

in the sales and transport of the goods, etc.[164] *Well-known trademarks* enjoy more comprehensive protection as compared to trademarks that are not well-known. For example, the five-year term for invalidation requests based on relative grounds is not relevant if action is taken against a trademark registration obtained in bad faith based on a well-known trademark.

Even trademarks that are not registered in the Chinese trademark register may enjoy some protection if they are well-known in China. However, this protection of not registered well-known trademarks is limited to identical and similar goods and services, while registered well-known trademarks may also enjoy protection for non-similar goods and services.

The »*well-known*« *status* recognition needs to be requested and can be granted in current proceedings before the CNIPA and some courts. The determination can only be requested when the trademark owner claims that the younger, possibly infringing trademark, is a reproduction (the trademark which shall be determined »well-known« and the younger trademark are identical), imitation (the younger trademark is a plagiarism and shows the distinctive elements of the trademark, of which the well-known status shall be determined) or translation of the well-known trademark and is likely to cause confusion or mislead the public and infringe their interests.[165] The »well-known«-status is only granted when it is decisive for the outcome of the proceedings. The request cannot be filed in separate proceedings in general – without a specific infringement case. An ex officio recognition does not take place. The »well-known« status recognition is only valid regarding the proceedings in which it was requested and granted. It is not binding for future cases, however, an important reference.

Regarding the question whether the trademark should be granted the well-known status, the CNIPA and the responsible courts consider in particular the following factors:
- Level of recognition among the relevant public
- Use period of the trademark
- Duration, extent and geographic scope of publications and advertising in connection with the trademark
- Sales achieved with the trademark
- Records of trademark protection as well-known trademark
- Other factors such as media reports, searches in the National Library, trade documents, financial figures.

For the CNIPA or the competent court to evaluate these factors, extensive evidence has to be filed, e.g. awards, sales evidence, advertising evidence, evidence about participation in exhibitions and fairs, statistics, etc. Since September 1, 2021, the documents must be accompanied by a Commitment Letter in which the requesting party and their trademark representatives declare that they are aware of the rules, that the principle of good faith has been observed

---

164 Trademark Guidelines, Chapter 10, 5.1.
165 Trademark Guidelines, Chapter 10, 3.1. and 6.

and that the information provided is true, accurate and complete.[166] You are not allowed to advertise with the indication »well-known trademark«, and the indication may also not be affixed on the goods or their packaging. Under specific serious circumstances, which particularly concern a person's credit-worthiness, persons can be excluded from having their trademarks determined as well-known.[167,168]

3.5   Assignment and Licenses

Chinese trademarks can be assigned to third parties. Identical and similar trademarks for identical and similar goods/services shall be transferred together. The parties must file an application for recordal of the assignment with the CNIPA. The CNIPA can refuse the recordal. A reason for the refusal can be, for example, if not all identical and similar trademarks for identical and similar goods/services are transferred together. Recently, there seem also to be cases in which the CNIPA refuses the recordal, if trademark squatting is concerned.[169] Consider this aspect, and discuss it with your trademark representatives before purchasing a Chinese trademark. An assignment cannot heal initial bad faith without intention to use, i.e. the lacking legality.[170]

The owner of a registered trademark can authorise third parties to use his trademark. The trademark license shall be submitted to the CNIPA and be registered there; in many cases the registration is even mandatory.[171] There is the possibility of an exclusive license (only the licensee has the right to use), a sole license (the licensor and the licensee have the right to use) and a common (non-exclusive) license (the licensee is not protected from competition, because the licensor is allowed to give further licenses). In the license agreement, the territory in which the license shall be valid needs to be exactly determined, so that all parties agree on the fact which territory is covered and which is not, in particular which geografical scope shall be meant when

---

166 Wang, Shuncun, CNIPA's Notice on Submitting Commitment Letter for Requesting Well-known Trademark Protection, https://www.lexology.com/library/detail.aspx?g=9d091b24-eeac-428d-b103-c8ad27a5da70 (last retrieved 17 January 2023); Lim, Ai-Leen, China endorses good-faith commitment when applying for well-known status, https://awapoint.com/china-endorses-good-faith-commitment-applying-well-known-status/ (last retrieved 14 January 2023)

167 Trademark Guidelines, Chapter 10, 3.4.; see also Bu, Yuanshi, Neue Markenrichtlinien in China, MarkenR 2022, p. 366

168 More detailed informationen on the topic well-known trademarks, see: Wu, Hongxia, Protection of well-known trademarks in China, https://www.lexology.com/library/detail.aspx?g=ee750e1e-7e27-43b1-a5fe-63a8ae953b81 (last retrieved 18 January 2023); Vinh, Le Quang, Famous Trademark Protection Practices in the US, EU, Japan, China and Vietnam: similar or different although these countries all bound by the Paris Convention and TRIPs Agreement?, https://www.lexology.com/library/detail.aspx?g=9b42b2f3-3157-45ec-9386-8c727db14ebb (last retrieved 17 January 2023); Liao, Fei, CNIPA Issued Guidance on »Notice on Strengthening the Protection of Well-known Trademarks in Handling Cases Involving Trademark Infraction, https://www.chinalawinsight.com/2021/06/articles/intellectual-property/cnipa-issued-guidance-on-notice-on-strengthening-the-protection-of-well-known-trademarks-in-handling-cases-involving-trademark-infraction/ (last retrieved 11 February 2023)

169 Xu, Ann, Chan, Vivien, China's revision of trademark law and the impact on CNIPA practices, https://www.managingip.com/article/2a5d1aveddrlq9n8fqccg/chinas-revision-of-trademark-law-and-the-impact-on-cnipa-practices (last retrieved 18 January 2023)

170 Trademark Guidelines, Chapter 2, 5.

171 Rocafort, Fred, How to License Your IP to China, https://harrisbricken.com/chinalawblog/how-to-license-your-ip-to-china/ (last retrieved 16 January 2023)

»China« is named. In that respect, it has to be considered that Hong Kong and Macao have their own trademark laws and Chinese trademarks are not protected in Hong Kong and Macao and vice versa. If you need protection of your trademark in these territories, you need to apply for trademark registration there. The same is true for Taiwan.

3.6 Monitoring

To avoid that a trademark is diluted or becomes generic, whereby the scope of protection can be reduced to zero in the worst case and the trademark can be ready for cancellation, the official trademark register and the market should be monitored carefully online and offline. Thereby, you notice early when identical or similar trademarks for identical or similar goods/services are filed and/or used, or when your trademark is used in a generic manner, that is, when the trademark is used as a synonym for the product, and you can act quickly and strictly against it.

4 Enforcement of Your Trademark Rights

4.1 Introduction

Sometimes, it is necessary that you enforce your trademark rights, which you have obtained and, with much effort, have maintained, against third parties, thus, that you assert your rights. We turn the tables here now, we change position from the applicant, who at first makes an effort to obtain and maintain rights, to the owner of the prior trademark, who wants to prevent younger third parties from infringing his (now older) rights. In the following, it is explained how you as the trademark owner prevent third parties having registered and/ or use a younger trademark which is identical with or similar to your prior rights, and infringes your prior rights. Thus, we treat already discussed issues again, but now from another perspective, e.g., the opposition proceedings: As a trademark applicant, you want to prevent an opposition of a third party, or at least achieve its rejection, but as the owner of prior rights, you want to use the opposition proceedings efficiently to prevent the registration of younger trademarks, which are identical with or similar to your trademark. This is similar for non-use cancellation actions: In chapter 3, it was explained in the frame of maintaining your rights, how to defend against a non-use cancellation action (see 3.1), thus, explained what you need to do to avoid a non-use cancellation action as far as possible (to use your trademark extensively and visibly in a genuine manner) and to defend against same once raised (having use evidence at hand), and in chapters 2 and 4, you learn how you can file non-use cancellation actions in order to obtain and enforce your own rights.

Third parties do not always consider your trademark rights voluntarily. If a third party uses a trademark that is identical to your own registered trademark, or if they apply for a similar trademark for the same goods and services with the CNIPA, then you can take action against them based on your own rights. You may receive some assistance from the CNIPA in that it will examine recent trademark applications to determine whether they are identical with or similar to trademarks already applied for or registered for the same goods/services. If the CNIPA finds this to be the case, it will reject the younger trademark application, i.e., it will not register it. The CNIPA thus assists you as the owner of the prior trademark by rejecting younger identical and similar trademarks for the same goods/services without your intervention, just because you have a registered trademark. It thus saves you from having to act against the prior trademark application yourself.

On the one hand, however, the CNIPA does not evaluate all relative grounds for refusal when registering a trademark, but exclusively prior trademark registrations and applications. It does not evaluate whether the registration of a trademark would infringe on prior copyrights, design patents, company names or personal name rights of others.

On the other hand, it may also be that the CNIPA believes that a more recent trademark application is sufficiently different from your earlier trademark registration. This means that the CNIPA does not assist you if it considers the younger trademark appllication not infringing your prior trademark registration, but keeping sufficient distance to your prior trademark rights. It may be that you are of a different opinion than the CNIPA examiners and consider your trademark infringed by a younger trademark. Or you have other prior rights which the CNIPA does not consider in its examination, e.g., a prior copyright. Or third parties have not tried to obtain a registration for their trademark, but use it, and you consider your rights infringed by this.

The CNIPA does not examine ex officio whether the **use** of the younger trademark infringes the prior rights of others. The **mere registration** of your trademark **alone** cannot prohibit third parties from using the same name or logo for identical/similar goods and/or services. The authorities do not act against this ex officio, as long as there are no additional elements such as dangers for the public or criminal offenses.

This means that you yourself need to become active to enforce your trademark rights. At first through monitoring the trademark register and the market offline and online (see 1.2 Trap 3, and 3.6) and afterwards by taking the necessary steps. The registration of your trademark (and possibly other rights, such as e.g., a copyright), gives you the possibility to act against those infringements of your prior rights.

You can take action against trademark infringements by **administrative, civil** and/or **criminal law proceedings**. For this purpose, there are various possibilities, which can also be combined. Often, the Chinese system is referred to as »dual track system«. This refers to the judicial (civil law and criminal law) and the administrative routes.

As each case is individual, you should always develop the concrete strategy on a case-by-case basis. In the following, at first, the characteristics of the administrative, civil and criminal law proceedings will be introduced and then outlined some (not concluding) of the resulting possibilites.

Altogether, it is important to check and, if necessary, further secure your own rights before you take action against others. Actions against others often causes them to look for gaps in your protection for their defense and to try to take advantage of them. The best (precautionary) defense is always, as emphasized several times, the timely application and registration of your own Intellectual Property Rights. Before taking action against trademarks or other rights of third parties, you need to ensure that your own rights are well protected.

It may help you that the change in law effective since November 1, 2019 has made it easier to take action against trademark applications filed in bad faith and without the intention of use. For implementing the legal changes, the State Administration for Market Regulation (SAMR) has also issued Several Provisions on Regulating Trademark Application and Registration Behaviour, which have come into effect on December 1, 2019. In order to assess whether bad faith without intention to use is given, the competent authorities shall consider, inter alia, the quantity and type of trademark applications, the applicant's business activities and any decisions already taken against the applicant on the grounds of bad faith/trademark infringement. It is also relevant whether someone applies for well-known trademarks or company names of third parties. Moreover, it is possible to inform the CNIPA of a bad faith trademark application before the opposition period starts, and to request it to reject the trademark application for this reason. Bad faith evidence may also include, for example, documents showing that the trademark applicant has attempted to sell trademarks at high prices or has tried to maliciously enforce them to make profit.[172, 173]

Administrative Route

Administrative authorities are e.g. the CNIPA, the State Administration for Market Regulation (SAMR) and their sub-authorities. The administrative way is in principle possible against every kind of trademark infringement. This way, the ceasing of infringing actions, the confiscation and destruction of the infringing products and the used equipment/machines can be attained, and fines can be imposed. The enforcement of your rights in the administrative way is usually faster and more cost effective than the judicial way. However, administrative authorities usually do not take action if a case is overly complicated and, in administrative proceedings, it is not possible to claim damages. Administrative proceedings can bring information to appearance which can in later lawsuits be used as evidence.[174]

Civil Law Route

Responsible are the respective civil courts. There are four levels of courts: Basic People's Courts, Intermediate People's Courts, High People's Courts und the Supreme People's Court (SPC). In the first instance, usually a Basic People's Court or an Intermediate People's Court are

---

172 Chen, Abraham, China Trade Mark Office (CTMO) releases latest statistics, https://www.lexology.com/library/detail. aspx?g=8383b0dc-5d0d-46c2-ba88-fb93aa170603 (last retrieved 11 January 2023)
173 For more detailed information on the enforcement of IP rights in China, see: Plane, Dan/Chen, Grace, Enforcement of IP Rights in China – A Primer, https://www.lexology.com/library/detail.aspx?g=bc133575-107f-4a6d-8df3-12fb109c78a7 (last retrieved 16 January 2023); Dai, Ivy/Hui, Dawn/Leung, Hank, Examining Bad Faith Applications Under the Amended Trademark Law in China – Are the amendments living up to their expectations?, https://www.twobirds.com/ en/insights/2020/china/examining-bad-faith-applications-under-the-amended-trademark-law-in-china (last retrieved 11 January 2023); Lei, Yongjian, What brand owners should know in the battle against bad-faith trademarks in China, https://www.iam-media.com/article/what-brand-owners-should-know-in-the-battle-against-bad-faith-trademarks-in-china (last retrieved 14 January 2023); Choi, James/Wong, Alice, Chinese SPC's Guidelines on Enforcement of IP Judgments, https://www.ellalan.com/news/chinese-spcs-guidelines-on-enforcement-of-ip-judgments/ (last retrieved 11 February 2023); Zhang, August, China: IP Litigation & Enforcement Guide, https://rouse.com/insights/news/2021/ china-ip-litigation-enforcement-guide (last retrieved 18 January 2023); Voon, Frank/Yao, Edward/Lui, Chantelle, Guide: How to Enforce Intellectual Property Rights in China, https://www.klgates.com/Guide-How-to-Enforce-Intellectual-Property-Rights-in-China-8-11-2021 (last retrieved 11 February 2023); Yao, Jason, Developing a multiplatform approach to counterfeiting, https://www.worldtrademarkreview.com/global-guide/anti-counterfeiting-and-online-brand-enforcement/2022/article/developing-multiplatform-approach-counterfeiting (last retrieved 18 January 2023)
174 More specific information on the administrative route can be found here: Zhang, Bin/Yang, Yifan, Administrative IP protection in China, https://www.iam-media.com/regionindustry-guide/china-managing-the-ip-lifecycle/2023/article/ administrative-ip-protection-in-china (last retrieved 18 January 2023)

competent. In China, there are also courts specialised in Intellectual Property, the Intellectual Property Courts. Also civil law action may be taken against every kind of trademark infringement. It is in particular suited for more complex cases.

Chinese judges usually do not only consider legal, but also social and political effects when deciding their cases.[175] Thus, it can also be decisive whether a person is pregnant or has an unemployed spouse.

Only in the civil proceedings, damages can be claimed. The amount of damages shall be determined based on the actual loss which the right holder has suffered as a result of the infringement. If it is difficult to determine the actual loss, the amount of damages can be determined according to the profits gained therefrom by the infringer. If both are difficult to determine, customary royalties may be used as a basis for calculating damages. In case of malicious infringement (where the infringer was well aware of another party's trademark rights but nevertheless committed the infringement) and the circumstances are serious (concerning method, duration, scope and/or impact of the infringement, e.g. if the infringing products create a risk for the consumers), the amount of damages can be increased. The courts may then add punitive damages of up to five times the amount of damages as calculated according to the above shown methods, which is – apart from the punishment for the offender – also meant to have a deterrent effect on third parties. By applying punitive damages, the infringed party can receive more money than their actually damages were. Punitive damages can usually only be granted if there is a basis calculated according to the above explained methods, but there are exceptions in individual cases.[176] The amount of damages shall also cover the reasonable expenses paid by the trademark owner for stopping the infringing action. In cases where it is difficult to determine the respective amounts by applying the above explained methods, the court shall render a judgement awarding statutory damages in an amount of not more than RMB 5 million based on the circumstances of the infringing acts.[177]

---

175 Du, Guodong, How Chinese Judges Think, https://www.chinajusticeobserver.com/a/how-chinese-judges-think (last retrieved 18 February 2023)
176 Zhao, Ray Lei, Calculation methods for tardemark infringement damages in China, https://www.worldtrademarkreview.com/global-guide/trademark-litigation/2023/article/calculation-methods-trademark-infringement-damages-in-china (last retrieved 18 January 2023)
177 On the topic of damages, see: Han, Kevin (Jinwen)/Lin, Chen, An Analysis of the Applicable Standards of »Punitive Damages« in Trademark Infringement, https://www.lexology.com/library/detail.aspx?g=80d438bf-3eda-4661-a60a-1152d7ccfbf3 (last retrieved 12 January 2023); Xu, Jing, Guidelines on Damages Calculation in IP-Disputes, https://www.kwm.com/cn/en/insights/latest-thinking/guidelines-on-damages-calculation-in-ip-disputes0.html (last retrieved 18 January 2023); Wong, Alison/Xu, Martoe, Judicial Interpretations for Punitive Damages in China – wilful and serious IP infringers watch out!, https://www.twobirds.com/en/insights/2021/china/judicial-interpretations-for-punitive-damages-in-china-wilful-and-serious-ip-infringers-watch-out (last retrieved 18 January 2023); Tang, Panpan/Zhu, Spring, SPC issues Judicial Interpretation on Punitive Damages in Intellectual Property Infringement Cases, https://www.cms-lawnow.com/ealerts/2021/03/spc-issues-judicial-interpretation-on-punitive-damages-in-intellectual-property-infringement-cases?cc_lang=en (last retrieved 17 January 2023); Ni, Zhenhua (Ben)/Huang, Qijie, Brief Review of the Interpretation on the Application of Punitive Damages in the Trial of Civil Cases of Infringement of Intellectual Property Rights, https://www.chinalawinsight.com/2021/03/articles/intellectual-property/brief-review-of-the-interpretation-on-the-application-of-punitive-damages-in-the-trial-of-civil-cases-of-infringement-of-intellectual-property-rights/#page=1 (last retrieved 16 January 2023); Liu, Ji, Guidance from China's Supreme Court in

The statute of limitation for proceedings against trademark infringement is normally three years, starting when the plaintiff had knowledge of the infringment or should have had knowledge. If applicable, in particular in case of urgency, also interim relief can be claimed under the civil law route (see 4.3.5).

Criminal Law Route

The criminal law route has the most deterrent effect; however, criminal actions can only be claimed if a certain threshold has been reached, i.e. against serious cases of criminal relevant trademark infringement, such as counterfeiting of registered trademarks. According to the Chinese Criminal Law, in particular the following is relevant in connection with trademark infringement in the case of serious circumstances:

* Using the identical trademark for identical goods/services without authorisation of the trademark owner
* Obtaining significant illegal income by knowingly selling counterfeits
* The illegal manufacturing or the selling of illegally manufactured registered trademark symbols (i.e., the labels).[178]

Here, in particular, the value of the confiscated goods and the income from previous sales are of importance. In terms of criminal law, well-known trademarks are also protected more strongly and comprehensively than trademarks that are not well-known.

The police, the Public Security Bureau (PSB), is responsible for the investigations. Criminal investigations may also be initiated by the trademark owner or an adminstrative authority. After investigation, the PSB will decide to either terminate or prosecute the matter. In case of prosecution, the matter will be transferred to the People's Procuratorate. If the People's Procuratorate accepts the case, it goes to court. There is also the possibility for the trademark owner to initiate a *private prosecution* proceedings by filing a lawsuit, if he has sufficient evidence of trademark infringement.[179]

---

light of punitive damages on intentional IPR infringement, https://www.lexology.com/library/detail.aspx?g=f1e07efc-d47f-4e97-a292-5a92276ae391 (last retrieved 14 January 2023); Meuwissen, Stefaan/Chang, Yu-An, Highlights of China's Supreme Court's new Interpretation on punitive damages in IP cases, https://www.engage.hoganlovells.com/knowledgeservices/news/highlights-of-chinas-supreme-courts-new-interpretation-on-punitive-damages-in-ip-cases (last retrieved 16 January 2023); AFD China Intellectual Property Law Office, New Judicial Interpretation on Punitive Damages in IP Infringement Disputes, https://www.lexology.com/library/detail.aspx?g=35b33700-d6e1-4ec3-a53d-f8082f60ad14 (last retrieved 11 January 2023); Zhu, Zhigang, SPC releases judicial interpretation relating to punitive damages in IP cases, https://www.lexology.com/commentary/intellectual-property/china/wanhuida-intellectual-property/spc-releases-judicial-interpretation-relating-to-punitive-damages-in-ip-cases (last retrieved 18 January 2023); Wang, Feng, Beijing High People's Court issues guidelines on punitive damages in civil IP cases, https://www.dlapiper.com/en/us/insights/publications/2022/05/guidelines-on-punitive-damages-in-civil-ip-cases/ (last retrieved 11 February 2023)

178 Jones, Paul D./Chen, Yixian, Snapshot: trademark enforcement in China, https://www.lexology.com/library/detail.aspx?g=2ea97217-0818-416b-87aa-838c48900825 (last retrieved 14 January 2023)

179 More detailed information on the criminal law route, see: Che, Jennifer, New Guidelines! How to Apply China's Criminal Law in IP Infringement, https://www.lexology.com/library/detail.aspx?g=1de2957e-72d7-4551-9f9b-6f2c40318d7b (last retrieved 11 January 2023); He, Wei/Zhang, Xiaoquan, Determining case value in trademark

4.2   Collision Watch and Identification of Trademark Infringement

To be able to timely take action against younger trademarks and trademark applications, you must be aware of same, what can be ensured by a **collision watch**. It is recommendable that you generally monitor your trademarks in a collision watch to be informed in case third parties file new trademark applications which are identical with or similar to your own trademarks. In the event that the CNIPA does not reject a younger trademark application – which is infringing your earlier trademark rights – ex officio, you will then have the opportunity to file an opposition early before the registration of the younger trademark and thus prevent its registration. Such collision watch is offered by various service providers.

In addition to the collision watch of specific trademarks, it is also possible to set up monitoring of the trademark applications of certain companies, such as competitors or distributors.

To find out whether a trademark infringement is given, among others, the following factors are considered:[180]

- Is trademark use given, i.e. where are the trademarks affixed (e.g. on goods, packaging, in commercial documents and advertising material, on company buildings and vehicles, etc.), what does this use look like in detail, and how is it perceived by the targeted public (depending on the trademark professionals, end consumers, media, persons involved in transport and logistics)?
- Are the signs identical or similar? For the evaluation of the similarity of trademarks, there are multiple criteria and numerous groups of cases, the depiction of which would go beyond the scope of this Guide. You can find a very good depiction in chapter 5 of the Trademark Guidelines.
- Are the goods/services identical or similar? The judgment is based on the one hand on the subclasses, on the other hand for goods according to function, purpose of use, main raw materials, manufacturers, sales channels and
  targeted public and for services according to purpose, content, method of service, place of service and targeted public.
- Distinctiveness, well-known status and reputation of the prior trademark.

---

criminal cases, https://www.lexology.com/commentary/intellectual-property/china/wanhuida-intellectual-property/determining-case-value-in-trademark-criminal-cases (last retrieved 14 January 2023)

180 Tang, Panpan, Judging Criteria for Trademark Infringements, https://cms.law/en/chn/publication/judging-criteria-for-trademark-infringements (last retrieved 17 January 2023); Zhou, Cissy, King and Wood Mallesons' IP group, China National Intellectual Property Administration enacted »Trademark Infringement Judgment Standard«,https://www.chinalawinsight.com/2020/07/articles/uncategorized/china-national-intellectual-property-administration-enacted-trademark-infringement-judgment-standard/#page=1 (last retrieved 18 January 2023); DEQI Intellectual Property Law Corporation, CNIPA issued Judging Criteria for Trademark Infringements, https://www.lexology.com/library/detail.aspx?g=24dd3cd8-1034-4bf6-9129-4b5bda33beb1 (last retrieved 12 January 2023); Chen, Jolene, Trademark Infringement Determination Standards (Mainland China), https://www.leetsai.com/arbitration-litigation/trademark-infringement-determination-standards-mainland-china (last retrieved February 13, 2023)

- Does likelihood of confusion exist between the prior and the younger trademark? The relevance of this factor is controversial in the Chinese Trademark Law.[181]

The interaction of the above factors is complex and needs to be evaluated by Chinese attorneys and trademark agents for each individual case. In that regard the CNIPA has issued the Criteria for Judging Trademark Infringement, which have come into effect in June 2020.[182] The more current Trademark Guidelines of the CNIPA have come into effect on January 1, 2022.

4.3   Possibilities of Taking Action against Trademark Infringement

Before a possible action against trademark infringement is taken, information should be gathered and secured, at first with a desktop search. In doing so, it can be found out how many trademarks the applicant has and whether their trademark portfolio hints to a real business or to a commercial infringer. Likewise, information about the company structure can be gathered, e.g. who is the managing director and which corporate connections exist. Moreover, background information in the form of onsite investigations and onsite and website notarisations can be gathered and secured to develop a useful strategy for the further proceedings. Concrete possibilities for enforcement are the topic of the following sections.

4.3.1   Opposition against a Younger Trademark Application (Administrative)

The opposition proceedings were already discussed under 2.3.5, there from the perspective of the trademark **applicant** who defends himself against a possible opposition. Here we deal with the opposition proceedings from the perspective of the trademark **owner** who considers the opposition as a means for the enforcement of his own rights.

Within three months after the publication of a national Chinese trademark application, you can file an opposition against its registration with the CNIPA. It may seem superfluous that there is the possibility of an opposition proceedings, when yet the CNIPA examines new trademark applications comprehensively anyway, and also considers in its examination whether older identical or similar trademarks and trademark applications exist for the same or similar goods/services. However, it is necessary to take into account that you may have a different opinion than the CNIPA regarding a trademark similarity with an older trademark, that the examiner has overlooked something, or that you want to base the opposition on other rights than those

---

181 Bu, Yuanshi, Neue Markenrichtlinien in China, MarkenR 2022, p. 364 with further references
182 Lim, Ai-Leen, CNIPA publishes trademark infringement criteria, https://awapoint.com/cnipa-publishes-trademark-infringement-criteria/ (last retrieved 14 January 2023); Beijing Sanyou Intellectual Property Agency Ltd, National Intellectual Property Administration Issues, https://www.lexology.com/library/detail.aspx?g=df6d4d4c-f439-4be3-8aca-ce27b4fb046f (last retrieved 11 January 2023)

the CNIPA examines ex officio. This is because in the registration proceedings, the CNIPA examines ex officio relative grounds for refusal only with regard to prior trademarks and trademark applications, but not other prior rights, such as company names, design patents or copyrights.

You can base your opposition on various reasons. On the one hand, on relative grounds – thereby, you cannot only bring forward your own prior trademarks and trademark applications, but also your prior name rights, company name rights or copyrights[183], etc. On the other hand, you can also base the opposition on absolute grounds – such as the assertion the younger trademark application would lack distinctiveness, be deceptive, misleading, descriptive, generic or had been filed in bad faith without intention to use, or would be a reproduction or imitation of your well-known trademark or have detrimental influence. In principle, relative opposition grounds can only be claimed by the respective rights holder or an interested party (in particular licensee), absolute grounds for opposition by any party.

An opposition can also be raised according to the rules about a trademark registered in the name of an agent in the narrower and broader sense. A trademark registered in the name of an agent in the narrower sense means that an agent or representative, without authorisation of the rights holder, files the trademark in its own name. This concerns, e.g., distributors or managers of the principal or the represented party.[184] A trademark registered in the name of an agent in the broader sense means that someone files an identical or similar trademark application which another party has already used for identical or similar goods/services, although the applicant clearly knows through contractual, business or other relationship with the other party that the trademark of the other party exists. Contractual or business relationship means, among others, trade relationship, franchising relationship, investment relationship, sponsorship and advertising agency relationship.[185] Other relationship means in particular kinship, employer-employee-relationship, or also just local proximity, i.e. a neighborhood relationship.[186] According to case law, other relationship may also cover failed discussions about a business project or the applicant's awareness of the trademark combined with a duty of care.[187] However, many trademark applicants in these situations do not – due to these regulations – file the trademarks in their own name, but have them applied for by third parties, so that it is often highly difficult to impossible to actually prove the above depicted relationships.

An opposition can also be filed against the designation of China in an **International Registration** within a term of three months.

---

183 Kangxin, Copyright Claim in Trademark Opposition and Invalidation Case, http://en.kangxin.com/html/2/218/223/228/15843.html (last retrieved 11 February 2023)
184 Bu, Yuanshi, Neue Markenrichtlinien in China, MarkenR 2022, p. 366
185 Trademark Guidelines, Chapter 12, 5.2.
186 Trademark Guidelines, Chapter 12, 5.3.
187 Bu, Yuanshi, Neue Markenrichtlinien in China, MarkenR 2022, p. 367 with further references

After the expiration of the three-month opposition period, it is still possible to file a cancellation action or an invalidation request against a younger trademark (if the requirements are met). However, these are not directed against a trademark application, but against an already registered trademark.[188]

4.3.2   Cancellation Action/Invalidation Request against a Registered Trademark (Administrative)

Cancellation actions and invalidation requests can be filed for various reasons and underlie different requirements. They have to be filed with the CNIPA.

Non-Use Cancellation Action

A trademark which has not been used for three consecutive years is ready for cancellation if no justifiable reasons for non-use exist. According to the Trademark Guidelines of the CNIPA, which have been effective since January 2022, justifiable reasons for non-use are

- Force Majeure,
- limitation of governmental policies,
- bankruptcy liquidation and
- other justifiable reasons which are not in the responsibility of the trademark owner.[189]

A non-use cancellation action can be successful, if the trademark has not been genuinely used completely or partly, provided it has been registered for more than three years. If the trademark has been used for a part of the registered goods and/or services, it is not ready for cancellation to this extent. This action can be filed by any person. A special interest is not necessary.

In case you file a non-use cancellation action, you must indicate whether your action is directed against the entire trademark, thus, against all registered goods and/or services, or only against one or more subclasses. If your goal is to eliminate an obstacle against the registration of your own trademark, a partial non-use cancellation with respect to one or more subclass(es) and not against the entire trademark can be sufficient. The chances of success of your non-use cancellation action can be higher in this case, as the trademark owner at least until now needed to evidence use only for **one** single item of the goods/services in the first instance to successfully defend against the complete non-use cancellation. Thus, it was sufficient in the first instance before the CNIPA to provide use evidence for one item of goods or services to be able to main-

---

188   More in-depth information to oppositions, see: Zheng, Xia/Wu, Jingjing/Cui, Chunrong, AFD Case Study – Proper Application of Articles 4 & 7 of Trademark Law in Opposition Proceedings, https://www.lexology.com/library/detail. aspx?g=d01d02f4-e5ca-4071-b538-55dbe7f4209c (last retrieved 18 January 2023); Yang, Mingming/Nan, Jiang, CNIPA backs Acushnet in opposition against FUTLEWT mark, https://www.lexology.com/commentary/intellectual-property/ china/wanhuida-intellectual-property/cnipa-backs-acushnet-in-opposition-against-futlewt-mark (last retrieved 18 January 2023)
189   Trademark Guidelines, Chapter 17, 1.

tain the whole class. If you direct the non-use cancellation action against the entire trademark, it is easier for the trademark owner to claim one good/service for which he has used the trademark. If you direct the opposition, on the contrary, only against one subclass, the trademark owner must prove the use for a good/service from exactly this subclass, which can be more difficult. However, since the beginning of 2022, it seems that the first instance of the CNIPA, the CTMO, adapts its office practice to that of the second instance of the CNIPA, the TRAD. Differently from the past, it currently seems to be the case that the first instance of the CNIPA lists the submitted evidence material in its decision about a non-use cancellation action, so that the applicant of the non-use cancellation action can get an idea of it. Moreover, the CTMO is stricter than before and assesses the material submitted according to subclasses. Thus, it might be the case that even in first instance, trademarks are only upheld for those subclasses for which sufficient use evidence has been filed. As there is a lot in flux here, the particular strategy needs to be currently coordinated for each individual case with your trademark representatives.

As owners of trademarks against which cancellation actions are filed tend to newly apply for these trademarks immediately after gaining knowledge of the cancellation action, it is usually recommendable to apply for your own trademark again in parallel with the cancellation action.

Should your non-use cancellation action not be granted in the first instance, the pursuing of your action in the second instance of the CNIPA (TRAD) can be successful, as the TRAD had even up to now stricter examination criteria and you gain the possibility before the TRAD to inspect, examine and comment on the use evidence filed by the owner of the attacked trademark. This can make the decisive difference.

In case you are the applicant of the cancellation action, this new practice is good for you. Otherwise, if your trademark is attacked with a non-use cancellation action, it is more difficult for you than before to prove the genuine use of your trademark[190] (see 2.1.4).

Invalidation Request

With an invalidation request, you act against – other than with an opposition – an already registered trademark. Other than with a non-use cancellation action, you act against the trademark with an invalidation request due to absolute or relative grounds for refusal. The invalidation request thus is mainly the equivalent of an opposition, only that it is not directed against a trademark application, but against an already registered trademark.

---

190 Find more in-depth information on non-use cancellation actions here: Chopenko, Alexandra, Three-year non-use trademark cancellation: a guide to maintain your rights, http://en.kangxin.com/html/2/218/219/220/13357.html (last retrieved 11 January 2023); Speeks, Simon/Pun, Lily, China TM Practice Note – CNIPA Expedited Examination and Re-filing Strategies, https://www.marks-clerk.com/insights/articles/china-tm-practice-note-cnipa-expedited-examination-and-re-filing-strategies/ (last retrieved 17 January 2023); Liang, Cuicui, What is the Best Evidence That Meets the Latest Review Standard of Non-use Cancellation, https://www.ccpit-patent.com.cn/news/Intellectual/Trademark/2022/0512/5269.html (last retrieved 14 January 2023)

Reasons for invalidation requests can be for example:

- You have own prior rights. A trademark can be declared invalid when it was registered although you have prior identical or similar registered trademarks for identical and/or similar goods and/or services, or other IP-rights, such as copyrights.
- The attacked trademark was obtained by fraud or other unfair means (e.g. forging of application documents).
- The attacked trademark has a bad political influence, e.g., it contains the name of a terrorist organisation[191], and this was overlooked by the CNIPA when registering the trademark.
- The attacked trademark is a reproduction, imitation or translation of a prior well-known trademark.
- The attacked trademark contains national flags or signs of international inter-governmental organisations or the Red Cross. Partly exceptions are possible with the consent of the respective government or organisation or in case public misunderstanding is not to be expected.
- The registrant of the attacked trademark is an agent or representative of the true owner of the trademark or the trademark was registered by an agent in the broader sense (see 4.3.1).
- The trademark was filed in bad faith without intention to use.

For invalidation requests, if they are based on relative grounds for refusal, a five-year limit is usually valid, i.e. the invalidation request can in this case only be filed within five years since registration of the attacked trademark. In some cases, an invalidation request can be filed by anyone, in other cases, only by the rights holder or interested persons. There are numerous regulations and the decision finding depends on numerous factors, so that each individual case must be examined separately to determine whether the five-year period applies and who can file the invalidation request. Relevant factors, which are decisive and therefore to be considered, are in particular the following:

- Is the invalidation request based on absolute (e.g. that the trademark is directly descriptive) or relative (e.g. prior trademark of the applicant of the invalidation request) grounds?
- Is the invalidation request based on a well-known trademark against a bad-faith registration?
- Was your trademark already well-known before the bad-faith registration was filed?
- Was the registration of the attacked mark obtained by inappropriate means?
- Was the attacked registration filed in bad faith without intention to use?

Well-known trademarks enjoy enhanced protection, so that the five-year limit can be omitted when acting based on a well-known trademark against a maliciously obtained trademark registration if the prerequistes are met.

It is prohibited according to Chinese law that your agent, representative or distributor applies for your trademark or a similar trademark without your authorization in his own name for identical or similar goods and/or services. To circumvent this prohibition, some agents, represent-

---

191   Trademark Guidelines, Chapter 3, 3.8.2.

atives or distributors file your trademark not in their own names, but induce third parties to do so. Thereby, the allocation becomes more difficult to impossible. This weakens your position as applicant of the invalidation request, because you may have a presumption, but may not be able to prove it.

Within the frame of the examination whether an invalidation request shall be granted, it is also considered whether the parties had already business relationships or disputes, so that the owner of the attacked trademark was aware of the trademark of the applicant of the invalidation request, and whether the attacked trademark was filed for unfair motives and therefore from other reasons than to gain or secure market shares with it. This is also true, if someone unfairly applies for a trademark which is already in use by a third party, insofar as this trademark has gained a certain degree of influence through the use of the third party. This means that the trademark has already been used in China by a third party without having been registered and that the targeted Chinese public already knows the trademark which shows the origin of the goods and/or services.

Invalidation requests have also a special meaning because in many cases initially the basic trademark needs to be invalidated – i.e. the trademark registration eliminated – before the use of it can be acted against via a lawsuit.[192]

4.3.3 Complaint to the CNIPA Concerning the Inclusion of Bad Faith Applicants on Its Blacklist

For a long time it was rumored whether the CNIPA may have a blacklist in which bad faith applicants are included and which will be used by examiners for detecting bad faith trademark applications without intention to use. Meanwhile, it seems to be generally assumed that such a list exists, even if not officially and not accessible for the public.

Thus, in case you have information about allegedly bad faith applicants, you can inform the CNIPA thereof with a respective letter, which contains information about your rights and, in particular, about the actions of the alleged bad faith applicant of whom you are aware. A single letter is directed against all trademarks and trademark applications and all other proceedings in which the allegedly malicious applicant is involved. Your trademark representatives can prepare for you the specific information to be provided in each individual case.

As already depicted above, bad faith trademark applications without intention to use shall be rejected ex officio according to Chinese Trademark Law. Thereby, the CNIPA can, due to the numer-

---

192 For more in-depth information on invalidation requests, see: Huang, Ariel, (IP CHINA) Pirelli overcomes the 5 years limitation and wins, https://www.lexology.com/library/detail.aspx?g=a1000adb-00b7-4af2-92b6-5a0983a9fafd (last retrieved 11 February 2023)

ous applications, not examine each single application in that respect, so that such complaints help the CNIPA to find these applications and possibly directly refuse them. If you are successful with this, you can later on save oppositions and invalidation requests, as the trademarks have already been rejected in the official examination, which means time and cost saving for you.[193]

4.3.4   Warning Letter and Lawsuit (Civil Law)

In case of infringement of your trademark rights, it is possible to supply the alleged infringers with warning letters and to file lawsuits against them. Claims should be asserted within three years from knowing or should-know of the infringement and the infringer. But even after that time, courts can take measures if the infringement is ongoing. Depending on the respective infringement, a warning letter and the possibly following lawsuit often aim that the alleged infringer shall
* cease and desist from the infringing behaviour,
* cease and desist from unfair competition actions,
* withdraw infringing trademark applications and delete infringing registered trademarks,
* change their company name and undertake not to use the infringing name for future business,
* cancel their company name recordal,
* destroy infringing products,
* undertake not to infringe your IP rights in the future,
* publish a statement in a branch relevant newspaper to diminish the negative effects resulting from their infringing activities,
* apologise publicly.

Within the scope of a civil lawsuit, you can also claim damages and reimbursement of court and attorney's fees (see 4.1 Civil Law Route).

A prior warning letter by the trademark owner to the infringer can lead to punitive damages being imposed on the infringer later in legal proceedings. The reason for this is that a warning letter can make the infringer malicious.

Courts can also order the destruction of the goods bearing counterfeit registered trademarks, and the destruction of the materials and tools used predominantly to manufacture these

---

193 More in-depth information about the probably inofficially kept black list by the CNIPA see: Koo, Anna/Xu, Ann, China's Top 10 trademark developments 2021, https://www.worldipreview.com/contributed-article/china-s-top-10-trademark-developments-2021 (last retrieved 18 February 2023); Xu, Ann/Chan, Vivien, China's revision of trademark law and the impact on CNIPA practices, https://www.managingip.com/article/2a5d1aveddrlq9n8fqccg/chinas-revision-of-trademark-law-and-the-impact-on-cnipa-practices (last retrieved 18 January 2023); Xia, Summer, (IP CHINA) Purpose other than use: Art. 4 of the Revised Trademark Law, https://www.hfgip.com/news/ip-china-purpose-other-use-art-4-revised-trademark-law (last retrieved 18 January 2023)

goods. Moreover, goods bearing counterfeit registered trademarks shall not enter commercial channels after the removal of those trademarks. This means that the (re-)distribution of counterfeits is prohibited, even after removal of the infringing trademarks. Often, at first, the underlying trademark needs to be removed, e.g. through invalidation proceedings, before a lawsuit to cease and desist from its use can be successfully initiated.[194] This is, however, not always the case; e.g., in some cases, it may be easier to prohibit the use of a trademark, if the basis of the claim is a copyright.[195] The respective rules are complicated. Discuss the individual strategy with your trademark representatives.

The greater the recognition of a trademark in China, the greater the scope of its protection and the easier it is to take action on its basis against infringements. A successful lawsuit can also be brought from well-known trademarks not registered in China (see 3.4). In connection with non-registered trademarks, you should also consider whether protection is given on the basis of Anti-Unfair Competition Law.

The plaintiff can be the trademark owner or – under certain circumstances – an interested party such as a licensee. A civil lawsuit regarding trademark infringement essentially proceeds as follows: After the plaintiff has filed the statement of complaint, the court examines whether to accept the lawsuit. If the court accepts the lawsuit, it delivers the statement of complaint to the defendant. The defendant is invited to submit their observations within a certain time limit. The court sends the response of the defendant to the plaintiff. The court then sets a date for the hearing. At the hearing, arguments are put forward and evidence is explained and examined. After conclusion of the hearing, the attorneys often submit summary opinions, with which they emphasize their arguments; this is important to restate their own positions. Then, the court issues its decision.[196]

4.3.5 Interim Relief (Civil Law)

There is also the possibility to request a preliminary (interim) injunction. With regard to an interim or preliminary injunction, no final decision is issued on the matter, but the court decides quickly and preliminarily to prevent or end current or shortly planned infringements immediately and to avert threatening damages to the allegedley infringed party. Interim relief can be requested, if there is evidence that a third party commits infringing actions or is about to com-

---

194 Liu, Frank/Zhu, Adam, Protecting rights against trademark infringers, https://www.lexology.com/library/detail. aspx?g=ffa243e8-87ca-4889-b66e-e451a8d76d20 (last retrieved 14 January 2023)

195 Ranjard, Paul, Consequences of trademark invalidation, https://www.lexology.com/commentary/intellectual-property/ china/wanhuida-intellectual-property/consequences-of-trademark-invalidation (last retrieved 28 January 2023)

196 For more detailed notes, see: Donna Suchy (Hrsg.), IP Protection in China, Chapter 1 Patents (Stephen Yang, Jiancheng Jiang, Hu Yuzhang, C. Frederick Koenig III, Yin Shao) 5. Dual Track System, p. 103; Huo, Aimin, Litigation procedures and strategies: China, https://www.worldtrademarkreview.com/global-guide/trademark-litigation/2020/article/ litigation-procedures-and-strategies-china (last retrieved 14 January 2023)

mit same and thereby, irreversible damage would result. Urgency has to be given; the request for preliminary injunction should be filed as early as possible. The applicant usually needs to deposit a bond which shall cover the possible damages for the defendant. A preliminary injunction can be requested before a lawsuit is initiated or while the lawsuit is ongoing.[197]

To date, Chinese courts were rather reluctant regarding the issuing of interim injunctions, because a wrong decision can have considerable negative influence on the interests of the defendant. In regard to interim relief in IP cases, the Chinese Supreme People's Court (SPC) has issued the »Regulations on Certain Issues on the Application of Law for Conduct Preservation in Trials of Intellectual Property Disputes«, which came into effect on January 1, 2019.[198]

4.3.6   Raid (Administrative)

An administrative raid is a rapid enforcement measure for relatively uncomplicated clear cases and obvious offenses, which administrative raid can be requested from the responsible Chinese authorities by providing relevant documents (e.g. trademark registration certificates) and be conducted by them. Typical cases for raids are counterfeits, obvious trademark infringements and also violations of the Anti-Unfair Competition Law, such as the illegal use of the ®-symbol. The more you as the claimant search and provide the responsible authorities with material from which the infringements are clearly recognisable, the higher the chances of success. This includes registration certificates for your relevant IP-rights, as much data as possible about the alleged infringer, notarised evidence, etc.

Consider in this respect that Grant of Protection Certificates of the World Intellectual Property Organization (WIPO) for International Registrations designating China are not accepted by the competent authorities as Trademark Registration Certificates. Instead, you need a certification of trademark registration in Chinese with official stamp issued by the CNIPA (see 2.1.5). It usually takes several weeks for it to be issued; acceleration can be requested. Therefore, you should obtain this document immediately after protection of the Chinese part of your International Registration has been granted in China to avoid that an intended raid cannot be conducted early on because the evidence for your own trademark rights is missing.

The authorities can confiscate infringing products and tools, order the termination of the infringing activities, and impose fines. The results of these raids and the knowledge gained thereby can be used in possible later lawsuits as evidence material. In serious cases, you as the

---

197 Shi, Yang, Pretrial injunction: a choice for IP owners to resist irreparable harms in China, https://www.lexology.com/library/detail.aspx?g=5681c00d-5af5-49ce-8a50-37fd760d2d01 (last retrieved 17 January 2023)

198 Feng, Zhen (Katie)/Low, Eugene/Xia, Helen, What you need to know about China's new Regulations on interim injunctions in IP cases, https://f.datasrvr.com/fr1/319/20320/(2019.02.28)_China_updates_its_rules_on_interim_injunctions_PDF.pdf (last retrieved 12 January 2023)

trademark owner can also request that the Public Security Bureau (PSB) (thus the police) takes over the case and conducts a criminal investigation.

4.3.7   Measures against Online Trademark Infringement

In January 2019 the E-Commerce Law has come into force, which shall better protect Intellectual Property.[199] In connection with this law, there is a post in the China Law Blog, in which – among others – essential terms such as »electronic commerce«, »E-commerce operators« or »cross-border e-commerce company« are explained.[200]

In September 2020, the Supreme People's Court also issued the Guiding Opinions on the Trial of Civil Cases involving the Intellectual Property Rights on E-commerce Platforms.[201] This is specifically about the protection of IP rights in e-commerce, whereby in particular the basic principles and the general rules in e-commerce, and also the legal responsibility of platform operators are an issue. Thus, platform operators who know or should know of trademark infringements must take reasonable and prudent measures to end the infringements, e.g. taking off the goods or block the links.[202]

In the EUIPO 2020 Status Report on IPR Infringement of the European Union Intellectual Property Office of June 2020 about infringement of IP rights[203], you can read the following: »IPR infringement is big business. The annual value of imports of counterfeit goods into the EU was estimated at EUR 121 billion, representing 6.8 % of the EU's imports from the rest of the world. The presence of counterfeits in the EU marketplace results in over 400,000 lost jobs, EUR 83 billion in lost sales in the legitimate economy, and EUR 15 billion in lost tax revenue.«[204] And we are not even talking about the damage and dangers to public health, consumer safety and the environment! The Report further reads: »Counterfeiting is a global phenomenon that has evolved significantly with the advent of better technology. Online marketplaces and social me-

---

199 VORYS eCONTROL Marketplace Solutions Blog, New Law in China Promotes Protection of Intellectual Property Rights on Online Marketplaces, https://www.vorysecontrol.com/blog/new-law-in-china-promotes-protection-of-intellectual-property-rights-on-online-marketplaces/ (last retrieved 17 January 2023); Simone, Joseph, China's new E-commerce Law, https://www.worldtrademarkreview.com/global-guide/anti-counterfeiting-and-online-brand-enforcement/2019-obe/article/chinas-new-e-commerce-law (last retrieved 17 January 2023)

200 Xia, Sara, China's New E-commerce Law and Its Foreign Company Impacts, https://harrisbricken.com/chinalawblog/chinas-new-e-commerce-law-and-its-foreign-company-impacts/ (last retrieved 11 February 2023)

201 Wen, Joyce, Guiding Opinions of the Supreme People's Court on the Trial of Civil Cases Involving the Intellectual Property Rights on E-commerce Platforms (Mainland China), https://www.lexology.com/library/detail.aspx?g=f0eb2484-3a9a-457f-8922-125bbeedbbba (last retrieved 18 January 2023)

202 Ibid.

203 EUIPO, 2020 Status Report on IPR infringement, June 2020, https://euipo.europa.eu/tunnel-web/secure/webdav/guest/document_library/observatory/documents/reports/2020_Status_Report_on_IPR_infringement/2020_Status_Report_on_IPR_infringement_en.pdf (last retrieved 11 February 2023)

204 EUIPO, 2020 Status Report on IPR infringement, June 2020, 3. Quantification and consequences of IPR infringement, p. 22 https://euipo.europa.eu/tunnel-web/secure/webdav/guest/document_library/observatory/documents/reports/2020_Status_Report_on_IPR_infringement/2020_Status_Report_on_IPR_infringement_en.pdf (last retrieved 11 February 2023)

dia are increasingly becoming an important source of income for criminal groups engaged in the sale of both counterfeit products and pirated digital content, such as films, TV, music, live sporting events, e-books and games.«[205]

Counterfeiters use online marketplaces and social media to offer their products, partly directed at the Chinese market, partly worldwide. Likewise, it happens that online sellers although not marking their own goods with trademarks of others, use these third party trademarks on online marketplaces to freeride on the reputation of the third party or its trademarks and to attract customers by exploiting the advertising function of the third party trademarks. These risks can be reduced by suitable proactive measures, in particular
• Trademark collision watch
• Domain monitoring
• Monitoring of the respective online marketplaces.

The trademark collision watch serves monitoring whether younger identical or similar trademark applications of third parties have been filed, so that an opposition can be filed before registration. The domain monitoring serves monitoring whether third parties register confusingly similar domains. The monitoring of the online marketplaces serves monitoring whether third parties infringe on the trademarks of your company on online platforms, either by offering counterfeits or by using your trademarks in the title or description of their products and freeride on the reputation of your undertaking and its trademarks and damage them.

Most online marketplaces have their own online portals, on which owners of trademarks and other IP rights can deposit their registration certificates and other documents and then electronically file their »notice-and-takedown requests«. For this purpose, many online marketplaces request a registered Chinese trademark (not one which has just been applied for). For some online marketplaces, a non-Chinese trademark registration is also sufficient, but even for these, it is often faster and more efficient to have a Chinese trademark registration.

The usual procedure can roughly be described as follows, depending however on the respective online marketplace: The trademark owner files a complaint, the »notice-and-takedown-request« with the online marketplace. The online marketplace informs the alleged infringer who can then either oppose or do nothing. In case he opposes, his opposition can be accepted or refused. In case the alleged infringer does nothing, or if the online marketplace rejects his opposition, the online marketplace takes suitable measures, such as deleting the respective offers, temporary or permanent closure of the store, etc. Otherwise, if the alleged infringer opposes and the opposition is accepted, you as the trademark owner can take actions against the infringing behaviour directly, e.g. with a cease-and-desist letter or a lawsuit before a court.

---

205 EUIPO, 2020 Status Report on IPR infringement, June 2020, 2. Why and how are IP rights infringed? p. 14 https://euipo. europa.eu/tunnel-web/secure/webdav/guest/document_library/observatory/documents/reports/2020_Status_ Report_on_IPR_infringement/2020_Status_Report_on_IPR_infringement_en.pdf (last retrieved 11 February 2023).

Insufficient monitoring and lack of action against online trademark infringement can have the following disadvantages:
- The more rights the alleged infringer was able to build up, the more difficult and expensive it gets to remove them.
- Your own trademark gets diluted.
- The trust of your customers gets lost and your reputation may be damaged.
- The sales figures are declining.
- This can lead to safety risks up to damages to health and injuries of the customers of the counterfeits which might be associated in public and in the media with your trademark.

The advantages of sufficient online monitoring are:
- Counterfeits and other trademark infringements can be detected early.
- Information to enable successful action against trademark infringement can be gathered.
- It deters others when they detect that a trademark owner strictly takes action against trademark infringements.
- Own sales can increase.
- The trust of customers and buyers can be maintained.
- The costs and risks are all the lower, the earlier you take care of the removal of the infringements.[206]

4.3.8   Customs

It is recommendable to record your IP rights (trademarks, copyrights, patents, design patents) with the Chinese customs authorities General Administration of Customs People's Republic of China (GACC).[207] With regard to trademarks, a separate application must be filed for each trademark in each class. This must be accompanied by documents, such as a business registration certificate, trademark registration certificate, and information about licenses, images of the goods and their packaging and a power of attorney. Moreover, you can also indicate already known infringers.

---

206 More in-depth information about acting against online trademark infringement, see: Rocafort, Fred, How To Take Down Counterfeits From Alibaba and Other Chinese E-Commerce Sites, https://harrisbricken.com/chinalawblog/how-to-take-down-counterfeits-from-alibaba-and-other-chinese-e-commerce-sites/ (last retrieved 16 January 2023); Su, Sunny/Xia, Jennifer, China Case Study: IP Protection in Live Streaming E-Commerce Platforms, https://rouse.com/insights/news/2021/china-case-study-ip-protection-in-live-streaming-e-commerce-platforms (last retrieved 17 January 2023); Zhu, Zhigang, Wei, He, Online infringement in China – legislation update, https://www.lexology.com/commentary/intellectual-property/china/wanhuida-intellectual-property/online-infringement-in-china-legislation-update (last retrieved 18 January 2023); Godefroy, James/Liu, Zoe/Liang, Isabel, Demystifying Alibaba's Three-Strike Policy: How to have IP infringers banned, https://rouse.com/insights/news/2022/demystifying-alibaba-s-three-strike-policy-how-to-have-ip-infringers-banned (last retrieved 12 January 2023)
207 http://english.customs.gov.cn/.

If an IP right has been recorded with the Chinese customs authorities (ex officio protection), the information is added to the official computer system of the Chinese customs authorities so that each Chinese customs office can access same. Chinese customs inspect both imports and exports for rights infringements. The customs recordal is valid for 10 years, provided that the protected rights do not expire earlier. Renewal is possible. Customs officers pay more attention to goods bearing recorded IP rights, be it imports or exports. If there is some suspicion, customs will inform your trademark representative and you can request seizure of the suspicious goods. The term for this is very short, usually three working days. In this case, you as the rights owner have to deposit a security bond. If the suspicion is confirmed and the goods are in fact infringing, the customs authorities can confiscate and destroy the goods and impose a fine on the infringer. The costs for the storing and destruction of the goods will be deducted from your bond. Should, on the other hand, become clear that the seized goods are not infringing, you as the rights holder can be held liable for the damages. In case the customs authority suspects criminal relevance, it can also transfer the case to the responsible authorities. A disadvantage of the customs recordal can be that possibly also own goods or authorised goods are held up. The »white list« of your own suppliers/distributors should therefore always be up to date and deposited with customs. In case you yourself become aware of suspicious imports or exports, you can also request for protection measures with Chinese customs, if you have not recorded your IP rights there (protection on request). Through the possibilities of cooperating with Chinese customs, you can reduce the risk that counterfeits are exported from China and imported in your home market or other countries.

In the scope of its awareness campaign 2021, the EUIPO has issued the ressource »Risks and Damages posed by IPR Infringement in Europe«, in which it is said:

»A joint European Union Intellectual Property Office (EUIPO) and Organisation for Economic Co-operation and Development (OECD) study estimated that counterfeit products represent **6.8 % of European Union (EU) imports worth EUR 121 billion** and impact every sector, from cosmetics and toys, wine and beverages, electronics and clothing to pesticides and pharmaceutical products.«[208] Further, it reads in the report: »Containerised maritime transport remains a major channel for the shipping of counterfeit goods coming largely from East Asia and notably China and Hong Kong, which account for 80 % of the total value of fakes seized from containers worldwide«.[209]

---

208 EUIPO, Risks and damages caused by infringements of intellectual property rights in Europe, awareness campaign 2021, p. 3, https://euipo.europa.eu/tunnel-web/secure/webdav/guest/document_library/observatory/documents/Awareness_campaigns/spring_campaign_2021/2021_Spring_Campaign_en.pdf (last retrieved 13 February 2023)

209 Ibid. with further reference to the information about misuse of containerised maritime shipping, https://euipo.europa.eu/ohimportal/en/web/observatory/misuse-of-containerised-maritime-shipping (last accessed on 11 February 2023)

Because Chinese customs authorities also examine exports, you can, by recording your Chinese trademarks (and other rights) with Chinese customs, significantly contribute to counterfeits not leaving China and respectively not be able to enter the EU.[210]

---

210 More in-depth information about the topic protection of IP rights through Chinese customs, see: Lee, David/ Tsi, Ron. Chinese customs protection strategy – route to efficient and cost-saving relief, https://www.iam-media. com/global-guide/iam-yearbook/2020/article/chinese-customs-protection-strategy-route-efficient-and-cost-saving-relief (last retrieved 14 January 2023); Baker, Brandy E., How to empower Chinese customs authorities, https://www.worldtrademarkreview.com/article/how-empower-chinese-customs-authorities (last retrieved 18 February 2023); Baker, Brandy E., How to detect and capture infringing goods in China, http://en.kangxin.com/html/2/218/219/220/14551.html (last retrieved 11 January 2023); Jiang, Xiuhua, Trademark enforcement through customs services, http://en.kangxin.com/html/2/218/219/220/15241.html (last retrieved 14 January 2023); Jing, Ning/Jia, Xiaoning, How to Efficiently Protect Your Intellectual Property Right through China Customs?, https://www.lexology.com/library/detail.aspx?g=ee201dc1-70ac-4567-8687-e6d31c0d2511 (last retrieved 18 January 2023); Rocafort, Fred, The Four Best Ways to Protect Your IP from China, https://harrisbricken.com/chinalawblog/the-four-best-ways-to-protect-your-ip-from-china/ (last retrieved 16 January 2023); Liu, Zoe, Copyright Customs recordal – your brand's saving grace?, https://rouse.com/insights/news/2022/copyright-customs-recordal-your-brand-s-saving-grace (last retrieved 14 January 2023); Hou, Sophia/Liu, Zoe, China: Strategic use of China Customs detention to solve complicated IP disputes, https://rouse.com/insights/news/2022/china-strategic-use-of-china-customs-detention-to-solve-complicated-ip-disputes (last retrieved 14 January 2023); Liu, Zoe, Non-determination decisions: A remedy when your branded goods are seized, https://rouse.com/insights/news/2022/non-determination-decisions-a-remedy-when-your-branded-goods-are-seized (last retrieved 14 January 2023); Fan, Christine/Fang, Ting, Intelight IP Law Firm, IP enforcement through China Customs, https://www.iam-media.com/regionindustry-guide/china-managing-the-ip-lifecycle/2023/article/ip-enforcement-through-china-customs (last retrieved 12 January 2023)

5   Costs

The costs vary depending on the current exchange rate and are approximate. They relate to one class each.

Official fee for a trademark application in one class with up to 10 items of goods/services	about EUR 50
Official fee for each additional item in the list of goods/services exceeding 10 items	about EUR 5 per additional item
Official fee for appeal in trademark registration proceedings	about EUR 100
Official fee for trademark renewal in one class	about EUR 75
Official fee for an opposition against the registration of a trademark	about EUR 75
Official fee for filing a non-use cancellation action	about EUR 75
Official fee for filing an invalidation request	about EUR 100

In addition, there are the Chinese lawyer's/trademark agency's fees, which are usually mostly calculated on the basis of time spent. The hourly rates are usually between 200 and 500 USD. In case of also hiring a German lawyer, these costs are added. These are usually also mainly calculated on the basis of time spent. The hourly rates are usually between 240 and 500 EUR.

6 Duration of Proceedings and Time Limits

Time limits and procedural durations are subject to permanent change and are based on my current state of knowledge (February 2023). They serve exclusively as an overview; with regard to concrete cases, it is necessary to always seek the advice of a Chinese law firm or trademark agency.

6.1 Duration of Proceeding

From the application of a trademark until its registration if no objections are raised and no oppositions are filed	about 7–12 months
Examination of a trademark application by the CNIPA	about 4–7 months
Duration of proceedings until a decision of the CNIPA about an appeal in the registration proceedings	about 9–12 months
Examination of an opposition by the CNIPA	about 12–18 months
Examination of an invalidation request by the CNIPA	about 12–18 months
Examination of a non-use cancellation action by the CNIPA	about 9–12 months
Duration of proceedings until a decision of the CNIPA about a review in a non-use cancellation action	about 9–12 months

6.2 Time Limits

Your Chinese law firm or trademark agency will precisely calculate and inform you about the deadlines for each individual case. The information below concerns national Chinese trademarks, and only serves as a general overview and should give you an approximate orientation. Often, it is for German companies and their attorneys not exactly recognisable how long a time limit really is, as there are somewhat complicated regulations for the start of the time limit, and the companies and their attorneys usually do not know when the time limit began exactly.

Response to an Official Notification of Amendment of the list of goods/services by CNIPA	30 days
Appeal after refusal of a trademark application	15 days
Division of a trademark application after partial refusal by the CNIPA	15 days
Opposition period	3 months

If the opposition is rejected, the opposed mark will be registered (no appeal available). Possibility for the opponent in case his opposition is rejected.	They can file an invalidation request after registration of the opposed mark
If the decision on an opposition is made in favour of the opponent and the opposed trademark is refused registration, …	… the opposed party has the right to file an appeal on the opposition within 15 days.
Grace period for use	3 years from registration; after concluding opposition proceedings 3 years from publication of the registration in the Trademark Gazette. IMPORTANT: Already three years after its registration, a trademark can be attacked with a non-use cancellation action; in case a non-use cancellation action has been filed, use must be proven for the last three years before the non-use cancellation action has been filed. Thus, in case of a non-use cancellation action, you have to prove use for the past three years, even if these three years concern the time from the registration of the trademark until the non-use cancellation action has been filed. The term grace period is therefore misleading, although generally used.
Filing an invalidation request	In many cases, there is a term of five years from the registration of a trademark for filing an invalidation request.

7 Further Important Aspects for the Protection of Your Rights in China

7.1 Contracts

Although apart from the assignment of a law firm or trademark agency, you do not need a contract for the application and registration of a trademark, contracts in connection with trademarks in China have a significance that should not be underestimated. This is, for example, about contracts with manufacturers, suppliers and distributors, but also about co-existence agreements between trademark owners, and license agreements. With each single kind of contract, one could fill books, and this is done. Here you find more general notes, which can be helpful in connection with Chinese trademark law and related fields. This already starts with the recommendation to conclude contracts as early as possible, i.e., not only after facts have been generated which bring one party, in the worst case you, in a weaker position, but before you disclose any information to the other party. An example: A contract with your Original Equipment Manufacturer, that shall make sure that your IP-rights are yours and may only be registered by you and in your name, is best concluded before the Original Equipment Manufacturer learns about the trademarks with which he shall label your products. Evenly important is it to know before concluding the contract who the other party is, and in particular, whether he is trustworthy: Is it a serious company, how often was it involved in legal disputes, how is the financial situation, is the company able to fulfill the duties which it wants to agree about with you, etc.? You can evaluate this with a due diligence examination, the scope of which should be determined according to the importance and size of the transaction. A due diligence examination can also be conducted step by step – in case you do not find anything suspicious on the most superficial level, e.g. in the form of a short desktop search, you should do some further search. However, if you find something suspicious after a short search, maybe that the company does not have a license for the kind of business concerned, or that the company was named in the press in connection with trademark infringement, you can make your further decisions on the basis of these findings.

The purpose of these contracts is, among others, to establish clarity and safety by setting the points on which the parties agreed formally, concrete and permanently, and to protect confidential information and prevent possible legal disputes. Often, in a preamble, the motives of the parties are explained and therewith the basics of the business relationship set. Contracts should provide for protective measures for the case that the situation develops not as desired. In order to achieve the goals pursued with the contracts, they must be enforceable.

The right timing depends on numerous factors, but in principle, it can make sense to conduct negotiations with potential Chinese partners after at least filing all relevant IP rights such as patents, to which in China also designs belong, trademarks, copyrights, and having the domains registered. **In principle**, contracts with Chinese partners should be governed by Chinese law, be written in Chinese with English translation, declare Chinese as the leading language and be enforceable before Chinese courts with jurisdication for the other party.[211] Attention must be paid that an authorised person signs the contract and that it is stamped with the official company seal.[212] The company seal can also be an electronic one and is then legally as valid as a physical company seal.[213]

Thus, a contract with a Chinese counterparty should normally be drafted in such a way that it can be enforced before a Chinese court competent for your contractual partner. This means that the applicable law is Chinese law, the leading language is Chinese, and Chinese courts have jurisdiction.[214] Through another contract design – e.g. German jurisdiction or leading language being English, it can happen that the contract is finally not or not in a reasonable relation to the effort enforceable. However, there are also constellations in which another contract design might better suit your interests – make sure all important facts are considered and you are aware where you most likely need to enforce the contract. You can find a good example for this in the post in the China Law Blog »How to Protect Against Theft When Selling TO China«[215] by Dan Harris.[216]

Take care that you do not only know the exact wording of the English version of your contract, but that you are also sure to know exactly what the Chinese version of your agreement says. Dan Harris explains why this is so important in his blog post which starts with the words »Don't trust the translation.«[217] The English and the Chinese version of a contract can differ, and it is possible that the Chinese version is the valid version of the contract.[218] In case you need to enforce the contract on the basis of the Chinese version, it is of high importance that you know the exact contents of the Chinese version.[219]

So called NNN (non-disclosure, non-use/non-compete, non-circumvention) agreements are particularly important. They serve the purpose of protecting your confidential information such as trade secrets and to prevent the other party from the unauthorised disclosure of confidential information (non-disclosure), from using your idea or your product to compete with you (non-use,

---

211 China Law Blog, China Contracts: Make Them Enforceable Or Don't Bother, https://harrisbricken.com/chinalawblog/contracts-in-china-enforce-it-or-go-home/ (last retrieved 11 February 2023)
212 Harris, Dan, China Company Chops: The Basics, https://harrisbricken.com/chinalawblog/china-company-chops-the-basics/ (last retrieved 14 January 2023); Harris, Dan, Is That A Real Chinese Company Chop/Stamp/Seal? https://harrisbricken.com/chinalawblog/is-that-a-real-chinese-company-chop-stamp-seal/ (last retrieved 14 January 2023)
213 Kipfer, Arlo, The Chinese Company Chop Goes Digital, https://harrisbricken.com/chinalawblog/the-chinese-company-chop-goes-digital/ (last retrieved 14 January 2023)
214 Harris, Dan, Three Rules for China Contracts, https://harrisbricken.com/chinalawblog/three-rules-for-china-contracts/ (last retrieved 14 January 2023)
215 https://harrisbricken.com/chinalawblog/how-to-protect-against-theft-when-selling-to-china/ (last retrieved 11 February 2023)
216 See also: Harris, Dan, Choosing the Jurisdiction for Your China Contract Disputes, https://harrisbricken.com/chinalawblog/choosing-the-jurisdiction-for-your-china-contract-disputes/ (last retrieved January 28, 2023)
217 Harris, Dan, Dual Language China Contracts: Don't get Fooled!, https://harrisbricken.com/chinalawblog/dual-language-china-contracts-dont-get-fooled/ (last retrieved 14 January 2023)
218 Harris, Dan, Reviewing China Contracts, https://harrisbricken.com/chinalawblog/reviewing-china-contracts/ (last retrieved 14 January 2023)
219 Bench, Jonathan, Do You Know What Your Chinese Language Contract Says?, https://harrisbricken.com/chinalawblog/do-you-know-what-your-chinese-language-contract-says/ (last retrieved 11 January 2023)

non-compete) and from selling your product to your customers or to third parties themselves (non-circumvention).[220] A good depiction of NNN agreements can be found in the post from the China Law Blog »China NNN Agreements: Essential and NOT for Trade Secrets«[221] by Arlo Kipfer.

It also happens that Chinese contracting partners want to provide in the contract for the settlement of possible disputes through arbitration courts and arbitration. It must be evaluated for each single case what is the best solution here.[222]

Contracts with distributors should foresee that the distributor confirms and acknowledges that all trademark rights – and other IP rights – remain with you as the actual owner, and that the distributor neither owns nor obtains rights in them. License agreements should be recorded with the competent authorities.[223]

---

220 Harris, Dan, NDAs Do NOT Work for China but NNN Agreements Do, https://harrisbricken.com/chinalawblog/ndas-do-not-work-for-china-but-nnn-agreements-do/ (last retrieved 14 January 2023); Kipfer, Arlo, The 101 on International NNN Agreements, https://harrisbricken.com/chinalawblog/the-101-on-international-nnn-agreements/ (last retrieved 14 January 2023); Kipfer, Arlo, Beware the China Mutual NDA, https://harrisbricken.com/chinalawblog/beware-the-china-mutual-nda/ (last retrieved 14 January 2023); Kipfer, Arlo, China NNN Agreements, https://harrisbricken.com/chinalawblog/china-nnn-agreements/ (last retrieved 11 February 2023)

221 https://harrisbricken.com/chinalawblog/china-nnn-agreements-essential-and-not-for-trade-secrets/ (last retrieved 11 February 2023)

222 For a small overview, see: Harris, Dan, Arbitration in China as the New Normal, https://harrisbricken.com/chinalawblog/arbitration-in-china-as-the-new-normal/ (last retrieved 14 January 2023)

223 More in-depth information to contracts, see: Harris, Dan, Drafting China Contracts That Work, https://harrisbricken.com/chinalawblog/drafting-china-contracts-that-work/ (last retrieved 14 January 2023); Schaub, Mark/Link, Sandra/Reitzel, Johannes, Coronavirus – Global Supply Chain Chaos for German companies?, https://www.chinalawinsight.com/2020/02/articles/corporate-ma/coronavirus-global-supply-chain-chaos-for-german-companies/#page=1 (last retrieved 16 January 2023); Harris, Dan, International Dispute Resolution Clauses: Context is Everything, https://harrisbricken.com/chinalawblog/international-dispute-resolution-clauses-context-is-everything/ (last retrieved 14 January 2023); Bench, Jonathan, Chinese Contracts Work, but You Can't Make a Good Deal with a Bad Company, https://harrisbricken.com/chinalawblog/chinese-contracts-work-but-you-cant-make-a-good-deal-with-a-bad-company/ (last retrieved 11 January 2023); Harris, Dan, China Contracts That Work: Get the Company Chop Right, https://harrisbricken.com/chinalawblog/china-contracts-that-work-get-the-company-chop-right/ (last retrieved 14 January 2023); Harris, Dan, China Contract Jurisdiction and Being Too Clever By Half, https://harrisbricken.com/chinalawblog/china-contract-jurisdiction-and-being-too-clever-by-half/ (last retrieved 11 February 2023); Harris, Dan, China Dispute Resolution Clauses, https://harrisbricken.com/chinalawblog/china-dispute-resolution-clauses/ (last retrieved 14 January 2023); Kipfer, Arlo, China NNN Agreements Up Close, https://harrisbricken.com/chinalawblog/china-nnn-agreements-up-close/ (last retrieved 14 January 2023); Kipfer, Arlo, China NNN Agreements and How to Give Them Real Teeth, https://harrisbricken.com/chinalawblog/china-nnn-agreements-and-how-to-give-them-real-teeth/ (last retrieved 14 January 2023); Harris, Dan, Translate Your Contract for China? Not Gonna Do It, https://harrisbricken.com/chinalawblog/translate-your-contract-for-china-not-gonna-do-it/ (last retrieved 14 January 2023); Harris, Dan, Is Your China Contract Worthless?, https://harrisbricken.com/chinalawblog/is-your-china-contract-worthless/ (last retrieved 14 January 2023); Harris, Dan, Protecting Your Product From China: The 101, https://harrisbricken.com/chinalawblog/protecting-your-product-from-china-the-101/ (last retrieved 14 January 2023); Kipfer, Arlo, China Contract Dispute Resolution Clauses: Choose Certainty, https://harrisbricken.com/chinalawblog/china-contract-dispute-resolution-clauses-choose-certainty/ (last retrieved 14 January 2023); Harris, Dan, International Manufacturing Contracts: The Basics, https://harrisbricken.com/chinalawblog/international-manufacturing-contracts-the-basics/ (last retrieved 11 February 2023)

7.2 Domains

In principle, you should, in parallel with the application of your trademark, also register the respective domains, as otherwise, it might happen that third parties secure the domains which fit to your trademark. Because there are persons who monitor the trademark registers as to whether new trademarks are filed, for which no respective domains have been registered. Then, they register these domains themselves to block the trademark owner and offer him the domain for sale or profit from it otherwise. In such a case, you would have lost an important marketing tool. Under certain prerequisites, it is possible to get the domain back, whereby almost always higher costs are incurred, and more time is needed as if you secure the domain for yourself from the beginning.

You should continually monitor the recordal of new domains possibly infringing your rights. Apart from a civil lawsuit or negotiations, you can also file a domain name complaint (»domain name dispute resolution proceedings«). Domain name complaints regarding »cn«-domains and their equivalent in Chinese characters can be filed with the following three organisations:

- China International Economic and Trade Arbitration Commission Online Dispute Solution Center (CIETAC ODRC)[224]
- Hong Kong International Arbitration Center HKIAC[225]
- World Intellectual Property Organization (WIPO)[226]

Since June 2019, there is a three (formerly two) year deadline for a domain name complaint, beginning with the registration (possibly also assignment) of the domain.[227, 228]

---

224 www.cietac.org and http://www.odr.org.cn
225 www.hkiac.org and https://www.hkiac.org/ip-and-domain-name/domain-dispute-resolution/domain-name-dispute-resolution-services#CNDRP%20-%20.cn%20domains
226 https://www.wipo.int/amc/en/domains/cctld/cn/
227 Gillet, Emmanuel, China: acquisition of domain name, limitation period and admissibility of the complaint under the China dispute resolution procedure, https://www.iptwins.com/en/2020/05/11/china-acquisition-of-domain-name-limitation-period-and-admissibility-of-the-complaint-under-the-china-dispute-resolution-procedure/ (last retrieved 11 February 2023); Gillet, Emmanuel, Article 2 of the cnDRP: the reaction time of brand owners, https://www.iptwins.com/en/2020/12/03/article-2-of-the-cndrp-the-reaction-time-of-brand-owners/ (last retrieved 12 January 2023); Gillet, Emmanuel, Article 2 of the cnDRP: the issue of the starting point of the limitation period in case of a domain name that has been assigned, https://www.iptwins.com/en/2020/12/09/article-2-of-the-cndrp-the-issue-of-the-starting-point-of-the-limitation-period-in-case-of-a-domain-name-that-has-been-assigned/ (last retrieved 12 January 2023)
228 More in-depth information regarding domains, see: Harris, Dan, China Domain Name Scam Emails, Trademark Scam Emails, and the devil that is Sinosure, https://harrisbricken.com/chinalawblog/china-domain-name-scam-emails-trademark-scam-emails-and-the-devil-that-is-sinosure/ (last retrieved 14 January 2023); Chen, Sylvia, TM Rights In Domain Name Arbitration https://www.hongfanglaw.com/en/news/tm-rights-in-domain-name-arbitration/ (last retrieved 11 January 2023); Gillet, Emmanuel, Review of out-of-court decisions relating to domain names 2022-01 (December 2021), https://www.iptwins.com/en/2022/01/06/review-of-out-of-court-decisions-relating-to-domain-names-december-2021/ (last retrieved 12 January 2023)

7.3   Copyrights

»Urheberrecht« is mostly translated as »copyright«, although there are strictly speaking some relevant differences. According to German law, the »Urheberrecht« cannot be transferred to others as a whole (except by inheritance), but rather rights of use are transferred. According to Chinese law, to the contrary, the copyright itself is transferred. For better understanding we also use in the German language text the word »copyright«.

Copyright protects the expression of an idea, but not the idea itself. By copyright, among others, written works, musical works, photographic works, software, and artistic works can be protected. Also, logos and device marks can be registered in the Chinese copyright register if the requirements are met. The recordal is, however, not a prerequisite for protection, because copyright protection begins with the creation of the work, if the author is Chinese or from another member state of the Berne Convention for the Protection of Literary and Artistic Works.[229] The registration in the copyright register is in any case recommendable for the purpose of evidence and enforcement.

The following reasons speak for claiming trademark *and* copyright protection, whenever possible:
- With copyrights, there is no class and subclass system as there is for trademarks, so that copyrights generally enjoy protection independent of any goods/services.
- A copyright registration can be the basis for oppositions and invalidation requests against trademarks.[230]
- The criteria for assessing the similarity are different than with trademarks: While trademarks are about the origin of the goods, with copyright protection the work itself shall be protected, i.e., the later work must not copy the prior work or its essential elements. Due to these different assessment criteria, there can be differences in the assessment whether similarity is given or not. For example, with trademarks, often the word elements show the origin of the goods. In case only the graphic elements are similar, while the word elements differ, this can lead to non-similarity. With copyrights, however, the work is protected, and even if the work is included in a combined word/device mark, this can infringe on the prior copyright and similarity can be given.[231] Thus, in specific cases, it is possible that you cannot successfully act against an interfering younger trademark on the basis your prior trademark registration, but on the basis of your copyright.

---

229 Zhang, Karl/Chen, Jolene, Intellectual property issues for foreign enterprises acquiring Chinese companies, https://www.lexology.com/library/detail.aspx?g=1c67e9dd-7651-4c29-817e-9183c1e93c82 (last retrieved 18 February 2023); Liu, Xiaoming, Taking Precautionary Steps to Protect Copyrights in China, http://en.chofn.com/Articles/609e7c3f68969c002fd7c82b/Taking_Precautionary_Steps_to_Protect_Copyrights_in_China?keyword=Taking%20prec&page=1 (last retrieved 14 January 2023)
230 Kangxin, Copyright Claim in Trademark Opposition and Invalidation Case, http://en.kangxin.com/html/2/218/223/228/15843.html (last retrieved 11 February 2023)
231 Ibid.

- Copyrights can plug gaps where trademarks are not registered, e.g., due to the citation of prior trademarks.
- In certain cases, it can be easier to enforce one's rights on the basis of copyrights.[232]
- As to the copyright registrations, there are no renewal fees.

Copyright protection extends for the life time of the owner plus 50 years, if the owner is an individual. If the owner is a company, copyright protection extends for 50 years from the first publication of the work.

The National Copyright Administration of the People's Republic of China (NCAC)[233] and the Copyright Protection Center of China (CPCC)[234] are responsible for copyright registration and administration. During the registration process, the CPCC only conducts a formality examination, but no substantial examination. Therefore, the copyright registration certificate only serves as a prima facie proof for creation and ownership. Thus, it is likely that defendants and authorities demand further documents for proof apart from the registration certificate when you try to enforce your copyright. It is therefore recommendable to obtain the relevant original documents for the proof of the creation and ownership, such as agreements with designers/employees or declarations from these persons as well as publications and keep them at hand in case it will be necessary to enforce the copyright. As against trademark infringement, also against copyright infringement in China can be acted through administrative complaints, civil lawsuits and through criminal measures.[235] Damages can only be claimed in civil lawsuits.

232 See Ranjard, Paul, Consequences of trademark invalidation, https://www.lexology.com/commentary/intellectual-property/china/wanhuida-intellectual-property/consequences-of-trademark-invalidation (last retrieved 28 January 2023)

233 https://en.ncac.gov.cn/

234 https://www.ccopyright.com/en/

235 Zhang, Song/Chen, Wenjun/GUO, Cherry Chunfei/Fan, Yingxin/Sun,Wenjing, In brief: copyright infringement and remedies in China https://www.lexology.com/library/detail.aspx?g=7374af2a-5158-409e-813f-d062539d808a (last retrieved 18 January 2023)

The central law is the Copyright Law of the People's Republic of China.[236] This was amended with effect as of June 1, 2021, regarding several aspects (among others, introducing punitive damages).[237,238]

7.4   Design Patents

The wording in connection with designs is confusing. In Germany, it is »design«, and formerly it was »Geschmacksmuster«. According to EU law, it is »Geschmacksmuster« in German, »design« in English. Neither in Germany nor in the EU, designs/Geschmacksmuster belong to the patents and they have their own laws.

According to Chinese law, designs – as well as invention patents and utility models – belong to the patents and are protected by patent law.[239] Designs are defined as follows in the Chinese patent law: »Design« means, with respect to an overall or partial product, any new design of the shape, the pattern, or their combination, or the combination of the colour with shape or pattern, which is rich in an aesthetic appeal and is fit for industrial application.«[240]

---

236 https://wipolex.wipo.int/en/legislation/details/21065

237 More in-depth information regarding the amendments to the Copyright Law 2021, see: AFD China Intellectual Property Law Office, Third Amendment to China's Copyright Law, https://www.lexology.com/library/detail.aspx?g=e71cbb95-9c32-4129-9da8-92b990e09b24 (last retrieved 11 January 2023); AFD China Intellectual Property Law Office, Copyright and Related Rights Better Protected by the Newly-Amended Copyright Law, https://www.lexology.com/library/detail.aspx?g=4534ac51-1205-456a-bb97-a56961a603e9 (last retrieved 11 January 2023); DEQI Intellectual Property Law Corporation, The amended Copyright Law will become effective on June 1, 2021 in China, https://www.lexology.com/library/detail.aspx?g=c7c183e9-3e1d-40c8-84e8-1e8581139889 (last retrieved 12 January 2023); Cai, Ye/Ma, Mary, Third Amendment to Copyright Law, https://www.lexology.com/commentary/intellectual-property/china/wanhuida-intellectual-property/third-amendment-to-copyright-law (last retrieved 11 January 2023); Huang, Xuefang, The Third Amendment to the Copyright Law of China takes effect from 1 June 2021, https://www.marks-clerk.com/insights/articles/the-third-amendment-to-the-copyright-law-of-china-takes-effect-from-1-june-2021/ (last retrieved 14 January 2023); Xu, Echo, Top tips for enforcement success as big changes to China's copyright regime come into force, http://en.kangxin.com/html/2/218/219/220/14329.html (last retrieved 18 January 2023)

238 More in-depth information about copyrights in China, see: Li, Chun/Xie, Guanbin/Zhang, Bin, Copyright ownership and transfer in China, https://www.lexology.com/library/detail.aspx?g=ef043371-4c93-4146-ad47-71d108367e37 (last retrieved 14 January 2023); Mirkov, Relja/Kliska, Nikola, Powerlifting: Is Copyright stronger than Trademarks?, https://www.lexology.com/library/detail.aspx?g=c89a1606-c197-4991-b016-efb3d21eb8df (last retrieved 16 January 2023); Gun, Lara, The value of registering copyright in China, https://www.lexology.com/library/detail.aspx?g=1d539b68-e9cf-4a00-a2bb-954371015363 (last retrieved 12 January 2023); Zhang, Fiona, Practical Tips – Copyright Protection and IP Protection, http://en.kangxin.com/html/2/218/219/220/12833.html (last retrieved 18 January 2023); Low, Eugene/Meuwissen, Stefaan, Q&A: Why you should consider registering your copyright in China, https://www.engage.hoganlovells.com/knowledgeservices/news/qa-why-you-should-consider-registering-your-copyright-in-china (last retrieved 16 January 2023); Zhang, Fiona, Copyright protection or trademark protection? Practical tips for rights holders, http://en.kangxin.com/html/2/218/219/220/13789.html (last retrieved 18 January 2023); Zhang, Song/Chen, Wenjun/GUO, Cherry Chunfei/ Fan, Yingxin/Sun, Wenjing, Q&A: copyright ownership and transfer in China, https://www.lexology.com/library/detail.aspx?g=d5e34aff-c12b-44be-9926-1acad1cb4139 (last retrieved 18 January 2023); Rocafort, Fred, Amazon Seller Shenanigans and Why You Must Register Your Copyrights, https://harrisbricken.com/chinalawblog/amazon-seller-shenanigans-and-why-you-must-register-your-copyrights/ (last retrieved 16 January 2023)

239 Patent Law of the People's Republic of China, https://wipolex.wipo.int/en/legislation/details/21027

240 Patent Law of the People's Republic of China, Art. 2 para. 4

Designs can be filed with the CNIPA. Different from the EU, where there is the »unregistered Community design« (UCD), in China, there is no design protection for non-registered designs. In specific cases, the Anti-Unfair Competition Law may help. Effective as of June 1, 2021, amendments to the patent law have come into force, which also concern design patents. Thereby, the validity of design patents was prolonged from 10 years to 15 years (calculated from the application date, and valid for design patents filed on or after June 1, 2021). Furthermore, also parts of products can now be registered (partial designs). Moreover, statutory damages have been increased, the possibility of punitive damages has been introduced, and the burden of proof was reduced for the design patent owner.

With a design patent, new figurative elements, forms, patterns, colour combinations, 3D-creations etc. can be protected. A design patent does not protect a technical solution, but the appearance of a product which must then not be copied by third parties. Different from trademarks, novelty is a requirement for the protectability of design patents. The design which shall be protected must not have been made available to the public neither in China nor elsewhere (exception: the six-month priority term).[241] Therefore, a design patent application should be filed before the design is published. For the validity of a design patent, also originality is a prerequisite.

After filing the application, there is no substantial examination of the design patent by the CNIPA, but only a formality examination, whereby also obvious registration obstacles are considered. However, the applicant can request for a more extensive examination.[242] The design patent may therefore be registered, even if protectability is not actually given – this can become problematic later in case of disputes, if it then turns out that the design was not protectable from the beginning.

For the maintenance of design patents, annuity fees have to be paid. It is possible to file an invalidation request against a registered design patent with the CNIPA.

Since May 5, 2022, designs can also be filed via *The Hague System for the International Registration of Industrial Designs*, which goes via WIPO like International Trademark Registrations.[243] Up to 100 designs in more than 90 countries can be claimed by filing a single International Registra-

---

241 Yiu, Christine, Jaguar Land Rover's victory against Land Wind X7 – is it a fluke or a trend?, https://www.twobirds. com/en/insights/2019/china/jaguar-land-rovers-victory-against-land-wind-x7-is-it-a-fluke-or-a-trend#page=1 (last retrieved 18 January 2023); Han, Kevin (Jinwen)/Zhou, Qi/Li, Lan/Zhao, Yixuan, Land Rover v. Jiangling Holdings: Automobile Design Protection Strategy, https://www.lexology.com/library/detail.aspx?g=36135b9e-081c-455f-b8a2-ff07e6428b2b (last retrieved 12 January 2023); Rowlands, Jamie, Jaguar Land Rover v. Landwind: acts of unfair competition and copyright infringement, https://gowlingwlg.com/en/insights-resources/articles/2019/jaguar-land-rover-v-landwind-unfair-competition/ (last retrieved 16 January 2023); Zheng, Feng/Liu, Wenting, Daimler fails to defend Smart design patent in validity challenge, https://www.lexology.com/commentary/intellectual-property/china/wanhuida-intellectual-property/daimler-fails-to-defend-smart-design-patent-in-validity-challenge (last retrieved 18 January 2023)
242 Zhang, Karl/Chen, Jolene, Intellectual Property Issues for Foreign Enterprises Acquiring Chinese Companies, https://www.lexology.com/library/detail.aspx?g=1c67e9dd-7651-4c29-817e-9183c1e93c82 (last retrieved 18 February 2023)
243 WIPO, https://www.wipo.int/hague/en/news/2022/news_0005.html

tion.[244] Claiming protection in China does not cover Hong Kong and Macao and also not Taiwan. Different from International Trademark Registrations, you do not need a basic right on which to base the International Design Application. The International Design Application will only be formally examined by WIPO; every country claimed has the right to examine the application substantially. The responsible Chinese authority can reject the International Design Application in China also for formal reasons. Here, we need to wait for the further development and it is strongly recommended to obtain legal advice in each individual case.[245,246]

---

244 WIPO/HAGUE, https://www.wipo.int/hague/en/

245 More in-depth information regarding the International Design System, see: Beconcini, Paolo, China Accedes to the Hague Convention and Now Allows for International Design Filings, https://www.iptechblog.com/2022/02/china-accedes-to-the-hague-convention-and-now-allows-for-international-design-filings/ (last retrieved 11 January 2023); Lee, Nigel, China joins Hague design registration system, https://www.lexology.com/library/detail.aspx?g=97acffae-4b35-4691-8cca-0795768ddbda last retrieved 14 January 2023); Teng, Jason, China joins international design system, https://www.lexology.com/library/detail.aspx?g=c11647fe-1147-4f18-9a34-1b23cfd13a02 (last retrieved 17 January 2023); Che, Jennifer, China Joins Two WIPO Treaties, the Hague System and the Marrakesh Treaty, https://chinapatentstrategy.com/china-joins-two-wipo-treaties/ (last retrieved 11 January 2023); Albertini, Tom, China Joins the Hague System for International Registration of Industrial Designs, https://www.lexology.com/library/detail.aspx?g=1dba4b9f-f66e-458f-bb0d-60b4a20c4cd3 (last retrieved 11 January 2023); Anderson, Christopher, China Joins the Hague System for the International Registration of Industrial Designs, https://www.lexology.com/library/detail.aspx?g=6f824f6b-550f-4205-9f05-fc77f66127c2 (last retrieved 11 January 2023); S&O IPR, China joins the hague system for designs, https://www.lexology.com/library/detail.aspx?g=3e4301f5-8c7e-4d47-94b8-d00e3a69372a (last retrieved 17 January 2023); DEQI Intellectual Property Law Corporation, China joins WIPO's hague system, https://www.lexology.com/library/detail.aspx?g=b4ec620e-22a8-4835-a7fa-3096644ff249 (last retrieved 12 January 2023); Ran, Ruixue/Huang, Sheng/Wang, Alexander/Garten, Thomas/Wang, Justin/Guo, Yan/Chen, Xiaoliang, Quarterly China IP Update, https://www.cov.com/-/media/files/corporate/publications/2022/07/quarterly-china-ip-update-20220725.pdf (last retrieved 16 January 2023); Mi, Li, China's Design Patent Registration System Going Global, https://rouse.com/insights/news/2022/china-s-design-patent-registration-system-going-global (last retrieved 11 February 2023)

246 More in-depth information regarding designs, see: Huang, Yan, Protecting and enforcing design rights: China, https://www.worldtrademarkreview.com/global-guide/designs/2020/article/protecting-and-enforcing-design-rights-china (last retrieved 14 January 2023); Petraz, Davide Luigi/Barilà, Carmela/Dalla Longa, Arianna, Policing global markets for designs infringement, https://www.worldtrademarkreview.com/global-guide/designs/2020/article/policing-global-markets-designs-infringement (last retrieved 16 January 2023); Su, Juan, Impact of new Patent Law in 2021 on Design Applications, https://www.chinalawinsight.com/2021/01/articles/intellectual-property/impact-of-new-patent-law-in-2021-on-design-applications/#page=1 (last retrieved 17 January 2023); Hou, Sophia, Patent and design patent administrative enforcement in China, https://rouse.com/insights/news/2021/patent-and-design-patent-administrative-enforcement-in-china (last retrieved 14 January 2023); Li, Jenny, Highlights of Chinese Design Filings from June 1, 2021, http://en.kangxin.com/html/2/218/219/220/14129.html (last retrieved 14 January 2023); AFD China Intellectual Property Law Office, New Chinese Patent Law Protects Partial Designs, https://www.lexology.com/library/detail.aspx?g=58d9c513-ad97-4524-a7d1-a5e9785b5249 (last retrieved 11 January 2023); Robles, Braulio, »Made in China« goes standard: a reform of the industrial design protection system is bringing the Asian giant into line with international norms, https://www.lexology.com/library/detail.aspx?g=1d8b438d-d1ec-4fe3-8bf2-fb662f31e1ca (last retrieved 16 January 2023); Zheng, Feng/Wu, Sichun, Fighting against bad-faith design patent filings in China, https://www.lexology.com/commentary/intellectual-property/china/wanhuida-intellectual-property/fighting-against-bad-faith-design-patent-filings-in-china (last retrieved 18 January 2023); Su, Lei/Lin, Emma/Liu, Yang, Purplevine IP Group, Understanding design patent protection, https://www.iam-media.com/regionindustry-guide/china-managing-the-ip-lifecycle/2023/article/understanding-design-patent-protection (last retrieved 17 January 2023)

7.5 Anti-Unfair Competition Law

The central law in this regard is the Anti-Unfair Competition Law (AUCL)[247]. The AUCL regulates that companies shall apply the rules of fairness and good faith in their business dealings and comply with the laws and business ethics. Conduct which disturbs the competition and damages the rights and interests of other companies or consumers is considered bad faith. Unfair competition concerns aspects such as the infringement of trade names[248] and company names, the non-authorised use of the packaging or decoration of well-known trademarks, the theft of business secrets, wrong advertising, etc. Even the mere bad-faith trademark filing can under certain circumstances already be considered as constituting unfair competition.[249]

The latest amendments of April 23, 2019 in the AUCL mainly have the purpose of enhanced protection of rights owners against the infringement of trade secrets. In particular, they provide for applicability to current and former employees, the possibility of punitive damages, an increase in the maximum amount of damages to be awarded and easing the burden of proof for the right holder.[250]

In detail:
- Trade Secrets are defined as commercial information that is unknown to the public, has economic value and for which reasonable efforts to maintain confidentiality have been taken by its rights owner.
- Electronic intrusion is considered among theft, bribery, fraud and threat as exemplified means for the improper acquiring of trade secrets of third parties.
- Natural and legal persons as well as unincorporated organizations can be held liable for trade secret misappropriation.
- Indirect infringements, such as assistance and solicitation, underlie the protection of the law, as well.
- The maximum amount of statutory damages to be awarded is now 5 million RMB.
- In serious cases and in cases of malicious infringement, punitive damages can be awarded up to five fold the amount of damages calculated according to the usual methods.

---

247 Law of the People's Republic of China against Unfair Competition, https://wipolex.wipo.int/zh/text/547027
248 Xue, Elian, The Anti-unfair Competition Protection for Trade Name Right, http://en.kangxin.com/html/2/218/219/220/15941.html (last retrieved 18 January 202)
249 Huang, Xuefang, China: Filing bad-faith trade mark applications alone may constitute unfair competition, https://www.marks-clerk.com/insights/articles/china-filing-bad-faith-trade-mark-applications-alone-may-constitute-unfair-competition/ (last retrieved 14 January 2023)
250 Zhan, Hao/Song, Ying/Wu, Stephanie Yuanyuan/Lv, Hongjie, China Revises Anti-Unfair Competition Law to Step Up Fight against Trade Secret Infringement, https://www.lexology.com/library/detail.aspx?g=907fd0b8-dfef-4046-80d2-edd77432e242 (last retrieved 18 January 2023); Lam, Horace/Chen, Reking/Fisher, William (Skip)/Xiao, Ting, China's Long-Awaited Overhaul of Trade Secret Protection Regime, https://www.lexology.com/library/detail.aspx?g=cf8d3ef4-8cc5-42ba-b9bb-73b10ad7e00a (last retrieved 11 February 2023); CCPIT Patent & Trademark Law Office, The Revised PRC Anti-Unfair Competition Law Took Effect on April 23, 2019, https://www.lexology.com/library/detail.aspx?g=28800923-860e-4e9c-b04f-4852a7cd0baa (last retrieved 11 January 2023).

- The law now foresees an easing of the burden of proof, insofar as an infringement is assumed, if the rights owner submits prima facie evidence in the legal proceedings that he has taken confidentiality measures and that the trade secret has been infringed.
- If the rights owner provides prima facie evidence in the legal proceedings that trade secrets have been infringed and additionally regarding one of the following aspects, the defendant shall prove the absence of the infringement:
    - The defendant had access to or opportunity to access the trade secret and the information used by the defendant is substantially identical to the trade secret.
    - The trade secret has already been disclosed or used by the defendant, or there is the risk of disclosure or use.
    - Other evidence indicating that the trade secret has been infringed by the defendant[251,252,253].

251 Chen, Shihua, Contribution on trade secret, https://www.lexology.com/library/detail.aspx?g=e289101a-bf17-47f9-8998-5198998254ab (last retrieved 11 January 2023); Hou, Sophia, How to Prepare Evidence in Trade Secret Disputes, https://rouse.com/insights/news/2021/how-to-prepare-evidence-in-trade-secret-disputes (last retrieved 14 January 2023)

252 More in-depth information regarding trade secrets, see: Xia, Jerry, In brief: protection of trade secrets China, https://www.lexology.com/library/detail.aspx?g=5212426e-4c3a-4519-b9f3-9f472216f266 (last retrieved 18 January 2023); Xia, Jerry, Q&A: enforcement proceedings for trade secrets in China, https://www.lexology.com/library/detail.aspx?g=8da54879-67f0-423a-969b-252c72a4ecf0 (last retrieved 18 January 2023); Xu, Jing/Zhang, Chao, King & Wood Mallesons' Intellectual Property Group, Two Judicial Interpretations Relating to Trade Secrets Formally Promulgated and Coming into Force in September, https://www.chinalawinsight.com/2020/11/articles/intellectual-property/two-judicial-interpretations-relating-to-trade-secrets-formally-promulgated-and-coming-into-force-in-september/#page=1 (last retrieved 18 January 2023); Grimes, Steven/Cheng, Gino, New Judicial Interpretation in China Strengthens Protection of Trade Secrets, https://www.lexology.com/library/detail.aspx?g=a15a169c-a179-4877-9f30-b1d4aa8c6d3b (last retrieved 12 January 2023); Liang, Ivy/Desmonts, Vivian/Rowlands, Jamie, Risk Prevention and Strategy for Trade Secret Protection in China, https://gowlingwlg.com/en/insights-resources/articles/2021/risk-prevention-and-strategy-for-trade-secrets/ (last retrieved 14 January 2023); Kou, Haixia, A Good Time for Trade Secret Protection in China Part One and Part Two, https://www.lexology.com/library/detail.aspx?g=edd76a60-1af3-4c5a-930d-2d417a864cb4 and https://www.lexology.com/library/detail.aspx?g=906476f8-32dd-450c-b13a-823aa75c2595 (last retrieved 14 January 2023); Bailey, Chris/Hou, Sophia/Lai, Roslyn/Tian, Aria/Zhao, Julie, Trade Secret Litigation in China, https://www.lexology.com/library/detail.aspx?g=0d0c2b34-0ea7-4b9c-95ce-9dedcd52b56a (last retrieved 11 February 2023)

253 More in depth-information regarding Anti-Unfair Competition Law, see: Huang, Hui/Ranjard, Paul Ranjard, Supreme People's Court issues new interpretation of the Anti-Unfair Competition Law, https://www.iam-media.com/article/supreme-peoples-court-issues-new-interpretation-of-the-anti-unfair-competition-law (last retrieved 14 January 2023); Mark, Liza L.S./Ji, Tianyun, China Releases Judicial Interpretation of Anti-Unfair Competition Law, https://www.lexology.com/library/detail.aspx?g=21a479ff-1af2-4043-9a2f-a6e914a67ad0 (last retrieved 16 January 2023); Lexology (Huang, Hui/Ranjard, Paul, China SPC's new interpretation on AUCL, https://www.lexology.com/commentary/intellectual-property/china/wanhuida-intellectual-property/china-spcs-new-interpretation-on-aucl (last retrieved 14 January 2023).

8   Tips for the Practitioner

1. Who shall be the trademark owner, i.e. in which name shall the trademark application be filed in China? Hereby, it has to be considered that identical and highly similar trademarks for identical goods/services may not co-exist in China in the name of different undertakings, even if the undertakings belong to the same group. There is no possibility, such as in the US, to claim »unity of control«.
2. Does the trademark applicant already have a Chinese name? If there is no Chinese name yet, a Chinese name has to be developed.
3. Are the trademark applicant or connected undertakings already owners of Chinese trademarks?
4. Are the trademark applicant or connected undertakings owners of trademarks in their home country or in other countries?
5. Which trademark shall be protected?
6. Is there an International Registration which can possibly be extended to China?
7. Shall priority of a former trademark be claimed?
8. Is the trademark already in use anywhere in the world?
9. Does there already exist a Chinese language version of this trademark?
10. Is the trademark intended to be used in the commercial trade in China, i.e. are the products or services offered to the targeted Chinese public, or is the trademark intended to be affixed in China on goods exclusively for export (Original Equipment Manufacturing)?
11. When shall use of the trademark start in China?
12. For which goods and/or services is the trademark intended? Which goods and/or services are offered under the trademark or shall be offered under the trademark in the next years?
13. Are these end products or intermediate products?
14. Shall additional goods/services in the same class/classes be applied for, to cover all subclasses of each claimed class? This is usually recommendable.
15. Shall defensive trademarks be filed additionally?
16. Were searches conducted as to whether the trademark is free to register and to use, and were measures taken for overcoming possibly existing obstacles? Shall those measures be taken now, e.g., non-use cancellation actions be filed?
17. Has been evaluated whether the trademark evokes inappropriate associations in China or is for other reasons not or not optimally suited to reach the intended goals?
18. Do licenses exist or need licenses to be issued, e.g., in case the trademark registrant is not the entity which will use the trademark?
19. Do coexistence agreements with third parties exist, so that the trademark may only be registered and used for specific goods/services or not for specific goods/services or only in a certain design?

20. Is there any monitoring in place, e.g. trademark collision watch, online-monitoring?
21. Are identical or similar trademarks recorded with Chinese customs?
22. Do you adapt your trademark portfolio steadily or periodically to the actual use of your trademarks? Are there possibly any gaps?

In the following, I highlight some controversial issues that I frequently encounter in practice, and explain how I handle them.

SEARCHES

According to my experience, it is always worthwhile to conduct a search before filing the trademark application. It is true that one can wonder whether it is actually worthwhile, because – due to the numerous already filed and registered trademarks – the searches do not always reveal those trademarks which are actually cited later on. Either trademarks are considered critical during the search which will not be cited later on, or that trademarks are not revealed when searching, which will be cited later on. Or both. Then, you react to those search results, file non-use cancellation actions or negotiate about letters of consent, and in the end, it was all for nothing because the trademarks are not cited by the CNIPA. Instead, you have to handle citations which you did not expect despite the searches.

According to my experience, you anyway need to newly apply for Chinese trademarks often for several times (so called back-up applications) to always have a new trademark application in place to hinder gaps in the own protection, also during several other current proceedings. The examiners of the CNIPA sometimes cite – as examiners in other countries, too – trademarks against back-up applications which were not cited against the original application. In that case, you are glad to have already filed non-use cancellation actions against several trademarks, so that the non-use cancellation actions are already ongoing or were decided. Moreover, it is possible that later on, an opposition is filed based on a trademark with respect to which you could have received a letter of consent from its owner, if you had negotiated it in time. By searching, you gain valuable information. Sometimes, you find trademarks which are also protected in other markets and which you did not know before.

The worst thing which can happen when conducting searches is that you spend money unnecessarily. Not searching can have many extremely unpleasant effects; to name only a few: You need to stop a current use. Third parties claim damages. Goods marked with the trademark are seized by customs.

JURISIDICTIONAL CLAUSES IN CONTRACTS

Germany and China do not have an Enforcement Agreement in place.[254] Therefore, it is mostly not purposeful to stipulate the responsibility of German courts and the applicability of German law in contracts with Chinese business partners. Equally not purposeful is it often to sue Chinese companies in Germany, if they have no assets there. This is a very complex topic with many pitfalls, thus, I would like to only awake the awareness here that attention is paid to making the right choice when it comes to the clauses on jurisdiction and applicable law. Indeed, the correct choice is often (not always) the jurisdiction of Chinese courts and the applicability of Chinese law in contracts with Chinese business partners (see 7.1), whereby it is important which contracting party is presumably – if at all – more likely to sue.

FILE, FILE, FILE

Further, my recommendation is to apply as much and comprehensively as possible (see 2.2). In China, where the CNIPA assists you in enforcing your rights by citing prior identical and similar trademarks and trademark applications for identical or similar goods and/or services against younger trademarks, the comprehensive application for your trademarks (in Latin letters, in Chinese characters, possibly in pinyin, of the logos in black/white and in colour, combination marks for defensive purposes) very often is the cheapest variant. It also gives you some control over costs. For the costs of one extensive opposition proceedings or even a lawsuit, you can file many trademark applications. After one or another critical trademark of a third party managed to successfully go through the official examination proceedings, you **must** take action against this trademark to protect your rights, and the costs depend on the course of the proceedings. With applying for and registering your trademarks, you block most of the confusable younger trademarks and you do not even have to deal with it, because the CNIPA will do it for you. In the past, this was unreservedly recommended. This is still the basic recommendation, however, with the limitation that you get the consultancy of your trademark representatives regarding what is acceptable for the CNIPA, meaning what is considered a defensive application or necessary for the future business, in order not to run the risk that your trademarks are considered by the CNIPA as bad faith without intention to use and be rejected.

---

254 Merkblatt uber Rechtsverfolgung und Rechtsdurchsetzung in Zivil- und Handelssachen der Vertretungen der Bundesrepublik Deutschland in der Volksrepublik China, https://china.diplo.de/blob/1094452/9bcf1f68b593c185744f4 08c57d9677a/pdf-merkblatt-rechtsverfolgung-data.pdf (last retrieved 17 January 2023)

ORIGINAL EQUIPMENT MANUFACTURING (OEM)

If you are not (yet) the owner of the Chinese trademark(s) with which you have your products marked in China, ensure that you are the owner of this/these trademark(s) in the destination country/countries and that the trademark as used (i.e. the one that is affixed to the products in China) and the trademark as registered in the destination country correspond identically to each other. Indeed, it is safer and more desirable, to be also the owner of the Chinese trademark. However, if this is not or not so quickly possible, it can be helpful in case of a dispute to be able to prove that in the destination country, you are the owner of exactly the trademark which is labeled in China (see also 2.1.8).

9 Story of a Chinese Trademark

For a summary, I now turn the floor over to a Chinese trademark:

Hi, my name is…

Oh, no, my name does not really matter here. I am a trademark and am allowed to tell you my story here. Let me start at the beginning. I was born in a marketing and advertising agency in Germany. Together with about 20 other suggestions I was brought from there to a law firm, where I was »searched« – together with my siblings-suggestions. »Searched« – what an inappropriate word! »Search« me – pah! But yes, thereby, it was found what I already knew all the time, I am unique. So, I was selected to be the name of a beautiful new lipstick. How happy I was. At first, I was filed as a European Union trademark application and within the six-month priority term also as a Chinese trademark. Because the targeted Chinese public, meaning the many people who shall buy and use the lipstick, prefer to name cosmetics with a Chinese name, I got a sister – a trademark in Chinese characters. What should I say? At the beginning, I was naturally somewhat jealous. But then I started to like the idea of not being alone, but together with another fancy trademark to identify such a great product and to advertise it. However, as is sometimes the case, you may know this from your own company, it took rather a long time until the launch. In the EU, this is not such a big problem, here, the »grace period« is five years. »Grace period«, what a word again! What can this be? It means that third parties cannot successfully file a non-use cancellation action against a trademark in this period of time, on the ground that it is not in use. As mentioned, this period is five years in the EU. But in China, it is shorter, namely three years. Already three years after registration of a Chinese trademark, third parties can successfully file a non-use cancellation action on the ground that it was not used. Thus, I was rather nervous and wondering what could take so long for the launch to take place. I by no means wanted to be deleted before I could be affixed to the lipstick, the name of which I am allowed to be. So really, no. And honestly, I did also not want that my sister trademark would be deleted, because I liked the idea together with her to identify the lipstick – to serve as a »source indicator« – that is what the lawyers call it. And yes, puh, we escaped the non-use cancellation action, because we have been in use meanwhile, my sister trademark in Chinese characters, and I. I do not want to boast, I say it more as an inspiration, we are really successful. Of course, the lipstick which we are allowed to identify, is a super great product, but with all modesty, I would like to point out that also we both trademarks are quite cool, downright avant-garde. We built a solid connection, what makes us quite strong on the Chinese market. For a short time, I was also worrying whether we were too strong, and people would not have us perceived as trademarks for the lipstick of our owner, but as names of a certain kind of product, i.e. a certain kind of lipstick. But fortunately, our owner prevented this by taking care that we were always used with the ®-symbol. She took care that also the media always made it clear when reporting about us that we are registered trademarks. Sure, there are sometimes imitators who try to bring similar trademarks like me and my sister into the Chinese trademark register, but the responsible authority CNIPA has always prevented this so far, what makes me very happy. I really would not like to have an imitator-product-trademark next to me in the trademark register. What sadly also always again happens is that counterfeiters offer counterfeits with my own name on it as the real products. That really annoys me and my owner does everything to prevent this, but unfortunately, this happens again and again. Therefore, I am now also recorded with Chinese customs, and in case the customs find products with my name on it, it examines whether these are originals or counterfeits. And seizes the counterfeits and lets the originals through. Cool, eh? I can say, I have a very good life and am really happy. I hope you are happy with your trademarks, too.

All the best for you!

Outlook

On January 13, 2023, the CNIPA published the draft for new amendments to the Chinese Trademark Law. The public had, until February 27, 2023, the opportunity to provide their opinions. As to when these amendments will become effective, and how they will exactly look like, is still open. Up to now, it seems that the regulations against bad-faith trademark applications and the protection of well-known trademarks will be strengthened, and the focus will be more on trademark use and use declarations. The draft provides for the filing of use declarations in five-year-intervals. There might also be the possibility that bad-faith trademarks can be assigned to their real owners, und specific requirements. A trademark owner shall only be allowed to have one registration for the same trademark for the same product/service; the opposition term shall be shortened from 3 months to 2 months. Altogether, these seem to be rather comprehensive amendments.

Glossary

China National Intellectual Property Administration (CNIPA) under the State Administration for Market Regulation (SAMR), now probably under the State Council[255], – the CNIPA is in the administrative area responsible for the registration, administration and enforcement of patents, trademarks and geografical indications, the official web presence is available at http://english.cnipa.gov.cn

Copyright – Protects the expression of an idea, but not the idea itself. With copyrights, among others, written works, musical works, fotografic works, software and works of art can be protected. Also stylised lettering can be protected by copyright and be registered as copyrights in China.

Counterfeiting – »Illegal production and sale of goods (including packaging) bearing without authorisation a trademark that is identical to a validly registered trademark or that cannot be distinguished from such a trademark«[256]. Counterfeiters often register trademarks to support their counterfeiting activities with same.

Design (also: Design Patent) – Protects the aesthetic and decorative elements of a new product; does not protect the technical aspects of a product. An examination before registration takes place only with regard to formal aspects; there is no substantial examination as to novelty or potentially conflicting earlier rights of third parties in the registration proceedings. According to Chinese law, designs belong to patents; the respective regulations can be found in the Chinese Patent Law.

Due Diligence – Meticulous investigation into a company in particular regarding its financial, legal and commercial circumstances and also with regard to its reputation and its treatment of the environment.

Intellectual Property – **IP** – »The immaterial asset, adaptive result that arises from creative intellectual achievement. It can be the result of a wide variety of mental processes in which only an individual or several people are involved, such as playing, learning, reading, research/experimentation, deductive reasoning, and all kinds of communication. Intellectual property may arise accidentally or as a result of purposeful intellectual effort«.[257] Intellectual Property can be protected through patents, trademarks, copyrights, designs, etc.

---

255 Van Malenstein, Reinout, IP on stage on the 14th National People's Congress Meeting, https://www.lexology.com/library/detail.aspx?g=75745d34-7fa3-4029-b8ce-78ed4fb7c5ac (last retrieved 5 April 2023)

256 INTA International Trademark Association, TOPIC Counterfeiting, https://www.inta.org/topics/counterfeiting/ last retrieved 14 January 2023)

257 Mittelstaedt, Axel, https://wirtschaftslexikon.gabler.de/definition/geistiges-eigentum-53871 (last retrieved 11 February 2023)

Original Equipment Manufacturing (OEM) – A Chinese manufacturer manufactures goods on order of a foreign customer according to this customer's ideas, possibly labels these with trademarks specified by the foreign customer and prepares them for export.

Parallel import – The importing of original products from one country into another country without the express consent of the trademark owner. This import takes place »in parallel« to the distribution channels as provided by the trademark owner.[258]

Patent – The Chinese law provides for three kinds of patent rights: Invention patents, utility models and design patents. An invention is any new technical solution to a process or to a product, or an improvement thereof. A utility model is any new technical solution relating to the shape, structure, or their combination, of a product, which is suited for practical use. A design patent can be granted for the new design of the shape, pattern, or the combination, or the combination of the colour with the shape or pattern, of a product or a part which creates an aesthetic effect and is suited for industrial application.[259]

Pinyin – The standard system of Roman spelling in Chinese[260]; »the official Chinese romanization of Mandarin in the People's Republic of China«[261]

Trade Dress – »Trade dress — sometimes called get-up — is the overall commercial image (look and feel) of a product or service that indicates or identifies the source of the product or service and distinguishes it from those of others.«[262]

Trademark – Signs that are capable of distinguishing the goods and services of a natural person, legal person or other organization from those of others can be protected as trademarks. Not only words and graphs, but also letters, numbers, three dimensional symbols, colour combinations, sounds, or any combinations thereof, can be registered as trademarks. Single colours cannot be registered as trademarks in China.

Well-known Trademark – A trademark commonly known by the relevant public, consumers respectively, and highly popular in China. Altogether, there are more than one rather similar definitions (see 3.4).

---

258 Giacopello, Fabio, Parallel import: the battle between safe and cheap, https://www.hfgip.com/news/parallel-import-battle-between-safe-and-cheap (last retrieved 18 February 2023)

259 Patent Law of the People's Republic of China, Art. 2 https://wipolex.wipo.int/en/text/585084

260 Oxford Learner's Dictionaries, https://www.oxfordlearnersdictionaries.com/definition/american_english/pinyin (last retrieved 16 January 2023)

261 Wikipedia https://de.wikipedia.org/wiki/Pinyin (last retrieved 11 February 2023)

262 International Trademark Association INTA, TOPIC Trade dress https://www.inta.org/topics/trade-dress/ (last retrieved 11 February 2023)

Trademark Agency – An organization which has been authorised by the CNIPA to represent trademark applicants and owners. A trademark agent works for a trademark agency or for a law firm. These are service agencies and law firms the business of which is trademark representation.[263]

Trademark Squatter – A person who applies for trademarks of third parties in bad faith to benefit from the reputation of the brand owner. Often a trademark squatter then offers the trademark to the actual brand owner for sale. Trademark Squatters do usually not carry out a business in commerce with these trademarks, but try to monetise the trademarks which they have registered by selling them to the real brand owners or others who would pay for these trademarks.[264]

Trademark Warehousing – Filing huge amounts of trademarks, obviously exceeding the requirements of normal business activities, and lacking intention to use them.

Trade Secret – Commercial information, such as technical or business information, which is not public knowledge, has economic value, and for which the rights owner has made reasonable efforts to maintain confidentiality

---

263 Trademark Guidelines, Chapter 13
264 Yu, Adelaide, Is your brand moving into new markets? Look (and search) before you leap!, https://rouse.com/insights/news/2022/is-your-brand-moving-into-new-markets-look-and-search-before-you-leap (last retrieved 11 February 2023).

Abkürzungen/Abbreviations

AIC	Administration for Industry and Commerce
AUCL	Anti Unfair Competition Law
CIETAC ODRC	China International Economic and Trade Arbitration Commission Online Dispute Resolution Center
CNIPA	China National Intellectual Property Administration
CPCC	Copyright Protection Center of China
Ebd.	ebenda
EUIPO	Amt der Europäischen Union für Geistiges Eigentum/European Union Intellectual Property Office
GACC	General Administration of Customs People's Republic of China
ggf.	gegebenenfalls
HKIAC	Hong Kong International Arbitration Centre
ibid.	ibidem (ebenda)
IP	Intellectual Property
IR	Internationale Registrierung/International Registration
NCAC	National Copyright Administration of the People's Republic of China
o. g.	oben genannt
OEM	Original Equipment Manufacturing
p.	page
PSB	Public Security Bureau
S.	Seite
SAMR	State Administration for Market Regulation
SIPO	State Intellectual Property Office
SPC	Supreme People's Court
TRAD	Trademark Review and Adjudication Department der/of the CNIPA
u. a.	unter anderem
WIPO	World Intellectual Property Organization
z. B.	zum Beispiel

Literatur/References

AFD China, CNIPA: ROUGHNECK Denied TM Registration for Negative Meaning, 22. März 2019, https://www.afdip.com/index.php?ac=article&at=read&did=3352 (Abrufdatum 11.1.2023)

AFD China, Beijing Higher Court: Trademark Use on Export Products Passes Test of Actual Use, 26. April 2019, https://www.afdip.com/index.php?ac=article&at=read&did=3371 (Abrufdatum 11.1.2023)

AFD China, Third Amendment to China's Copyright Law, Lexology, 22. Dezember 2020, https://www.lexology.com/library/detail.aspx?g=e71cbb95-9c32-4129-9da8-92b990e09b24 (Abrufdatum 11.1.2023)

AFD China, Copyright and Related Rights Better Protected by the Newly-Amended Copyright Law, Lexology, 22. Dezember 2020, https://www.lexology.com/library/detail.aspx?g=4534ac51-1205-456a-bb97-a56961a603e9 (Abrufdatum 11.1.2023)

AFD China, AFD Case Study – Choosing the Right Time to File a Request for Three Year Non-use Registration Cancellation, 2. April 2021, https://www.afdip.com/index.php?ac=article&at=read&did=3850 (Abrufdatum 11.1.2023)

AFD China, New Judicial Interpretation on Punitive Damages in IP Infringement Disputes, Lexology, 22. April 2021, https://www.lexology.com/library/detail.aspx?g=35b33700-d6e1-4ec3-a53d-f8082f60ad14 (Abrufdatum 11.1.2023)

AFD China, New Chinese Patent Law Protects Partial Designs, Lexology, 22. Juni 2021, https://www.lexology.com/library/detail.aspx?g=58d9c513-ad97-4524-a7d1-a5e9785b5249 (Abrufdatum 11.1.2023)

AFD China, CNIPA Releases Measures for Quick Examination of Trademark Applications (for Trial Implementation), Lexology, 16. Februar 2022, https://www.lexology.com/library/detail.aspx?g=b918ba45-e334-46f0-bcbb-a50adbf9aa01 (Abrufdatum 11.1.2023)

AFD China, China's flexible approach to territorial protection addresses OEM conflicts, 6. Juni 2022, https://www.afdip.com/index.php?ac=article&at=read&did=4124 (Abrufdatum 11.1.2023)

Albertini, Tom, China Joins the Hague System for International Registration of Industrial Designs, Lexology, 14. Februar 2022, https://www.lexology.com/library/detail.aspx?g=1dba4b9f-f66e-458f-bb0d-60b4a20c4cd3 (Abrufdatum 11.1.2023)

Alford, William P., To Steal a Book is an Elegant Offense, Intellectual Property Law in Chinese Civilization, Stanford University Press, 1995, ISBN 978-0-8047-2960-4

Anderson, Christopher, China Joins the Hague System for the International Registration of Industrial Designs, Lexology, 15. Februar 2022, https://www.lexology.com/library/detail.aspx?g=6f824f6b-550f-4205-9f05-fc77f66127c2 (Abrufdatum 11.1.2023)

Australian Government IP Australia Understanding intellectual property (IP), https://www.ipaustralia.gov.au/understanding-ip (Abrufdatum 18. Februar 2023)

Baggs, Simon, Design Patents in China: a warning to register early, Wiggin, 5. Februar 2016, https://www.wiggin.co.uk/insight/design-patents-in-china-a-warning-to-register-early/ (Abrufdatum 11.1.2023)

Bailey, Chris/Hou, Sophia/ Lai, Roslyn/Tian, Aria/Zhao, Julie, Trade Secret Litigation in China, Lexology, 2. Mai 2022, https://www.lexology.com/library/detail.aspx?g=0d0c2b34-0ea7-4b9c-95ce-9dedcd52b56a (Abrufdatum 11.2.2023)

Baker, Brandy E., How to empower Chinese customs authorities, WTR, 22. Juli 2021, https://www.worldtrademarkreview.com/article/how-empower-chinese-customs-authorities (Abrufdatum 18.2.2023)

Baker, Brandy E., How to detect and capture infringing goods in China, Kangxin, 23. Juli 2021, http://en.kangxin.com/html/2/218/219/220/14551.html (Abrufdatum 11.1.2023)

Barth, Felix, Oh je: Heute Marke, morgen Gattungsbezeichnung – mehr Fluch als Segen, 5. August 2021, it-recht kanzlei münchen https://www.it-recht-kanzlei.de/marke-gattungsbegriffe-markenueberwachung.html (Abrufdatum 11.2.2023)

Batzella, Laura/Xie, Fredrick/Capraro, Silvia/Xia, Summer/Huang, Ariel/Giacopello, Fabio, GossIP newsletter – June/July 2022 – Editors' Pick, Lexology, 9. August 2022, https://www.lexology.com/library/detail.aspx?g=1d46fab6-7088-414b-9e97-489788d461b0 (Abrufdatum 11.1.2023)

Beconcini, Paolo, Made in China 2025: OEM Manufacturing and Trademark Infringement in China, Global IP & Technology Law Blog, 18. Juni 2020, https://www.iptechblog.com/2020/06/made-in-china-2025-oem-manufacturing-and-trademark-infringement-in-china/ (Abrufdatum 11.1.2023)

Beconcini, Paolo, China Accedes to the Hague Convention and Now Allows for International Design Filings, Global IP & Technology Law Blog, 9. Februar 2022, https://www.iptechblog.com/2022/02/china-accedes-to-the-hague-convention-and-now-allows-for-international-design-filings/ (Abrufdatum 11.1.2023)

Beconcini, Paolo/Li, Elisa, First Time Ever! China Adopts Fast-Track Examination for Trademark Applications, Global IP & Technology Law Blog, 21. März 2022, https://www.iptechblog.com/2022/03/first-time-ever-china-adopts-fast-track-examination-for-trademark-applications/ (Abrufdatum 11.1.2023)

Beijing Sanyou Intellectual Property Agency Ltd, National Intellectual Property Administration Issues, Lexology, 5. November 2020, https://www.lexology.com/library/detail.aspx?g=df6d4d4c-f439-4be3-8aca-ce27b4fb046f (Abrufdatum 11.1.2023)

Bench, Jonathan, Chinese Contracts Work, but You Can't Make a Good Deal with a Bad Company, China Law Blog, 19. Februar 2021, https://harrisbricken.com/chinalawblog/chinese-contracts-work-but-you-cant-make-a-good-deal-with-a-bad-company/ (Abrufdatum 11.1.2023)

Bench, Jonathan, Do You Know What Your Chinese Language Contract Says?, China Law Blog, 19. Mai 2021, https://harrisbricken.com/chinalawblog/do-you-know-what-your-chinese-language-contract-says/ (Abrufdatum 11.1.2023)

Bu, Yuanshi, Neue Markenrichtlinien in China, MarkenR 9/2022, S. 361 ff.

Cai, Ye/Ma, Mary, Third Amendment to Copyright Law, Lexology, 8. Februar 2021, https://www.lexology.com/commentary/intellectual-property/china/wanhuida-intellectual-property/third-amendment-to-copyright-law (Abrufdatum 11.1.2023)

CCPIT Patent & Trademark Law Office, The Revised PRC Anti-Unfair Competition Law Took Effect on April 23, 2019, Lexology, 26. April 2019, https://www.lexology.com/library/detail.aspx?g=28800923-860e-4e9c-b04f-4852a7cd0baa (Abrufdatum 11.1.2023)

Chambers Practice Guides Trade Marks 2022 China https://practiceguides.chambers.com/practice-guides/trade-marks-2022/china (Abrufdatum 18. Februar 2023)

Chang, Spring, WTR Global Leaders Spring Chang, Chang Tsi & Partners, WTR Global Leaders 2021, 15. Juli 2021, https://www.worldtrademarkreview.com/survey/wtr-global-leaders/2021/article/spring-chang (Abrufdatum 11.1.2023)

Che, Jennifer, New Guidelines! How to Apply China's Criminal Law in IP Infringement, Lexology, 9. November 2020, https://www.lexology.com/library/detail.aspx?g=1de2957e-72d7-4551-9f9b-6f2c40318d7b (Abrufdatum 11.1.2023)

Che, Jennifer, China Joins Two WIPO Treaties, the Hague System and the Marrakesh Treaty, China Patent Strategy, 11. Februar 2022, https://chinapatentstrategy.com/china-joins-two-wipo-treaties/ (Abrufdatum 11.01.2023)

Chen, Abraham, China Trade Mark Office (CTMO) releases latest statistics, Lexology, 27. Januar 2021, https://www.lexology.com/library/detail.aspx?g=8383b0dc-5d0d-46c2-ba88-fb93aa170603 (Abrufdatum 11.1.2023)

Chen, Abraham/Chen, Jacob, How to win the fight against »legitimate« infringers in China?, 4. März 2021, Rouse, https://rouse.com/insights/news/2021/how-to-win-the-fight-against-legitimate-infringers-in-china (Abrufdatum 11.1.2023)

Chen, Jane, Ex Officio Examination – Goods or Services Concerning International Registrations Designating China, Lexology, 12. Mai 2020, https://www.lexology.com/library/detail.aspx?g=63c4bd0b-7e1a-45f8-845f-1b9f5fc7ab33 (Abrufdatum 10.2.2023)

Chen, Jane, Amendment and Implementation of Article 4 of China Trademark Law, Kangxin, 4. Februar 2021, http://en.kangxin.com/html/2/218/219/220/13249.html (Abrufdatum 10.2.2023)

Chen, Jolene, Trademark Infringement Determination Standards (Mainland China), Lee, Tsai & Partners, 1. September 2020, https://www.leetsai.com/arbitration-litigation/trademark-infringement-determination-standards-mainland-china (Abrufdatum 13.2.2023)

Chen, Shihua, Contribution on trade secret, Lexology, 24. März 2020, https://www.lexology.com/library/detail.aspx?g=e289101a-bf17-47f9-8998-5198998254ab (Abrufdatum 11.1.2023)

Chen, Sylvia, TM Rights In Domain Name Arbitration, HongFangLaw, 17. Juli 2020, https://www.hongfanglaw.com/en/news/tm-rights-in-domain-name-arbitration/ (Abrufdatum 11.1.2023)

China Law Blog, China Contracts: Make Them Enforceable Or Don't Bother, 18. August 2015, https://harrisbricken.com/chinalawblog/contracts-in-china-enforce-it-or-go-home/ (Abrufdatum 11.2.2023)

Chinese Trademark Examination Guidelines, Volume B, Substantial Examination on Trademarks der CNIPA, (englische Übersetzung von Feng, Haoyu/Li, Haiyu/Li, Jia/Tang, Zhanqing/Peng, Wen/Ren, Jiao/Huo, Tingxi) Kanzlei Chofn

Choi, James/Wong, Alice, Chinese SPC's Guidelines on Enforcement of IP Judgments, ELLALAN, 8. Januar 2021, https://www.ellalan.com/news/chinese-spcs-guidelines-on-enforcement-of-ip-judgments/ (Abrufdatum 11.2.2023)

Chopenko, Alexandra, Three-year non-use trademark cancellation: a guide to maintain your rights, Kangxin, 24. Februar 2021, http://en.kangxin.com/html/2/218/219/220/13357.html (Abrufdatum 11.1.2023)

Chow, Daniel, Lessons from Pfizer's Disputes Over its Viagra Trademark in China, Maryland Journal of International Law, 27 (2012), S. 81 ff. https://digitalcommons.law.umaryland.edu/cgi/viewcontent. cgi?article=1581&context=mjil (Abrufdatum 10.2.2023)

Cohen, Mark, »I'm Lovin' it!« – A »Wrong Way« for McDonalds?, CHINA IPR, 15. März 2015, https:// chinaipr.com/2015/03/15/im-lovin-it-a-wrong-way-for-mcdonalds/ (Abrufdatum 11.1.2023)

Dai, Ivy/ Hui, Dawn/Leung, Hank, Examining Bad Faith Applications Under the Amended Trademark Law in China – Are the amendments living up to their expectations?, Bird&Bird, 23. August 2020, https://www.twobirds.com/en/insights/2020/china/examining-bad-faith-applications-under-the- amended-trademark-law-in-china (Abrufdatum 11.1.2023)

Dennemeyer & Associates, Too much of a good thing: when trademarks die, 10. Juni 2022, https:// www.dennemeyer.com/ip-blog/news/too-much-of-a-good-thing-when-trademarks-die/ (Abrufda- tum 12.1.2023)

DEQI Intellectual Property Law Corporation, CNIPA issued Judging Criteria for Trademark Infringe- ments, Lexology, 31. August 2020, https://www.lexology.com/library/detail.aspx?g=24dd3cd8- 1034-4bf6-9129-4b5bda33beb1 (Abrufdatum 12.1.2023)

DEQI Intellectual Property Law Corporation, The amended Copyright Law will become effective on June 1, 2021 in China, Lexology, 5. Januar 2021, https://www.lexology.com/library/detail. aspx?g=c7c183e9-3e1d-40c8-84e8-1e8581139889 (Abrufdatum 12.1.2023)

DEQI Intellectual Property Law Corporation, CNIPA released the measures for rapid examination of trademark applications, Lexology, 2. März 2022, https://www.lexology.com/library/detail. aspx?g=1badbd51-5b80-4866-9d16-e846cead1e3e (Abrufdatum 12.1.2023)

DEQI Intellectual Property Law Corporation, China joins WIPO's hague system, Lexology, 2. März 2022, https://www.lexology.com/library/detail.aspx?g=b4ec620e-22a8-4835-a7fa-3096644ff249 (Abrufdatum 12.1.2023)

Du, Guodong, How Chinese Judges Think, China Justice Observer, 4. Januar 2019, https://www. chinajusticeobserver.com/a/how-chinese-judges-think (Abrufdatum 18.2.2023)

Du Plessis, Ilse, China lessons (in IP), 6. September 2022, Lexology, https://www.lexology.com/library/ detail.aspx?g=7fbd6f63-ede4-4c63-ad85-6f7bcbc7fbef (Abrufdatum 12.1.2023)

El-Mohtar, Hannibal, China's Intellectual Property Courts: A Procedural Overview, China Law Blog, 20. September 2019, https://harrisbricken.com/chinalawblog/chinas-intellectual-property-courts-a- procedural-overview/ (Abrufdatum 12.1.2023)

Escudero, Daniel de Prado, Translating the trademark in Chinese: why it's a must, HFG, 5. Juli 2022, https://www.hfgip.com/news/translating-trademark-chinese-why-its-must (Abrufdatum 12.1.2023)

EUIPO, Amt der Europäischen Union für geistiges Eigentum, Konsolidierter Jährlicher Tätigkeits- bericht 2021, https://euipo.europa.eu/tunnel-web/secure/webdav/guest/document_library/ contentPdfs/about_euipo/annual_report/annual_activity_report_2021_de.pdf (Abrufdatum 27.1.2023)

EUIPO, Amt der Europäischen Union für geistiges Eigentum, 2020 Status Report on IPR infringe- ment, June 2020, https://euipo.europa.eu/tunnel-web/secure/webdav/guest/document_library/ observatory/documents/reports/2020_Status_Report_on_IPR_infringement/2020_Status_ Report_on_IPR_infringement_en.pdf (Abrufdatum 11.2.2023)

EUIPO, Amt der Europäischen Union für geistiges Eigentum, Risiken und Schäden durch Verletzungen von Rechten des geistigen Eigentums in Europa, Sensibilisierungskampagne 2021, https://euipo.europa.eu/tunnel-web/secure/webdav/guest/document_library/observatory/documents/Awareness_campaigns/spring_campaign_2021/2021_Spring_Campaign_de.pdf (Abrufdatum 12.1.2023)

EUIPO, Amt der Europäischen Union für geistiges Eigentum, und Europäisches Patentamt, Rechte des geistigen Eigentums und Unternehmensleistung in der EU, Analysebericht auf Unternehmensebene, Februar 2023, https://euipo.europa.eu/tunnel-web/secure/webdav/guest/document_library/observatory/documents/reports/IPContributionStudy/IPR_firm_performance_in_EU/exec/2021_IP_Rights_and_firm_performance_in_the_EU_exec_de.pdf (Abrufdatum 10.2.2023

Fan, Christine/Fang, Ting, Intelight IP Law Firm, IP enforcement through China Customs, IAM, 2. November 2022, https://www.iam-media.com/regionindustry-guide/china-managing-the-ip-lifecycle/2023/article/ip-enforcement-through-china-customs (Abrufdatum 12.1.2023)

Fang, He/Zhang, Siwei, Guidelines on how to deal with IPR-related seizures by the customs in cross-border OEM business, King & Wood Mallesons, 1. August 2022, https://www.kwm.com/cn/en/insights/latest-thinking/guidelines-on-how-to-deal-with-ipr-related-seizures-by-the-customs-in-cross-border-oem-business.html (Abrufdatum 12.1.2023

Feng, Zhen (Katie)/Low, Eugene/Xia, Helen, What you need to know about China's new Regulations on interim injunctions in IP cases, Hogan Lovells, März 2019, https://f.datasrvr.com/fr1/319/20320/(2019.02.28)_China_updates_its_rules_on_interim_injunctions_PDF.pdf (Abrufdatum 12.1.2023)

Fu, Kristen, Beijing High People's Court rules »Chinese characters« (»Penguin Factory«) established connection with Tencent, Spruson & Ferguson, 6. August 2020, https://www.spruson.com/trademarks/beijing-high-peoples-court-rules-penguin-factory-established-connection-with-tencent/ (Abrufdatum 11.2.2023)

Geller, Michael A./Chatterton, Edward/Zhang, Joanne, Defending trademarks from non-use cancellations: Strategies for OEM manufacturers in China, Lexology, 13. September 2021, https://www.lexology.com/library/detail.aspx?g=cdfcef6e-e457-488a-ba37-836657f347f6 (Abrufdatum 11.2.2023)

Giacopello, Fabio, Parallel import: the battle between safe and cheap, HFG, 3. April 2019, https://www.hfgip.com/news/parallel-import-battle-between-safe-and-cheap (Abrufdatum 18.2.2023)

Giacopello, Fabio, All you need to know about Well-Known Trademark, HFG, 4. Oktober 2022, https://www.hfgip.com/news/all-you-need-know-about-well-known-trademark (Abrufdatum 18.2.2023)

Gillet, Emmanuel, China: acquisition of domain name, limitation period and admissibility of the complaint under the China dispute resolution procedure, IP TWINS, 11. Mai 2020, https://www.iptwins.com/en/2020/05/11/china-acquisition-of-domain-name-limitation-period-and-admissibility-of-the-complaint-under-the-china-dispute-resolution-procedure/ (Abrufdatum 11.2.2023)

Gillet, Emmanuel, Article 2 of the cnDRP: the reaction time of brand owners, IP TWINS, 3. Dezember 2020, https://www.iptwins.com/en/2020/12/03/article-2-of-the-cndrp-the-reaction-time-of-brand-owners/ (Abrufdatum 12.1.2023)

Gillet, Emmanuel, Article 2 of the cnDRP: the issue of the starting point of the limitation period in case of a domain name that has been assigned, IP TWINS, 9. Dezember 2020, https://www.iptwins.com/en/2020/12/09/article-2-of-the-cndrp-the-issue-of-the-starting-point-of-the-limitation-period-in-case-of-a-domain-name-that-has-been-assigned/ (Abrufdatum 12.1.2023)

Gillet, Emmanuel, Review of out-of-court decisions relating to domain names 2022-01 (December 2021), IP TWINS, 6. Januar 2022, https://www.iptwins.com/en/2022/01/06/review-of-out-of-court-decisions-relating-to-domain-names-december-2021/ (Abrufdatum 12.1.2023)

Godefroy, James/Liu, Zoe/Liang, Isabel, Demystifying Alibaba's Three-Strike Policy: How to have IP infringers banned, Rouse, 8. März 2022, https://rouse.com/insights/news/2022/demystifying-alibaba-s-three-strike-policy-how-to-have-ip-infringers-banned (Abrufdatum 12.1.2023)

Gordon, Jeremy, Risky Business in China, A Guide to Due Diligence, Palgrave Pocket Consultants, 2014

Grimes, Steven/Cheng, Gino, New Judicial Interpretation in China Strengthens Protection of Trade Secrets, Lexology, 23. Dezember 2020, https://www.lexology.com/library/detail.aspx?g=a15a169c-a179-4877-9f30-b1d4aa8c6d3b (Abrufdatum 12.1.2023)

Grossberg, Lesley/Wilcox, Deborah A., Blacklist Complaints: A Novel Tool Against Bad-Faith Trademark Applicants in China, IP Intelligence, 18. März 2021, https://www.ipintelligencereport.com/2021/03/18/blacklist-complaints-a-novel-tool-against-bad-faith-trademark-applicants-in-china/ (Abrufdatum 18.2.2023)

Gun, Lara, The value of registering copyright in China, Lexology, 3. September 2020, https://www.lexology.com/library/detail.aspx?g=1d539b68-e9cf-4a00-a2bb-954371015363 (Abrufdatum 12.1.2023)

Han, Kevin (Jinwen)/Zhou, Qi/ Li, Lan/Zhao, Yixuan, Land Rover v. Jiangling Holdings: Automobile Design Protection Strategy, Lexology, 22. April 2019, https://www.lexology.com/library/detail.aspx?g=36135b9e-081c-455f-b8a2-ff07e6428b2b (Abrufdatum 12.1.2023)

Han, Kevin (Jinwen)/Lin, Chen, An Analysis of the Applicable Standards of »Punitive Damages« in Trademark Infringement, Lexology, 8. April 2020, https://www.lexology.com/library/detail.aspx?g=80d438bf-3eda-4661-a60a-1152d7ccfbf3 (Abrufdatum 12.1.2023)

Harris, Dan, Arbitration in China as the New Normal, China Law Blog, 8. April 2022, https://harrisbricken.com/chinalawblog/arbitration-in-china-as-the-new-normal/ (Abrufdatum 14.1.2023)

Harris, Dan, China Company Chops: The Basics, China Law Blog, 8. Juli 2018, https://harrisbricken.com/chinalawblog/china-company-chops-the-basics/ (Abrufdatum 14.1.2023)

Harris, Dan, China Domain Name Scam Emails, Trademark Scam Emails, and the Devil that is Sinosure, China Law Blog, 28. Mai 2021, https://harrisbricken.com/chinalawblog/china-domain-name-scam-emails-trademark-scam-emails-and-the-devil-that-is-sinosure/ (Abrufdatum 14.1.2023)

Harris, Dan, China Contract Jurisdiction and Being Too Clever By Half, China Law Blog, 20. Oktober 2021, zuletzt geändert am 16. September 2022, https://harrisbricken.com/chinalawblog/china-contract-jurisdiction-and-being-too-clever-by-half/ (Abrufdatum 11.2.2023)

Harris, Dan, China Contracts That Work: Get the Company Chop Right, China Law Blog, 17. August 2021, https://harrisbricken.com/chinalawblog/china-contracts-that-work-get-the-company-chop-right/ (Abrufdatum 14.1.2023)

Harris, Dan, China Dispute Resolution Clauses, China Law Blog, 19. Dezember 2021, https://harrisbricken.com/chinalawblog/china-dispute-resolution-clauses/ (Abrufdatum 14.1.2023)

Harris, Dan, Drafting China Contracts That Work, China Law Blog, 18. Februar 2019, https://harrisbricken.com/chinalawblog/drafting-china-contracts-that-work/ (Abrufdatum 14.1.2023)

Harris, Dan, Dual Language China Contracts: Don't get Fooled!, China Law Blog, 4. April 2018, https://harrisbricken.com/chinalawblog/dual-language-china-contracts-dont-get-fooled/ (Abrufdatum 14.1.2023)

Harris, Dan, International Manufacturing Contracts: The Basics, China Law Blog, 26. August 2020, zuletzt geändert am 16. September 2022, https://harrisbricken.com/chinalawblog/international-manufacturing-contracts-the-basics/ (Abrufdatum 11.2.2023)

Harris, Dan, International Dispute Resolution Clauses: Context is Everything, China Law Blog, 4. November 2020, https://harrisbricken.com/chinalawblog/international-dispute-resolution-clauses-context-is-everything/ (Abrufdatum 14.1.2023)

Harris, Dan, Is That A Real Chinese Company Chop/Stamp/Seal? China Law Blog, 5. November 2020, zuletzt geändert am 14. Juni 2022, https://harrisbricken.com/chinalawblog/is-that-a-real-chinese-company-chop-stamp-seal/ (Abrufdatum 14.1.2023)

Harris, Dan, NDAs Do NOT Work for China but NNN Agreements Do, China Law Blog, 27. Oktober 2019, https://harrisbricken.com/chinalawblog/ndas-do-not-work-for-china-but-nnn-agreements-do/ (Abrufdatum 14.1.2023)

Harris, Dan, How to Avoid China Factory Scams, China Law Blog, 1. Oktober 2021, https://harrisbricken.com/chinalawblog/how-to-avoid-china-factory-scams/ (Abrufdatum 14.1.2023)

Harris, Dan, How to Protect Against Theft When Selling TO China, China Law Blog, 18. Januar 2022, zuletzt geändert am 27. Juni 2022, https://harrisbricken.com/chinalawblog/how-to-protect-against-theft-when-selling-to-china/ (Abrufdatum 11.2.2023)

Harris, Dan, Is Your China Contract Worthless?, China Law Blog, 6. Februar 2022, https://harrisbricken.com/chinalawblog/is-your-china-contract-worthless/ (Abrufdatum 14.1.2023)

Harris, Dan, Protecting Your Product From China: The 101, China Law Blog, 21. Februar 2022, https://harrisbricken.com/chinalawblog/protecting-your-product-from-china-the-101/ (Abrufdatum 14.1.2023)

Harris, Dan, Reviewing China Contracts, China Law Blog, 30. August 2021, https://harrisbricken.com/chinalawblog/reviewing-china-contracts/ (Abrufdatum 14.1.2023)

Harris, Dan, THE Rules When Manufacturing Overseas, China Law Blog, 16. Februar 2022, https://harrisbricken.com/chinalawblog/the-rules-when-manufacturing-overseas/ (Abrufdatum 14.1.2023)

Harris, Dan, The Three Keys to Protecting Your IP in China and Internationally, China Law Blog, 2. Februar 2022, https://harrisbricken.com/chinalawblog/the-three-keys-to-protecting-your-ip-in-china-and-internationally/ (Abrufdatum 14.1.2023)

Harris, Dan, Three Rules for China Contracts, China Law Blog, 28. September 2021, https://harrisbricken.com/chinalawblog/three-rules-for-china-contracts/ (Abrufdatum 14.1.2023)

Harris, Dan, Translate Your Contract for China? Not Gonna Do It, China Law Blog, 5. Februar 2022, https://harrisbricken.com/chinalawblog/translate-your-contract-for-china-not-gonna-do-it/ (Abrufdatum 14.1.2023)

Harris, Dan/Kipfer, Arlo/Rocafort, Fred, Manufacturing in China: Minimizing Your Risks by Doing Things Right, China Law Blog, 20. Juni 2022, zuletzt geändert am 30. Juni 2022, https://harrisbricken.com/chinalawblog/manufacturing-in-china-minimizing-your-risks-by-doing-things-right/ (Abrufdatum 14.1.2023)

Harris, Dan, Choosing the Jurisdiction for Your China Contract Disputes, 26. Dezember 2022, https://harrisbricken.com/chinalawblog/choosing-the-jurisdiction-for-your-china-contract-disputes/, (Abrufdatum 28.1.2023)

Hauptmann, Markus, Anwaltliche Verschwiegenheit: Ein rechtsvergleichender Blick, AnwBl Online 2019, S. 337 ff., https://anwaltsblatt.anwaltverein.de/files/anwaltsblatt.de/anwaltsblatt-online/2019-337.pdf (Abrufdatum 14.1.2023)

He, Wei/Zhang, Xiaoquan, Determining case value in trademark criminal cases, Lexology, 13. Dezember 2021, https://www.lexology.com/commentary/intellectual-property/china/wanhuida-intellectual-property/determining-case-value-in-trademark-criminal-cases (Abrufdatum 14.1.2023)

Hoffman, Janet L., China: Use in OEM Manufacturing Could Give Rise to Trademark Infringement, Fross Zelnick, 27. Februar 2020, https://www.frosszelnick.com/china-use-in-oem-manufacturing-could-give-rise-to-trademark-infringement/ (Abrufdatum 14.1.2023)

Hopkins, Adam, Streetwear Brand MLGB has been banned in China for being offensive, TimeOut Shanghai, 11. März 2019, https://www.timeoutshanghai.com/features/Blog-Shopping/65472/Streetwear-brand-MLGB-has-been-banned-in-China-for-being-offensive.html (Abrufdatum 14.1.2023)

Hou, Sophia, Patent and design patent administrative enforcement in China, Rouse, 1. Februar 2021, https://rouse.com/insights/news/2021/patent-and-design-patent-administrative-enforcement-in-china (Abrufdatum 14.1.2023)

Hou, Sophia, How to Prepare Evidence in Trade Secret Disputes, Rouse, 7. Juli 2021, https://rouse.com/insights/news/2021/how-to-prepare-evidence-in-trade-secret-disputes (Abrufdatum 14.1.2023)

Hou, Sophia/Liu, Zoe, China: Strategic use of China Customs detention to solve complicated IP disputes, Rouse, 5. Juli 2022, https://rouse.com/insights/news/2022/china-strategic-use-of-china-customs-detention-to-solve-complicated-ip-disputes (Abrufdatum 14.1.2023)

Hu, Jennifer, Analysis of Relevant Issues of Trademark infringement in Parallel Imports, Hong-FangLaw, 16. März 2020, https://www.hongfanglaw.com/en/news/analysis-of-relevant-issues-of-trademark-infringement-in-parallel-imports/?_sm_au_=iVV77k087MFRPnqMvMFckK0232C0F (Abrufdatum 14.1.2023)

Huang, Ariel, (IP CHINA) Pirelli overcomes the 5 years limitation and wins, Lexology, 24. Mai 2022, https://www.lexology.com/library/detail.aspx?g=a1000adb-00b7-4af2-92b6-5a0983a9fafd (Abrufdatum 11.2.2023)

Huang, Hui/Ranjard, Paul, Supreme People's Court *Honda* OEM case: end of a long story?, Lexology, 24. Februar 2020, https://www.lexology.com/Commentary/intellectual-property/china/wanhuida-intellectual-property/supreme-peoples-court-honda-oem-case-end-of-a-long-story (Abrufdatum 14.1.2023)

Huang, Hui/Ranjard, Paul, Supreme People's Court issues new interpretation of the Anti-Unfair Competition Law, IAM, 6. April 2022, https://www.iam-media.com/article/supreme-peoples-court-issues-new-interpretation-of-the-anti-unfair-competition-law (Abrufdatum 14.1.2023)

Huang, Hui/Ranjard, Paul, China SPC's new interpretation on AUCL, Lexology, 2. Mai 2022, https://www.lexology.com/commentary/intellectual-property/china/wanhuida-intellectual-property/china-spcs-new-interpretation-on-aucl (Abrufdatum 14.1.2023)

Huang, Xuefang, The Third Amendment to the Copyright Law of China takes effect from 1 June 2021, Marks&Clerk, 4. Juni 2021, https://www.marks-clerk.com/insights/articles/the-third-amendment-to-the-copyright-law-of-china-takes-effect-from-1-june-2021/ (Abrufdatum 14.1.2023)

Huang, Xuefang, China: Filing bad-faith trade mark applications alone may constitute unfair competition, Marks&Clerk, 20. Juli 2022, https://www.marks-clerk.com/insights/articles/china-filing-bad-faith-trade-mark-applications-alone-may-constitute-unfair-competition/ (Abrufdatum 14.1.2023)

Huang, Xuefang, China: Overseas visibility is a persuasive factor in the Manolo Blahnik TM case, Marks&Clerk, 15. September 2022, https://www.marks-clerk.com/insights/articles/china-overseas-visibility-is-a-persuasive-factor-in-the-manolo-blahnik-tm-case/ (Abrufdatum 14.1.2023)

Huang, Xuefang, China: copying clothing style may constitute unfair competition, Lexology, 31. März 2023, https://www.lexology.com/library/detail.aspx?g=66d18c6e-14f3-475c-923e-8ed09938a6d1 (Abrufdatum 5.4.2023)

Huang, Yan, Protecting and enforcing design rights: China, WTR, 18. November 2019, https://www.worldtrademarkreview.com/global-guide/designs/2020/article/protecting-and-enforcing-design-rights-china (Abrufdatum 14.1.2023)

Hung, Ken/Leung, Winky, New Development in Combating Trademark Squatting in China: Taking the Squatters to Court for Bad Faith Filings, 7. Dezember 2022, https://www.lexology.com/library/detail.aspx?g=ce1129e0-cace-4a4d-bf14-1ebb90e5110e (Abrufdatum 28.1.2023)

Huo, Aimin, Litigation procedures and strategies: China, WTR, 12. Dezember 2019, https://www.worldtrademarkreview.com/global-guide/trademark-litigation/2020/article/litigation-procedures-and-strategies-china (Abrufdatum 14.1.2023)

Huo, Aimin, The fight against the phenomenon of mass attacks against a targeted or given trademark, Lexology, 2. März 2021, https://www.lexology.com/library/detail.aspx?g=09530754-0d8d-4bea-9449-d6b3b996067c (Abrufdatum 14.1.2023)

Huo, Aimin, Fast Track for Trademarks in China, Lexology, 25. Januar 2022, https://www.lexology.com/library/detail.aspx?g=65ea13ce-2e1d-4e69-86cd-f3339d2412e1 (Abrufdatum 14.1.2023)

INTA International Trademark Association, TOPIC Counterfeiting, https://www.inta.org/topics/counterfeiting/ (Abrufdatum 14.1.2023)

INTA International Trademark Association, TOPIC Trade Dress, https://www.inta.org/topics/trade-dress/ (Abrufdatum 11.2.2023)

INTERNET WORLD, BrandZ-Ranking vom 29. September 2022, Das sind die 10 wertvollsten Marken aus China, https://www.internetworld.de/plattformen/10-wertvollsten-marken-china-2798716.html?ganzseitig=1 (Abrufdatum 10.2.2023)

Jaeckel, Christoph, Die Entscheidung »Manolo Blahnik« des OVG China, MarkenR 10/2022, S. 419 ff.

Jiao, Hongbin/Liu, Yuxin King and Wood Mallesons' IP group, First Trademark Infringement and Unfair Competition Case regarding Parallel Import Concluded by Guangzhou IP Court, China Law Insight, 1. Juni 2020, https://www.chinalawinsight.com/2020/06/articles/intellectual-property/first-trademark-infringement-and-unfair-competition-case-regarding-parallel-import-concluded-by-guangzhou-ip-court/#page=1 (Abrufdatum 14.1.2023)

Jiang, Nandi (Landy)/Yang, Miriam, Comment on the Case for Trade Mark Dispute of »Juratek« OEM, Lexology, 3. April 2023, https://www.lexology.com/library/detail.aspx?g=5a367fe0-2daf-4394-9927-2ca3221dbb15 (Abrufdatum 5.4.2023)

Jiang, Xiuhua, Trademark enforcement through customs services, Kangxin, 27. Oktober 2021, http://en.kangxin.com/html/2/218/219/220/15241.html, (Abrufdatum 14.1.2023)

Jiang, Xiuhua, Kangxin Partners PC, Translating and protecting brands in the Chinese market, IAM, 2. November 2022, https://www.iam-media.com/regionindustry-guide/china-managing-the-ip-lifecycle/2023/article/translating-and-protecting-brands-in-the-chinese-market (Abrufdatum 18.2.2023)

Jing, Ning/Jia, Xiaoning, How to Efficiently Protect Your Intellectual Property Right through China Customs?, Lexology, 15. Februar 2022, https://www.lexology.com/library/detail.aspx?g=ee201dc1-70ac-4567-8687-e6d31c0d2511 (Abrufdatum 18.1.2023)

Jones, Paul D./Chen, Yixian, Snapshot: trademark enforcement in China, Lexology, 30. September 2022, https://www.lexology.com/library/detail.aspx?g=2ea97217-0818-416b-87aa-838c48900825 (Abrufdatum 14.1.2023)

Kangxin, Copyright Claim in Trademark Opposition and Invalidation Case, 28. Dezember 2021, http://en.kangxin.com/html/2/218/223/228/15843.html (Abrufdatum 11.2.2023)

King & Wood Mallesons' Trademark Group, Pros and Cons of Multi-Class Trademark Application in the PRC, China Law Insight, 11. August 2014, https://www.chinalawinsight.com/2014/08/articles/intellectual-property/pros-and-cons-of-multi-class-trademark-application-in-the-prc/ (Abrufdatum 11.2.2023)

Kipfer, Arlo, The 101 on International NNN Agreements, China Law Blog, 13. Oktober 2021, https://harrisbricken.com/chinalawblog/the-101-on-international-nnn-agreements/ (Abrufdatum 14.1.2023)

Kipfer, Arlo, Beware the China Mutual NDA, China Law Blog, 15. Dezember 2021, https://harrisbricken.com/chinalawblog/beware-the-china-mutual-nda/ (Abrufdatum 14.1.2023)

Kipfer, Arlo, China NNN Agreements, China Law Blog, 6. Januar 2022, zuletzt geändert am 18. Januar 2023, https://harrisbricken.com/chinalawblog/china-nnn-agreements/ (Abrufdatum 11.2.2023)

Kipfer, Arlo, China NNN Agreements Up Close, China Law Blog, 28. Januar 2022, https://harrisbricken.com/chinalawblog/china-nnn-agreements-up-close/ (Abrufdatum 14.1.2023)

Kipfer, Arlo, China NNN Agreements and How to Give Them Real Teeth, China Law Blog, 3. Februar 2022, https://harrisbricken.com/chinalawblog/china-nnn-agreements-and-how-to-give-them-real-teeth/ (Abrufdatum 14.1.2023)

Kipfer, Arlo, China Contract Dispute Resolution Clauses: Choose Certainty, China Law Blog, 3. Mai 2022, https://harrisbricken.com/chinalawblog/china-contract-dispute-resolution-clauses-choose-certainty/ (Abrufdatum 14.1.2023)

Kipfer, Arlo, China NNN Agreements: Essential and NOT for Trade Secrets, China Law Blog, 11. Mai 2022, https://harrisbricken.com/chinalawblog/china-nnn-agreements-essential-and-not-for-trade-secrets/ (Abrufdatum 11.2.2023)

Kipfer, Arlo, The Chinese Company Chop Goes Digital, China Law Blog, 8. Juni 2022, https://harrisbricken.com/chinalawblog/the-chinese-company-chop-goes-digital/ (Abrufdatum 14.1.2023)

Koo, Anna Mae/Xu, Ann, China's Top 10 trademark developments 2021, World Intellectual Property Review wipr, 16. November 2020, https://www.worldipreview.com/contributed-article/china-s-top-10-trademark-developments-2021 (Abrufdatum 18.2.2023)

Kou, Haixia, A Good Time for Trade Secret Protection in China Part One and Part Two, Lexology, 14. April 2022, https://www.lexology.com/library/detail.aspx?g=edd76a60-1af3-4c5a-930d-2d417a864cb4 und https://www.lexology.com/library/detail.aspx?g=906476f8-32dd-450c-b13a-823aa75c2595 (Abrufdatum 14.1.2023)

Kui, Guan Hua, China Brand Protection – Important Institutional Restructuring, Lexology, 29. März 2019, https://www.lexology.com/library/detail.aspx?g=02f25337-46bf-4d7b-a680-fa3685761e44 (Abrufdatum 12.1.2023)

Kwai Hang Ng, Xin He: Embedded Courts Judicial Decision-Making in China, Cambridge University Press, 2017, ISBN 978-1-108-42049-5

Lam, Charis/Toh, Coral, China Classification, Spruson & Ferguson, 18. August 2020, https://www.spruson.com/trade-marks/china-classification/ (Abrufdatum 11.2.2023)

Lam, Horace/Chen, Reking/Fisher, William (Skip)/Xiao, Ting, China's Long-Awaited Overhaul of Trade Secret Protection Regime, Lexology, 26. April 2019, https://www.lexology.com/library/detail.aspx?g=cf8d3ef4-8cc5-42ba-b9bb-73b10ad7e00a (Abrufdatum 11.2.2023)

Lee, David/Tsi, Ron, Chinese customs protection strategy – route to efficient and cost-saving relief, IAM Yearbook: Building IP value in the 21st century 2020, 3. Oktober 2019, https://www.iam-media.com/global-guide/iam-yearbook/2020/article/chinese-customs-protection-strategy-route-efficient-and-cost-saving-relief (Abrufdatum 14.1.2023)

Lee, Nigel, China joins Hague design registration system, Lexology, 9. Februar 2022, https://www.lexology.com/library/detail.aspx?g=97acffae-4b35-4691-8cca-0795768ddbda (Abrufdatum 14.1.2023)

Lei, Yongjian, What brand owners should know in the battle against bad-faith trademarks in China, IAM, 14. Oktober 2020, https://www.iam-media.com/article/what-brand-owners-should-know-in-the-battle-against-bad-faith-trademarks-in-china (Abrufdatum 14.1.2023)

Li, Chun/Xie, Guanbin/Zhang, Bin, Copyright ownership and transfer in China, Lexology, 31. Juli 2019, https://www.lexology.com/library/detail.aspx?g=ef043371-4c93-4146-ad47-71d108367e37 (Abrufdatum 14.1.2023

Li, Jenny, Highlights of Chinese Design Filings from June 1, 2021, Kangxin, 28. Mai 2021, http://en.kangxin.com/html/2/218/219/220/14129.html (Abrufdatum 14.1.2023)

Li, Nina, Practical Tips for Trademark Protection in China, IP March, 22. September 2019, https://www.ipmarch.cn/en/NewsDetail/2064925.html (Abrufdatum 14.1.2023)

Liang, Cuicui, What is the Best Evidence That Meets the Latest Review Standard of Non-use Cancellation, CCPIT IP, 12. Mai 2022, https://www.ccpit-patent.com.cn/news/Intellectual/Trademark/2022/0512/5269.html (Abrufdatum 14.1.2023)

Liang, Ivy, Desmonts, Vivian, Rowlands, Jamie, Overview of Parallel Import Issues in China, Gowling WLG, 8. Juni 2021, https://gowlingwlg.com/en/insights-resources/articles/2021/trends-in-judicial-discretion-in-chinese-courts/ (Abrufdatum 14.1.2023)

Liang, Ivy/Desmonts, Vivian/Rowlands, Jamie, Risk Prevention and Strategy for Trade Secret Protection in China, Gowling WLG, 8. September 2021, https://gowlingwlg.com/en/insights-resources/articles/2021/risk-prevention-and-strategy-for-trade-secrets/ (Abrufdatum 14.1.2023)

Liao, Fei, CNIPA Issued Guidance on »Notice on Strengthening the Protection of Well-known Trademarks in Handling Cases Involving Trademark Infraction, China Law Insight, 11. Juni 2021, https://

www.chinalawinsight.com/2021/06/articles/intellectual-property/cnipa-issued-guidance-on-notice-on-strengthening-the-protection-of-well-known-trademarks-in-handling-cases-involving-trademark-infraction/ (Abrufdatum 11.2.2023)

Lim, Ai-Leen/Wang, Julia, Supreme People's Court reverses position on OEM trademark use in Honda case, AWA Point, 16. März 2020, https://awapoint.com/supreme-peoples-court-reverses-position-on-oem-trademark-use-in-honda-case/ (Abrufdatum 14.1.2023)

Lim Ai-Leen, CNIPA publishes trademark infringement criteria, AWA Point, 15. Oktober 2020, https://awapoint.com/cnipa-publishes-trademark-infringement-criteria/ (Abrufdatum 14.1.2023)

Lim, Ai-Leen, China endorses good-faith commitment when applying for well-known status, AWA Point, 8. November 2021, https://awapoint.com/china-endorses-good-faith-commitment-applying-well-known-status/ (Abrufdatum 14.1.2023)

Lim, Ai-Leen/Zhao, Ashley, China trials fast-track examination for trademark applications, AWA Point, 9. März 2022, https://awapoint.com/china-trials-fast-track-examination-for-trademark-applications/ (Abrufdatum 14.1.2023)

Ling, Jin/Wang, Carol, China IP Updates: September 2021 (Issue 4), Rouse Consultancy, 7. Oktober 2021, https://rouse.com/insights/news/2021/china-ip-updates-september-2021-issue-4 (Abrufdatum 14.1.2023)

Liu, Emily, A New Comment on Article 4 of Trademark Law, Kangxin, 21. Juni 2021, http://en.kangxin.com/html/2/218/219/220/14283.html (Abrufdatum 14.1.2023)

Liu, Frank/Zhu, Adam, Protecting rights against trademark infringers, Lexology, 28. Mai 2020, https://www.lexology.com/library/detail.aspx?g=ffa243e8-87ca-4889-b66e-e451a8d76d20 (Abrufdatum 14.1.2023)

Liu, Frank, Revisiting strategies for IP protection in China, Lexology, 23. Oktober 2020, https://www.lexology.com/library/detail.aspx?g=f96edf85-41dd-4e6e-97a1-4fad3d3c870c (Abrufdatum 14.1.2023)

Liu, Isabella/Loo, Shih Yann/Zhou, Zheng/Ho, Bertha, China: Use of trademark in OEM manufacturing may constitute trademark infringement in China, Baker McKenzie, 19. Mai 2020, https://insightplus.bakermckenzie.com/bm/intellectual-property/china-use-of-trademark-in-oem-manufacturing-may-constitute-trademark-infringement-in-china (Abrufdatum 14.1.2023)

Liu, Ji, Guidance from China's Supreme Court in light of punitive damages on intentional IPR infringement, Lexology, 31. März 2021, https://www.lexology.com/library/detail.aspx?g=f1e07efc-d47f-4e97-a292-5a92276ae391 (Abrufdatum 14.1.2023)

Liu, Xiaoming, Taking Precautionary Steps to Protect Copyrights in China, CHOFN, 23. September 2020, http://en.chofn.com/Articles/609e7c3f68969c002fd7c82b/Taking_Precautionary_Steps_to_Protect_Copyrights_in_China?keyword=Taking%20prec&page=1 (Abrufdatum 14.1.2023)

Liu, Zoe, The changing nature of OEM product exports from China, Rouse, 15. Dezember 2021, https://rouse.com/insights/news/2021/the-changing-nature-of-oem-product-exports-from-china (Abrufdatum 14.1.2023)

Liu, Zoe, Copyright Customs recordal – your brand's saving grace?, Rouse, 9. März 2022, https://rouse.com/insights/news/2022/copyright-customs-recordal-your-brand-s-saving-grace (Abrufdatum 14.1.2023)

Liu, Zoe, Non-determination decisions: A remedy when your branded goods are seized, Rouse, 12. Juli 2022, https://rouse.com/insights/news/2022/non-determination-decisions-a-remedy-when-your-branded-goods-are-seized (Abrufdatum 14.1.2023)

Long, Chuanhong/Zhang, Bin/Liang, Cuicui/Fu, Lei, Global Practice Guides Trade Marks 2022 China, Chambers and Partners, zuletzt aktualisiert am 1. März 2022, https://practiceguides.chambers.com/practice-guides/trade-marks-2022/china (Abrufdatum 16.1.2023)

Low, Eugene/Meuwissen, Stefaan, Q&A: Why you should consider registering your copyright in China, Hogan Lovells Engage, 7. Januar 2021, https://www.engage.hoganlovells.com/knowledgeservices/news/qa-why-you-should-consider-registering-your-copyright-in-china (Abrufdatum 16.1.2023)

Ma, Emma, Notable Changes of Draft Amendement to the Trademark Law of China Released by CNIPA, Chang Tsi Newsletter January 2023

Mark, Liza L.S./Ji, Tianyun, China Releases Judicial Interpretation of Anti-Unfair Competition Law, Lexology, 28. April 2022, https://www.lexology.com/library/detail.aspx?g=21a479ff-1af2-4043-9a2f-a6e914a67ad0 (Abrufdatum 16.1.2023)

McManamny, Patrick/Cowin, Prue, The importance of IP due diligence, FB Rice, 3. Juni 2020, https://www.fbrice.com.au/ip-news-insights/the-importance-of-ip-due-diligence (Abrufdatum 16.1.2023)

Meuwissen, Stefaan/Chang, Yu-An, Highlights of China's Supreme Court's new Interpretation on punitive damages in IP cases, Hogan Lovells Engage, 13. April 2021, https://www.engage.hoganlovells.com/knowledgeservices/news/highlights-of-chinas-supreme-courts-new-interpretation-on-punitive-damages-in-ip-cases (Abrufdatum 16.1.2023)

Meuwissen, Stefaan/Xia, Helen, China: Manolo Blahnik wins back trademark after 22-year legal battle, Hogan Lovells Engage, 27. Juli 2022, https://www.engage.hoganlovells.com/knowledgeservices/viewContent.action?key=Ec8teaJ9VapqMbOPfXjrX8xgHJMKLFEppVpbbVX%2B3OXcP3PYxlq7sZUjdbSm5FIetvAtgf1eVU8%3D&nav=FRbANEucS95NMLRN47z%2BeeOgEFCt8EGQ0qFfoEM4UR4%3-D&emailtofriendview=true&freeviewlink=true (Abrufdatum 16.1.2023)

Mi, Li, From »big« to »powerful«, Rouse, 20. Oktober 2021, https://rouse.com/insights/news/2021/from-big-to-powerful-china-s-ambition-to-become-an-intellectual-property-nation-in-15-years (Abrufdatum 16.1.2023)

Mi, Li, China's Design Patent Registration System Going Global, Rouse, 5. Mai 2022, https://rouse.com/insights/news/2022/china-s-design-patent-registration-system-going-global (Abrufdatum 11.2.2023)

Michishita, Rieko, Are Trademark Coexistence Consent Letters Admissible?, Bird&Bird, 25. Oktober 2021, https://www.twobirds.com/en/insights/2021/china/are-trademark-coexistence-consent-letters-admissible (Abrufdatum 16.1.2023)

Mirkov, Relja/Kliska, Nikola, Powerlifting: Is Copyright stronger than Trademarks?, Lexology, 16. Juni 2020, https://www.lexology.com/library/detail.aspx?g=c89a1606-c197-4991-b016-efb3d21eb8df (Abrufdatum 16.1.2023)

Mittelstaedt, Axel, LADM Liesegang Aymans Decker, Mittelstaedt & Partner, Geistiges Eigentum, Gabler Wirtschaftslexikon, https://wirtschaftslexikon.gabler.de/definition/geistiges-eigentum-53871 (Abrufdatum 11.2.2023)

Ni, Zhenhua (Ben)/Huang, Qijie, Brief Review of the Interpretation on the Application of Punitive Damages in the Trial of Civil Cases of Infringement of Intellectual Property Rights, China Law Insight, 18. März 2021, https://www.chinalawinsight.com/2021/03/articles/intellectual-property/ brief-review-of-the-interpretation-on-the-application-of-punitive-damages-in-the-trial-of-civil-cases-of-infringement-of-intellectual-property-rights/#page=1 (Abrufdatum 16.1.2023)

Oxford Learner's Dictionaries, Pinyin, https://www.oxfordlearnersdictionaries.com/definition/ american_english/pinyin (Abrufdatum 16.1.2023)

Pattloch, Thomas/Popple, Louise, Co-Autoren: Wan, Helen/Zhou JoAnn/Si Akili, Another cause for hope for well-known brands in China: the Manolo Blahnik case, TaylorWessing, 7. Oktober 2022, https://www.taylorwessing.com/en/insights-and-events/insights/2022/10/bu-another-cause-for-hope-for-well-known-brands-in-china (Abrufdatum 10.2.2023)

Pei, Fenhong Paula, Lost in translation: protecting Chinese-language marks, IAM, 3. September 2020, https://www.iam-media.com/regionindustry-guide/china-managing-the-ip-lifecycle/2021/article/ lost-in-translation-protecting-chinese-language-marks (Abrufdatum 16.1.2023)

Pei, Fenhong Paula/Gao, Ya, Trademark applications – malicious behaviour and its countermeasures, WTR, 30. September 2021, https://www.worldtrademarkreview.com/regionindustry-guide/china-managing-the-ip-lifecycle/2022/article/trademark-applications-malicious-behaviour-and-its-countermeasures (Abrufdatum 10.2.2023)

Petraz, Davide Luigi/Barilà, Carmela/Dalla Longa, Arianna, Policing global markets for designs infringement, WTR, 28. November 2019, https://www.worldtrademarkreview.com/global-guide/ designs/2020/article/policing-global-markets-designs-infringement (Abrufdatum 16.1.2023)

Plane, Dan/Chen, Grace, Enforcement of IP Rights in China – A Primer, Lexology, 30. März 2020, https://www.lexology.com/library/detail.aspx?g=bc133575-107f-4a6d-8df3-12fb109c78a7 (Abrufdatum 16.1.2023)

Plane, Dan/Zhao, Avie, Update on Latest Developments in Respect of Bad Faith Trademark Filings in China, Lexology, 15. Juni 2021, https://www.lexology.com/library/detail.aspx?g=7974305f-5a72-4a0f-b97e-b9bbc00a803e (Abrufdatum 16.1.2023)

Ran, Ruixue/Huang, Sheng/Wang, Alexander/Garten, Thomas/Wang, Justin/Guo, Yan/Chen, Xiao-liang, Quarterly China IP Update, Covington, 25. Juli 2022, https://www.cov.com/-/media/files/ corporate/publications/2022/07/quarterly-china-ip-update-20220725.pdf (Abrufdatum 16.1.2023)

Ranjard, Paul/Huang, Hui/Du, Binbin, SPC clarifies requirements for citing prior use defence in trademark infringement cases, Lexology, 17. Februar 2020, https://www.lexology.com/commentary/ intellectual-property/china/wanhuida-intellectual-property/spc-clarifies-requirements-for-citing-prior-use-defence-in-trademark-infringement-cases (Abrufdatum 16.1.2023)

Ranjard, Paul, Consequences of trademark invalidation, Lexology, 2. Januar 2023, https://www. lexology.com/commentary/intellectual-property/china/wanhuida-intellectual-property/ consequences-of-trademark-invalidation (Abrufdatum 28.1.2023)

Ren, Jiao, China: Updates On Chinese Courts' Views On OEM Use Of Trademarks, mondaq, 13. Mai 2021, https://www.mondaq.com/china/trademark/1066014/updates-on-chinese-courts39-views-on-oem-use-of-trademarks (Abrufdatum 10.2.2023)

Riedl, Ann-Kathrin, Zum Geburtstag des Designers Manolo Blahnik: Wir zeigen die legendärsten Momente des Schuhdesigners, VOGUE, 27. November 2019, https://www.vogue.de/mode/artikel/ manolo-blahnik (Abrufdatum 10.2.2023)

Robles, Braulio, »Made in China« goes standard: a reform of the industrial design protection system is bringing the Asian giant into line with international norms, Lexology, 29. Juni 2021, https://www.lexology.com/library/detail.aspx?g=1d8b438d-d1ec-4fe3-8bf2-fb662f31e1ca (Abrufdatum 16.1.2023)

Rocafort, Fred, The Attorney-Client Privilege Really Matters When Doing Business Internationally, Especially in China, China Law Blog, 18. Juni 2019, https://harrisbricken.com/chinalawblog/the-attorney-client-privilege-really-matters-when-doing-business-internationally-especially-in-china/ (Abrufdatum 16.1.2023)

Rocafort, Fred, Foreign Company Due Diligence, China Law Blog, 1. September 2020, https://harrisbricken.com/chinalawblog/foreign-company-due-diligence/ (Abrufdatum 16.1.2023)

Rocafort, Fred, Beware of China Lawyers, China Law Blog, 21. Oktober 2020, https://harrisbricken.com/chinalawblog/beware-of-china-lawyers/ (Abrufdatum 16.1.2023)

Rocafort, Fred, How To Take Down Counterfeits From Alibaba and Other Chinese E-Commerce Sites, China Law Blog, 31. März 2021, https://harrisbricken.com/chinalawblog/how-to-take-down-counterfeits-from-alibaba-and-other-chinese-e-commerce-sites/ (Abrufdatum 16.1.2023)

Rocafort, Fred, China Trademarks: When (and How) to Prove Use of a Mark in Commerce, China Law Blog, 5. August 2021, https://harrisbricken.com/chinalawblog/china-trademarks-when-and-how-to-prove-use-of-a-mark-in-commerce/ (Abrufdatum 16.1.2023)

Rocafort, Fred, China Trademarks, Brand Names, Copycats, and Soundalikes, China Law Blog, 11. Oktober 2021, https://harrisbricken.com/chinalawblog/china-trademarks-brand-names-copycats-and-soundalikes/ (Abrufdatum 16.1.2023)

Rocafort, Fred, China Trademarks: Use 'em or Lose 'em, China Law Blog, 14. Oktober 2021, https://harrisbricken.com/chinalawblog/china-trademarks-use-em-or-lose-em/ (Abrufdatum 16.1.2023)

Rocafort, Fred, How to License Your IP to China, China Law Blog, 23. Januar 2022, https://harrisbricken.com/chinalawblog/how-to-license-your-ip-to-china/ (Abrufdatum 16.1.2023)

Rocafort, Fred, The Four Best Ways to Protect Your IP from China, China Law Blog, 25. Februar 2022, https://harrisbricken.com/chinalawblog/the-four-best-ways-to-protect-your-ip-from-china/ (Abrufdatum 16.1.2023)

Rocafort, Fred, Amazon Seller Shenanigans and Why You Must Register Your Copyrights, China Law Blog, 29. Mai 2022, https://harrisbricken.com/chinalawblog/amazon-seller-shenanigans-and-why-you-must-register-your-copyrights/ (Abrufdatum 16.1.2023)

Rowlands, Jamie, Jaguar Land Rover v Landwind: acts of unfair competition and copyright infringement, Gowling, 23. Mai 2019, https://gowlingwlg.com/en/insights-resources/articles/2019/jaguar-land-rover-v-landwind-unfair-competition/ (Abrufdatum 16.1.2023)

Sanyou IP Group, Administrative Dispute over the Invalidation of the Trademark of »Chinese characters Anker«, 30. November 2021, https://www.sanyouip.com/English/a/10598.htm (Abrufdatum 10.2.2023)

Schäffler, Sonja, Original Equipment Manufacturing – OEM – Markenverletzung in China, GRUR Prax 2021, S. 471 ff.

Schäffler, Sonja, Marken-Anmeldestrategie in China – National anmelden oder im Rahmen einer Internationalen Registrierung (IR)?, GRUR Prax 2022, S. 38 ff.

Schaub, Mark/Link, Sandra/Reitzel, Johannes, Coronavirus – Global Supply Chain Chaos for German companies?, China Law Insight, 21. Februar 2020, https://www.chinalawinsight.com/2020/02/articles/corporate-ma/coronavirus-global-supply-chain-chaos-for-german-companies/#page=1 (Abrufdatum 16.1.2023)

Seow, Esther/Drew, Ian/Lau, Benita, China law update: Does OEM manufacturing constitute trade mark use or infringement?, Lexology, 5. August 2020, https://www.lexology.com/library/detail.aspx?g=fa19a5fa-745e-417c-925d-72afcbae43d9 (Abrufdatum 17.1.2023)

Shi, Yang, Pretrial injunction: a choice for IP owners to resist irreparable harms in China, Lexology, 23. September 2021, https://www.lexology.com/library/detail.aspx?g=5681c00d-5af5-49ce-8a50-37fd760d2d01 (Abrufdatum 17.1.2023)

SHOEZ, Manolo Blahnik gewinnt Markenstreit in China, 20. Juli 2022, https://www.shoez.biz/manolo-blahnik-gewinnt-markenstreit-in-china/ (Abrufdatum 17.1.2023)

Simone, Joseph, China's new E-commerce Law, WTR, 14. März 2019, https://www.worldtrademarkreview.com/global-guide/anti-counterfeiting-and-online-brand-enforcement/2019-obe/article/chinas-new-e-commerce-law (Abrufdatum 17.1.2023)

Simone, Joseph, TRAD tightens standards for evaluating consent letters, Lexology, 4. Oktober 2021, https://www.lexology.com/library/detail.aspx?g=0032e8d5-9d1b-4470-a0df-5396c1ad22ac (Abrufdatum 17.1.2023)

SIPS Simone Intellectual Property Services Asia Ltd, PRC – Trademark Law Amendment Targeting Bad Faith Registration and Infringements, Lexology, 29. April 2019, https://www.lexology.com/library/detail.aspx?g=577f40db-5db7-4151-8d30-a4f80649e77e (Abrufdatum 18.2.2023)

Smith, Christopher/Simone, Joseph, Defensive PRC Trademark Registrations Recognized as Legitimate, Lexology, 2. September 2021, https://www.lexology.com/library/detail.aspx?g=0766fecf-e74b-438d-b9b5-a2b9f42fdc90 (Abrufdatum 17.1.2023)

S&O IPR, China joins the hague system for designs, Lexology, 17. Februar 2022, https://www.lexology.com/library/detail.aspx?g=3e4301f5-8c7e-4d47-94b8-d00e3a69372a (Abrufdatum 17.1.2023)

Speeks, Simon/Pun, Lily, China TM Practice Note – CNIPA Expedited Examination and Re-filing Strategies, Marks&Clerk, 3. Januar 2022, https://www.marks-clerk.com/insights/articles/china-tm-practice-note-cnipa-expedited-examination-and-re-filing-strategies/ (Abrufdatum 17.1.2023)

Su, Juan, Impact of new Patent Law in 2021 on Design Applications, China Law Insight, 5. Januar 2021, https://www.chinalawinsight.com/2021/01/articles/intellectual-property/impact-of-new-patent-law-in-2021-on-design-applications/#page=1 (Abrufdatum 17.1.2023)

Su, Lei/Lin, Emma/Liu, Yang, Purplevine IP Group, Understanding design patent protection, IAM, 2. November 2022, https://www.iam-media.com/regionindustry-guide/china-managing-the-ip-lifecycle/2023/article/understanding-design-patent-protection (Abrufdatum 17.1.2023)

Su, Sunny/Xia, Jennifer, China Case Study: IP Protection in Live Streaming E-Commerce Platforms, Rouse, 8. Juli 2021, https://rouse.com/insights/news/2021/china-case-study-ip-protection-in-live-streaming-e-commerce-platforms (Abrufdatum 17.1.2023)

Suchy, Donna (Hrsg.), IP Protection in China – Donna Suchy (Hrsg.), Library of Congress Cataloging-in-Publication Data, Intellectual property protection in China/edited by Donna Suchy, ABA Publishing, American Bar Association

Suen, Valerie/Lai, Vincent, China: CNIPA Continues Crackdown on Bad Faith Fillings, ELLA LAN, 29. Juni 2022, https://www.ellalan.com/news/cnipa-continues-crackdown-on-bad-faith-fillings/ (Abrufdatum 17.1.2023)

Sung, Vera/Luo, Angel, China – Trademark Electronic Application, OLN Oldham, Li & Nie, https://oln-law.com/china-ndash-trademark-electronic-application/ (Abrufdatum 11.2.2023)

Tan, Kavin, Acceptability of Letters of Consent in Trademark Review, Lexology, 18. September 2020, https://www.lexology.com/library/detail.aspx?g=f1263fde-e11b-4484-b5be-dec62f4c1919 (Abrufdatum 17.1.2023)

Tan, Rachel/Yang, Amanda/Cui, Hatty/Zhu, Melanie, Public Comment sought for Proposed Amendments to the Chinese Trade Mark Law, Rouse, 18. Januar 2023, https://rouse.com/insights/news/2023/public-comment-sought-for-proposed-amendments-to-the-chinese-trade-mark-law (Abrufdatum 30.1.2023)

Tang, Panpan, Judging Criteria for Trademark Infringements, CMS, 3. Juli 2020, https://cms.law/en/chn/publication/judging-criteria-for-trademark-infringements (Abrufdatum 17.1.2023)

Tang, Panpan/Zhu, Spring, SPC issues Judicial Interpretation on Punitive Damages in Intellectual Property Infringement Cases, CMS Law-Now, 17. März 2021, https://www.cms-lawnow.com/ealerts/2021/03/spc-issues-judicial-interpretation-on-punitive-damages-in-intellectual-property-infringement-cases?cc_lang=en (Abrufdatum 17.1.2023)

Taylor, Nigel, Manolo Blahnik gewinnt Markenrechtsstreit in China, FASHION NETWORK, 20. Juli 2022, (Übersetzung Enderes, Felicia), https://de.fashionnetwork.com/news/Manolo-blahnik-gewinnt-markenrechtsstreit-in-china,1425352.html (Abrufdatum 17.1.2023)

Teng, Jason, China joins international design system, Lexology, 10. Februar 2022, https://www.lexology.com/library/detail.aspx?g=c11647fe-1147-4f18-9a34-1b23cfd13a02 (Abrufdatum 17.1.2023)

Tsai, Lee & Chen, Brand-Labeled OEM Ruled as Constituting Use of a Trademark in Chinese Landmark Decision, 19. März 2020, http://www.tsailee.com/news_show_en.aspx?cid=3&id=1771 (Abrufdatum 17.1.2023)

Van Malenstein, Reinout, (IP China) And just like that Manolo Blahnik wins trademark back, 26. Juli 2022, Lexology, https://www.lexology.com/library/detail.aspx?g=6546893c-f57e-42ea-b715-2d25b1f58a1a (Abrufdatum 10.2.2023)

Van Malenstein, Reinout, IP on stage at the 14th National People's Congress Meeting, Lexology, 14. März 2023, https://www.lexology.com/library/detail.aspx?g=75745d34-7fa3-4029-b8ce-78ed4fb7c5ac (Abrufdatum 5.4.2023)

Vertretungen der Bundesrepublik Deutschland in der Volksrepublik China, Merkblatt über Rechtsverfolgung und Rechtsdurchsetzung in Zivil- und Handelssachen, Stand: September 2021, https://china.diplo.de/blob/1094452/9bcf1f68b593c185744f408c57d9677a/pdf-merkblatt-rechtsverfolgung-data.pdf (Abrufdatum 18.2.2023)

Vinh, Le Quang, Famous Trademark Protection Practices in the US, EU, Japan, China and Vietnam: similar or different although these countries all bound by the Paris Convention and TRIPs Agreement?, Lexology, 17. Februar 2021, https://www.lexology.com/library/detail.aspx?g=9b42b2f3-3157-45ec-9386-8c727db14ebb (Abrufdatum 17.1.2023)

Voon, Frank/Yao, Edward/Lui, Chantelle, Guide: How to Enforce Intellectual Property Rights in China, K&L GATES HUB, 11. August 2021, https://www.klgates.com/Guide-How-to-Enforce-Intellectual-Property-Rights-in-China-8-11-2021 (Abrufdatum 11.2.2023)

VORYS eCONTROL Marketplace Solutions Blog, New Law in China Promotes Protection of Intellectual Property Rights on Online Marketplaces, 3. April 2019 https://www.vorysecontrol.com/blog/new-law-in-china-promotes-protection-of-intellectual-property-rights-on-online-marketplaces/ (Abrufdatum 17.1.2023)

Wang, Chuan, Trademark hoarding, rejected!, CCPIT IP, 14. Dezember 2020, https://www.ccpit-patent.com.cn/news/centent/2021/0407/4737.html (Abrufdatum 17.1.2023)

Wang, Feng, Beijing High People's Court issues guidelines on punitive damages in civil IP cases, DLA PIPER, 22. Mai 2022, https://www.dlapiper.com/en/us/insights/publications/2022/05/guidelines-on-punitive-damages-in-civil-ip-cases/ (Abrufdatum 11.2.2023)

Wang, Hongyan, Brand transliteration: how to translate and protect your brand for the Chinese market, IAM, 6. April 2016, https://www.iam-media.com/article/brand-transliteration-how-translate-and-protect-your-brand-the-chinese-market (Abrufdatum 17.1.2023)

Wang, Shuncun, CNIPA's Notice on Submitting Commitment Letter for Requesting Well-known Trademark Protection, Lexology, 9. September 2021, https://www.lexology.com/library/detail.aspx?g=9d091b24-eeac-428d-b103-c8ad27a5da70 (Abrufdatum 17.1.2023)

Wei, Xiaoping, New Trademark Law enhances trademark protection in China, Managing IP, 11. März 2022, https://www.managingip.com/article/2a5d0zxo7uj1lvlhs7myo/new-trademark-law-enhances-trademark-protection-in-china (Abrufdatum 17.1.2023)

Wen, Joyce, Guiding Opinions of the Supreme People's Court on the Trial of Civil Cases Involving the Intellectual Property Rights on E-commerce Platforms (Mainland China), Lexology, 1. November 2020, https://www.lexology.com/library/detail.aspx?g=f0eb2484-3a9a-457f-8922-125bbeedbbba (Abrufdatum 18.1.2023)

Wen, Joyce, Measures for Expedited Examination of Trademark Registration Applications in China (Trial Implementation), Lee, Tsai & Partners, April 2022, https://www.leetsai.com/trademark/measures-for-expedited-examination-of-trademark-registration-applications-trail-implementation (Abrufdatum 18.1.2023)

Wikipedia, Bruin, https://en.wikipedia.org/wiki/Bruin (Abrufdatum 10.1.2023)

Wikipedia, Pinyin, https://de.wikipedia.org/wiki/Pinyin (Abrufdatum 11.2.2023)

Wong, Alison/Yiu, Christine, China amends Trademark Law against Bad Faith Applications without Intent to Use, Bird&Bird, 24. April 2019, https://www.twobirds.com/en/insights/2019/china/china-amends-trademark-law-against-bad-faith-applications-without-intent-to-use (Abrufdatum 10.2.2023)

Wong, Alison/Xu, Martoe, Judicial Interpretations for Punitive Damages in China – wilful and serious IP infringers watch out!, Bird&Bird, 10. März 2021, https://www.twobirds.com/en/insights/2021/china/judicial-interpretations-for-punitive-damages-in-china-wilful-and-serious-ip-infringers-watch-out (Abrufdatum 18.1.2023)

Wu, Hongxia, Protection of well-known trademarks in China, Lexology, 15. September 2019, https://www.lexology.com/library/detail.aspx?g=ee750e1e-7e27-43b1-a5fe-63a8ae953b81 (Abrufdatum 18.1.2023)

Xi, Angell (Minjie), At a glance: trademark registration and use in China, Lexology, 1. Oktober 2021, https://www.lexology.com/library/detail.aspx?g=210ae5d8-faea-489e-8cef-32d42a7b5470 (Abrufdatum 18.1.2023)

Xia, Jerry, In brief: protection of trade secrets China, Lexology, 4. Oktober 2021, https://www.lexology.com/library/detail.aspx?g=5212426e-4c3a-4519-b9f3-9f472216f266 (Abrufdatum 18.1.2023)

Xia, Jerry, Q&A: enforcement proceedings for trade secrets in China, Lexology, 4. Oktober 2021, https://www.lexology.com/library/detail.aspx?g=8da54879-67f0-423a-969b-252c72a4ecf0 (Abrufdatum 18.1.2023)

Xia, Sara, China's New E-Commerce Law and Its Foreign Company Impacts, 11. April 2019, zuletzt geändert am 25. Oktober 2022, https://harrisbricken.com/chinalawblog/chinas-new-e-commerce-law-and-its-foreign-company-impacts/ (Abrufdatum 11.2.2023)

Xia, Summer, Coexistence of similar Trademarks: How is it possible?, Lexology, 25. Januar 2022, https://www.lexology.com/library/detail.aspx?g=cbedce7c-6f82-42e6-b44b-cac5e2a51a87 (Abrufdatum 18.1.2023)

Xia, Summer, (IP China) Purpose other than use: Art. 4 of the Revised Trademark Law, Lexology, 16. Juni 2022, https://www.lexology.com/library/detail.aspx?g=d5520a6d-7131-4ad3-aef2-34820205d371 (Abrufdatum 18.1.2023)

Xiao, Sophia, Current Situation of Trademark Coexistence System and the Application of Coexistence Agreement in the Chinese Trademark Practice, Lexology, 23. März 2020, https://www.lexology.com/library/detail.aspx?g=0606b023-10f2-4457-bbce-f85ad8d2f103 (Abrufdatum 18.1.2023)

Xie, Jiayan, Understanding and Application of »Signs with Unhealthy influences shall not be used as trademarks«, Lexology, 19. Juli 2021, https://www.lexology.com/library/detail.aspx?g=0136cedd-8c99-4b93-a35b-c22edb31866c (Abrufdatum 18.1.2023)

Xie, Jiayan, Overviews on Assignment/Transfer of Chinese Trademarks, Lexology, 19. Juli 2021, https://www.lexology.com/library/detail.aspx?g=924a8ca6-145d-4fcb-aabe-1c4e7411680d (Abrufdatum 18.1.2023)

Xie, Jiayan, Changes on the designated goods/services of trademark applications/registrations, Lexology, 3. September 2021, https://www.lexology.com/library/detail.aspx?g=6931ec23-4ac7-422e-98b1-7da1a6a6bda1 (Abrufdatum 18.1.2023)

Xie, Jiayan, Overview of the trademark examination and trial guidelines, Lexology, 16. Dezember 2021, https://www.lexology.com/library/detail.aspx?g=1a4ac851-6b58-4322-8bbe-3b0a08219bb4 (Abrufdatum 18.1.2023)

Xie, Jiayan, Basic requirements for designating goods and services in Chinese trademark registration applications, Lexology, 29. September 2022, https://www.lexology.com/library/detail.aspx?g=985703fa-58ec-4a19-a3bf-37c5b21c35ec (Abrufdatum 18.1.2023)

Xu, Ann/Chan, Vivien, China's revision of trademark law and the impact on CNIPA practices, Managing IP, 21. April 2022, https://www.managingip.com/article/2a5d1aveddrlq9n8fqccg/chinas-revision-of-trademark-law-and-the-impact-on-cnipa-practices (Abrufdatum 18.1.2023)

Xu, Echo, Top tips for enforcement success as big changes to China's copyright regime come into force, Kangxin, 24. Juni 2021, http://en.kangxin.com/html/2/218/219/220/14329.html (Abrufdatum 18.1.2023)

Xu, Guangping, What's the Influence of Enterprise Name or Address Change on Its Trademarks?, Kangxin, 8. Oktober 2022, http://en.kangxin.com/html/2/218/219/220/18239.html (Abrufdatum 18.1.2023)

Xu, Jian, China's trademark subclass system: A guide to what foreign companies need to know, Gowling WLG, 11. November 2019, https://gowlingwlg.com/en/insights-resources/articles/2019/china-s-trademark-subclass-system-a-guide-to-what/ (Abrufdatum 18.1.2023)

Xu, Jian, Six common problems caused by China's trademark subclass system, LOUPEDIN, 1. Oktober 2021, https://loupedin.blog/2021/10/six-common-problems-caused-by-chinas-trademark-subclass-system/ (Abrufdatum 18.1.2023)

Xu, Jian, How to translate your trademark into Chinese?, LOUPEDIN, 21. Oktober 2022, https://loupedin.blog/2022/10/how-to-translate-your-trademark-into-chinese/ (Abrufdatum 18.1.2023)

Xu, Jing, Guidelines on Damages Calculation in IP Disputes, King&Wood Mallesons, 27. Mai 2020, https://www.kwm.com/cn/en/insights/latest-thinking/guidelines-on-damages-calculation-in-ip-disputes0.html (Abrufdatum 18.1.2023)

Xu, Jing/Zhang, Chao, King & Wood Mallesons' Intellectual Property group, Two Judicial Interpretations Relating to Trade Secrets Formally Promulgated and Coming into Force in September, China Law Insight, 2. November 2020, https://www.chinalawinsight.com/2020/11/articles/intellectual-property/two-judicial-interpretations-relating-to-trade-secrets-formally-promulgated-and-coming-into-force-in-september/#page=1 (Abrufdatum 18.1.2023)

Xue, Elian, The Anti-unfair Competition Protection for Trade Name Right, Kangxin, 4. Januar 2022, http://en.kangxin.com/html/2/218/219/220/15941.html (Abrufdatum 18.1.2023)

Xun Liu (Hrsg.), Das Neue Praktische Chinesisch, Lehrbuch, 3. Aufl., Chinabooks E. Wolf/Beijing Language and Culture University Press, Zürich 2012

Yang, Frank, Legal Update: Regulations on Illegal Trademark Use, 22. Dezember 2022, https://www.lexology.com/library/detail.aspx?g=60cb4649-3c39-489c-90bc-3856771b2249 (Abrufdatum 28.1.2023)

Yang, Mingming/Chen, Li, Article 4 of new Trademark Law: an efficient weapon against bad-faith trademark filings, Lexology, 30. März 2020, https://www.lexology.com/commentary/intellectual-property/china/wanhuida-intellectual-property/article-4-of-new-trademark-law-an-efficient-weapon-against-bad-faith-trademark-filings (Abrufdatum 18.2.2023)

Yang, Mingming/Nan, Jiang, CNIPA backs Acushnet in opposition against FUTLEWT mark, Lexology, 6. Juni 2022, https://www.lexology.com/commentary/intellectual-property/china/wanhuida-intellectual-property/cnipa-backs-acushnet-in-opposition-against-futlewt-mark (Abrufdatum 18.1.2023)

Yang, Miriam, A Reflection on Judicial Decisions of OEM-related Trade Mark Infringement Cases in China, Lexology, 25. Februar 2023, https://www.lexology.com/library/detail.aspx?g=7851796d-18f1-41c0-85ec-7089fe26d7f2 (Abrufdatum 5.4.2023)

Yao, Jason, Developing a multiplatform approach to counterfeiting, WTR, 15. April 2022, https://www.worldtrademarkreview.com/global-guide/anti-counterfeiting-and-online-brand-enforcement/2022/article/developing-multiplatform-approach-counterfeiting (Abrufdatum 18.1.2023)

Yin, Boya/Xu, Qinghong, Comparative aspects of trademark dilution between the United States and China, IAM, 3. September 2020, https://www.iam-media.com/regionindustry-guide/china-managing-the-ip-lifecycle/2021/article/comparative-aspects-of-trademark-dilution-between-the-united-states-and-china (Abrufdatum 18.1.2023)

Yiu, Christine, Jaguar Land Rover's victory against Land Wind X7 – is it a fluke or a trend?, Bird&Bird, 23. April 2019, https://www.twobirds.com/en/insights/2019/china/jaguar-land-rovers-victory-against-land-wind-x7-is-it-a-fluke-or-a-trend#page=1 (Abrufdatum 18.1.2023)

Yu, Adelaide, Is your brand moving into new markets? Look (and search) before you leap!, Rouse, 17. März 2022, https://rouse.com/insights/news/2022/is-your-brand-moving-into-new-markets-look-and-search-before-you-leap (Abrufdatum 11.2.2023)

Zhan, Hao/Song, Ying/Wu, Yuanyuan Stephanie/Lv, Hongjie, China Revises Anti-Unfair Competition Law to Step Up Fight against Trade Secret Infringement, Lexology, 26. April 2019, https://www.lexology.com/library/detail.aspx?g=907fd0b8-dfef-4046-80d2-edd77432e242 (Abrufdatum 18.1.2023)

Zhang, August, China: IP Litigation & Enforcement Guide, Rouse, 28. Juli 2021, https://rouse.com/insights/news/2021/china-ip-litigation-enforcement-guide (Abrufdatum 18.1.2023)

Zhang, Bin, Yang, Yifan, Administrative IP protection in China, IAM, 2. November 2022, https://www.iam-media.com/regionindustry-guide/china-managing-the-ip-lifecycle/2023/article/administrative-ip-protection-in-china (Abrufdatum 18.1.2023)

Zhang, Fiona, Practical Tips – Copyright Protection and IP Protection, Kangxin, 10. Dezember 2020, http://en.kangxin.com/html/2/218/219/220/12833.html (Abrufdatum 18.1.2023)

Zhang, Fiona, Copyright protection or trademark protection? Practical tips for rights holders, Kangxin, 16. April 2021, http://en.kangxin.com/html/2/218/219/220/13789.html (Abrufdatum 18.1.2023)

Zhang, Karl/Chen, Jolene, Intellectual property issues for foreign enterprises acquiring Chinese companies, Lexology, 29. November 2021, https://www.lexology.com/library/detail.aspx?g=1c67e9dd-7651-4c29-817e-9183c1e93c82 (Abrufdatum 18.2.2023)

Zhang, Song/Chen, Wenjun/GUO, Cherry Chunfei/Fan, Yingxin/Sun, Wenjing, In brief: copyright infringement and remedies in China, Lexology, 25. Mai 2022, https://www.lexology.com/library/detail.aspx?g=7374af2a-5158-409e-813f-d062539d808a (Abrufdatum 18.1.2023)

Zhang, Song/Chen, Wenjun/GUO, Cherry Chunfei/Fan, Yingxin/Sun, Wenjing, Q&A: copyright ownership and transfer in China, Lexology, 25. Mai 2022, https://www.lexology.com/library/detail.aspx?g=d5e34aff-c12b-44be-9926-1acad1cb4139 (Abrufdatum 18.1.2023)

Zhang, Yan/Chang, Austin, Key considerations when protecting Chinese language marks, Managing IP, 21. April 2022, https://www.managingip.com/article/2a5d15ejam5bo2nscj2m8/key-considerations-when-protecting-chinese-language-marks (Abrufdatum 18.1.2023)

Zhao, Ling, New Guidelines on trade mark examination in China, Lexology, 4. Januar 2022, https://www.lexology.com/library/detail.aspx?g=9cc82070-5e3c-45fa-994b-48b8abb0e764 (Abrufdatum 18.1.2023)

Zhao, Ling/Zhang, Shufang/Wei, Xiaoping/Li, Qin/Fu, Lei, CNIPA is soliciting public opinions on the draft revision to the China Trademark Law, CCPIT IP, News & Insights, 19. Januar 2023, https://www.ccpit-patent.com.cn/news/Intellectual/Trademark/2023/0119/5318.html (Abrufdatum 30.1.2023)

Zhao, Ray Lei, Calculation methods for trademark infringement damages in China, WTR, 30. November 2022, https://www.worldtrademarkreview.com/global-guide/trademark-litigation/2023/article/calculation-methods-trademark-infringement-damages-in-china (Abrufdatum 18.1.2023)

Zhen, Cindy Shu Qi/Su, Jack, Trademark use on signboards by unauthorised retailers, Lexology, 4. Mai 2020, https://www.lexology.com/Commentary/intellectual-property/china/wanhuida-intellectual-property/trademark-use-on-signboards-by-unauthorised-retailers (Abrufdatum 18.1.2023)

Zhen, Cindy Shu Qi, Stores' unauthorised use of trademarks on signboards requires clarification, IAM, 27. Mai 2020, https://www.iam-media.com/article/stores-unauthorised-use-of-trademarks-signboards-requires-clarification (Abrufdatum 18.1.2023)

Zheng, Catherine/Ho, Barbie/Li, Tracy, OMG! Has China's Supreme Court reversed its position on OEM trademark infringement? The implications of the HONDAKIT case, Lexology, 26. Juni 2020, https://www.lexology.com/library/detail.aspx?g=aad081ec-e621-4b79-83c4-7441197b1ed6 (Abrufdatum 18.1.2023)

Zheng, Feng/Liu, Wenting, Daimler fails to defend Smart design patent in validity challenge, Lexology, 18. Mai 2020, https://www.lexology.com/commentary/intellectual-property/china/wanhuida-intellectual-property/daimler-fails-to-defend-smart-design-patent-in-validity-challenge (Abrufdatum 18.1.2023)

Zheng, Feng/Wu, Sichun, Fighting against bad-faith design patent filings in China, Lexology, 1. August 2022, https://www.lexology.com/commentary/intellectual-property/china/wanhuida-intellectual-property/fighting-against-bad-faith-design-patent-filings-in-china (Abrufdatum 18.1.2023)

Zheng, Xia/Wu, Jingjing/Cui, Chunrong, AFD Case Study – Proper Application of Articles 4 & 7 of Trademark Law in Opposition Proceedings, Lexology, 18. April 2022, https://www.lexology.com/library/detail.aspx?g=d01d02f4-e5ca-4071-b538-55dbe7f4209c (Abrufdatum 18.1.2023)

Zhou, Cissy, King and Wood Mallesons' IP group, China National Intellectual Property Administration enacted »Trademark Infringement Judgment Standard«, China Law Insight, 7. Juli 2020, https://www.chinalawinsight.com/2020/07/articles/uncategorized/china-national-intellectual-property-administration-enacted-trademark-infringement-judgment-standard/#page=1 (Abrufdatum 18.1.2023)

Zhu, Melanie, CNIPA Released Measures on Expedited Examination of Trademark Registration Application (Trial), Rouse, 18. Januar 2022, https://rouse.com/insights/news/2022/china-ip-updates-january-2022-issue-2 (Abrufdatum 10.2.2023)

Zhu, Peggy, Change in the Practice of Non-use Cancellation in China, Lexology, 19. April 2022, https://www.lexology.com/library/detail.aspx?g=5fb6dac8-7fe5-4bbd-aad3-9e3c0883f52a (Abrufdatum 18.1.2023)

Zhu, Zhigang, Guangzhou IP Court reaffirms legality of parallel imports, Lexology, 21. September 2020, https://www.lexology.com/commentary/intellectual-property/china/wanhuida-intellectual-property/guangzhou-ip-court-reaffirms-legality-of-parallel-imports (Abrufdatum 18.1.2023)

Zhu, Zhigang, SPC releases judicial interpretation relating to punitive damages in IP cases, Lexology, 14. Juni 2021, https://www.lexology.com/commentary/intellectual-property/china/wanhuida-intellectual-property/spc-releases-judicial-interpretation-relating-to-punitive-damages-in-ip-cases (Abrufdatum 18.1.2023)

Zhu, Zhigang/Wei, He, Online infringement in China – legislation update, Lexology, 25. Oktober 2021, https://www.lexology.com/commentary/intellectual-property/china/wanhuida-intellectual-property/online-infringement-in-china-legislation-update (Abrufdatum 18.1.2023)

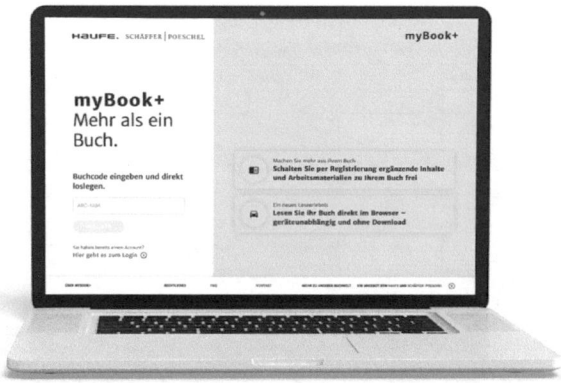

Ihre Online-Inhalte zum Buch: Exklusiv für Buchkäuferinnen und Buchkäufer!

▶ https://mybookplus.de

▶ Buchcode: REJ–33620